학교교육에 대한
기독교적 이해

기독교학교교육연구소 기획

박상진 · 유재봉 · 홍은숙 · 임희국 · 장화선
김선요 · 이숙경 · 김재춘 · 이정미 · 이정기
이은실 · 박은숙 · 김재웅 · 강영택 · 황병준

교육과학사

머리말

『학교교육에 대한 기독교적 이해』, 이 책은 기독교학교교육연구소가 설립될 때부터 구상된 책이다. 그동안 학교교육을 기독교적으로 탐구하는 국내의 책이 별로 없어서 외국 서적을 번역해서 읽을 수밖에 없는 안타까움이 있었다. 또한 학교교육의 현장에서는 기독교적인 접근을 시도하는 다양한 노력이 있음에도 불구하고 학문적으로 이를 제대로 뒷받침해주는 책이 부족한 것에 대한 아쉬움이 있었다. 그리고 학교교육에 대한 기독교적 관심을 지닌 많은 기독인 교육학도들과 기독교교육학도들에게 강의를 하기 위한 교재를 찾기도 쉽지 않았다. 그런데 이제 이 책의 출판을 통해 그 갈증을 약간이나마 해갈할 수 있게 된 것이 얼마나 기쁜지 모른다.

이 책은 기독교교육학자와 기독인 교육학자들의 학문적 소통의 결과이다. 이 글을 쓰고 있는 나 자신의 학문적 여정이 먼저 교육학을 공부하고 그 이후에 기독교교육학을 공부하게 되면서, 이 두 학문의 소통이 필요함을 절감하였는데, 불행히도 그동안 이 두 영역 간에 학문적인 소통이 거의 없었다. 기독교교육학자들은 '교회교육에 대한 기독교적 이해'에 관심이 있었고, 기독인 교육학자들은 '학교교육에 대한 교육학적 이해'에 관심이 있었기 때문이다. 그러나 기독교교육학자들은 학교교육이 기독교교육학의 중요한 대상 영역임을 확인하게 되고, 기독인 교육학자들은 자신의 신앙적 관점으로 학교교육을 보려는 노력을 기울이기 시작하면서, '기독교적 학교교육'이라는 지점에서 만나게 된 것이다.

지난 2년 동안 전국에 흩어져 있는 기독교교육학자들과 기독인 교육학자들이 '기독교교육 네트워크'라는 이름으로 몇 차례의 모임을 가지면서 서로의 관심을 나누게 되었고, 이러한 소통의 첫 산물로서 이 책이 나오게 된 것이다. 멀리서도 이러한 사귐과 나눔이 그리워서 서울역 KTX 회의실 모임 장소까지 기꺼이 와서 참석하신 모든 필진들의 수고의 열매라고 할 수 있다. 물론 이 책의 모든 글이 정교하게 일치된 관점을 견지하고 있는 것은 아니다. 교육학적 입장에 있어서도 관점의 차이가 있을 수 있고, 기독교적 관점에 있어서도 약간의 스펙트럼이 있을 수 있다. 그러나 그 다양성이 갈등을 야기하기보다는 논의를 더 풍요롭게 해줄 수 있을 것이다.

이 책은 크게 네 가지 영역으로 구분될 수 있는데, '교육에 대한 기독교적 관점', '기독교적 교육사, 사회, 문화', '기독교적 교육과정, 교수방법', '기독교적 교육법, 교육행정' 등이다. '교육에 대한 기독교적 관점'에는 '기독교교육학과 학교교육', '학교의 교육철학', '지식교육에 대한 기독교적 이해' 등이 포함되며, '기독교적 교육사, 사회, 문화'에는 '한국의 근 · 현대사 속에서 기독교학교', '외국 기독교학교의 역사', '교육사회학의 관점과 기독교적 조명', '기독교학교교육에 대한 문화적 접근' 등이 포함된다. '기독교적 교육과정, 교수방법'에는 '교육과정, 교과서, 평가정책', '기독교적 교육과정 개발', '기독교학교 교육과정 운영의 실제', '학습과 동기, 지능에 대한 이해', '기독교적 교수설계' 등이 포함되며, '기독교적 교육법, 교육행정'에는 '기독교학교와 법', '기독교적 교육공동체로서의 학교조직', '학교교육과 지역사회' 등이 포함된다. 이 네 분과를 각각 박상진 교수, 김선요 교수, 김재춘 교수, 강영택 교수가 맡아서 분과별 모임을 진행하고 의견을 조율하는 역할을 담당하였다.

이 책은 무엇보다 학교교육에 대한 기독교적 접근을 시도하고 있다는 점에서 의의를 갖는다. 종래에는 기독교교육은 교회교육, 일반교육은 학교교육이라는 이분법적 시각으로 나뉘어져 있었다면, 기독교교육학과 교육학이 서로 대화를 하면서 학교교육에 대한 기독교적인 이해를 도모한 책이다. 간학문적 연구가 강조되는 요즘, 인접분야이면서도 공동연구가 소홀했는데 그 한계를 극복하고 공동체적인 성과물을 내었다는 점도 의의가 될 수 있을 것이다. 각 과마다 토론문제를 제시함으로 주제에 따라 학생들이 서로 토론할 수 있는 기회를 갖도록 하였고, 참고문헌을 통해서 분야별로 더 읽어야 할 책들을 참고할 수 있도록 하였다.

바라기는 이 책을 시작으로 학교교육의 각 분야별로 기독교적인 탐구가 이루어지기를 기대하며, 기독교교육학자와 기독인 교육학자 간의 지속적인 학문적인 대화가 이어지기를 바란다. 뿐만 아니라 이 책을 계기로 학교교육 분야가 기독교교육학의 중요 관심 영역으로 자리 잡을 수 있기를 바라고, 기독인 교육학자들이 기독교적 접근에 새로운 관심을 갖게 되기를 소망한다. 또한 학교교육에 대한 이론적인 연구만이 아니라 학교교육 현장의 이슈를 기독교적으로 조망하는 다양한 실천적 연구들이 이어지기를 바란다. 궁극적으로 우리가 추구하는 것은 이 땅의 교육이 하나님이 기뻐하시는 모습으로 변화되는 것이고, 교육의 영역에서 하나님의 나라가 이루어지는 것이기 때문이다.

이 책은 기독교교육과 학부 학생들과 대학원생들을 위한 교재로 사용될 수 있으며, 교육학과 학부 학생들 및 대학원생들에게 기독교적인 접근을 소개할 수 있는 교재로 사용될 수 있다. 뿐만 아니라 현직 기독교학교의 교사들과 일반 학교에서 가르치는 기독교사들이 일독할 만한 책이라고 생각된다. 그리고 자녀들을 학교에 보내는 모든 기독학부모들, 이 땅의 학교교육의 변화에 관심을 갖고 있는 모든 기독교인들에게 이 책을 추천하고 싶다. 이 책을 집필해 주시기 위해서 기꺼이 수고를 감당해 주신 모든 필진들께 심심한 감사를 드린다. 그리고 이 책의 기획과 편집을 위해 처음부터 마지막까지 헌신적으로 수고한 기독교학교교육연구소 이종철 연구원과 모든 연구원들에게 고마움을 전하며, 기꺼이 이 책의 출판을 맡아주신 교육과학사 김동규 사장님께 깊은 감사를 드린다.

2010년 2월

필진을 대표하여 기독교학교교육연구소 소장 박상진

차례

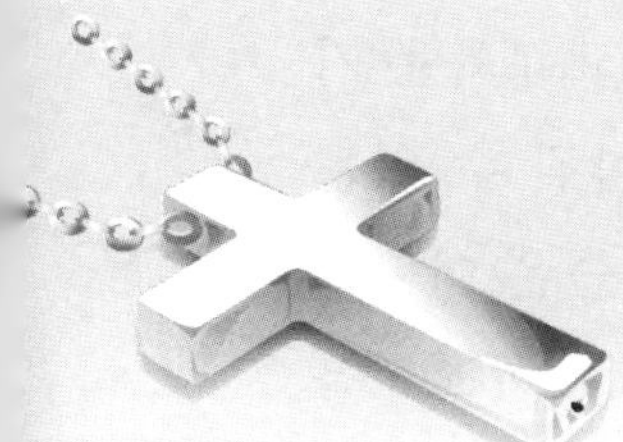

In Jesus' name, I pray. Amen.

01

기독교교육학과 학교교육

– 박상진(장로회신학대학교)

I. 들어가는 말

기독교교육과 학교교육은 어떤 관계에 있는가? 학교교육은 기독교교육 밖의 영역인가 아니면 기독교교육 안에 포함될 수 있는가? 학교에서 기독교교육이 이루어질 수 있다면 그 모습은 어떠한가? 기독교교육을 학문적으로 탐구하는 기독교교육학과 학교교육을 탐구하는 교육학은 어떤 관계에 있는가? 보다 성숙한 기독교적인 학교교육을 위해 기독교교육학과 교육학은 어떤 협력을 할 수 있는가? 학교교육을 기독교적으로 이해하기 위해서는 이러한 질문들에 응답하여야 한다. 이 글은 이러한 질문에 대한 대답을 시도하는 것으로서, 먼저 기독교교육이 무엇인지를 이해하고 그것과 학교교육의 관계를 살펴보고, 기독교교육학과 교육학의 관계를 파악하며, 이에 근거하여 기독교적 학교교육의 가능성을 탐구하려고 한다.

II. 기독교교육 이해

1 기독교교육이란?

'기독교교육'이라는 명칭은 두 단어의 합성어로 이루어져 있다. 하나는 '기독교'이고 다른 하나는 '교육'이다. 이 두 가지 개념에 대한 이해의 차이, 그리고 이 두 가지 단어가 결합되는 방식의 차이에 따라 여러 가지 의미의 기독교교육으로 해석될 수 있다(고용수 외,

2006;19-22). 첫째는 기독교'를' 교육하는 것으로 이해하는 방식이다. 이것은 '기독교'를 목적적으로 이해하고, '교육'을 동사적으로 이해한다. '기독교'와 '교육' 사이에는 '을' '를'과 같은 목적격이 내포되어 있다고 본다. 즉, 기독교를 가르치는 것을 기독교교육으로 정의내리는 경우이다. 여기에서 기독교란 기독교 신앙, 기독교 교리 체계, 그리고 기독교의 경전인 성경을 지칭한다. 마치 국어교육이 국어를 가르치는 것이고, 수학교육이 수학을 가르치는 것이듯 기독교교육은 기독교를 가르치는 것과 동일시하는 것이다. 여기에서 '기독교'는 교육내용이라고 할 수 있다. 기독교교육은 기독교라는 교육내용을 가르치는 행위로 이해될 수 있다.

둘째는 기독교 '가' 교육하는 것으로 이해하는 방식이다. 이것은 '기독교'를 주어로 이해하고 '교육'을 서술어로 이해한다. 또는 '기독교의 교육'과 같은 의미로서 기독교에서 실시하는 모든 교육이라는 의미를 담고 있다. 물론 이 경우는 '기독교'와 '교육' 사이에 소유격인 '의'가 내포되어 있다고 여겨지며, '교육'이 명사적으로 사용되고 있지만 교육이라는 행위는 기독교라는 주체 안으로 제한되어 있다. 즉, 기독교가 교육하는 모든 행위를 의미한다고 볼 수 있다. 교회를 비롯한 기독교 단체나 기관이 시행하는 모든 교육이 여기에 포함된다. 중세시대와 같이 교회가 세상을 지배하는 시대는 이 영역이 보다 확대되어 있었다고 볼 수 있지만, 오늘날의 경우와 같이 종교를 사적(private)인 것으로 간주하는 시대에 있어서는 이런 방식의 기독교교육 이해는 기독교와 관련된 종교기관에서 행하는 교육으로 제한되기 때문에 그 영역이 매우 축소될 수밖에 없다.

셋째는 기독교'적' 교육으로 이해하는 방식이다. 이것은 기독교를 형용사로 이해하고 교육을 명사로 이해하는 방식이다. 교육에 대한 기독교적 접근(Christian approach to education)을 의미하는데, 교육전반을 기독교적 관점으로 파악하려는 시도이다. 여기에서 '교육'은 교회 내에서의 교육이나 좁은 의미의 신앙교육만을 의미하는 것이 아니라 가정과 학교를 포함한 사회 전 영역에서 일어나는 교육을 포함한다. 교육은 가치중립적(value neutral)일 수가 없고 어떤 관점으로 접근할 수밖에 없는데, 기독교적인 관점으로 교육을 이해하고 실천하려는 입장이다. 이런 관점에 보면 모든 교육은 기독교교육의 대상이 되며 관심 영역이 될 수 있다. 기독교세계관(Christian worldview)으로 교육을 접근하는 것은 이런 입장의 대표적인 유형이다. 얼마든지 다른 세계관이나 관점으로 접근할 수 있으나, 기독교적인 계시에 터하여 교육을 이해하고 이를 실천하려는 노력을 기독교교육이라고 정의할 수 있을 것이다.

2 기독교교육의 두 가지 차원

기독교교육은 두 가지 차원을 포함하고 있다. 하나는 신적 차원이요, 다른 하나는 인간적 차원이다. 기독교교육이 일반교육과 구별되는 것은 초월적 차원을 포함한다는 것이다. 기독교교육은 하나님의 존재를 전제하며, 하나님의 계시(revelation)에 기초한다. 하나님이 자신을 계시하실 때에 비로소 하나님을 알 수 있다. 신앙도 하나님의 선물이다. 하나님이 은혜를 베푸시지 않으면 인간의 노력만으로는 신앙을 지닐 수 없다. 예수 그리스도를 구주로 영접함으로 기독교인이 되는 것과 그 이후 그리스도 안에서 지속적으로 성장하는 모든 과정이 은혜의 과정이다. 기독교교육은 하나님의 은혜에 전적으로 의존해 있고, 이런 점에서 기독교교육은 '하나님의 교육'이라고 이름 붙일 수 있다. 성부, 성자, 성령 하나님이 진정한 교육자이시다.

기독교교육에 있어서 기도가 중요한 이유가 바로 여기에 있다. 겸손히 하나님의 은혜를 사모할 때, 하나님의 교육을 경험할 수 있다.

기독교교육이 신적 차원이 있고 하나님의 은혜에 의존하고 있다는 것이 인간의 게으름을 정당화하지 않는다. 하나님이 교육의 주체이시지만 하나님은 인간을 사용하기를 기뻐하신다. 그렇기 때문에 인간의 노력은 하나님의 은혜의 통로가 될 수 있다. 하나님은 헌신되고 준비된 기독교교육자들을 통해 기독교교육을 이루어가신다. 그리고 무엇보다 기독교교육은 인간을 변화시키는 것이기에 인간과의 접촉점을 중요시 한다. 인간들과의 커뮤니케이션이 가능해야 하고 인간의 심리와 문화를 제대로 이해하고 그에 따라 적합성있는 교육을 실행할 때 변화가 극대화 될 수 있다. 결국 기독교교육은 신적 차원과 인간적 차원이 만나는 지점에서 발생한다. 기독교교육자는 100% 노력해야 하지만 동시에 100% 하나님을 의지해야 한다. 우리가 기독교교육을 위해 준비해야하는 모든 것을 알차게 준비하여야 하고, 그러면서도 전적으로 기도하며 하나님의 은혜를 간구해야 한다.

3 기독교교육과 다른 용어들

기독교교육을 '교육에 대한 기독교적인 접근' 또는 '기독교적인 교육'으로 이해할 때, 기독교교육은 이와 유사한 다른 용어 또는 개념과 분명한 차이를 갖는다. 첫째, 기독교교육은 종교교육(religious education)과 다르다. 기독교도 하나의 종교라는 점에서 종교교육의 측면을 갖는 것은 사실이다. 그러나 기독교교육이 종교교육과 동일시 될 수는 없다. 일반적으로 종교교육은 모든 종교에 관한 교육

(education about religion)과 종교적인 가르침(religious teaching), 그리고 종교 가르치기(teaching religion)를 포함하는 의미로 사용된다. 기독교교육이 기독교적 초월성을 강조하고 기독교의 독특성을 강조한다면, 종교교육은 종교 일반이 지니는 공통성과 보편성을 추구한다고 볼 수 있다. 이와 같은 이유로 미국에서는 '종교교육'을 보다 진보적인 입장으로, '기독교교육'을 보다 보수적인 입장으로 이해하는 경향이 있다. 미국의 죠지 코우(George Coe)나 존 듀이(John Dewey)와 같은 진보주의 교육학자들이 형성한 종교교육협회(Association of Religious Education)가 이런 입장을 잘 보여준다. 반면 미국의 복음주의 진영에 속한 기독교교육학자들이 발간하는 잡지의 이름이 '기독교교육'(Christian Education)인 것은 기독교교육의 명칭이 지니는 성격을 잘 보여주고 있다.

둘째, 기독교교육은 교회교육과 구별된다. 전통적으로 기독교교육은 교회교육, 그 가운데서도 주일학교(Sunday school) 교육과 동일시되는 경향이 있어왔다. 1780년 영국의 글로체스터에서 로버트 레익스(Robert Raikes)에 의해 시작된 주일학교운동은 전 세계로 확대되었고 기독교교육의 주된 영역으로 인식되었다. 주일학교라는 명칭은 미국을 거쳐오면서 교회학교(Church school)로 바뀌어지고, 최근에는 교회의 전 생활을 통하여, 그리고 전 연령의 교회 구성원들을 대상으로 교육이 이루어진다는 교육목회가 강조되고 있는데, 여전히 교회교육의 범주 안에 머무르고 있다. 기독교교육은 교회 안에서만 이루어지는 것이 아니다. 교회 밖에서도 기독교교육이 이루어질 수 있으며, 교육이 이루어지는 모든 곳이 기독교교육의 장이 될 수 있다.

셋째, 기독교교육은 교리교육 또는 기독교적 교수와 구별된다. 기독교교육은 성경지식이나 교리 등 기독교적 '지식'을 전달하는 것을 넘어서는 개념이다. 기독교교육은 지, 정, 의를 포함하며 전인(whole person)을 대상으로 한다. 단지 머리(brain)의 교육이 아니라 마음(heart)의 교육을 포함하며 가르침(didache)만이 아니라 예배와 예전(leiturgia), 말씀선포(kerygma), 봉사와 섬김(diakonia), 그리고 친교와 교제(koinonia)를 포함한다. 이런 점에서 기독교교육은 기독교적 교수(Christian teaching)와 구별된다. 교육(education)은 교수(teaching) 또는 수업(instruction)보다 넓은 개념이다. 교육은 교수와 학습을 포함하는데, 교수하지 않아도 학습이 일어나는 경우가 얼마든지 있을 수 있다. 구체적인 교수가 없어도 공동체 안에서 이루어지는 문화화(enculturation)와 교사가 가르치지 않아도 학생 스스로 학습하는 자기주도적 학습(self-directed learning) 등을 생각해 볼 수 있다. 기독교교육은 교리교육이나 기독교적 교수보다 확장된 개념이다.

4 기독교교육의 장별 이해

기독교교육은 다양한 장에서 이루어진다. 기독교교육 자체가 어떤 장으로 제한되는 것이 아니다. 기독교교육이 교회에서 이루어지는 것으로 이해하는 것은 기독교교육을 지나치게 축소하는 오류를 범하는 것이다. 기독교교육 현상이 일어나는 모든 곳이 기독교교육의 장이 될 수 있다. 일반적으로 기독교교육의 장을 교회, 가정, 학교, 사회, 미디어의 다섯 가지 영역으로 분류한다. 먼저 이를 그림으로 나타내면 다음과 같다.

기독교교육의 다섯 가지 영역

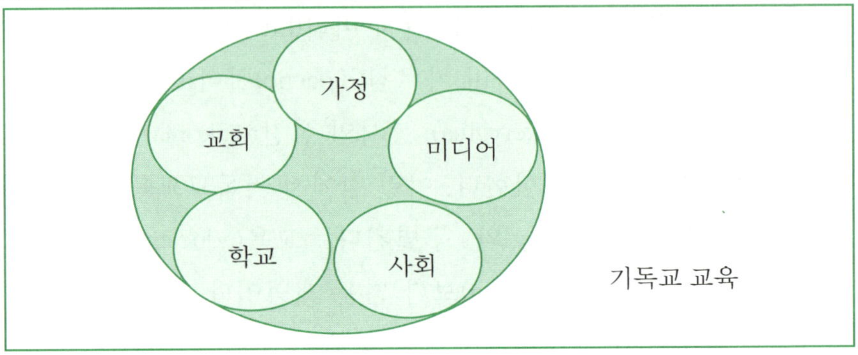

교회에서 이루어지는 기독교교육은 전통적인 교회교육의 장으로 인식되어 온 주일학교(Sunday school)와 교육목회(Educational ministry)의 장으로 분류하여 생각할 수 있는데, 제임스 스마트(James Smart)가 그의 책『교회의 교육적 사명』에서 강조하듯이, 교회는 본질상 교육적 사명이 있고, 목사는 기본적으로 교사의 사명을 지닌다. 가정은 가장 근본적인 기독교교육의 장으로서 신6:4-9의 쉐마(Schema)에서 선포되고 있듯이 하나님께서는 부모에게 자녀교육의 일차적 책임을 맡기셨기 때문에 부모가 자녀를 위한 기독교교육의 주체라고 할 수 있다. 학교는 자라나는 세대인 학생들이 일주일의 대부분의 시간을 보내는 곳으로 하나님이 창조한 우주와 자연에 대한 이치를 배우고 향후 사회에서 감당할 역할을 배우는 곳이기에 기독교교육에서 소홀히 할 수 없는 장이다. 교육의 장으로서 사회는 교회, 가정, 학교 이외의 영역, 예컨대 직장, 군대, 각종 기관과 단체, 지역사회 등에서 이루어지는 모든 교육활동을 포함한다. 미디어는 오늘날 그 중요성이 더욱 부각되는 영역으로서 각종 신문과 TV 등 언론 매체와 인터넷 등을 통하여 이루어지는 교육의 장이 된다. 사람에게 끼쳐지는 영향력(influence)의 관점에서 볼 때 결코 과소평가할 수 없는 영역이라고 할 수 있다.

각 장별 영역은 발달단계별 영역과 기능별 영역으로 세분화될 수 있다(박상진, 2003). 발달단계별 영역은 인간이 태어나면서부터 죽음에 이르는 전 과정을 연령에 따라 분류한 것으로, 전 연령이 기독교교육의 대상이 될 수 있기 때문이다. 일반적으로 여섯 가지 발달단계로 구분할 수 있는데, 영・유아기, 아동기, 청소년기, 청년기, 성인기, 노인기 등이다. 각 연령에 따라 발달(development)에 있어서 그 특징이 다르기 때문에 교육의 내용과 방식을 달리할 수밖에 없다. 교회교육에서도 이러한 발달단계에 따른 적합한 기독교교육이 주어져야 하고, 학교교육과 가정교육, 그리고 사회교육과 미디어교육에 있어서도 발달단계에 따른 구체적인 교육이 제공되어야 한다.

각 장별 영역은 기능별 영역으로 분류될 수 있는데, 교육목적, 교육과정 및 방법, 교육상담, 교육행정 등으로 나눌 수 있다. 교육목적은 교육의 궁극적인 목적과 방향을 설정하고 이를 이루기 위한 비전을 구체화하는 것을 포함하는데, 교육철학과 교육신학은 교육목적을 설정하는 데에 큰 도움을 줄 수 있다. 교육과정 및 방법은 교육목적을 성취하기 위한 교육의 내용과 교육의 방법을 설정하는 것으로서 교육과정, 교육평가, 그리고 교육공학 등이 유용한 도움을 줄 수 있다. 교육상담은 학생들의 전인적인 성장과 문제행동의 치유에 관심을 갖는 영역으로서 교육심리학, 특히 상담심리학으로부터 도움을 받을 수 있다. 교육행정은 교육목적을 달성하기 위한 제반 행정적인 지원을 담당하는 영역으로서 교육정책, 교육리더십, 효율적인 조직운영, 교육풍토 등이 포함되며, 교육행정학과 교사론, 그리고 교육사회학으로부터 도움을 받을 수 있다.

기독교교육의 장별, 발달단계별, 기능별 분류는 기독교교육의 하위영역을 체계적으로 분류하는 기준들이 될 수 있다. 기독교교육이 보다 발전하기 위해서는 구체적인 하위영역별로 전문성이 고양되어야 하는데, 이러한 하위영역 설정은 기독교교육의 전문성 제고에 공헌할 수 있을 것이다. 각 분류들의 컴비네이션은 세부적인 하위영역을 형성하는데, 다섯 가지 장별 분류와 여섯 가지 발달단계별 분류, 그리고 네 가지 기능별 분류는 120가지의 세부 영역으로 구분될 수 있다. 이를 도표와 그림으로 나타내면 다음과 같다.

기독교교육의 장별, 발달단계별, 기능별 분류

장별 분류	발달단계별 분류	기능별 분류
a. 교회	1. 영, 유아	가. 교육목적
b. 학교	2. 아동	나. 교육과정 및 방법
c. 가정	3. 청소년	다. 교육상담
d. 사회	4. 청년	라. 교육행정
e. 미디어	5. 성인	
	6. 노인	

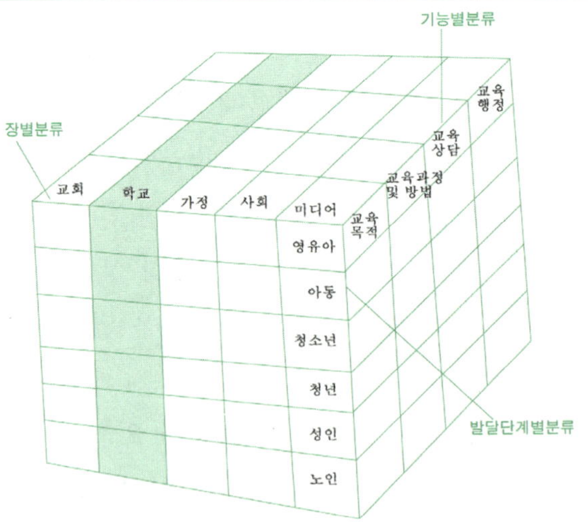

III. 기독교교육과 학교교육

기독교교육은 기독교적인 관점으로 교육을 이해하고 실천하는 것으로서, 기독교교육의 영역에는 학교교육이 포함된다. 기독교교육은 교회교육으로 축소되어 이해되어서는 안되며 학교교육, 가정교육, 사회교육, 미디어교육을 그 중요한 장으로 인정하여야 한다. 일반적으로 교육이라고 하면 교회교육보다 오히려 학교교육을 의미하고, 학생들이 대부분의 시간을 보내는 교육의 장이 학교이기 때문에 학교교육에 대한 기독교적인 접근은 기독교교육의 중심적인 과제라고 할 수 있다. 사실 한 학생에게 있어서 기독교교육은 통전적(holistic)이어서 교회교육, 가정교육, 학교교육이 분리되지 않는다. 한 인간이 기독교적인 성숙이 이루어짐으로 하나님 나라의 일군으로 자라가는 것을 기독교교육의 여정이라고 본다면 그 교육이 가정, 교회, 학교, 그리고 사회와 미디어를 통하여 이루어지게 된다. 이는 자연스럽게 학교교육도 기독교교육의 한 부분으로 포함되며, 학교 교육은 기독교적인 교육이 이루어져야 하는 중요한 영역이 되는 것이다.

앞에서 분류한 기독교교육의 하위영역 분류에 의하면 학교교육은 기독교교육의 한 장(field)으로서 발달단계별로 기독교 영,유아 학교교육, 기독교 아동 학교교육, 기독교 청소년 학교교육, 기독교, 청년 학교교육, 기독교 성인 학교교육, 그리고 기독교 노인 학교교육으로 분류될 수 있다. 이들 각각은 주간 아기학교나 유치원 교육, 기독초등학교, 기독 중등학교, 기독 대학교와 대학원, 그리고 각종 기독교 성인교육과 노인교육, 기독교 평생교육 등과 관련된다. 또한 기독교학교교육은 기능별로 교육목적, 교육과정 및 방법, 교육상담, 교육행정 등으로 분류될 수 있는데, 건학이념과 설립정신, 기독교학교의 목적 및 비전 설정은 교육목적과 관련되며, 기독교적 관점에 따른 커리큘럼 작성과 기독교적 교수방법은 교육과정 및 방법과 관련된다. 또한 학생들에 대한 기독교적 인성지도와 멘토링, 문제행동 치유 등은 교육상담과, 그리고 기독교적 학급경영, 기독교사 양성 및 교육, 기독교학교의 리더십 교육, 기독교학교와 지역사회의 관계, 그리고 교육정책에 대한 기독교적 비평 및 교육변혁 운동 등은 교육행정과 관련된다.

기독교교육으로서의 학교교육은 비단 기독교학교에서 이루어지는 교육만을 지칭하는 것이 아니다. 일반 공교육 안에서도 기독교적인 학교교육이 시도될 수 있다. 기독교적인 학교교육의 현장을 크게 미션스쿨이라고 불리워지는 기독교선교학교, 기독교인 가정의 자녀들을 대상으로 하는 기독교학교, 그리고 기존의 왜곡된 교육에 대한 기독교적 대안을 강조하는 기독교대안학교, 그리고 공교육에서 이루어지는 기독교적 학교교육으로 분류할 수 있다(박상진, 2006; 43-59).

1 기독교선교학교

우리가 일반적으로 부르는 미션스쿨(Mission School)이 그 본래의 목적을 추구하고, 명실상부한 미션스쿨이기를 원한다면 이 범주에 속한다고 볼 수 있다. 이 학교는 선교를 목적으로 한다. 선교를 목적으로 한다는 것은 그 주 대상이 아직 예수 그리스도를 주님으로 고백하지 않는 비기독교인 학생들임을 의미한다. 우리가 학원선교를 말할 때는 이러한 부류의 학교를 염두에 두는 것이다. 기존의 미션스쿨에 대해서는 여러 가지 평가가 있을 수 있다. 그러나 워낙 다양한 미션스쿨이 존재하고, 설립자에 따라, 그리고 설립 주체에 따라, 또한 현재의 이사장이나 교장단에 따라 동일하지 않은 형태의 미션스쿨이 존재하기 때문에 단순하게 판단하는 것은 지양해야 할 것이다. 지금까지 미션스쿨이 한국교육에 많은 공헌을 했고, 미션스쿨을 통해 선교의 큰 진전이 있음은 부인할 수 없는 사실이다. 그런데 미션스쿨이 미션(mission)에 충실했는가에 대해서는 자성적인 질문을 던질 수 있다. 전도나 선교라 함은 아직 믿지 않는 자들을 이해하고 그들과의 접촉점(point of contact)을 갖고, 그들을 그리스도께로 인도하려는 자상하고 세밀한 노력이 필요하다. 그러나 지금까지의 미션스쿨의 현상을 살펴볼 때, 이 부분에서 충분했다고 말하기는 어려울 것이다.

미션스쿨은 기독교학교가 아니라고 말하는 것은 어폐가 있다. 미션스쿨은 기독교학교의 한 부류이다. 기독교학교 중에서 선교를 강조하는 기독교선교학교인 셈이다. 그 주 대상이 비기독교인 학생인 기독교선교학교는 그 주 대상이 기독교인 자녀인 기독교 학교와는 그 특징이 동일할 수는 없다. 가능하면 공교육 체제 안에 몸담고 있으면서, 믿지 않는 학생들을 많이 대할 수 있는 구조를 지속적으로 유지하면서, 그러나 철저하게 선교할 수 있는 전략을 갖고, 적극적으로 선교의 사명을 감당하는 기독교선교학교가 되어야 할 것이다. 미션스쿨은 선교의 효율성이 높고, 선교적 영향력이 강하다는 강점이 있지만, 학교로서 교육의 모든 내용과 과정이 기독교적으로 정립되어 있느냐의 면에서는 약점이 있을 수 있다. 그러나 비록 기독교적 교리를 받아들인 사람만이 수긍할 수 있는 방식으로 가르치기는 어렵지만, 그 모든 내용이나 과정을 통해서 '하나님의 살아계심과 우리를 사랑하심'을 가르치려는 노력을 기울일 수 있다. 즉, 가르치는 내용과 방법도 선교적일 때, 미션스쿨은 그 본래의 목적을 보다 강력하게 추구할 수 있다.

2 기독교학교

기독교학교는 기독교인 가정의 자녀들을 양육하기 위해 기독교 교육을 실천하는 학교를 의미한다. 기독교학교는 기독교신앙을 갖고 있지 않은 학생들을 대상으로 선교하는 목적으로 세워진 '기독교 선교학교'와는 이 점에서 확연히 구분된다. 기독교선교학교는 복음 전파(Evangelism)를 목적으로 하고 있다면 기독교학교는 제자도(Discipleship)를 목적으로 하고 있다고 표현할 수도 있다. 한국의 상황에서는(공교육의 제도권 내에서는 '학생선발권'이나 '교육과정편성권'과 같은 자율성이 보장되지 못하기 때문에), 이러한 기독교학교를 운영하기 위해서는 사립학교일 뿐만 아니라, 공교육 밖에서 대안학교의 형태로 교육할 수밖에 없다. 이런 의미에서 한국에서는 기독교학교는 기독교대안학교와 동일시되는 경향이 있다. 그러나 후에 '대안'의 개념을 설명하면서 논의하겠지만, 기독교학교와 기독교대안학교는 구별되어야 하며, 단지 인가, 비인가의 구분 이상의 차이가 있음을 이해해야 할 것이다. 단지 한국적인 상황 안에서는 '기독교적인 관점'을 강조하는 기독교대안학교와 '기독교적인 대안성'을 강조하는 기독교대안학교가 공존하고 있음을 이해할 필요가 있다.

기독교학교도 '기독교'를 어떻게 이해하느냐에 따라, 그리고 '교육에 대한 기독교적 인 접근'을 어떻게 생각하느냐에 따라 다양한 종류로 분류될 수 있다. 기독교 안에 다양한 교파가 있고 교단이 있으며, 다양한 신학이 존재하는 만큼이나 다양한 종류의 '기독교'에 대한 이해가 있고, 이에 따른 다양한 종류의 '기독교학교'가 있을 수 있다. 기독교를 개신교와 카톨릭을 포함하여 이해하는 사람들에게는 카톨릭학교들도 넓은 의미에서 기독교학교로 이해되기도 한다. 기독교학교를 개신교학교로 제한하더라도 장로교의 기독교학교가 있는가 하면, 감리교, 침례교, 성결교, 루터교, 성공회, 순복음(하나님의 성회) 등 다양한 교파와 교단들의 기독교학교가 가능하며, 사실상 그런 류의 기독교학교들이 존재하고 있다. 여기에서 이러한 다양한 기독교학교의 가능성에 대한 이해없이 쉽게 자신이 생각하고 있는 범주만을 기독교학교라고 주장하며, 다른 학교들은 기독교학교가 아니라고 단정하는 것은 주의해야 할 것이다.

3 기독교대안학교

기독교대안학교는 기독교학교일 뿐만 아니라 대안교육의 성격을 지닌다. 물론 일반 대안학교와는 달리 '기독교적 특성'을 지니지만, 기존의 학교가 지니는 문제점과 한계성을 극복하는 교육의 추구라는 점에서 대안교육이라는 공통성을 지닌다. 현재 공교육의 문제가 심각하면 심각할수록 그 만큼 대안교육의 필요성은 강하게 요청된다고 할 수 있다. 일반적으로 기독교대안학교를 '고유이념 추구형 대안학교'로 분류하지만, 기독교학교가 단지 기독교적 가치관만 추구하는 것이 아니라 일반 학교의 대안이 되어야 한다는 점에서 현재 공교육이 지니고 있는 문제점들을 극복하는 대안을 제시할 수 있어야 할 것이다. 우리가 기독교학교를 말하지만 '왜 이 시대에 기독교학교인가'라는 질문에 응답해야 한다. 이는 기독교학교가 이 시대의 왜곡된 교육에 대한 대안이 되어야 하며, 특히 모더니즘의 한계 속에서 그 한계를 극복하는 학교교육이 될 것을 요청받고 있다. 그러므로 기독교대안학교는 단지 대안학교로 머무르기를 용납하지 않는다. 기독교학교는 기존의 학교에 대하여 대안이 되어야 한다는 점에서 대안학교여야 하지만, 그 대안이 '기독교적'이어야 할 것을 요청받고 있다. 기독교학교는 대안적이어야 하고, 기독교대안학교는 또한 기독교적이어야 함을 의미한다. 이 점에서 기독교대안학교는 양면청취(double listening)를 해야 한다. 하나는 '기독교적인가?'의 물음이고 다른 하나는 '대안적인가?'의 물음이다. 그러나 '대안적인가?'의 물음은 '기독교적인가?'의 물음에 의해서 통제되어야 한다.

오늘날 대안학교 운동에는 다양한 학교의 모델들이 제시되고 있다. 인간의 자유와 자율성을 강조하기도 하고, 생태나 환경을 강조하기도 하며, 공동체를 강조하기도 한다. 그런데 그러한 '대안성'이 어떤 기독교적인 근거를 가지고 있는가를 분명히 하지 않으면, 기독교학교와 대안학교의 설익은 통합으로 남아 있을 수 있으며, 이는 '기독교대안학교'라기 보다는 '기독교학교'이면서 동시에 '대안학교'일 뿐이다. 기독교대안학교는 그 대안성에 대한 기독교적인 확신이 있어야 하며, 이러한 기독교적 일관성은 대안성을 강화하며, 동시에 기독교적 기초 위에 있는 대안성이 다시 기독교성을 강화할 수 있는 것이다. 많은 경우, 대안학교는 열린교육의 사상에 근거해 있고, 인간의 자율성을 강조하는 진보주의 철학에 근거해 있다. 이는 전통적인 교육이 지나치게 교사중심의 권위주의 교육, 획일주의 교육의 특성을 지녔기 때문에 이에 저항하여 아동중심의 진보주의 교육을 다시금 회복하려는 경향이 있는 것이다. 그러나 과연 어떤 인간관이 기독교적인가에 대해서 분명히 말할 수 있어야 한다. 기독교는 인간이 자유의지를 지닌 존재이며 하나님의 형상을 닮은 인격적인 존재임을 인정한다. 그러나 인간의 죄성으로 말미암아 인간은 자율적으로 스스로를 변화시킬 수 있는 능력을 상실하였다. 그러기에 자율과 함께 훈육이 강조되고, 사랑과 함께 공의가 강조되어야 하는 것이다. 이 한 예에서 볼 수 있듯이 '대안성'이 '기독교성'에 의해 확인될 때 올바른 '기독교 대안성'으로 자리매김할 수 있는 것이다.

4 공교육에서의 기독교적 학교교육

공립학교와 비기독교계 사립학교 등 공교육에서도 기독교적 학교교육이 이루어질 수 있는데, 이는 특히 기독교사들을 통하여 가능해질 수 있다. 기독교사가 공교육 상황에서 기독교를 노골적으로 가르칠 수는 없으나 교육이 가치중립적일 수 없음을 인정하고 기존의 교육이 지닌 가치편향성을 드러내고 보다 정의롭고 평화로운 교육을 추구할 수 있다. 예컨대 공교육의 교육내용이 일방적으로 한 쪽의 이데올로기를 대변할 때 이를 비평하고 다른 가능성을 제시할 필요가 있다. 생물교과에서 진화론만 가르쳐질 때 창조론을 같이 제시하는 것은 좋은 사례가 될 수 있다. 이 때 기독교사는 이중언어(bilingual) 능력을 갖출 필요가 있는데, 기독교적 관점에 터하여 교과를 이해하고 비판할 수 있는 능력을 지님과 동시에 비기독교인들이 얼마든지 이해할 수 있는 일반적인 언어로 이를 설명할 수 있는 능력이다. 비기독교학교의 공적인 수업 시간에 직접 성경말씀을 읽거나 설교하듯이 복음을 전하는 것이 아니라 비기독교인들의 일상적인 언어를 사용해서 기독교의 진리를 이해할 수 있도록 가르치는 접근이다.

브라이언 힐(Brian Hill)은 비기독교학교에서 기독교사가 실천할 수 있는 접근을 크게 네 가지 모델로 분류하여 설명하고 있다(Hill; 114-120). 첫째는 배타적 편파성(Exclusive Partiality)의 모델로서 기독교사가 교사 자신의 신앙이나 가치관을 학생에게 강요 또는 주입시키는 경우를 말한다. 둘째는 배타적 중립성(Exclusive Neutrality)의 모델로 기독교사가 신앙이나 가치관에 관련된 어떠한 논의도 회피하여 마치 중립을 지키는 것처럼 하는 경우이다. 셋째는 중립적 비편파성(Neutral Impartiality)모델로 교사 자신은 어떤 입장도 표방하지 않은 채 모든 신앙체계와 가치체계를 소개하는 경우이다. 그러나 이러한 세 가지 모델은 각각의 문제점을 지니고 있다. 소위 위교(Indoctrination)로 불리워지는 가치 세뇌의 방식은 결코 올바르지 못하며 그렇다고 해서 우리의 삶이 가치판단의 연속선상에 놓여 있는데도 아무런 언급을 하지 않는 것은 중립을 지키는 것이 아니라 기존 사회의 가치관을 수용하는 셈이고 무책임한 것이다. 또한 모든 가치와 신앙을 다 소개하는 데에만 그친다면 기독교사의 역할로는 불충분한 것이다. 여기에서 네 번째 모델의 가능성이 있다. 이것은 헌신된 비편파성(Committed Impartiality)의 모델로서 세 번재 입장을 취하되 교사 자신이 그 중 왜 기독교적 신앙을 갖게 되었는지를 소개하고 나누는 방법이다.

비기독교학교를 포함한 공교육 상황에서의 기독교적 학교교육으로는 교육정책에 대한 기독교적 비평도 포함된다. 교육정책에는 가치가 개입되어 있을 수밖에 없다. 각각의 교육정책에 전제되어 있는 가치와 이데올로기를 직시하면서 이를 기독교적으로 성찰, 비판하는 것은 기독교교육학자 또는 기독교인 교육학자들이 담당해야할 중요한 과제이다. 평준화 제도와 특목고 입시제도, 입학사정관제, 사립학교법 재개정, 초중등교육법 개정, 제7차 교육과정, 자율형 사립학교 설립, 사교육과 관련된 다양한 정책 등은 학교교육과 관련된 중요한 정책들로서 기독교교육적 성찰을 통해 그 가능성과 한계가 드러날 수 있도록 해야 한다. 한국의 입시위주 교육 현실과 사교육 팽창으로 인한 교육의 왜곡은 기독교적 관점에서 비판되어야 하고, 이에 대한 기독교적 대안이 모색되고, 기독교인 학부모와 교사 등을 중심으로 그 개선을 위한 노력이 이루어져야 할 것이다.

IV. 기독교교육학과 학교교육[1)]

기독교교육학과 학교교육은 어떤 관계에 있는가? 여기에서는 기독교교육학과 학교교육의 관계를 밝히되, 기독교교육학의 성격을 논의함으로써 그 관계를 조명하려고 한다. 기독교교육학이 지니는 '기독교'와 '교육학'의 성격이 어떤 방식으로 결합되어 있는지를 규명함으로써 기독교교육학과 교육학의 관계를 파악하고 이에 근거하여 기독교교육학과 학교교육의 관계를 설명하려고 한다. 이를 위해서는 기독교교육학의 정체성 논의 중 '신학을 강조하는 기독교교육학'과 '교육학 또는 사회과학을 강조하는 기독교교육학'을 대비시켜 살펴보고, 기독교교육학이 '기독교'적 성격과 '교육학'적 성격, 이 두 가지를 어떻게 결합하고 있는지를 규명하려고 한다.

1 신학을 강조하는 기독교교육학

기독교교육학에서 '기독교'와 '교육학'을 구분할 때 '기독교'를 보다 강조하는 입장으로서 기독교교육은 기독교를 가르치는 교육,

1) 이 부분은 「신앙과 학문」 제39집(2009)에 게재된 필자의 글 "교육학과 기독교교육학의 관계에 대한 탐구"를 수정, 요약한 것임을 밝혀둔다.

기독교의 복음을 전하는 교육으로 보는 경향이 있다. 이 때 기독교라고 하는 내용은 신학에 근거하고 있기 때문에 신학의 성격이 기독교교육을 결정짓게 되는 것이다. 신학을 강조하는 기독교교육학의 입장에는 전통주의신학이나 신정통주의신학의 입장이 포함된다. 해롤드 버쥐스(Harold. W. Burgess)는 그의 책 『기독교 교육론』(An Invitation to Religious Education)에서 전통주의신학적 접근의 특징을 몇 가지로 서술하고 있다. 첫째는 계시에 근거한 신학적 개념체계가 기독교교육의 규범이 되고 있다는 점, 둘째는 기독교교육이 구원의 메시지 전달과 동일시되고 있다는 점, 셋째는 기독교교육의 교사는 먼저 구원을 받아야하고 가르치는 은사를 지닌 사람이어야 한다는 점, 그리고 넷째, 학생은 교사에게 순종하여 그 메시지를 받아들여야 한다는 점 등이다(Burgess, 1984: 38-39). 이러한 특징에서 알 수 있듯이 기독교교육에 대한 전통주의신학적 접근에서는 신학이 그 기초가 되고 있음을 알 수 있다.

신정통주의신학적 접근에서 기독교교육이 신학에 의존되어 있다는 것을 가장 강하게 주장한 기독교교육학자는 랜돌프 밀러(Randolph Crump Miller)일 것이다. 그는 기독교교육의 실마리는 신학에서 찾아야 한다고 주장한다. 그는 『기독교교육의 단초』(The Clue to Christian Education)라는 책에서 다음과 같이 주장하고 있다. "기독교교육의 실마리는 하나의 타당한 신학을 재발견하는 데 있다. 그것은 예수 그리스도 안에서 우리에게 계시된 살아있는 하나님과 올바른 관계로 학습자들을 이끌어 오는 도구로 사용되는 최상의 방법과 내용으로 기독교 진리의 배경과 관점을 제공함으로써, 그리고 부모의 지도와 기독교적 양육이 일어날 환경으로서의 교회는 생활의 친교를 사용함으로써, 기독교교육의 내용과 방법 사이의 틈을 메꿀 수 있는 타당한 신학을 재발견하는 일이다"(Miller, 1950: 15).

전통주의신학적 입장과 신정통주의신학적 입장 모두가 공통적으로 강조하는 것은 기독교교육학에서 신학이 차지하는 중요성이다. 어떤 신학을 갖느냐가 기독교교육의 성격을 결정하기 때문이다. 특히 신학은 기독교교육의 내용에 결정적인 영향을 미친다. 기독교교육이 진정한 '기독교'교육이 되기 위해서는 계시의 빛 아래 있어야만 한다. 성경 안에서, 그리고 예수 그리스도를 통해 계시하신 하나님의 자기 계시(self-disclosure)가 없이는 기독교교육이 존재할 수 없다. 진리는 오직 계시에 의존되어 있다. 그렇기 때문에 계시를 이해하지 않고서 인간 상호간의 관계만을 강조한다든지, 인간의 문화 유산이나 전통만을 강조하는 것은 '비기독교적' 또는 '반기독교적'인 교육이 될 수밖에 없다고 보는 것이다. 이들은 신학이야말로 기독교교육을 일반교육과 구분짓는 기준이 된다고 본다.

기독교교육학에서 신학을 강조하는 경향은 기독교교육학을 신학의 한 분야로 인식하는 데에서도 나타난다. 전통적으로 기독교교육학은 응용신학(Applied Theology) 또는 실천신학(Practical Theology)의 한 분야로 여겨져 왔다. 이론신학을 성서신학, 조직신학, 역사신학으로 이해할 때 이를 교회 현장에 응용하는 신학을 응용신학으로 이해하는 경우에는 기독교교육학은 다른 설교학, 예배학, 선교학 등과 함께 이 응용신학에 속한다. 응용신학의 한계를 극복하고자 하는 새로운 시도가 실천신학 운동인데 이는 실천신학을 신학의 응용으로 이해하는 것이 아니라 목회 실천 현장을 탐구하는 학문으로 이해한다. 그러나 실천신학으로서의 기독교교육학도 여전히 신학의 범주 안에서 기독교교육학의 자리를 이해하고 있다.

우리나라의 전통적인 기독교교육학은 '신학을 강조하는 기독교교육학'의 범주에 속한다. 기독교교육학과가 신학교 안에 위치하는 경우가 대부분이며, 학부 과정에 기독교교육학과가 없는 경우에는 대학원에 개설되어 있는 실천신학 분야의 한 전공으로서 기독교교육학전공이 존재하고 있다. 그렇기 때문에 신학 커리큘럼 가운데도 한 과목으로서 기독교교육학이 존재한다. 이러한 학문 분류에 의하면 기독교교육학은 신학의 한 분야이다. 또한 이런 성격을 지니는 기독교교육학은 교회 중심적일 수밖에 없다. 최근에는 목회전체(케리그마, 레이투르기아, 코이노니아, 디아코니아, 디다케)를 교육적으로 접근하려는 '교육목회'에 대한 관심이 높아지고 있지만, 여전히 기독교교육은 교회교육과 동일시되고, 그 가운데서도 자라나는 세대를 위한 교회학교 교육과 동일시되는 경향이 있다. 기독교교육학이 교회교육학으로 축소되어 있는 동안 교회 밖의 다른 영역, 특히 학교교육은 기독교교육학의 영향권에서 벗어나 있게 되었다.

기독교교육학이 신학의 한 분야로서의 성격을 지닌다는 것은 기독교교육학의 언어가 신학적 언어임을 의미한다. 기독교교육을 설명할 때 신학적 언어를 사용하게 되는데, 이 경우 신학, 즉 성서신학, 조직신학, 역사신학과 깊이있는 소통이 가능하다는 장점이 있지만, 일반 교육학이나 인문, 사회과학 및 자연과학과는 소통이 원활하지 못한 한계를 지니고 있다. 이러한 소통의 문제는 보다 더 기독교교육학을 교회의 경계 안에 머물게 하고, 교회 밖의 사회와 특히 교육현장과는 심한 괴리를 갖게 하는 요인이 되기도 한다.

2 교육학을 강조하는 기독교교육학

교육학을 강조하는 기독교교육학은 기독교교육학을 신학의 한 분야로 보기보다는 교육학의 한 분야로 이해하는 입장이다. 이 관점에서는 기독교교육학은 신학이 아니라 교육학이다. 기독교교육학도 교육학의 일종이며, 결국 교육학으로 감환(reduction)될 수 있다고 본다. 교육의 장이 교회라고 할지라도 그 곳에서 일어나는 기독교교육은 결국 교육으로서 교육학의 이론과 학문방법으로 설명이 가능하다고 본다. 기독교교육학자로서 이러한 접근을 시도하고 있는 학자는 마이클 리(Michael Lee)이다. 그는 기독교교육이라는 용어 대신 종교교수(religious instruction)라는 용어를 사용하는데, 그에 의하면 종교교수의 진정한 기반은 신학이 아니라 사회과학이라는 것이다. 마이클 리의 종교교수에 대한 사회과학적 접근을 이해하면 교육학 또는 사회과학을 강조하는 기독교교육학이 어떻게 신학을 강조하는 기독교교육학과 대비되는지를 명확히 알 수 있다.

마이클 리에 의하면 종교도 삶의 스타일의 한 형태이기 때문에 인간의 행동을 설명하는 행동과학과 사회과학으로 얼마든지 설명이 가능하다는 것이다. 그는 신앙은 하나님의 은사로 받은 삶의 스타일이기 때문에 가르칠 수 없다는 종교교육자들의 주장은 오류라고 지적한다. 마이클 리는 그의 저서 『종교교수의 형태』(The Shape of Religious Instruction)에서 종교교수에 대한 유일하게 적절하고 타당한 거시이론을 구성할 수 있는 것은 사회과학이지 신학이 아니라고 주장한다(Lee, 1971). 마이클 리는 종교적 교수가 교회의 실천적 과제나 목회적 과제의 한 유형이기 때문에 종교적 교수가 본질적으로 실천신학이나 목회신학의 한 형태라고 생각하는 입장을 비판한다. 그는 이것을 여러 가지 비유로 설명하고 있는데, "춤에 대해 적절히 설명하려면 춤에 관한 이론에 의해서 되는 것이지 신학에 의해서 되어지는 것이 아니다"라고 주장하며, "교회건물 수리의 문제는 건축이론으로 설명해야 제대로 되지 신학으로 설명해서 제대로 될 수 없다"고 말한다(Lee, 1990: 149). 이런 관점에서 종교적 교수도 종교적 교수이론으로 설명해야지 신학으로는 제대로 설명할 수 없다는 것이다.

마이클 리는 종교적 교수에 대한 신학적 접근을 주장하는 사람들이 지니고 있는 가장 심각한 오류 중의 하나로 성령에 대한 그릇된 이해를 들고 있다. 그는 이것을 '성령변수오류'라고 불렀는데, 성령을 마치 독립변수인 것처럼 인식하고 종교교수를 접근하는 것은 오류라는 주장이다. 그는 "성령 가설의 근본적 약점은 그것이 명시적으로 또 암시적으로 성령을 변수로 보는 '성령변수오류(The Spirit-as-variable fallacy)에 의존하고 있기 때문"이라고 주장하면서, 이 오류란 모든 종교적 교수활동을 가능케 하는 하나의 근본적 변수가 성령이기 때문에 어떤 인간적 이론에 의해서 종교적 교수를 적절하게 설명하고 예측하고 실증할 수 있는 길은 없다고 말하는 것이다(Lee, 1990: 223).

마이클 리는 하나님은 삼라만상을 통치하시며, 성령의 역사는 삼라만상의 변화 속에 이미 내재해 있다고 본다. 그렇기 때문에 성령이 모든 교육행위 하나하나에서 직접 자신이 개입하거나 활동한다고 가정하는 것보다는 오히려 성령은 자기가 만든 자연법, 그리고 계속 지켜주고 있는 자연법에 따라서 활동한다고 가정하는 것이 훨씬 더 의미있다고 주장하는 것이다. 이러한 마이클 리의 주장은 종교교수는 신학으로 이해되기보다는 사회과학으로 규명될 수 있다는 것이다. 종교교수도 엄연한 사회과학적 현상이기 때문에 사회과학으로서 예측, 설명될 수 있는 현상이라고 본다. 이것이 종교교수를 전문적인 영역으로 만드는 길이며, 종교교육학을 학문으로 정립하는 길이라고 보는 것이다.

기독교교육학에 있어서 교육학을 강조하는 입장도 마이클 리의 주장과 근본에 있어서 다르지 않다. 기독교교육학의 모든 현상도 교육현상이며, 이는 교육학과 사회과학의 설명으로 입증될 수 있다고 보며, 나아가 굳이 '기독교교육학'이라는 별도의 학문이 필요하지 않다는 주장까지 제기된다. 즉, 정의와 평화가 실현되는 교육이 다름 아닌 기독교교육이라고 주장하는 것과 마찬가지로 기독교교육학은 올바른 교육학, 좋은 교육학과 다르지 않다고 보는 것이다. 사실 진보적인 신학의 입장에서는 일반 교육학과 종교교육학이 구별되지 않는다. 하나님의 나라와 민주시민사회를 동일시할 때, 민주교육과 도덕교육은 바로 종교교육과 상통하는 것이다.

그러나 이러한 기독교교육학에 대한 사회과학적 입장은 기독교교육에 있어서 계시의 중요성을 약화시킨다. 기독교교육을 사회과학적 현상으로만 이해한 나머지 초자연적이고 초월적인 요소를 모든 연구에서 제외시키게 되면 그러한 전제로 인해 기독교교육은 단지 과학의 범주 내의 현상으로 제한되는 것이다. 기독교교육학은 교육학의 성격을 지니는 것은 분명하지만 교육학으로만 감환될 수 없는 초월적인 '기독교적' 차원이 있음이 분명하다.

3 기독교교육학의 종합학문적 성격

기독교교육학은 신학 혹은 교육학의 양자택일(either or)의 학문이 아니다. 기독교교육학은 신학적인 성격을 지니면서 동시에 교육학적인 성격을 지닌다(both and). 기독교교육학은 초월적인 계시를 포함하고 있고, 하나님의 은혜의 차원을 포함하고 있기 때문에 교사, 학생, 교재, 환경의 상호작용으로만 설명하는 것으로는 불충분하다. 회심, 구원, 신앙성숙, 하나님 나라의 확장 등의 개념에는 이런 초월과의 관계가 포함되어 있기 때문에, 신학적인 접근이 없이는 그 의미를 설명하기가 어렵다. 하나님의 실재와 예수 그리스도의 주되심, 성령의 역사를 인정하지 않고, 성경이 하나님의 말씀인 것을 믿지 않는 사람들에게는 초월적 차원을 포함하고 있는 기독교교육학은 더 이상 학문일 수 없다고 여겨질지 모르지만, 그런 초월적 차원이 실재한다는 것을 전제하지 않고서는 기독교교육학은 한 발자국도 내디딜 수 없는 것이다.

그러나 기독교교육학은 동시에 교육학적 성격을 지닌다. 기독교교육의 현상들에 대한 설명은 그 현상들에 대한 교육학적 설명에 상당부분 의존할 수밖에 없다. 기독교교육의 현상 중 교사, 학생, 교재, 환경과의 관계에 대한 설명은 교육학적으로 규명될 수 있는데, 이러한 요소들이 초월과의 관계를 갖고 있다는 점에서 교육학적 설명에 대한 기독교적 해석이 필요하고, 의미 설정이 필요한 것이다. 이때까지 기독교교육의 영역으로 분류되어 일반 교육학적 연구가 부족한 영역에 대해서는 보다 활발하게 교육학적인 탐구가 이루어져야 한다. 교회 안에서 이루어지는 다양한 교육 현상에 대해서 교육학적 분석이 이루어져야 하고, 기독교학교나 기독교대안학교, 그리고 기독교가정교육에 대해서도 교육학적 연구를 통해 그 현상이 교육학적으로 설명되어야 한다. 예컨대 기독교학교의 경우, 건학이념이 학생들의 학업성취나 태도형성에 어떤 영향을 미치는가에 대해서는 교육학적으로 규명될 수 있다. 그러나 그 건학이념이 성경에 근거한 것인지, 하나님의 나라와 어떤 관계가 있는지는 신학적으로 탐구되어 설명될 수 있다.

이런 점에서 기독교교육학은 종합학문적 성격을 지닌다. 교육학도 종합학문이지만, 기독교교육학은 교육학도 포함하고 신학도 포함하는 더 폭넓은 종합학문이다. 기독교교육학은 교육학이 설명할 수 있는 범주에 대해서는 교육학적 탐구를 통해 밝히고, 신학이 설명할 수 있는 범주에 대해서는 신학적 탐구에 의존한다. 기독교교육 현상들은 교육학적 요소와 신학적 요소가 함께 공존하면서 긴장 가운데 존재하는 경우가 많다. 예컨대 '하나님을 알아가는 과정'은 하나님의 존재와 속성과 분리할 수 없으며, 동시에 그 하나님을 더 깊이 인식하는 인지적, 감성적, 행동적 변화와 분리할 수 없다. 기독교교육학은 이 현상에 대해 단지 두 가지 설명을 조합하는 것이 아니라 두 가지 차원을 동시에 고려하며 그 의미를 밝히는 탐구이다. 그렇기 때문에 기독교교육학은 두 가지 학문의 훈련을 다 요청하고 있다.

4 기독교학교교육

학교교육, 특히 기독교학교교육은 기독교교육학과 교육학이 만날 수 있는 장이 될 수 있다. 기독교교육학과 교육학의 만남은 기독교교육학이라는 학문의 발전은 물론 기독교교육 실천현장의 발전을 위해서 필요하지만 현재는 이 두 영역간의 만남이 활발하지 못한 실정이다. 일반적으로 기독교교육학과 신학과의 만남은 긴밀하게 이루어지고 있는 편이다. 신학대학교 안에 기독교교육학과가 속해 있고, 신학의 전공 분야 안에 기독교교육학이 하위영역으로 위치하고 있는 경우가 많기 때문이다. 예컨대 기독교학회(신학회) 안에 기독교교육학회가 분과학회로 존속하기 때문에 타 신학의 하위영역인 성서신학, 조직신학, 역사신학과의 만남이 가능하다. 그러나 기독교교육학과 교육학의 만남은 거의 찾아보기가 어렵다. 기독교교육학자들은 교육학회에 속해 있지 않은 경우가 많고, 교육학자들은 기독교인이요 교육에 대한 기독교적 접근에 관심을 갖는 경우에도 기독교교육학회에 속하지 않는 경우가 많다.

이러한 기독교교육학과 교육학의 분리현상은 관심영역의 분리에도 상당히 연유하고 있다. 기독교교육학이 교회교육에 집중하는 경향이 있어왔고, 교육학은 학교교육에 집중하는 경향이 있어왔다. 이런 영역의 구분은 교회교육에 대한 교육학적 연구의 빈곤을, 학교

교육에 대한 기독교교육학적 연구의 빈곤을 가져오게 되었다. 서로를 너무나 필요로 함에도 불구하고 서로의 관심 영역이 분리됨으로 인해서 상호교류할 수 있는 여지가 거의 없었던 것이다. 그런데 최근 우리나라의 경우, 교육학 영역에서는 기독교인 교육학자들을 중심으로 교육에 대한 기독교적 접근, 특히 기독교세계관에 입각한 교육에 대한 관심이 고조되면서 기독교교육에 대한 관심이 높아지는 경향이 있다. 또한 기독교교육학 영역에서는 그동안 기독교교육을 자라나는 세대를 위한 주일학교교육에만 국한시킨 것을 성인을 포함하는 전체 교회교육에 대한 관심, 특히 교육목회적 관심으로 확산하고, 나아가 교회교육만이 아닌 학교교육에 대한 관심으로 확장하게 되었다. 이 두 학문의 관심의 확장은 자연스럽게 두 학문의 만남을 강하게 요청하고 있다.

기독교교육학과 교육학이 만날 수 있는 장은 다양하지만, 가장 서로의 도움이 필요한 영역 중의 하나가 기독교학교교육 영역이다. 교회교육은 목회적 구조 안에서 계시에 대한 이해와 그로 인한 신앙적 삶의 변화를 추구한다는 점에서 기독교교육학이 교육학적 연구의 도움을 받으면서도 상당부분 독자적인 탐구를 수행하고 있다. 그러나 기독교학교교육은 여전히 기독교적 이해에 기초하면서도 공교육 제도와 연계되어 있고 일반 교육현상과 공유되는 부분이 많기 때문에 기독교교육학의 관심과 함께 교육학적 관심, 특히 교육학에 대한 기독교적 접근이 필요하다. 학교에서 이루어지는 기독교교육이라는 점에서 단지 일반 교육학적인 탐구만이 아니라 기독교교육학적인 접근을 요청하고 있다.

또한 기독교교육학과 기독교적 교육학은 기독교교육운동이라는 공통의 비전을 공유한다. 기독교교육운동은 교육의 영역에서의 하나님 나라 운동을 의미한다. 왜곡된 교육, 창조 질서에서 벗어난

교육, 인간의 욕망에 의해 지배당하는 교육은 기독교교육이 아니다. 기독교교육은 하나님의 교육이며, 하나님의 통치가 이루어지는 교육이다. 그 장이 가정이든, 교회든, 학교든, 사회든, 미디어든 교육이 이루어지는 곳은 어느 곳이나 하나님의 공의와 사랑의 교육이 이루어지도록 하는 것은 기독교교육학의 비전이요 기독교교육 기관이나 단체의 비전이다. 교육학을 연구하는 기독교인의 소명은 교육의 영역에서 하나님의 주권을 인정하는 것이다. 기독교인 교육학도들은 하나님을 떠난 교육을 하나님이 기뻐하시는 교육으로 회복시키는 일군으로 부르심을 받은 사람들이다. 하나님의 뜻이 정치, 경제, 사회, 문화, 예술, 교육 각 분야 속에서 이루어지기 위해 하나님의 일군들이 파송받을 때, 기독교인 교육학도들은 교육의 영역으로 파송받은 사람들이다. 그들의 비전은 교육의 영역에서 하나님 나라를 이루는 것이다. 이 점에서 기독교교육학도와 기독교인 교육학도의 비전이 다르지 않다. 각각의 역할이나 강조점은 다를 수 있지만 비전은 동일한 것이다.

V. 나가는 말

기독교학교교육에 관심있는 기독교교육학도들과 기독교인 교육학도들의 공동의 학문적, 실천적 노력이 필요하다. 사실 그동안 한국에 많은 기독교학교가 설립되어 존재하고 있고, 얼마 전부터 기독교대안학교들이 설립되고 있으며, 좋은교사운동을 비롯한 기독교사운동이 활발히 펼쳐지고 있지만 이 분야에 대한 연구와 학술적인 지원이 거의 이루어지지 못했다. 기독교학교교육이라는 실천은 존재하지만 이러한 실천에 대한 학문적 탐구를 통한 반성(reflection)과 재구성(reconstruction)이 부족한 실정이었다. 기독교교육학도와 기독교인 교육학도의 두 학문공동체가 만나서 기독교학교교육에 대한 연구를 더불어 담당한다면 이 분야의 발전에 많은 공헌을 할 수 있을 것이다. 또한 기독교학교교육 현장의 실천가와 전문가들이 함께 모여 이론과 실제가 괴리되지 않고 상호 통합될 수 있는 가능성을 모색할 수 있다.

기독교교육학과 교육학, 그리고 기독교교육학도와 기독교인 교육학도의 만남은 '기독교교육학'이라는 학문 분야가 이미 그 명칭에서부터 내포하고 있는 것이다. 기독교교육학도들이 교회교육만이 아닌 교육일반, 특히 학교교육에 대해 관심을 갖기 시작하고, 기독교인 교육학도들이 '기독교인'이면서 '교육학도'인 상태에 머무르지 않고, '기독교적 교육학'에 대해 관심을 갖기 시작한다면 기독교교육학도들과 교육학도들은 한 비전 안에서 협력할 수 있을 것이고, 기독교학교교육은 아름답게 발전할 수 있을 것이다.

토의 문제

▶▶ 각자 기독교교육을 한 문장으로 정의(definition)해 보자. 그리고 그것과 학교교육이 어떻게 연결되는지를 토의해 보자.

▶▶ 기독교교육학이 신학 및 교육학과 어떤 관계를 맺는지 서로 이야기 해보자.

▶▶ 기독교학교교육의 발전을 위해 기독교교육학도와 기독교인 교육학도들이 어떤 협력을 하면 좋을지 토의해 보자.

▶▶ 기독교학교교육의 여러 분야(기독교선교학교, 기독교학교, 기독교대안학교, 공교육에서의 기독교적 학교교육) 중에서 자신의 관심이 어디에 있는지 서로 나누어 보자.

참 고 문 헌

고용수(1994). 『만남의 기독교교육사상』. 서울: 장로회신학대학교 출판부.

고용수(2003). 『현대기독교교육사상』. 서울: 장로회신학대학교 출판부.

고용수 외(2006). 『기독교교육개론』. 서울: 장로회신학대학교 기독교교육연구원.

박상진(2006). 『기독교학교교육론』. 서울: 예영커뮤니케이션.

박상진(2003). "기독교교육학의 학문성 탐구: 기독교교육학의 하위영역 분류를 중심으로" 『21세기 신학의 학문성』. 서울: 장로회신학대학교 출판부.

박상진 외(2008). 『입시에 대한 기독교적 이해』. 서울: 예영커뮤니케이션.

Burgess, H. W.(1984). An Invitation to Religious Education. 오태용 역. 『기독교교육론』. 서울: 정경사.

Carper, James C. & Hunt. Thomas C.(1984). Religious Schooling in America. Birmingham: Religious Education Press.

Hill, Brian V.(1982). Faith At The Blackboard. Grnad Rapids: Eerdmans.

Holmes, Arthor F.(1991). Contours of a World View. 이승구 역, 『기독교세계관』. 서울: 도서출판 엠마오.

Lee, James Michael(1990). "종교교수의 진정한 기반" in Thompson ed., Religious Education and Theology. 손승희 역. 『종교교육과 신학』. 서울: 한국신학연구소.

Lee, James Michael(1973). The Flow of Religious Instruction. Alabama: Religious Education Press.

Lee, James Michael(1971). The Shape of Religious Instruction. Birmingham. Alabama: Religious Education Press.

Little, Sara(1983). To Set One's Heart: Belief and Teaching in the Church. Atlanta: John Knox.

Miller, R. C.(1950). The Clue to Christian Education. New York: Charles Scribner's Sons.

Price, H. H.(1972). "Belief-In and Belief-That." Religious Studies. vol. I.

Smith, Wilfred Cantwell(1998). Faith and Belief: The Difference Between Them. Boston: Oneworld.

Thompson, Norma H. ed.(1990). Religious Education and Theology. 손승희 역, 『종교교육과 신학』. 서울: 한국신학연구소.

In Jesus' name, I pray. Amen.

02

학교의 교육철학

– 유재봉(성균관대학교)

I. 들어가는 말

기독교적인 학교의 정체성을 분명히 드러내기 위해 교사는 분명한 교육철학을 정립해야 한다. 이를 위해 교육철학이 할 수 있는 것은 크게 두 가지이다. 하나는 소극적인 방식으로서 넓게는 교육 행위, 좁게는 학교교육 행위에 전제되어 있는 교육 아이디어를 드러내고 그것을 기독교적인 관점에서 비판하는 일이다. 다른 하나는 적극적인 방식으로서 기독교적인 관점에서 교육 아이디어를 새롭게 구성하는 일이다. 이 장에서는 이 목적을 위해 다음 세 가지의 교육 문제를 탐색한다. 첫째, 교육철학의 개념이 다양하게 이해되고 있음에 비추어 교육철학이 무엇인지를 밝힌다. 둘째, 지금까지 교육을 지배해 왔던 교육사조인 모더니즘과 포스트모더니즘에 대해 살펴보고, 이에 바탕을 두고 있는 학교교육의 주요 아이디어인 자유교육과 구성주의 교육의 주장을 비판적으로 논의한다. 셋째, 기독교적인 교육철학을 위한 적합한 본보기를 제시한다.

II. 교육철학과 기독교적 관점

오늘날 우리나라 학교교육을 개탄하는 말로 흔히 사용되는 것 중의 하나가 "교육철학이 없다"는 말일 것이다. 이 말은 여러 의미를 내포하고 있겠지만, 필자의 입장에서는 그런 말을 들을 때 두 가지 의문을 가진다. 하나는 '우리나라 교육은 정말 교육철학이 없는 것인가?' 만일 그렇다면, '무엇이 교육을 파행으로 이끈 것인가?'라는 의문이고, 다른 하나는 어떤 사람이 "교육철학이 없다"라고 했을 때, '그것을 어떤 의미로 사용하고 있을까?'라는 의문이다.

첫 번째 종류의 의문은 한국에 사는 교육에 관심을 가진 사람이기 때문에 가지는 의문이다. 모르기는 해도, 조금만 교육에 관심을 가진 사람이라면, 이런 의문이 드는 것은 당연하다. 그것은 정말 한국에 교육철학이 없기 때문이라기보다는 표방하고 있는 교육철학이 학교현장에서는 거의 무용지물이 되는 데서 비롯한다. 교육과학기술부가 혹은 학교가 '표방하는' 교육철학과 학교현장을 '실지로 움직이는' 교육철학 사이에는 상당한 격차가 있다. 말하자면, 교육과학기술부나 단위학교가 표방하는 교육철학은 고상하고 이상적이지만, 대부분의 실제 수업에서 이루어지는 있는 모습은 그런 철학을 구현하기보다는 전형적인 입시위주의 교육이기 때문이다. 적어도 단위학교에서 교육철학은 학교교육의 방향을 결정하기보다는 누군가에게 보여주기 위한 현학적인 슬로건에 불과하다. 이러한 형식적 교육철학은 교육에 관계하는 사람으로 하여금 교육철학에 대한 관심으로부터 멀어지게 하거나 해악을 끼친다는 점에서 심각한 문제이다.

두 번째 종류의 의문은 교육철학자이기 때문에 가지는 의문이라고 할 수 있다. 누군가의 입으로부터 '교육철학'이라는 말이 나오게 되면, 교육철학자들은 긴장하게 된다. 그 말을 하는 사람은 아주 가볍게 혹은 태연하게 그 말을 사용하지만, 교육철학자는 도대체 "저분은 '교육철학'을 어떤 의미로 사용하고 있는 것인가"하고 귀를 기울이게 되는 것이다. 사람들이 '교육철학'이란 말을 사용할 때, 그 말은 대부분 소박한 의미로 '교육에 관한 생각' 정도로 사용한다. 그러나 교육철학은 다양한 의미로 사용되며, 일반사람들이 사용하는 것보다 훨씬 더 신중하게 사용할 필요가 있다. 교육철학이라는 말을

별 의미 없이 남발하는 것은 교육철학에 대한 그릇된 관념을 심어줄 수 있으며, 진지한 교육철학 활동을 방해한다.

이러한 상황은 기독교 학교에 대해서도 동일하게 적용된다. 기독교 학교를 운영하는 교육철학이 명확하지 않거나 분명하게 제시되어 있다고 하더라도 그러한 철학에 따라 성실하게 운영하는 학교는 드물다. 이 경우 우리는 그러한 학교들에 대해 "기독교적인 교육철학이 있는가?"라고 물을 수 있다. 우리나라 대부분의 기독교 학교들은 단지 '기독인이 세운 학교', '채플이 있는 학교', '성경도 함께 가르치는 학교'의 수준에서 크게 벗어나고 있지 못한 형편이다. 기독교 세계관에 따른 '교육의 비전과 목적'을 가지고 학교를 운영하고, 그러한 비전에 따라 교육을 하겠다는 '헌신된 교사'가 기독교적인 관점에서 '교과'를 가르치며, 학부모나 학생들은 그러한 방침을 기꺼이 따르는 학교는 찾아보기 힘든 것이다. 특히 현대의 시대사조와 한국의 독특한 입시문화는 그러한 유혹에서 벗어나기 거의 불가능하게 만든다.

기독교적인 학교의 정체성을 분명히 드러내기 위해 교사는 분명한 교육철학을 정립해야 한다. 이를 위해 교육철학이 할 수 있는 것은 크게 두 가지이다. 하나는 소극적인 방식으로서 넓게는 교육 행위, 좁게는 학교교육 행위에 전제되어 있는 교육 아이디어를 드러내고 그것을 기독교적인 관점에서 비판하는 일이다. 다른 하나는 적극적인 방식으로서 기독교적인 관점에서 교육 아이디어를 새롭게 구성하거나 그에 적합한 교육철학의 본보기를 제시하는 일이다. 그러므로 여기서는 기독교적 교육철학을 하기 위한 시론적인 방법으로 이 두 가지 과업을 탐색한다. 이에 앞서 교육철학이 무엇인지에 대해서 분석하는 것이 선행된다.

III. 교육철학의 성격

우리는 흔히 '교육철학'이라는 말을 사용하고, 학교교육에서 교육철학의 중요성을 역설하기도 한다. 그러나 정작 우리가 사용하고 있는 교육철학의 의미가 무엇이냐에 대해서는 그다지 분명하지 않다. 교육철학이라는 말은 그 말을 사용하는 사람에 따라 각기 다양한 의미로 쓰이기 때문에, 교육철학이 어떤 성격을 가진 학문인지에 대해 탐색할 필요가 있다. 교육철학의 개념은 크게 네 가지, 즉 철학으로서의 교육철학, 규범적 교육철학, 분석적 교육철학, 실제적 교육철학으로 분류할 수 있다.[1)]

1 철학으로서의 교육철학

'철학으로서의 교육철학'은 철학의 이론이나 지식을 교육에 적용하는 학문을 의미한다. 이러한 의미의 교육철학은 교육철학이 정립되는 초기에 지배적이었다. 철학으로서의 교육철학은 철학적 이론이나 철학적 지식이 교육이론이나 교육적 지식의 기초가 될 수 있다는 전제 하에 성립되며, 그 주 관심사는 교육철학이 얼마나 '철학적'인가에 있었다.

'철학으로서의 교육철학'은 두 가지 일을 포함한다. 하나는 철학 이론을 연장하거나 확대하는 일이며, 다른 하나는 철학 지식을 교육의 이론과 실천에 응용하거나 적용하는 일이다. 전자를 '철학 이론의 연장'으로서의 교육철학이라 부를 수 있다면, 후자는 '철학 지식

1) 교육철학의 개념에 대해서는 신차균, 안경식, 유재봉(2006: 11장)에 주로 의존하고 있다.

의 응용'으로서의 교육철학이라고 부를 수 있다. '철학 이론의 연장'으로서의 교육철학은 위대한 철학자의 철학체계나 학설 속에서 교육원리와 이론을 찾는다. 예컨대, 관념론(idealism), 실재론(realism), 프래그마티즘(pragmatism), 실존주의(existentialism) 등의 철학이론을 설명한 후, 그것이 교육에 어떻게 적용될 것인지를 탐색하는 방식을 취한다. '철학 지식의 응용'으로서의 교육철학은 철학 지식을 교육의 이론과 실제에 응용하는 것이다. 예컨대, 전통철학 영역인 형이상학(metaphysics), 인식론(epistemology), 가치론(axiology), 논리학(logic) 이나 현대의 정치철학, 심리철학, 종교철학 등에서 발견된 철학 지식을 교육의 이론적 전개나 실천적 원리에 응용하는 것이다.

교육철학 계에서는 오랫동안 철학분야의 이론이나 지식을 교육에 빌어 사용하여 왔다. 플라톤, 아리스토텔레스, 칸트 등의 철학이론은 교육철학의 이론체계에서 여전히 종종 차용되고 있다. 또한 철학의 영역, 가령 형이상학에서 교육의 목적을, 인식론에서 지식교육을, 가치론에서 도덕교육이나 미학교육을, 논리학에서 교육의 논리를 이용하여 왔다. 철학이론이나 지식이 교육에 관하여 명시적으로 혹은 암시적으로 모종의 시사를 줄 수 있는 것은 당연하며, 따라서 철학 이론이나 지식을 교육에 연장하거나 적용하는 학문을 한 동안 '교육철학'으로 간주한 것은 자연스러운 일이다.

그러나 교육철학은 단순히 철학이론이나 지식의 연장이거나 응용으로 보기 어려운 측면이 있다. 철학자가 명백하게 자신의 교육이론이나 원리를 제시하지 않는 한, 철학자의 사상 혹은 이론체계에서 일관성 있는 교육원리를 추출하는 것은 어렵다. 철학의 관심사와 교육의 관심사가 언제나 동일한 것은 아니기 때문이다. 예컨대, 철학의 인식론에서 관심사는 '확실성'(certainty)의 확보에 있지만, 교육에서의 지식의 문제는 가치의 문제를 포함한다. 즉 교육의 관심사는 가르치고 배우려는 지식의 확실성 보다는 '지식의 가치'에 있다. 더구나 '철학으로서의 교육철학'은 철학의 다양한 이론과 지식을 포괄할 수 있지만, '교육철학의 자율성' 확보 측면에서 볼 때, 철학의 양자(step-child) 위치에서 벗어나지 못한다.

2 규범적 교육철학

'규범적 교육철학'은 교육이론의 형성에 관심을 가진다는 점에서 '철학으로서의 교육철학'과 다르지 않다. 그러나 '규범적 교육철학'은 두 가지 점에서 '철학으로서의 교육철학'과는 다르다. 하나는 교육이론을 철학이론이나 철학지식에서 빌려오기보다는 위대한 교육사상가의 교육아이디어에서 직접 찾는다는 점이며, 다른 하나는 교육이론 형성뿐만 아니라 교육을 왜 해야 하는지, 어떤 가치를 추구해야 하는지에 대해 직접적인 관심을 가진다는 점이다.

'규범적 교육철학'은 두 가지의 내용을 포함한다. 하나는 위대한 교육사상가의 교육관이나 교육사상을 탐색하는 일이다. 다른 하나는 교육에서 어떤 목적을 추구해야 하는가를 탐색하는 일이다. 전자를 '교육관 혹은 교육사상'으로서의 교육철학이라고 한다면, 후자는 '교육목적론 탐구'로서의 교육철학이라고 할 수 있다.

'교육관 혹은 교육사상'으로서의 교육철학은 교육에 관한 소박한 혹은 체계적인 견해를 의미한다. 교육관은 교육철학자의 전유물이 아니며, 소박한 수준이든 전문적 수준이든 간에 교육에 종사하는 사람은 누구나 가질 수 있다. 부모가 자녀를 양육할 때, 교사가 학생을 가르칠 때, 교육과학기술부 장관이 교육정책을 결정할 때, 그들 나름대로의 교육관을 가질 수 있다. 그들의 교육관은 전문적 깊이는 다를 지라도 '교육철학'이라 부를 수 있다. 그렇기 때문에 그들이 임의로 자신의 교육적 소견을 자주 바꾼다면, 우리는 '그 부모, 그 교사, 그 장관은 교육철학이 없다'라고 말한다. 교육관이 매우 포괄적이고 체계적일 때, 우리는 그것을 흔히 '교육사상'이라고 한다. 교육사상은 주로 이상적 교육의 모습을 제시한 이론체계나 교육실천가의 활동에서 찾아볼 수 있다. 플라톤이나 주자의 교육사상이 전자의 경우라면, 예수나 테레사 수녀의 교육사상이 후자의 경우이다. 또한 교육사상은 한 개인사상을 넘어 시대의 사상적 조류 내지 시대정신을 연구하는 것을 포함한다. 가령, 현대의 포스트모더니즘(post-modernism)이나 조선시대의 성리학(性理學) 사상의 교육적 의미를 논의할 수 있을 것이다. 이 경우 우리는 플라톤의 교육사상, 주자의 교육사상, 예수의 교육사상, 테레사의 교육사상, 포스트모더니즘의 교육사상, 성리학의 교육사상 대신에 각각 플라톤의 교육철학, 주자의 교육철학, 예수의 교육철학, 테레사의 교육철학, 포스트모더니즘의 교육철학, 성리학의 교육철학이라고 부를 수 있다.

'교육목적론 탐구'로서의 교육철학은 '교육을 왜 해야 하는가?', '교육에서 무엇을 추구해야 하는가?'와 같은 교육의 근본적인 질문에 대답하는 것으로 본다. 교육목적론은 교육철학의 탐구대상이고, 교육방법은 교육과학의 탐구대상이라는 생각은 근대적 의미의 교육학을 체계화한 헤르바르트(Herbart)에서부터 시작된 것이다. 헤르바르트에 의하면, 교육학은 두 가지 기초학문, 즉 윤리학과 심리학으로 구성된다. 철학인 윤리학은 인생의 목적, 즉 '어떻게 사는 것이 잘 사는 것인가?'라는 질문을 탐색하며, 이러한 인생의 목적에서 '교육이 어떤 목적을 추구해야 할 것인가?'의 문제를 도출해 낼 수 있다고 본다. 이에 비해, 과학인 심리학은 주어진 목표를 어떻게 효과적으로 달성할 수 있는가를 탐색하며, 여기서 효과적인 교육방법을 도출할 수 있다고 본다.

'규범적 교육철학'은 전통적 혹은 통념적 의미의 교육철학에 대한 생각을 만족시킨다. 아닌 게 아니라, 대부분의 사람들은 교육철학은 으레 위대한 교육사상가의 아이디어를 탐색하거나 교육의 목적 혹은 가치를 추구하는 일로 여긴다. 철학에서 교육이론을 차용하는 '철학으로서의 교육철학'과는 달리, '규범적 교육철학'은 교육사상가의 교육아이디어나 교육목적에 직접적인 관심을 가진다는 점에서 교육철학의 자율성 측면에서 진일보한 것으로 볼 수 있다. 그러나 '규범적 교육철학'은 교육에 대해 지침이나 권고를 주지만, 교육내용과 주장에 대한 철학적 엄밀성을 담보하기 어렵다. 그리고 '교육관 혹은 교육사상'은 흔히 현실과 유리되거나 주관적인 편견에 빠질 우려가 있으며, '교육목적론 탐구'는 교육철학의 전유물이 아니며, 인생의 목적에서 교육의 목적이 바로 도출될 수 있는가하는 의문이 있을 수 있다.

3 분석적 교육철학

'분석적 교육철학'은 교육의 주요 개념을 철학적으로 분석하는 데 관심을 가진다. 분석적 교육철학은 교육개념, 교육적 논의, 교육가치의 정당화 등에 '철학적 탐구방법'을 사용한다는 점에서 '교육이론이나 내용'에 관심을 가지는 '철학으로서의 교육철학'이나 '규범적 교육철학'과는 다르다. 철학의 이론과 지식에 관심을 가지고 있는 '철학으로서의 교육철학'과는 달리, 분석적 교육철학은 철학적 내용이나 지식보다는 '철학적 방법론'을 차용하여 교육개념을 분석한다. 규범적 교육철학과는 달리, 분석적 교육철학은 교육의 가치를 적극적으로 제시하기보다는 철학적 분석을 통해 소극적·간접적으로 드러낸다.

'분석적 교육철학'은 '교육개념의 철학적 분석' 혹은 '교육행위의 철학적 탐구'라고 할 수 있다. 분석적 교육철학은 철학적 방법론, 특히 분석철학의 방법을 교육에 적용한 것이다.[2] 분석철학적 방법은 '이차적 혹은 반성적 성격'을 띤 것이다. 즉 그것은 '그것이 무슨 의미이냐?', '그것을 어떻게 아느냐?'와 같은 소크라테스적 질문과 '사고와 지식의 형식에 논리적으로 가정되어 있는 것이 무엇인가?'와 같은 칸트적 질문을 결합한 형태이다. 분석철학적 방법은 이론적 혹은 일상적 언어의 의미와 거기에 함의된 논리적 관계를 명백히 하거나, 각종 가치판단 기준을 밝히는 행위를 가리킨다. 여기에는 문장의 애매성(ambiguity)과 모호성(vagueness)을 없애거나 줄이는 일, 동어반복(tautology)과 논리적 모순(contradiction)을 가려내는 일, 함의(implication)와 논리적 가정(presupposition) 등을 밝히는 행위를 포함한다. 교육의 이론과 실제에서 사용되고 있는 언어나 주장의 논리가 언제나 명백한 것이 아니라는 점에서 교육의 주요 개념을 분석하고, 교육적 주장에 포함된 논리적 관계를 드러내는 분석적 방법이 요구된다. 교육의 개념을 분석하는 일은 또한 교육의 평가기준을 밝히는 일이라는 점에서 분석적 방법은 교육적 논의를 진전시키기 위한 교육철학자의 기본적이면서 핵심적인 일이다.

'교육개념의 철학적 분석' 혹은 '교육행위의 철학적 탐구'로서의 교육철학은 철학적 방법론, 특히 분석적 철학의 방법을 교육에 적용한 것이다. 분석적 교육철학은 기존의 철학이론이나 지식을 교

2) 철학적 방법에는 '분석적 방법' 외에, 어떤 실천, 이론, 주장, 원리들이 주어진 모종의 준거에 비추어 만족한가를 밝히는 '평가적 방법', 이론적 혹은 실천적 문제를 해결하기 위하여 새로운 의견, 제인, 가설, 원리 등을 창출하는 '사변적 방법', 하나의 현상이나 과정을 전체로서 파악하고 여러 부분과 차원을 통합하여 이해하려는 '통합적 방법'이 있다.

육문제에 적용하거나 교육사상사를 탐구하는 학문으로 간주되어 온 전통적 교육철학의 성격을 바꾸는 데 결정적인 공헌을 하였다. 분석적 교육철학은 근본적으로 교육이나 교육에 관련된 주요 언어의 의미 분석과 교육적 주장이나 논의에 들어있는 논리적 가정을 밝히는 '이차적' 혹은 '반성적' 성격을 가지고 있다. 이러한 분석적 교육철학의 성격은 그 자체로 장점과 단점을 가지고 있다. 분석적 교육철학은 전통적 교육철학에서 애매하거나 모호한 의미로 사용되고 있는 교육의 주요 개념을 분명히 하고, 교육에서 논의되는 주요 논쟁점과 포인트를 드러냄으로써 교육에서 문제 삼아야 할 것과 문제 삼지 말아야 할 것을 명확히 한다. 그리하여 불필요한 교육에 관한 논쟁에서 벗어나서 진전된 논의와 정당화가 가능하도록 만들었다. 그러나 교육에서의 분석철학적인 방법은, '이차적'이라는 그 자체의 성격상, 가치문제를 적극적으로 제시하는 데는 한계가 있다.

또한 분석적 교육철학자들은 교육철학이 '응용철학의 한 분야'(an applied branch of philosophy)라고 보았다. 이러한 생각은 (순수) 철학자들로 하여금 교육문제를 고민하게 하고 논의하는 장으로 끌어들이게 하였으며, 교육철학을 순수철학 못지않은 엄밀하고 정치한 학문으로 거듭나게 하였다. 그러나 교육철학을 응용철학의 한 분야로 보는 것은 교육철학의 성격을 왜곡시킬 수 있다. 교육철학이 응용철학이라고 말할 때, '응용'이라는 말은 그 자체가 분명하지 않은 개념이기 때문에 교육철학의 학문적 성격을 모호하게 만들 수 있다. 교육철학을 응용철학의 한 분야로 보는 것의 보다 심각한 문제는 철학과 교육의 관계가 '일방적'이라는 데 있다. 말하자면, 교육철학은 교육의 문제를 해명하고 해결하기 위해 철학적 방법에 전적으로 의존해야 하는 관계, 즉 철학은 분석의 결과를 제공하고, 교육철학은 그 결과를 교수와 학습에 단지 적용하는 관계로 보게 한다는 데 문제가 있다.

4 실제적 교육철학

'실제적 교육철학'은 교육의 현실 문제를 철학적으로 검토하고 논의하는 데 관심을 가진다. 철학으로서의 교육철학, 규범적 교육철학, 분석적 교육철학은 공통적으로 그것이 철학이론 혹은 지식이든, 교육사상이나 교육목적이든, 교육의 개념이나 논리이든 간에, 교육의 이론적 문제에 관심을 가진다. 이에 비해, 실제적 교육철학은 교육정책이나 현장에서 제기되는 교육의 실제적 문제를 철학적으로 검토하고 논의하는 데 관심을 가진다.

'실제적 교육철학'은 1980년 이후의 인간본성, 개인과 사회의 관계, 삶에서의 이성의 위치, 교육의 성격 등에 대한 변화된 관점을 반영하고 있다. 사회적 존재로서 인간은 자신이 소속되어 있는 사회 안에서 자신에게 실지로 좋은 삶을 영위해 간다. 그러한 과정에서 요구되고 발휘되는 것은 이론적 이성이라기보다는 '실천적 이성'이다. 인간은 실천적 이성을 구사함으로써 좋은 삶을 영위하는 데 요구되는 실제적 지식과 다양한 사회적 실제의 망을 합리적으로 발달시킬 필요가 있는 것이다. 이 점에서 교육은 다름 아닌 사회적으로 발달된 다양한 형태의 합리적인 '사회적 실제'(social practices)에 학생을 입문시킴으로써 실천적 이성에 입각한 실질적인 좋은 삶을 영위하도록 하는 일이다. 따라서 교육내용도 사회와 다소 유리되어 있는 추상적인 명제적 지식 혹은 이론적 지식보다는 그 사회의 중요하고 지배적인 사회적 실제로 구성되어야 한다고 본다. 이러한 영향을 반영하여, 최근 교육철학의 관심사가 교육실제와 관련된 이슈들을 철학적으로 논의·분석하고 있다. 예컨대, 교육측정 혹은 평가 문제, 교육평등과 학교선택문제, 직업교육문제, 국가교육과정 문제,

성교육문제 등이다.

교육철학은 오랫동안 이론적·추상적 논의에만 그치는 경향이 있었고, 교육이 당면한 문제나 교육현장에서 일어나는 문제를 철학적으로 논의하고 답변을 제시하는 일을 간과해온 경향이 있다. 실제적 교육철학은 각 사회의 도처에 산적해 있는 교육의 현안의 문제에 관심을 기울이게 하며, 그러한 문제에 대해 어느 정도 대답을 제시할 수 있게 한다. 교육철학이 교육의 실제문제에 관심을 가지고 논의해야 한다는 사실은 분명하지만, 교육실제 문제를 어떻게 논의해야 철학적인 것인가에 대해서는 그다지 분명하지 않다. 실제적 교육철학에서 교육철학과 교육철학 아닌 것을 구분하는 것이 방법상의 차이인가? 만일 그렇다면 '철학적 방법은 어떤 것인가?'라는 질문이 해명될 필요가 있다. 따라서 실제적 교육철학은 현행 교육의 중요한 문제에 어느 정도 답변을 제공하나, 교육철학이 교육학의 다른 영역과 어떻게 다른지에 대해서는 불분명한 점이 있다. 실제적 교육철학의 입장을 견지하는 학자는 철학적 깊이를 유지하면서 동시에 교육실제의 권고를 만족시키는 일 사이의 미묘한 균형을 유지해야 하는 어려운 과업을 동시에 안고 있다.

IV. 학교교육을 지배하는 두 가지 철학 사조와 교육

앞에서 보았듯이, '교육철학은 ~이다'라고 단정적으로 정의하기 어렵다. 오히려 교육철학은 철학적 이론이나 지식을 사용하여 교육이론 체계를 형성하는 일, 위대한 교육사상가의 아이디어를 탐구하거나 교육목적을 탐색하는 일, 교육의 주요개념을 분석하고 교육의 이론이나 주장의 논리적 가정을 드러내며 교육의 가치를 정당화하는 일, 교육정책이나 현장의 문제를 철학적으로 분석 · 검토하고 논의하는 일 등을 포괄하는 학문이다. 여기서는 기독교적인 학교교육에 관한 교육철학의 소극적 과제와 관련하여, 교육과 학교교육을 지배해온 두 가지 사상과 그에 토대를 둔 교육 아이디어의 주장을 드러내고, 그것을 비판적으로 검토한다.

1 모더니즘과 교육

1) 모더니즘

모더니즘(modernism)은 인문주의, 실학주의에서 시작되어 18세기 계몽주의를 통해 꽃 피워 20세기 중반까지 절대적인 영향을 미쳐 온 이성, 합리성, 논리성, 과학성을 중시하는 근대 서양사상을 일컫는 개념이다. 모더니즘의 토대를 이루고 있는 계몽주의는 영국의 베이컨, 로크, 버클리, 흄, 프랑스의 몽테스키외, 볼테르, 루소, 그리고 독일의 칸트 등으로 대표되며, 인간 이성에 대한 신뢰와 합리성 추구를 강조한다. 계몽사상의 주요 특징을 살펴보면 다음과 같다(조화태, 1998).

첫째, 계몽주의는 중세의 무지몽매함과 전통의 속박으로부터 벗어나 종교, 도덕, 정치 등의 제반 문제를 이성적으로 비판하고 합리적으로 해결하는 것을 중시한다. 무지몽매함이나 불합리성은 이성에 의해 치유될 수 있다는 신념하에 인간의 합리적 사고능력 발달을 중시한다.

둘째, 인간은 목적적 존재로서, 이성에 있어서 평등하기 때문에 누구나 신성불가침의 천부적인 개인의 권리를 가진다. 그리하여 계몽주의는 개인의 자율성 및 사회에 대한 개인의 우선성을 강조한다.

셋째, 계몽주의는 인간과 사회의 진보에 대해 낙관적인 입장을 취한다. 이러한 진보에 대한 계몽주의의 낙관적 입장의 토대는 인간 이성과 과학적 탐구 능력의 신뢰이다. 즉 이성이나 과학적인 방법을 통해 인간은 세계를 이해할 수 있고, 사회는 끊임없이 성장・발전해 갈 수 있다는 것이다.

인간의 이성과 합리성을 강조하는 계몽주의는 모더니즘의 핵심을 이루며, 18세기뿐만 아니라 지금에 이르기 까지 문명된 삶을 추구하는 전 세계문화 전반에 지대한 영향을 미치고 있다. 이러한 계몽주의의 영향은 교육에도 예외가 아니다. 인간 이성과 합리성의 계발을 강조하는 계몽사상은 교육의 표준적 의미 혹은 학교교육의 전형으로 간주되어 온 '자유교육'(liberal education)의 전통을 유지하고 강화시켰다고 볼 수 있다.

2) 자유교육의 주장과 그 비판

자유교육(liberal education)은 희랍에서 시작되었다. 희랍의 자유교육론은 두 가지 철학적 토대 위에 서 있다. 하나는 지식과 마음의 관련성, 즉 지식 추구 그 자체가 마음의 활동이라는 점이다. 다른 하나는 지식과 실재(reality)의 관련성, 즉 이성을 올바르게 구사하고 지식을 추구하는 일은 궁극적 실재를 파악하는 일이라는 점이다(Hirst, 1965: 113). 희랍의 자유교육론은 형이상학적 혹은 인식론적 실재론에 근거하고 있다. 즉, 실재의 인식, 진리 혹은 지식추구, 그리고 마음의 활동은 상호 관련되어 있다는 것이다. 진리 혹은 지식을 추구하고 획득한다는 것은 다름 아닌 마음의 활동이다. 인간은 마음의 활동을 통해 궁극적인 실재를 파악할 수 있으며, 그러한 삶을 추구하는 것이 좋은 삶이라는 것이다. 희랍의 자유교육론에 의하면, 인간은 지식 추구, 즉 마음의 활동을 통해 실재를 인식함으로써 인간

이성을 오류와 환상으로부터 자유롭게 할 뿐만 아니라 인간 행위를 죄악으로부터 해방할 수 있는 것이다.

이러한 희랍적 자유교육의 아이디어를 현대적인 상황에 비추어 치밀한 교육 아이디어로 만든 사람이 허스트(P. H. Hirst)이다. 허스트는 희랍의 자유교육의 철학적 가정 중, 형이상학에 대해 부정적 관점을 가지고 있는 현대철학의 사조에 따라 '실재와 진리 혹은 지식'의 관계를 배제하였다. 그리하여 허스트는 '실재'라는 형이상학적 가정 없이, '마음과 지식'의 관련만으로 자유교육을 규정하였다. 그의 자유교육의 논리는 다음과 같다. '마음'의 개념과 '지식'의 개념 간에는 논리적 관련이 있으며, 지식의 획득은 근본적인 면에서 마음의 발달이다. 자유교육의 목적이 마음을 발달시키는 데 있고, 마음의 발달은 지식의 추구와 논리적으로 관련되어 있다면, 자유교육은 불가피하게 '지식(의 형식) 그 자체'에 의해 규정되고, 지식의 형식을 가르침으로써 합리적 마음의 계발이 가능하다. 허스트에 의하면, 자유교육은 '지식 그 자체에 의해 범위와 내용이 결정되며, 그리하여 마음의 계발에 관심을 가지는 교육'이다(1965: 125). 결국 그는 '실재'라는 형이상학적 가정 없이, '마음과 지식'의 논리적 관련만으로 자유교육을 규정한 것이다.

허스트는 지식의(형식) 추구로 특징 지워지는 자유교육을 제시하였을 뿐만 아니라, 지식의 형식에 관한 체계적인 아이디어도 제시하였다. 그에 의하면, 지식의 형식은 삶을 이해하는 방식으로서 일곱 내지 여덟 가지(수학, 자연과학, 인문학, 역사학, 종교, 문학 및 순수예술, 철학, 도덕적 지식)로 구성되며, 각각의 지식의 형식은 독특한 개념, 논리, 검증방식을 가지고 있다. 허스트에 의하면, 교육은 다름 아닌 그러한 지식의 형식에 학생을 입문시킴으로써 합리적 마음을 기르는 일, 즉 마음을 자유롭게 하는 일이다. 합리적 지식 추구에 대한 정당화 요구는 합리적 지식추구에 어떤 형식으로든 참여하고 있을 때에만 의미를 가질 수 있다. 그러므로 '합리적 지식(의 형식)을 추구하는 것이 어째서 가치로운가?'라는 질문에 대해, '지식의 형식을 왜 추구해야하는가?'라는 질문을 심각하게 하고 있는 사람은 그 질문의 논리적 가정인 지식의 형식의 가치를 받아들일 수밖에 없다는 '선험적 논의'(transcendental argument)의 방식을 사용하여 그는 정당화한다.

허스트의 자유교육론은 희랍 자유교육론의 정신을 계승하여 인간의 마음을 자유롭게 하고자 하였다. 그러나 그것은 어디까지나 근대 계몽주의 사조의 영향 아래 있는 합리주의적 전통에 바탕을 둔 것이다. 그것은 크게 두 가지 점에서 그러하다. 하나는 형이상학을 배제한다는 점이다. 허스트는 희랍 자유교육이 가지고 있는 실재와 마음과 지식의 관계에서, 현대철학, 특히 분석철학적 전통에서 의문시되어오던 형이상학적 실재를 제외한 채, 마음과 지식의(논리적) 관련성만으로 자유교육을 규정하였다. 다른 하나는 자유의 개념을 지나치게 좁게 규정한 점이다. 허스트는 인간이 자유롭게 되는 것은 합리적 마음을 계발하는 일에 달려 있다고 보았다. 마음이 지식과 논리적 관련성이 있다면, 자유교육은 근본적으로 지식을 추구하는 일로 특징지어질 수밖에 없다. 허스트의 자유교육은 현대의 분석철학에 힘입어 희랍의 자유교육론을 예리하고 정교한 논리로 가다듬었으나, 또한 그것 때문에 사라지거나 간과된 측면이 있다고 보아야 한다(유재봉, 2004b: 3-7).

이러한 자유교육의 기독교적 비판은 크게 두 가지이다. 하나는 자유교육론이 가정하고 있는 세계관에 대한 것이고, 다른 하나는 자유교육론이 실지로 인간을 자유롭게 하는가에 관한 것이다(유재봉, 2004a: 257-259).

첫째, 자유교육론이 가정하고 있는 세계관과 관련하여, 자유교육론에서는 우리가 살아가고 있는 눈에 보이는 세계와 인간을 그 자체로 온전한 것으로 간주한다. 그러므로 인간은 이성을 부단히 연마함으로써 합리적 마음을 형성할 수 있으며, 총체적 세계를 충분히 이해 할 수 있다고 본다. 그리할 때 인간은 진정으로 인간답고 자유로울 수 있다고 생각한다. 이러한 견해는 기본적으로 형이상학적, 인식론적 실재론을 부정하며, 인간과 세계에 대한 지나친 낙관주의적 견해가 전제되어 있다. 그러나 기독교적 관점에서 볼 때, 세계는 우연적으로 주어지거나 인간이 만든 세계라기보다는 신이 창조한 세계이며, 이 점에서 하나의 세계이며, 통일된 세계이다. 그러나 신이 창조한 세계는 인간의 타락으로 인해 통일성이 깨어졌으며, 예수의 구속으로 말미암아 다시 통일성 회복이 시작되었으며, 예수의 재림으로 완성될 것이다. 현재의 시점은 신이 창조한 세계가 온전히 회복되기보다는 회복되어 가는 도상에 있는 시기이다. 그러므로 우리가 살고 있는 세계는 여전히 불완전한 세계이다. 통일된 세계는 예수로 말미암아, 예수 안에서 비로소 가능하다. 예수가 온 목적은 바로 나누어지고 어그러진 세계를 다시 통일시키기 위한 것이다(에베소서, 1: 10). 인간과 인간의 이성도 동일한 방식으로 말할 수 있다. 인간의 영혼은 본래 진리를 탐구할 역량을 지녔다. 그러나 죄로 말미암아 전인으로서의 인간은 타락하였으며, 영혼은 진리를 볼 수 있는 능력을 상실하였다. 타락한 인간의 이성으로서는 진리인 신을 제대로 알고 향유하는 것은 말할 것도 없고, 총체로서의 사물을 제대로 인식할 수도 없다. 총체적 세계의 이해 가능성에 대한 자유교육론의 지나친 낙관주의는 세계란 인간이 합리적으로 만들어 가는 세계이며, 그것을 가능하게 하는 것이 이성이라는 생각에서 비롯된 것이다. 이러한 생각은 신이 창조한 세계에 대한 인식과 타락한 세계와 인간에 대한 전제를 제대로 고려하지 못한 결과이다.

둘째, 자유로운 인간과 관련하여, 자유교육론에서 인간이 자유롭게 된다는 것은 인간의 마음 혹은 정신이 자유롭게 된다는 것을 의미한다. 이러한 생각은 계몽주의 사조의 반영으로 볼 수 있다. 희랍시대는 인간의 영혼 전체의 발달에 관심을 가졌으며, 그 핵심적인 요소가 인간의 이성이었다. 그러던 것이 계몽주의에 이르러 이성을 인간의 영혼, 나아가 인간 전체와 동일시하였다. 이러한 영향으로 허스트는 인간 마음의 계발을 인간 전체의 발달과 동일시하여, 마음이 자유롭게 되는 것을 인간전체가 자유롭게 되는 것으로 보는 경향이 있었다. 말하자면, 그들은 인간의 이성 내지 마음을 지나치게 강조한 나머지 인간을 지나치게 좁게 규정하였다. 그러나 인간은 신의 형상으로 창조되었으며, 신의 형상에는 의지, 기억, 지성 등의 요소를 포함하고 있다. 의지는 능동적이고 지속적 힘을 발휘하게 하는 원리로서, 기억과 지성의 이해를 결합하고 이성의 판단을 집행하는 일을 할 수 있다. 인간의 이성은 신의 형상의 일부이며, 그것이 중요한 것이기는 해도 인간 영혼 전체를 포괄하는 것으로 볼 수 없다. 그러므로 이성이나 마음의 계발만으로 인간 전체를 자유롭게 해준다고 보기 어렵다. 결국 자유교육론은 인간의 영혼이 가진 풍성함을 축소하여 그중 가장 핵심적인 이성 혹은 마음만을 취해 그것을 발달시키는 데 관심을 가졌다. 그리하여 결과적으로 부분적이고 불완전한 자유를 추구하게 된 셈이다.

2 포스트모더니즘과 교육

1) 포스트모더니즘

포스트모더니즘(post-modernism)은 서양의 근대정신과 문화, 그리고 근대사회의 구조와 체제가 재구성되는 과정을 설명하는 이론적 · 사상적 경향이다. '포스트모더니즘'이라는 말은 1950년대 초, 역사학자 토인비(A. Toynbee)가 처음 사용한 이래 철학, 예술, 과학, 교육, 사회 계획 등의 전부분에 걸쳐 폭 넓게 사용되고 있다. 포스트모더니즘은 계몽주의에서 강조하는 이성 혹은 합리성에 대한 믿음, 즉 과학이나 언어, 예술, 사회와 문화에 대한 궁극적 법칙이나 논리, 또는 구조를 인간의 이성에 의해서 찾아낼 수 있다는 믿음을 거역하고, 보편적 이론이나 사상의 거대한 체제의 '해체'를 주장하는 경향을 의미한다.

포스트모더니즘을 대표하는 학자로는 료따르(J. F. Llotard), 라깡(J. Lacan), 데리다(J. Derrida), 푸코(M. Foucault), 들뢰즈(Deleuze), 로티(R. Rorty) 등이며, 포스트모더니즘의 주요 특징은 다음과 같다.

첫째, 반이성 혹은 반합리주의적 성격을 띤다. 이성과 합리성을 추구했던 모더니즘과는 달리, 포스트모더니즘에서는 이성과 합리성의 절대적 가치를 부인한다. 오히려 인간 이성의 허구성을 지적하며, 그것을 해체하는 데 관심이 있다.

둘째, 정초주의(Foundationalism)를 거부한다. 모더니즘은 진리를 판단하는 토대 내지 틀이 있다고 보는 데 비해, 포스트모더니즘은 지식의 절대성이나 보편성을 판단할 '정초'가 없다고 본다. 포스트모더니즘은 오히려 모더니즘의 인식론이 토대를 두고 있는 정초주의를 배격한다.

셋째, 상대적이고 국부적 지식관을 주장한다. 모더니즘이 메타서사(meta narrative) 혹은 대서사(grand narrative)와 보편적 · 절대적 지식을 추구하는 데 비해, 포스트모더니즘은 소서사(little narratives)와 상대적 · 국부적 · 맥락적 · 다원적 지식을 추구한다. 인식의 아르키메데스 기점을 거부하는 포스터모더니즘의 관점에서 볼 때, 절대적 지식이나 보편적 지식을 추구하는 것은 허구이며, 모든 인식 활동은 인식자의 주관에 따른 상대적인 관점에서 이루어질 수밖에 없다.

넷째, 인간 주체성을 강조한다. 인간은 주어진 세계를 고정된 틀과 합리적 기준에 의해 수동적으로 파악하는 존재가 아니다. 오히려 진리나 합리성은 스스로 형성해 나가는 것이며, 인간은 그 세계를 자신의 관심에 따라 능동적이고 주체적으로 인식해 가는 존재인 것이다.

포스트모더니즘은 20세기 후반부터 지금까지 세계 문화와 사상에 절대적인 영향을 미치고 있다. 포스트모더니즘의 교육적 영향은 완전히 상반된다. 한편으로는 학교교육이 전통적으로 합리성을 추구하는 모더니즘의 언어와 사고로 이루어져 왔기 때문에 한편으로는 부정적인 시각에서 그것을 분석하기도 한다. 그러나 다른 한편으로 포스트모더니즘의 영향은 상대적·맥락적 지식을 강조하며, 학생이 능동적으로, 주도적으로 학습해 나가는 것을 강조하는 구성주의 교육에 의해 강화되었다.

2) 구성주의 교육의 주장과 그 비판

구성주의(constructivism)는 포괄적이고 다의적인 개념이어서 학자마다 다르게 정의된다. 그러나 구성주의의 가장 근본적인 공통 특성은 '지식이 인식주체와 무관하게 수동적으로 주어지는 것이 아니라 인식주체인 개인에 의해서 능동적으로 구성된다'고 보는 점이다. 즉 인식주체가 외부의 객관적 실재를 주어진 것으로 혹은 그대로 받아들이는 것이 아니라 지식의 구성 또는 형성에 적극적으로 개입하고 있는 것으로 본다. 진리 혹은 지식은 보편적 혹은 절대적으로 주어진 상태로 있는 것이라기보다는 시간적·공간적 맥락의 산물이며, 개인의 인식작용에 의해 능동적으로 구성 혹은 재구성되는 것이다.

구성주의의 주요 특징을 지식의 성격과 인식의 주체 면에서 보다 구체적으로 제시하면 다음과 같다.

첫째, 진리 혹은 지식은 인식주체와 무관하게 객관적으로 주어져 있는 것이 아니라 그것에 참여함으로써 형성하는 것이다.

둘째, 진리 혹은 지식의 획득은 객관적인 실재를 수동적으로 받아들임으로써가 아니라 인식주체의 경험에 의해 능동적으로 구성된다.

구성주의는 강조점의 차이에 따라 다양하게 구분되나, 가장 일반적인 구분은 '급진적 구성주의'와 '사회적 구성주의'이다. 급진적 구성주의와 사회적 구성주의는 지식의 구성 혹은 획득에 관한 관점, 즉 지식의 구성이 순전히 개인의 인식작용에 의해서 이루어지는가, 아니면 사회적 상호작용을 통해서 이루어지는가에 따라 나뉜다. 글라저스펠트(Glasersfeld, 1995)에서 볼 수 있듯이, 급진적 구성주의는 지식의 구성이 순전히 개인의 인식작용에 의해서 이루어진다고 본다. 비고츠키(Vygotsky)에서 보듯이, 사회적 구성주의는 지식의 구성이 사회적 상호작용을 통해서 이루어진다고 본다. 급진적 구성주의와 사회적 구성주의를 몇 가지 관점에서 비교하면 다음과 같다(김무길, 2005: 25-27).

첫째, 지식 구성에 있어서 인식주체와 사회와의 역할 문제이다. 급진적 구성주의의 주창자인 글라저스펠트에 의하면, 지식은 인식주체와 동떨어져 존재하는 객관적인 실재를 받아들임으로써 획득되는 것이 아니라 스스로의 경험에 의해 능동적으로 구성해 간다. 이에 비해, 사회적 구성주의자인 비고츠키는 개인적인 관점보다는 사회 · 문화적 관점에서, 인간의 지식의 획득은 사회적 · 문화적 맥락 속에서 일어나며, 개인과 개인을 연결하는 사회적 의사소통의 수단으로서 언어가 중시된다.

둘째, 지식 구성에 있어서 진리의 준거 문제이다. 급진적 구성주의에 있어서 진리는 인식주체 외부로부터 '발견'되는 것이 아니라 인식주체의 마음속에서 '구성'되는 것이다. 그러므로 진리의 준거는 궁극적으로 개인 자신이다. 이에 비해, 사회적 구성주의에서 진리의 준거는 개인의 임의적 판단이 아닌, 인식 주체들 사이의 '동의', 즉 사회적 합의이다. 사회적 구성주의는 급진적 구성주의에 비해 상대적으로 개별 인식주체의 의미 부여보다는 인식주체들이 의미를 공유하는 간주관적 측면을 강조한다. 비고츠키는 학습자의 잠재적 구성 능력을 신뢰하는 그의 근접발달영역에 관한 논의에서 드러나듯이, 사회 문화적, 지적인 전통을 중시하는 한편, 개별 인식주체들의 능동적 의미 부여의 가능성을 열어두고 있는 것이다.

셋째, 지식 구성에 있어서 실재의 위치 문제이다. 급진적 구성주의에서 실재는 개별 인식주체 외부에 독립적으로 존재하는 것이라기보다는 인식주체가 주관적 경험을 통하여 의미를 부여하거나 구성하는 것이다. 이에 비해, 사회적 구성주의에서 실재는 객관주의적 실재론에서처럼 인식주체와 완전히 동떨어져 있는 것은 아니지만, 사회적으로 공유된 것으로서 인식주체 바깥에 위치해 있다. 이 점에서 사회적 구성주의는 인식주체인 개인의 구성작용과 사회적 동화의 측면을 동시에 고려하고 있는 것으로 볼 수 있다.

구성주의 교육 아이디어는 기독교적인 관점에서 비판될 수 있다. 그것은 크게 두 가지이다. 하나는 구성주의 교육론이 가정하고 있는 세계관에 대한 것이고, 다른 하나는 구성주의 교육론이 실지로 진리를 구성할 수 있는가에 관한 것이다.

첫째, 구성주의 교육론이 가정하고 있는 세계관과 관련하여, 구성주의 교육은 '객관적 실재가 무엇인가'의 문제보다도 '개인이 인식을 어떻게 구성해 나가는가'의 문제에 관심을 둔다. 구성주의 교육에 의하면, 인식 혹은 지식의 획득은 인식주체가 자신의 경험에 비추어 능동적으로 구성함으로써 가능하다는 것이다. 이러한 구성주의 교육의 주장에는 인간의 자율성과 인간능력에 대한 지나친 신뢰가 깔려있다. 여기에는 신의 존재가 개입될 여지도 없으며, 객관적이고 보편적인 진리가 없다. 구성주의 교육에 의하면, 창조주이며 진리의 계시자인 하나님에 의존하지 않고 인간이 스스로 진리를 구성해 나갈 수 있는 것이다. 그러나 '자율성'이라는 것이 하나님 안에서의 자율성이지 하나님의 통치로부터 자유롭게 되는 것을 의미하는 것은 아니며, 능동성은 하나님의 뜻에 대한 자발적인 순종과 헌신이지 자신의 뜻과 의지에 능동적이거나 적극적인 것이 아니다. 인간의 타락 후 인간의 뜻과 자유의지는 하나님의 뜻과 진리를 따르기보다는 자신의 욕망을 채우는 방향으로 나아가기 마련이기 때문이다.

둘째, 구성주의 교육론이 진리를 구성할 수 있는가의 문제와 관련하여, 구성주의 교육은 인간이 주체적으로 진리를 구성할 수 있고, 그럴 때 비로소 의미가 있다고 본다. 인간은 결코 전지전능한 신이 될 수 없다. 따라서 피조물로서의 인간은 하나님이 창조하신 세계의 진리를 인식하기에도 부족한 존재인데 하물며 스스로 진리를 만들어 간다는 것은 불가능하거나 극히 제한적이다. 게다가, 타락하여 인식이 희미해진 인간의 상태를 고려한다면, 그러한 인간이 주체적으로 진리를 능동적으로 구성해 간다는 것은 가능하지 않다. 만일 구성주의 교육의 주장이 사실이라고 하더라도, 그것은 절대적인 진리라기보다는 '주관적이고 불완전한 지식 혹은 신념'이라고 볼 수밖에 없다. 결국 구성주의자들의 주장과는 달리, 구성주의 교육은 인간 인식의 한계 때문에 인식주체가 능동적으로 '온전한 진리'를 구성해 나갈 수 없으며, 더구나 인식의 주체인 자아를 실재 혹은 진리의 창조자의 위치로 이끌 위험이 존재하는 것이다.

V. 나가는 말

기독교적 학교를 지향하기 위해서는 교육철학의 정립이 필수적이다. 기독교적 교육철학을 정립하기 위해서 교육철학이 무엇인지를 밝혔고, 지금까지 교육과 학교교육에 지배적인 영향을 미치고 있는 두 사조와 교육 아이디어의 주장을 기독교적인 관점에서 비판적으로 검토하였다. 20세기 중반까지 교육을 지배해온 모더니즘과 그것을 반영하는 자유교육 아이디어는 교육의 근본적인 관심사를 '존재(실재)'에서 '인식'으로 바뀌게 하였으며, 여기에는 인간 타락을 간과함으로써 이성에 대한 지나친 신뢰가 전제되어 있었다. 20세기 후반부터 교육의 지배적인 패러다임으로 군림하고 있는 포스트모더니즘과 그것을 반영하는 구성주의 교육은 모더니즘의 이성주의 세계관을 의심하게 하였으나, 기독교적 보편진리를 또한 거부하는 결과를 초래하였다. 그리고 교육의 근본적인 관심사를 '인식'에서 다시 '의미구성'으로 나아가게 만들었다. 이렇듯, 오늘날 세상을 지배하는 사상과 교육은 점차 기독교적 정신을 구현하는 것으로부터 멀어지고 있다. 그러면 현 시대에서는 기독교적 교육철학은 불가능한 것인가?

이제 적극적으로 기독교적인 관점에서 교육철학을 제시해야 할 순서이다. 그것은 두 가지 방식이 가능할 것 같다. 하나는 기독교 세계관에 입각해서 체계적으로 교육철학을 재구성하는 일이고, 다른 하나는 기독교적인 관점을 가진 교육철학 아이디어를 제시하는 일이다. 여기서는 결론을 대신하여 후자의 입장에서 한 가지 가능한 기독교적 교육철학을 예시하겠다. 그것은 기독교적 자유교육론이다[3].

허스트의 자유교육론은 마음과 지식의 관련성으로만 자유교육을 규정하고 실재와 지식과의 관련성을 배제함으로써 총체적 세계를 이해하는 토대를 상실하였다. 기독교적 자유교육론은 희랍의 자유교육론이 가진 형이상학적 측면을 구체화함으로써 동시에 희랍 자유교육의 한계를 극복하려는 전통으로 볼 수 있다. 기독교적 자유교육론에 따르면, 희랍의 자유교육론에서 근본이 되는 형이상학적 실재는 다름 아닌 인격적 신이다. 신을 이해하는 것은 신이 창조한 세계 전체를 이해하는 셈이 된다. 그런데 희랍에서 절대시하던 인간의 이성으로는 신과 신이 창조한 세계전체를 온전하게 이해하는 것이 불가능하다. 인간의 타락으로 말미암아 인간의 이성이 그 능력을 상실하였기 때문이다. 비유적으로 말하자면, 그러한 상태는 빛이 없어진 상태로 볼 수 있다. 인간은 육신의 눈을 가지고 있지만, 빛이 없이는 사물이나 세계를 제대로 볼 수 없다. 이러한 상태에서 사물이나 세계를 볼 수 있는 가능성은 어두움에 빛이 가해질 때이다. 인간은 타락한 이성이 회복될 때, 어두움 속에 감추어져 보이지 않던 사물이나 세계의 모습을 비로소 제대로 인식할 수 있게 된다.

총체로서의 세계를 온전히 이해하기 위해서는 인간의 어두워진 눈과 이성을 회복시킬 필요가 있으며, 그것은 신앙에 의해 가능하다. 이점에서 '신앙이 이성에 선행한다'(cred ut intelligam; I believe in order that I may know)는 아우구스티누스의 말은 옳다(De Trinitatae, IX, 1, 1; Howie, 1969: 49; 양명수, 1999, 127-138). 이 말은 두 가지의 의미로 이해된다. 하나는 이성에 대한 신앙의 '시간상 우선성'(priority)을 의미하며, 다른 하나는 이성에 대한 신앙의 '우월성'(primacy)을 의미한다. 전자에 따르면, 사물이나 세계를 인식하기 위해서는 타락한 이성으로는 불가능하며, 먼저 신앙에 의해 이성이 회복되어야 한

3) 이하에 대한 자세한 내용은 유재봉(2004c)을 참조.

다. 말하자면 신앙에 의해 회복된 이성을 통해 온전한 인식이 가능하다는 뜻이다. 후자에 따르면, 신앙이 이성의 표준이요, 궁극적 지향점이다. 이성은 신앙에 의해서만 온전해 질 수 있으며, 신앙에 의해 고삐 매어져야 하는 것이다. 그러할 때, 이성이 지향하는 바는 결국 신앙이 지향하는 바와 동일 할 수 있는 것이다. 그러므로 '신앙이 이성에 선행한다'라는 말은 인간이 타락한 상태에서는 두 가지 의미를 모두 가진 것으로 볼 수 있다. 즉 이성은 먼저 신앙에 의해 회복되어야 하며, 신앙은 이성의 표준과 궁극적 지향점이라는 것이다(De Trinatate, IX, 1, 1). 그러한 신앙에 의해 드러나는 빛이 다름 아닌 '계시' 혹은 '신적조명'(divine illumination)이다. 인간은 회복된 이성이나 신적 조명을 통해서 비로소 총체로서의 세계를 인식할 수 있게 되며, 진정한 마음의 자유를 누리게 되는 것이다(유재봉, 2004c). 비유컨대, 신적 조명에 의해 인간은 청동 거울을 보듯 희미하게 보던 것을 얼굴을 맞대고 보듯 분명하게 보게되며, 부분적으로 인식하던 것이 온전하게 인식하게 되는 것이다(고린도전서 13:12). 여기에 기독교적 자유교육론이 요청된다. 만일 기독교적 자유교육론의 주장이 타당하다면, 인간은 기독교적 자유교육에 의해 비로소 문자 그대로의 '원만(圓滿)한' 영혼 혹은 마음을 갖출 수 있고, 완전한 자유를 누릴 수 있는 것이다(골로새서 2: 2-3).

토의 문제

▸▸ "교육 철학이란 ~이다."에 본인의 의견을 넣어보자. 과거 본인이 받았던 교육의 교육철학과 비교해 보자.

▸▸ 기독교적 교육철학이 필요하다고 생각하는가? 학교교육을 지배하는 두 가지 철학 사조에서 비롯된 자유교육과 구성주의 교육과 관련지어 토의해보자.

▸▸ 저자는 "기독교적 자유교육"을 제시하였다. 본인이 생각하는 기독교 교육철학을 이야기해 보자.

참고문헌

김무길(2005). “구성주의와 듀이 지식론의 관련성: 재해석”. 『교육철학』 34. p.23-43, 교육철학회.

신차균 · 안경식 · 유재봉(2006). 『교육철학 및 교육사의 이해』. 서울: 학지사.

양명수(1999). 『어거스틴의 인식론』. 서울: 한들출판사.

유재봉(2004a). “합리적 자유교육론의 비판적 논의”, 『신앙과 학문』 9(1). p.1-24. 기독교학문연구회.

유재봉(2004b). “허스트의 자유교육론에 대한 탐색”, 『교육과정평가연구』 7(2). p.241-266. 한국교육과정평가원.

유재봉(2004c). “종교적 자유교육론 연구: 아우구스티누스와 아퀴나스를 중심으로”, 『한국교육사학』 26(2), p.149-175. 한국교육사학회.

이돈희(1983). 『교육철학개론』. 서울: 교육과학사.

조화태(1998). 『근대 계몽주의와 교육』. 서울대학교 교육연구소 편. 교육학대백과사전. 서울: 하우동설

Augustine, *De Trinitate.* A. W Haddan(trans. 1872). *On the Trinity.*

Glaserfeld, E.(1995). *Radical Constructivism.* 김판수 외 (역, 1999). 『급진적 구성주의』. 서울: 원미사.

Greene, A. E.(1998). *Reclaiming the Future of Christian: A Transforming Vision.* 현은자, 정희영, 황보영란(역, 2000). 『기독교 세계관으로 가르치기』. 서울: CUP.

Hirst, P. H.(1965). “Liberal education and the nature of knowledge”, in R. D. Archambault(ed.). *Philosophical Analysis and Education.* London: Routledge & Kegan Paul.

Howie, G.(1969). *Educational Theory and Practice in St. Augustine.* London: Routledge and Kegan Paul.

Knight, G. E.(4ed., 2006). *Philosophy and Education.* Andrews University Press.

Sire, J. W.(4 ed., 2004). *The Universe Next Door.* 김헌수(역, 2007). 『기독교 세계관과 현대사상』. 서울: IVP.

Vygotsky, L. S.(1962). *Thought and Language.* 신현정 (역, 1985). 『사고와 언어』. 서울: 성원사.

In Jesus' name, I pray. Amen.

03

지식교육에 대한 기독교적 이해

– 홍은숙(성결대학교)

I. 들어가는 말

교육은 전인교육이 되어야 한다. 명제적 지식 중심의 주지주의 교육, 특히 주입식교육은 인성교육, 기술교육, 창의력 교육, 비판력 교육 등 교육의 다양한 측면을 무시하는 나쁜 교육으로 간주되어 왔다. 우리는 잘 살기 위해서 지식을 가르치고 배우지만, 지식을 많이 배웠다고 해서 도덕성이나 훌륭한 인격이 보장되는 것은 아니다. 때로는 많은 지식을 가진 사람이 더욱 교묘히 나쁜 일을 하기도 하고, 다른 사람을 착취하거나 이기적으로 자신의 이익을 추구하기도 한다. 지식은 사람들을 더 잘 살게 하는 대신에 거꾸로 죽음과 불행으로 이끌기도 하는 것이다. 그렇다면 지식교육을 하되 어떻게 올바른 지식교육을 할 수 있는가?

이 장에서는 학교교육의 핵심 영역인 지식교육에 대해 일반교육에서는 어떤 논의가 진행되는지를 살펴보고, 기독교적 관점에서는 지식교육의 성격을 어떻게 새롭게 이해하고 대안을 제시할 수 있는지를 논의하고자 한다. 이를 위해서 제1절에서는 지식교육에 대한 일반교육에서의 다양한 논의들을 소개하겠다. 여기서는 지식교육의 위상, 주지주의 교육의 문제, 그리고 교육적 앎의 성격에 대한 논의들을 검토하겠다. 제2절에서는 기독교적 관점에서 지식교육의 문제를 어떻게 파악하고 대안을 제시하는지를 논의하겠다. 여기서는 앎의 성격과 인식구조 바로잡기, 지식의 목적과 근원 재음미, 그리고 기독교적 전인교육 등을 살펴보겠다.

II. 지식교육에 대한 일반교육의 논의들

1 지식교육의 위상에 대한 논의

1) 진보주의와 보수주의의 지식교육관

지식교육에 대한 가장 대표적인 논의는 교육에서 지식을 가르쳐야 하는가 아니면 가르치지 말아야 하는가에 관한 것이다. 지식교육을 강조하는 입장에서는, 지식은 인류의 문화유산으로서 그 자체로서 가치 있는 내재적 가치 혹은 절대적 가치를 가지기 때문에 교육에서 계속 가르쳐야 한다고 주장한다. 이러한 보수주의 교육은 플라톤의 주지주의 교육 이래, 항존주의 교육, Hirst(1974)의 지식의 형식이론 등에서 주장되고 있다. 한편 전통적 교육에서 아동을 무시하고 주입식 지식교육을 하는 것에 반대하여 18세기 계몽주의의 낭만주의 교육사조에서는 '우리는 교과를 가르치는 것이 아니라 아동을 가르친다'고 말하며, 개인의 이성과 잠재력을 계발하는 것을 강조하는 아동중심교육을 제안하였다. 이것은 19세기에 계발주의 교육으로 발전되어, 20세기에 진보주의 교육으로 나타났다.

진보주의 교육을 이끈 Dewey는 죽은 문자교육을 하는 형식적 학교교육을 비판하고, 아동의 흥미와 필요에 따른 교육, 미래를 위한 준비가 아닌 현재의 삶으로서의 교육 등을 강조하였다. 진보주의 교육은 이론적 지식 대신에 삶에 유용한 지식을 가르칠 것을 주장하였으며, 학교의 필수교과들이 축소되고 선택교과들이 확대되었다. 그 과정에서 학생들이 어려운 교과의 선택을 회피함으로 인하여 학력이 저하되는 등 많은 문제들이 발생되었다. 특히 1957년에 소련이 최초로 우주선을 발사하자 미국에서는 진보주의 교육을 비판하고,

그 대안으로 '지식의 구조'에 기초한 '학문중심 교육과정'을 제시하였다.

Bruner에 의하면, '지식의 구조'를 가르친다는 것은 교과중심 교육과정에서와 같은 단편적인 '지식의 더미'를 주입하는 대신에 체계적으로 구조화된 지식의 기본 개념 및 원리를 가르치는 것을 뜻한다. 즉, 그것은 학문의 결과인 '중간언어'를 주입하는 것이 아니라, 학자들이 하는 일 즉 그 학문의 사고방식과 탐구방식을 가르치는 것이며, 학문에 '관하여' 가르치는 것이 아니라 학문하는 일 자체를 가르치는 것이다. 이를 위해서 Bruner는 흩어진 상태로 제공된 자료 속에서 학생들 스스로 가설을 세우고 원리를 발견하는 '발견학습' 교육방법을 제안한다. 또한 학년이 올라감에 따라 해당 학문의 핵심 아이디어들을 점점 넓고 깊게 심화하여 반복적으로 가르치도록 교육내용을 조직하는 '나선형 교육과정'을 제안한다(Bruner, 1960; 이홍우, 1978).

진보주의의 아동중심교육과 보수주의의 학문중심교육에 대한 논의는 계속 발전되고 있다. 1983년에는 「위기에 처한 미국(Nation at Risk)」이라는 미국 교육부 보고서가 발표되어, 미국 학생들의 학력 저하를 다시 지적하며 교육에서의 질적 수월성 추구를 강조하였다. 신보수주의자로 불리는 Hirsch(1988)는 현대 사회의 교양 있는 구성원으로 살아가기 위해서는 기초적인 문화내용을 알아야 하며, 교육에서는 이러한 문화적 핵심 지식을 가르치는 '문화적 문해(Cultural Literacy)'를 추구해야 함을 강조한다. 이때 '문해력'이란 흔히 생각하듯이 알파벳을 해독하여 소리를 내는 문자 해독 기능이 아니라, 책을 유창하게 읽는 이상으로, 내용을 파악하는 능력을 가리킨다. 내용파악을 하기 위해서는 기본적인 정보나 개념들을 이해해야 하며, 이를 위해서 인류 문화유산이나 정보 등을 가르쳐야 한다는 것이다.

교육에서 아동을 고려하여 그들에게 적합한 교육방법을 사용해야 한다는 낭만주의의 아동중심교육에 반대할 사람은 없으나, 낭만주의가 교육방법에 관한 논의를 넘어서서 지식교육을 도외시하는 방식으로 교육내용에 관한 주장을 하는 것은 잘못이라고 Hirsch는 지적한다. 이것은 교육방법에 관한 논의에서 교육내용에 관한 논의로 무단히 논점을 변경하는 것이 된다(Hirsch, 1996: 84-87; 홍은숙, 1999: 328-331참조). 무의미한 주입식 지식교육의 문제를 해결하기 위해 낭만주의 교육사조에서는 지식교육 자체를 부정하고, 그 대신 아동의 생활에 필요한 문제해결능력을 가르칠 것을 주장하는 외적 비판을 한다. 이에 대해 학문중심 교육사조에서는 인류 문화유산으로서의 지식을 가르치되 그것을 '지식의 구조', '발견학습', '나선형 교육과정' 등을 통해 제대로 잘 가르쳐야 한다는 내적 비판을 한다. 이렇게 볼 때 잘못된 주지주의 교육을 바로 잡기 위해 지식교육 자체를 부정할 필요는 없다고 말할 수 있다.

2) 학습자와 지식의 갈등: 지식교육의 위상

지식교육에 대한 논의는 주입식 지식교육에 대한 대안을 찾으려는 노력, 그리고 교육과정에서 학습자와 지식의 바른 위상을 찾으려는 노력으로 나타난다. 서구 교육사조에서 교육의 강조점은 시계추처럼 학습자와 지식 사이를 왕래한다. 이러한 현상은 우리나라도 예외가 아니어서, 우리나라의 제1차 교육과정은 '교과중심 교육과정', 제2차 교육과정은 '생활중심 교육과정', 제3차 교육과정은 '학문중심 교육과정', 제4차 교육과정은 학생들의 전인적인 발전을 꾀하는 '인간중심 교육과정', 제5차 교육과정은 잠재적 교육과정 및 통합 교육과정을 강조하였다. 제6차 교육과정에서는 지방자치제에 따른 교육과정의 분권화가 반영되었다. 제7차, 제8차 교육과정에서는 21세기 세계화 · 정보화 시대를 주도할 자율적이고 창의적인 한국인

육성에 초점을 맞추어 국민공통기본교육과정, 수준별 교육과정, 재량활동 등을 강조함으로써, 첨단지식과 학생의 자기주도적 학습이 공존한다고 볼 수 있다. 이처럼 우리나라의 교육과정 변천사를 보더라도 교육의 강조점이 지식과 학습자 사이에서 시계추처럼 반복적으로 움직임을 알 수 있다.

교육에서 지식과 학습자의 갈등은 "학습은 지식을 획득하는 것으로 이해되어야 하는가 아니면 학생의 인성을 발달시키는 것으로 간주되어야 하는가? 가르치는 일은 인류가 성취한 유산으로 학생을 입문시키는 것에 관심을 가지는 일인가 아니면 학생으로 하여금 자신을 최대로 실현할 수 있도록 하는 일인가?"(Oakeshott, 1967: 160)라는 질문에 잘 나타난다. 이에 대해 Oakeshott는 학생이 인류의 문화유산을 계승하는 일과 자신을 최대로 실현하는 일 사이에는 차이가 없다고 말한다. 자아라는 것은 추상적인 이성도, 알려지지 않는 잠재력도 아니며, 오직 역사를 통해 형성되는 인성이다. 따라서 인간이 자아를 최대로 실현하는 방법은 오직 인류 유산에 비추어 자신을 깨닫도록 하는 것뿐이라는 것이다(Oakeshott, 1967: 160-161).

학습자와 지식 사이의 갈등은 교육이론상으로는, 교육은 수동적인 아동에게 인류의 문화유산을 주입하는 일이라고 보는 고전주의적 교육관과, 교육은 잠재력을 지닌 아동의 성장을 돕는 일로 보는 낭만주의적 교육관의 대립에 기인한다. 그러나 Peters는 주형모형과 성장모형의 두 가지 교육관 모두 풍자만화처럼 교육의 한 부분, 즉 주형모형은 교육내용을, 성장모형은 교육방법을 과장하여 강조한다고 비판한다. 영어의 '가르친다(teach)'라는 동사는 "누구에게 무엇을 가르친다(teach somebody something)"는 식으로 지식과 학습자 모두를 가르치는 것으로 사용되어야 한다고 Peters는 지적한다(Peters, 1966:2장). 요컨대 학습자와 지식은 교육의 양대 지주로서 모두 중요하다. 따라서 지식교육이 잘못되었을 때 지식 자체를 부정하기보다는, 내적 비판을 통해 바른 지식교육을 추구해야 할 것이다. 바른 지식교육의 모형을 제시하려는 시도로서 Bruner와 Hirsch의 이론을 앞에서 살펴보았다. 그러나 어떻게 지식교육의 위상을 확립하고 바른 지식교육을 해야 하는가에 대해서는 지속적인 논의가 필요할 것이다.

2 주지주의 교육에 대한 논의

1) 교육내용 선정에서의 주지주의 문제와 그 대안

지식교육에 대한 또 다른 논의는 교육에서 지식을 어느 정도 강조해야 하는가의 문제, 즉 주지주의 교육에 대한 비판과 대안들에서 찾아볼 수 있다. '주지주의 교육'의 의미는 교육내용 선정, 교육목표 설정, 교육방법의 세 측면으로 구분하여 분석할 필요가 있다. 첫째 주지주의는 교육내용 선정 면에서 '이론적 학문'을 교육내용으로 가르쳐야 한다는 입장이다. 이러한 입장은 1960년대부터 30여 년간 영미 교육철학의 논의를 지배해온 전기 Hirst의 '지식의 형식 이론' 및 '자유교육론'에서 대표적으로 나타난다. 전기 Hirst는 플라톤의 '자유교육'의 개념[1]을 발전시켜, 교육은 합리적 마음을 발달시키는 것이며, 그것은 우리의 경험을 개념화함으로써 가능하다고 보고, 지식의 형식 이론을 제시한다. 즉, 우리의 경험을 표현하는 개념체계는 역사적으로 발전되는 가운데 점차 특수한 '지식의 형식들'—수학, 자연과학, 인간과학, 역사, 종교, 문학 및 예술, 철학 등의 일곱 가지 학문 영역들—로 분화되었다. 따라서 합리적 마음의 발달은 이러한 지식

1) 플라톤은 교육의 목적이 인간의 이성을 발달시키는 데 있다고 보고, 자유인들의 이성을 발달시켜 무지와 욕구로부터 자유롭게 만드는 교육을 '자유교육'이라고 불렀다.

의 형식들을 가르침으로써만 가능하다. 그러므로 교육 즉 '자유교육'은 합리적 마음을 발달시키는 지식의 형식들로 입문시키는 것이라고 전기 Hirst는 주장한다(Hirst, 1974:3장).

이성을 발달시키는 지식의 가치를 플라톤은 실재와 마음에 대한 형이상학적 가정에 기초하여 정당화하였으나, 전기 Hirst는 현대에 받아들이기 어려운 형이상학적 가정 대신, 마음과 지식 사이의 논리적 관계에 비추어 선험적으로 정당화한다. '선험적 정당화'란 '왜 지식을 추구하는가'라는 질문은 이미 지식의 추구가 중요하다는 것을 논리적, 선험적으로 전제하고 있기 때문에 그러한 질문을 하면서 동시에 지식의 가치를 부인하는 것은 자기모순이 된다는 식의 논의이다(Hirst, 1974:42; 홍은숙, 2007:196 참조).

Hirst의 지식의 형식 이론은 많은 비판을 받았다. Elliott는 전기 Hirst 이론의 논리적 비약을 지적한다. 즉, '마음의 발달이 인간의 경험을 개념화함으로써만 가능하다'는 주장(A)을 받아들인다고 해서, '마음의 발달이 학문적 이해를 통해서만 가능하다'는 주장(B)을 받아들여야 하는 것은 아니다. 왜냐하면 A에서의 이론화되지 않은 '상식적 이해'로서의 '지식'의 가치는 누구나 선험적으로 받아들일 수 있지만, B에서의 '학문적 이해'로서의 '지식'의 가치는 누구나 받아들일 수 없기 때문이다. B의 경우 학문적 지식에 대한 별도의 정당화가 필요하지만, Hirst는 이러한 정당화를 하고 있지 않다고 Elliott는 비판한다(Elliott, 1975: 62; 홍은숙, 2007: 30-32). 한편, Martin은 전기 Hirst의 이론은 지식에 관한 '사실(is)'로부터 교육에서 무엇을 가르쳐야 하는가 라는 '처방(ought)'을 이끌어냈다는 점에서 '자연주의적 오류'의 일종인 '인식론적 오류'를 범한다고 지적한다(Martin, 1981: 46-51; 홍은숙, 2007: 33-35).

지식의 형식 이론에 대한 가장 근본적인 비판은 Hirst 자신의 새로운 주장, 즉 교육은 '지식의 형식들'에의 입문 이상으로, 다양한 실제적 '실천전통들(practices)'에의 입문이어야 한다는 후기 Hirst의 주장에서 찾아볼 수 있다(Hirst, 1992: 40-53). 전기 Hirst의 자유교육론에서는, 이론적 이성 혹은 합리성을 추구하는 삶이 좋은 삶이며, 교육의 목적은 이러한 합리적 마음을 발달시키는 것이고, 교육내용은 '지식의 형식들'을 가르치는 것이다. 이와는 달리 후기 Hirst는 전반적인 인간욕구를 장기적인 안목에서 최대한 만족시키는 삶이 좋은 삶이며, 교육의 목적은 실천적 이성을 계발하여 실제적으로 좋은 삶을 살도록 하는 것이고, 교육내용은 사회의 지배적이고 성공적인 '실천전통들'을 가르치는 것이라고 본다.[2] 구체적으로 교육에서 어떤 활동들을 교육내용으로 선정해야 하며 그 기준이 무엇인가는 여전히 논의되어야 하지만, 분명한 것은 '지식의 형식들'로 대표되는 이론적 학문들을 넘어서 다양한 실천전통들로 교육내용이 확대될 필요가 있다는 사실이다.

2) 교육목표 설정에서의 주지주의 문제와 그 대안

둘째 의미의 주지주의는 교육목표 설정 면에서 특정한 활동을 교과로 가르칠 때, 그 교과의 다양한 요소들 중에서 '명제적 지식'을 교육목표로 강조하는 것이다. 예컨대 과학을 가르칠 때, 과학적 명제, 과학적 기술, 과학적 정열, 과학적 덕목, 과학적 판단력, 과학의 이야기와 역사 등 다양한 요소들 중에서 교육의 초점을 과학적 명제 교육에 맞추는 것이다. 이러한 입장 역시 전기 Hirst의 지식의 형식이론에서 찾아볼 수 있다. '지식의 형식'의 의미를 Hirst는 '이론적 학

2) Hirst는 교육과정에 포함되어야 한다고 생각하는 내용을 '다양한 기본적인 인간활동', '광범위한 선택적 인간활동', '발전된 혹은 이차적인 인간활동' 등으로 구분하며, 특히 기본적 인간활동의 내용으로 물리적 세계 관련 인간활동, 의사소통 관련 인간활동, 개인과 가정생활 관련 인간활동, 광범위한 사회적 실제, 예술 관련 인간활동, 종교 관련 인간활동 등을 제시한다(Hirst, 1993: 196; 유재봉, 2002:8장).

문 활동'과 '참인 명제 및 진술들'의 두 가지로 사용하며, 둘째 의미의 주지주의는 후자의 개념과 관련된다. 그는 명제적 지식이 교육의 전체는 아니지만 그것은 교육의 다른 요소들을 지배하는 '논리적으로 근본적인 부분'이기 때문에 교육에서 우선적으로 가르쳐야 한다고 말하며, 이러한 명제적 지식교육을 그는 '자유교육'이라고 약정적으로 정의한다(Hirst, 1974:85, 96).

전기 Hirst의 자유교육론은 교육의 다양한 측면을 도외시하고 지식과 이해의 획득만을 강조한다는 비판을 받는다. 그러나 Hirst는 자신의 자유교육의 개념이 제한적 의미만을 가지는 약정적 정의라고 반박한다. 이에 대해 Martin은 그가 약정적 정의를 하는 것 자체를 비판할 수는 없으나, 포괄적이고 명예로운 호칭인 '자유교육'이라는 말을 '지식의 형식'을 가르치는 제한된 교육에 사용함으로써 그것이 교육 전체에 대한 이론인 듯이 오도하는 것은 잘못이라고 지적한다(Martin, 1981: 46-51). 특히 그가 명제적 지식교육이 교육의 다른 요소들을 지배하는 '논리적으로 근본적인 부분'이라고 주장하며, 교육과정의 근본 목표가 명제적 지식을 배우는 것이어야 한다고 주장하는 것(Hirst & Peters, 1970: 62)은 잘못이라고 비판한다.

우리는 교육을 통해 전수해야 할 학문적 지식이나 문화유산 등을 중시한 나머지, 그것을 추상적 명제로 바꾸려는 경향이 있다. 추상화된 명제적 지식은 인류의 성취를 요약하여 가시적으로 잘 보여준다는 점에서 활동의 정수일 수 있지만, 정태적인 명제로 변하는 순간 그 본래의 생명을 잃어버릴 수 있다. 소크라테스는 스스로 지혜롭다고 자처하는 사람들이 '지혜의 외양'만을 가지고서 마치 '지혜의 실재'를 가진 듯이 착각하는 오류를 지적한다(이홍우, 1991: 81-83 참조). 교육에서 이론적 명제 교육은 중요하지만, 추상화된 이론적 명제를 절대시할 때 명제가 가진 생명을 잃어버릴 위험이 있으며, 또한 명제적 지식을 교과 전체로 오해하거나 혹은 다른 부분들을 통제하는 논리적으로 우선성을 가지는 부분으로 오해할 위험이 있다(홍은숙, 2007: 2장 참조).

후기 Hirst는 명제를 다른 요소들의 논리적 근본 요소로 본 자신의 전기 이론을 스스로 비판한다. "나의 가장 중대한 오류는 이론적 지식이 건전한 실제적 지식의 발달과 합리적인 개인의 발달에 논리적 기초가 되는 것으로 보았다는 것이다." 지금은 오히려 "실제적 지식이 이론적 지식보다 근본적이며, 또한 실제적 지식은 이론적 지식의 고유한 의미를 분명히 파악하는 데 기초가 된다"고 생각한다(Hirst, 1993: 197). 이렇게 볼 때 어떤 활동을 교과로 가르칠 경우 우리는 그것의 다양한 요소들이 무엇인가를 파악하며, 그것의 다양한 요소들 전체에 교육적 관심을 가져야 할 것이다. 지식교육은 명제적 지식교육으로 제한되어서는 안되며, 그 활동의 다양한 요소들을 균형 있게 가르쳐야 할 것이다.

3) 교육방법에서의 주지주의 문제와 그 대안

셋째 의미의 주지주의는 어떤 활동의 다양한 요소들을 가르칠 때 그것을 수행하는 데 도움이 되는 '방법적 규칙'을 적용에 앞서 먼저 가르쳐야 한다는 교육방법상의 주장이다. 이것은 Ryle의 '주지주의 신화' 비판과 Schön의 '기술적 합리성(technical rationality)' 비판에서 찾아볼 수 있다. Ryle은 지적 행위를 하기 위해서는 먼저 적절한 명제나 처방을 생각하여 말한 후에 그것을 실천하는 두 가지 일을 하는 것이라는 '주지주의 신화'를 비판한다. 예컨대 물에 빠진 아이를 구하기 위해서 먼저 명제를 말한 후 실천하지 않듯이, 실천을 위해서 반드시 먼저 명제를 배워야 하는 것은 아니라는 것이다. 그는 '명제적 지식(know that)'과 '방법적 지식(know how)'을 구분한 후, 교육에서 가르쳐야 하는 것은 '방법적 지식'임을 주장한다. 즉, '지식이 많은 것(intellect)'과 '지적인 것(intelligence)'을 구분하며, 교육에서 추구해야 할 것은 지적인 능력임을 강조한다(Ryle, 1949: 2장).

그러나 Ryle이 방법적 지식을 강조한다고 해서 명제적 지식을 무시하는 것은 아니다. 비스켓을 삼켜야 소화가 되듯이, 알파벳이나 구구단도 일단 외워야 이해할 수 있다(Ryle, 1967: 111-112). Ryle이 부정하는 것은 명제적 지식을 가르치되, 먼저 이론으로 배운 후 나중에 적용하도록 하는 방식으로 이론과 실제를 이원화하여 가르쳐야 한다는 생각이다. Ryle이 방법적 지식을 강조한 것은 명제적 지식을 하나의 효과적인 행위를 하는 스타일 또는 방법으로 가르쳐야 함을 지적하기 위한 것이다(Ryle, 1949: 48, 54). 요컨대 교수방법 면에서, 방법적 규칙으로서의 '명제적 지식'을 먼저 열거한 후 행동을 가르칠 것이 아니라, 행위하는 방법을 직접 가르치되 그 과정에서 필요한 명제를 행위와 동시에 가르쳐야 한다는 것이다.

Schön(1983) 역시 「반성적 실천가」에서 '기술적 합리성'을 비판하고, '활동 속의 사고(reflection-in-action)'를 주장한다. '기술적 합리성'이란 전문적인 활동을 할 때, 먼저 과학적 이론이나 기술을 가르친 후 그 이론을 실제 문제 해결에 도구적으로 적용하도록 해야 한다는 생각이다.[3] '기술적 합리성'에서는 전문직 실천가나 기능인들이 실제에 적용할 수 있도록 대학에 기반을 둔 과학자나 학자들이 만들어주는 근본적인 이론을 먼저 알아야 하며, 따라서 전문인을 양성하는 학교에서는 전문적 활동의 기초가 되는 일반적이고 체계적인 이론 지식을 학생들에게 전달하는 기능을 해야 한다고 주장한다.

---

3) '기술적 합리성'은 1) 활동이 기초하며 또 그것이 발달되어 나온 기저 학문 또는 기초 과학의 요소, 2) 일상적 진단 절차와 문제 해결을 제공하는 응용과학 또는 '공학적' 요소, 3) 기저 학문과 응용지식을 사용하여 실제로 고객에게 서비스를 할 때 관여하는 기술과 태도의 요소라는 전문적 지식의 세 가지 요소의 위계에 기초한다(Schön, 1983: 24).

이에 대해 Schön은 어떤 활동을 수행한다는 것은 단순히 문제를 해결하는 과정이 아니며, 해결해야 할 문제가 처음부터 주어지는 것도 아니라고 말한다. 오히려 어떤 활동을 수행한다는 것은 문제를 '만드는' 과정, 즉 문제와 성취해야 할 목적과 그 목적에 대한 수단 등을 정의해나가는 과정인 것이다. 따라서 활동 수행을 위해서는 주어진 목적 달성을 위해 수단을 찾아 적용하는 '기술적 합리성' 대신에 활동의 목적 탐색과 목적 수행에 필요한 과정을 동시에 고려하는 '활동 속의 사고'가 요구된다. 특히 문제 상황이 특수하고 변화하기 때문에 이론을 기계적으로 적용할 수 없다. 활동을 수행하는 것은 예술적이고 직관적인 과정으로서, 말로 표현할 수 없는 묵시적인 앎이 필요한 것이다(Schön, 1983: 39-49). 요컨대 전문적 활동을 하는 것은 이론 전달을 먼저 한 후 그것을 기계적으로 실천에 옮기는 것이 아니라, 활동을 하는 가운데 반성적으로 사고하는 것임을 Schön은 주장한다. 이렇게 볼 때 우리는 교육방법 면에서 실천적 지식을 가르쳐야 함을 알 수 있다.

3 교육적 앎의 성격에 대한 논의

1) 객관주의적 인식론 비판: Polanyi의 '인격적 지식'

지식교육에서 지식을 아는 상태 즉 교육적 앎이 어떤 특성을 가지는가에 관련된 일련의 논의들이 있다. 교육적 앎은 미신과 편견, 개인의 주관이 제거된 객관적인 지식이어야 한다. 그러나 '객관성'을 추구하는 과정에서 잘못된 '객관주의적 인식론'이 등장하여 교육적으로 많은 문제를 야기하고 있다. 그렇다면 '객관적 지식'은 '객관주의적 지식'과 어떤 차이가 있으며, 객관주의적 지식의 특징 및 오류는 무엇인가? 객관주의적 인식론에 의하면, 객관적 지식은 개인의 주관적 판단이 제거된 무인격적(impersonal) 지식이며, 또한 인식주체가 인식대상과 거리를 두고 떨어져서 사태를 바라보는 관람자적 지식이라고 본다. Popper는 객관적 지식은 인식주체와 독립적으로 존재하는 객관적 실재에 기초하기 때문에 주관적 판단을 하는 인식주체는 '저 밖에 있는 객관적' 대상으로부터 분리되어 제거되어야 하며, 이에 '인식주체가 없는 지식(knowledge without a knower or a knowing subject)'을 주장한다(Popper, 1972: 108-109).

그러나 인식주체가 없는 지식이 가능한가? 그리고 객관적 지식을 추구하기 위하여 반드시 '무인격적 지식'을 받아들여야 하는가? 이에 대해 Polanyi는 객관적 지식을 추구하기 위하여 무인격적 지식을 받아들여야 하는 것은 아니며, 오히려 '무인격적 지식'은 잘못된 인지양식임을 지적한다. 과학의 탐구 과정을 보면 아무리 엄격하게 기계화된 과정이라도 거기에는 개인적인 기술과 판단의 여지가 항상 남아 있다(Polanyi, 1962: vii; 1966: 4-5). 이처럼 모든 앎에는 인격적인 기술과 판단이 불가피하며 말로 표현할 수 없는 '묵시적 요소(tacit dimension)'가 있다. 또한 과학이 감정과는 무관한 객관적인 것이라고 생각하지만, 과학적 열정들은 단순한 심리적 부산물이 아니며 과학에 불가피한 논리적인 기능들, 즉 선택적, 발견적, 설득적 기능 등을 수행한다(Polanyi, 1962:134). 따라서 과학에서 인격적이고 묵시적인 측면이 제외될 때 오히려 과학 자체가 파괴될 수 있다고 Polanyi는 경고한다.

Polanyi는 인격적 요소가 객관적 지식과 모순되는 것이 아님을 주장한다. 객관적 진리를 추구하는 과정에서 보여지는 인식주체의 인격적 참여나 판단, 지적인 열정과 같은 '인격적' 측면은 그 자신과 무관한 기준들을 따르며 실재를 드러내고자 한다는 점에서 단순히 자신의 감정을 가지는 '주관적 상태'와는 구분된다. 따라서 앎의 인격성은 '객관적' 또는 '지식'이라는 말과 모순 없이 쓰일 수 있으며, 이에 앎의 인격성과 객관성이 결합된 '인격적 지식'이 가능하다(Polanyi, 1962: vii-viii, 300). 요컨대 어떤 내용을 배우든지 그것에 대한 참된 지식을 가지기 위해서는 인격적 참여와 헌신이 불가피하며, 또 이러한 인격적 앎이 객관적 진리의 추구라는 이상과 어긋나는 것이 아님을 그는 보여준다.

2) 정초주의(Foundationalism) 인식론 비판: 해석학적 인식론

객관주의에서는 객관적 지식이 지식의 확실성을 검증할 수 있는 인식의 확고부동한 기점(foundation)에서 출발한다는 정초주의 인식론을 주장한다. 근대 인식론인 합리주의와 경험주의는 흔히 반대되는 것으로 간주되지만, 확실한 지식을 보장하는 기점으로부터 일직선적으로 계단처럼 쌓여 간다는 정초주의 인식론을 받아들인다는 점에서는 공통된다. 합리론자인 Descartes는 명석판명한 확실한 지식을 위해서 모든 불확실하고 의심스러운 것을 배제하고자 했으며, "나는 의심한다. 그러므로 나는 존재한다."는 원리에서 나타나는 이성을 그 기점으로 보았다. 한편, 경험주의는 감각 경험을 인식의 출발점으로 삼았다. Locke는 감각을 통해서 받아들인 인상이 있기 전 인간의 의식은 백지와 같으며, 확실한 지식의 근원은 경험이라고 주장한다. 그러나 지식의 객관성과 확실성을 위해서 반드시 인식의 기점을 상정해야만 하며, 또한 지식은 이 기점에서 일직선적으로 쌓여지는 것인가? 해석학 및 포스트모더니즘은 이러한 정초주의 인식론을 비판한다(Palmer, 1969; 이규호, 1972: 5장).

해석학은 우리가 백지상태에서 새로운 내용을 받아들이는 것이 아니라, 기존에 가지고 있는 이해인 '전이해'를 기초로 하여 새로운 지식을 받아들이며, 이때 전이해와 새로운 지식 사이에 '지평의 융합'이 일어나게 된다고 본다. 따라서 앎이 인식 주체의 삶의 전통에 비추어 이해될 수 있다는 사실을 무시하고 추상적인 특정 기점-그것이 이성이든지 감각 경험이든지 간에-을 상정하려고 해서는 안 된다고 주장한다. 또한, 해석학은 앎이 특정 기점에서 출발하여 일직선적으로 이루어진다는 생각에 반대하며, 앎은 '해석학적 순환'을 통해 이루어진다고 본다. 해석학적 순환이란, 새로운 지식은 기존의 전체적인 전통에 비추어 이해되지만, 동시에 전체적인 전통은 새로운 지식에 의해서 수정되고 확장된다는 것이다. 개인의 인식 과정도 마찬가지로 순환적으로 이루어진다. 즉, 새로운 지식은 개인의 전이해에 비추어 이해되지만, 일단 이해된 지식은 개인의 전이해 구조에 흡수되어 그것을 확장시키는 과정을 반복하는 것이다.

그렇다면 개인의 '전이해'를 고려하는 해석학은 지식의 객관성과 확실성이 결여된 것인가? 이에 대해 Bernstein은 해석학적 지식론이 다소 상대주의적 특성을 가지지만 주관주의와는 구분된다고 말한다. 주관주의자들은 개인적 견해나 취향, 편견 등을 따른다는 점에서 객관적 기준이라는 것을 전적으로 부정한다. 그러나 상대주의자들은 따라야 할 기준이 있다는 사실을 부정하지 않는다. 단지 전체를 포괄하는 보편적인 하나의 개념틀 또는 메타언어가 있다는 생각을 부정하며, 환원될 수 없는 비교 불가능한 여러 개의 개념 틀이 있다고 믿는다. 이것을 Bernstein은 '간주관성(inter-subjectivity)'이라고 부른다(Bernstein, 1983: 8-10). 이러한 입장은 거대담론을 부정하고 다양한 작은 담론을 주장하는 포스트모더니즘의 입장과도 통한다(Lyotard, 1979). 이렇게 볼 때 객관성을 확보하기 위하여 정초주의 입장을 취할 필요는 없다. 해석학은 지식의 객관성을 견지하면서도 인식주체의 능동적인 역할을 강조하며, 순환적 인식과정을 통해 지식교육의 보다 포괄적인 모습을 보여주는 대안을 제시한다.

3) 가치중립적, 도구적 지식관 비판: 비판이론의 지식관

우리는 보다 행복하게 잘 살기 위해 지식을 가르치고 배운다. 그러나 지식교육을 많이 받았다고 해서 더 도덕적이고 행복한 삶을 사는 것은 아니다. 이에 대해 지식은 가치중립적인 것으로서 그 자체가 좋거나 나쁜 것이 아니라 어떻게 활용되는가에 따라 좋을 수도 있고 나쁠 수도 있는 도구적인 것이라는 반박이 있다. 지식을 배운 사람들의 비도덕적인 행동은 지식교육의 실패 때문이 아니라 가치나 윤리 등을 가르치는 데 실패했기 때문이라는 것이다. 따라서 지식 자체의 도덕성을 문제 삼기보다는 도덕교육 내지 윤리교육, 특히 전문직 윤리학을 보완하여 가르칠 것을 주장한다. 과연 지식은 도덕성과 무관한 것인가? 가치중립적 지식관 및 도구적 지식관에 대한 대표적인 비판은 비판철학에서 찾아볼 수 있다.

Marcuse(1976)는 지식의 도구적 성격을 '일차원적 사고'라는 개념으로 설명한다. 그는 주어진 현실 그대로를 진리로 받아들이는 '긍정적 사유'와 현실의 모순을 비판적으로 드러내는 '부정적 사유'의 두 차원의 사유를 구분한다. 현대인은 '부정적 사유' 능력을 상실하고 현실을 그대로 받아들이는 '긍정적 사유'만을 하는 일차원적 사고를 가지게 되었다. 현대인은 폐쇄되고 기계화되고 물질화해 버린 세계만을 인식하게 된 것이다. 이에 지식교육은 지배세력이 필요로 하는 기술적 지식을 제공하는 지배를 위한 도구로 전락하고, 지성인은 기술자로서 지배자의 종이 되었다. 그러나 사람들은 가치중립성이라는 명분 때문에 양심의 거리낌이나 문제의식조차 느끼지 못한다고 그는 비판한다.

Habermas(1971) 역시 인간의 관심에 따라 지식을 세 가지로 구분한다: (1) 사회적 재생산을 위한 '기술적 관심'에서 생겨난 경험-분석적 과학, (2) 인간의 상호작용과 언어를 이해하려는 '실천적 관심'에서 생겨난 역사적 해석학적 과학, 그리고 (3) 권력의 속박에서 벗어나려는 '해방적 관심'에서 생겨난 비판적 변증법적 사회과학이 있다. 그는 경험-분석적 과학이 사회 유지에 도구적인 역할을 하는 특정 관심에서 생겨났음을 알지 못하고 그것이 보편적인 지식의 형태인 것처럼 착각하는 데 '과학주의'의 문제가 있다고 지적한다. 따라서 경험-분석적 과학만을 보편적 절대적인 지식으로 가르칠 것이 아니라, 자신이 사는 사회 및 상호관계를 이해할 수 있는 역사적-해석학적 지식, 그리고 궁극적으로는 자신이 사는 세계를 자아 성찰적으로 볼 수 있게 하는 비판적 지식을 가르쳐야 한다고 그는 주장한다.

III. 지식교육에 대한 기독교적 이해

1 앎의 성격 및 인식구조 바로잡기

1) 객관주의적 인식구조

이제까지 우리는 지식교육에 대한 일반교육의 다양한 이론과 논의들을 살펴보았다. 이제 지식교육의 문제에 대해 기독교가 어떤 대안을 제시할 수 있는지를 살펴보자. 먼저 지식의 객관성을 객관주의와 혼동하여 대상과 멀리 떨어진 관람자적 앎이 바람직한 앎이라고 생각하는 객관주의적 인식론의 문제를 생각해보자. 이에 대해 Polanyi는 무인격적 지식을, 비판철학자들은 도구적 지식관을 적절히 비판하고 있으나, 기독교적 관점에서는 보다 근본적인 분석 및 대안 제시를 할 수 있다.

교육에서 추구하는 객관적 지식이 관람자적, 무인격적 지식이라고 흔히 생각하는 이유는 무엇인가? 이것은 우리가 인식대상과 거리를 두고 정밀하게 관찰하고 기술하는 것이 객관적이라는 희랍적 앎의 개념을 당연시하고, 경험적인 다른 방식의 앎 즉 히브리의 '인격적 앎'의 개념이 있다는 사실을 간과하기 때문이다. 히브리적 앎의 개념, 즉 기독교에서 하나님을 안다고 할 때 '안다'는 말은 하나님에 대해 수집할 수 있는 객관적인 자료를 모두 취합하여 하나님에 '관하여' 이러한 존재라고 말하는 것이 아니다. 기독교에서 하나님을 안다는 것은 하나님과 인격적이고 친밀한 교제를 나누고, 그 말씀에 응답하고 순종하여 사는 것을 뜻한다.[4] 이러한 기독교의 앎의 개념은 객관적이고 지적인 이해를 뜻하는 희랍적 앎의 개념과는 상당히 다르다. 구약성경이 쓰인 히브리어에서의 앎은 지적인 이해뿐만이 아니라 경험이나 감정, 인격적인 관계를 포함하는 뜻으로 쓰인다. 희랍인들이 지식의 분석적이고 객관적인 측면을 강조한 데 비하여, 히브리인들은 지식의 경험적이고 주관적인 측면을 강조한다(Palmer, 1983, 이종태 역: 92-93; Groome, 1980, 이기문 역: 210-211). 실제로 우리가 배우자나 친구를 잘 안다고 말할 때, 혹은 과학을 잘 안다고 말할 때, 대상에 관해 이러저러하다고 말하는 것이 아니라, 인격적인 친밀한 앎을 뜻한다. 이러한 히브리적 앎의 개념에 비추어 볼 때 인식대상에서 멀리 떨어진 관람자적 앎이 유일한 앎의 양식도, 바람직한 앎의 양식도 아님을 알 수 있다.

객관주의적 인식론의 문제는 그것의 핵심 개념인 '사실', '이론', '실재', '객관적'이라는 단어의 희랍어 또는 라틴어 어원 및 인식구조에 대한 Palmer의 분석에서 잘 드러난다(Palmer, 1983, 이종태 역: 47-50). 첫째, '사실(fact)'이라는 말은 '만들다'라는 의미의 라틴어 '파

---

4) "마리아가 천사에게 말하되 나는 남자를 알지 못하니 어찌 이 일이 있으리이까(눅1:34)"라는 표현이 함축하듯이, 히브리어에서 '알다'라는 말은 성관계를 가리키는 데에도 사용된다.

케레(facere)'에서 온 말이다. 이것은 사실이 창조물로서 주어지는 것이 아니라 인간이 만드는 것이라는 의미를 내포한다. 이때 인식주체로서의 인간은 사실들을 가지고 실재를 만들어 가는 창조자로 간주되며, 만들어진 사실들만이 유일한 실재로 여겨진다. 둘째, '이론(theory)'이라는 말은 '관중'을 뜻하는 희랍어 'theoros'에서 나온 말이다. 이 말은 앎의 대상이 '저쪽' 무대 위에 있으며, 인식주체는 앎의 대상과 멀리 떨어진 채 관중으로 머물러 있으면서 진리를 관조적으로 추구하는 관중 또는 관람자로 간주됨을 뜻한다. 셋째, '객관적(objective)'이라는 말의 라틴어 어원은 '…에 맞서다, …에 대항하다'는 의미를 가진다. 객관적이란 말은 인식주체와 인식대상이 적대적 관계임을 내포한다. 이 경우 세상을 자신의 필요대로 조작하고 지배하는 지식을 높이 평가하게 된다. 넷째, 지식의 판별 기준이 되는 '실재'라는 말의 어근은 재산, 소유물, 물건 등을 의미하는 라틴어 'res'이다. 이 말은 실재를 안다는 것은 사물에 대한 권리를 주장하고 그것들을 소유하고 지배하기 위해서임을 시사한다. 이에 인식주체는 인식대상을 조작하고 지배하고 소유하는 관계가 된다(Palmer, 1983, 이종태 역: 50).

이러한 객관주의적 인식구조를 보면, 인식주체는 인식대상과 멀리 떨어져서 대상을 조작하고 지배하며 소유하는 능동적인 행위자로 간주된다. 한편 인식대상은 '저쪽 바깥에' 존재하면서 인식주체에 의해서 조작되고 지배되며 소유되는, 수동적이고 무기력한 무인격적 '물체'로 간주된다. 결국 인식주체와 인식대상의 관계는 멀리 떨어져 있는 소외된 관계, 인식주체가 인식대상을 조작하고 지배하고 소유하는 적대적 관계가 된다. 전근대적 주관적 지식의 문제가 인식주체와 인식대상을 지나치게 동일화한 것이었다면, 객관주의의 문제는 이 둘의 전적인 소외와 결별이다. 객관주의는 지식을 주관성으로부터 자유롭게 하려다가 그만 인식주체를 삶의 그물망 자체로부터 끊어버리는, '소외된 인식 방식'이라는 오류를 범하게 된다고 Palmer는 설명한다. 그는 객관성을 추구하는 과정에서 등장한 객관주의가 오히려 가장 주관적인 세계를 만드는 '객관주의의 역설'을 지적한다: "객관주의는 세계를 사물들의 집합체로 환원시킴으로써, 인식주체를 그가 내리는 정의에 수동적으로 굴복할 뿐인 말 못하고 생기 없는 대상들의 영역에 데려다 놓는다. 이런 의미에서 객관주의는 가장 주관적인 세계를 만들어 낸다."(Palmer, 1983, 이종태 역: 91).

2) 기독교적 인식구조

Palmer는 객관주의적 지식이 인간을 죽음으로 이끈다고 말하며, 생명을 살리는 지식이 무엇인지를 기독교적 관점에서 탐구한다. 잘못된 인식론을 극복하기 위해서 그는 교육에서 가르치는 내용을 '사실', '이론', '객관적', '실재' 등으로 부르는 대신 '진리'라고 부를 것을 제안한다. '진리(truth)'라는 말은 '언약(troth)'과 동일한 게르만 어근을 가지는 말로서, 어떤 사람이 다른 사람과의 언약 관계, 즉 서로를 책임지며 위험에 직면해서도 신뢰와 믿음을 굳게 지키는 맹세의 관계로 들어간다는 뜻을 가진다. 무언가 혹은 누군가를 진리로서 안다는 것은 인식대상과의 언약관계로 들어가는 것, 즉, 인식주체와 대상을 앎을 통해 재결합시키는 것이다(Palmer, 1983, 이종태 역: 58). 이러한 언약관계로 들어가기 위해서는 인식주체와 대상 모두 독자적인 온전성(integrity)과 타자성(otherness)을 가지고 한쪽이 다른 쪽으로 함몰되지 않아야 한다. 진리를 아는 일 즉 인식주체와 대상이 상호의존적 언약관계에 들어가는 일의 특성을 Palmer는 인격성, 공동체성, 상호성으로 설명한다.

첫째, 진리는 인격성이라는 특징을 가진다. Palmer는 인식주체의 인격적 판단을 강조하는 Polanyi에서 한 걸음 더 나아가, 인식대상의 인격성에 관심을 가진다. 인식대상은 Buber가 말한 '나-그것'의 관계처럼 사물로 인식될 수도 있고, '나-너'의 관계처럼 인격으로 인식될 수도 있다(Buber, 1937, 표재명 역; 강선보, 1994 참조). 인식대상을 '무엇'이 아닌 '누구'로 파악한다는 것은 인식대상을 살아 움직이고 반응하는 인격적 존재로 보며 그와의 인격적 관계 속으로 들어감을 뜻한다. 이것은 인식주체와 인식대상 사이의 개방적이며 살아있는 언약관계로 들어가는 것, 그리고 모든 창조 세계의 공동체와의 관계 속으로 들어가는 것이다. 이처럼 인격적 진리를 추구한다는 것은 인식대상을 강제적으로 범주화시키지 않고, 인격체로서 관계를 맺는 것을 뜻한다(Palmer, 1983, 이종태 역: 82). 요컨대 올바른 지식교육을 위해서는 인식주체의 인격성과 인식대상의 인격성이 전제되어야 한다. 인식주체와 대상의 인격적 만남이 이루어질 때 비로소 참된 앎이 형성되는 것이다.

둘째, 진리는 공동체성이라는 특성을 가진다. 우리는 종종 객관주의에 대항하다가 거꾸로 주관주의에 빠질 수 있다. 실재가 '저쪽 바깥'에 있지 않다면 '여기 안쪽'에 있다고 생각하며, 개인적, 주관적, 상대적인 생각을 진리로 착각하는 것이다. 진리의 공동체성은 이러한 주관주의의 위험성을 극복하는 데 도움이 된다(Palmer, 1983, 이종태 역: 90-91). 인격적 진리는 우리를 관계와 대화와 상호 변화의 공동체로 이끈다. 이러한 공동체를 통해서, 즉 인간, 물질세계, 동식물, 하나님의 공동체 등 '존재의 거대한 사슬' 안에서 인격은 계속해서 인격이 되어갈 수 있는 것이다(Palmer, 1983, 이종태 역: 91-92). 이러한 Palmer의 설명에서 드러나듯이, 진리는 주관주의나 객관주의를 모두 부정하며, 간주관적이고 공동체적인 특성을 가진다. 참된 지식교육은 인격성을 가지는 인식주체가 인격성을 가지는 인식대상과의 대화 및 관계를 통해, 실재하는 '존재의 거대한 사슬', 즉 공동체를 만나는 것이다.

셋째, 진리는 상호성이라는 특성을 가진다. 인격적 앎에서 인식주체와 인식대상의 관계는 두 인격 사이의 공명, 즉 인식주체가 인식대상의 삶 속으로 들어가고 또 인식대상이 인식주체의 삶 속으로 들어오는 것을 의미한다. 예컨대 소설을 읽을 때, 우리가 소설 안에 들어가 그것을 이해하지만, 동시에 소설의 인물들이 우리 삶에 들어와 우리 자신의 모습을 깨닫게 하고 우리의 생각과 삶을 변화시킨다. 이것은 과학적 발견에서도 마찬가지여서, 우리가 새로운 과학적 사실을 깨닫는 순간, 그것은 우리 자신의 생각을 변화시키고 새로운 세계에서 살도록 한다. 그러한 지식은 언약에 근거한 인격적 돌봄과 충실성의 관계에 기초한다. 따라서 언약관계의 사랑 안에 있지 않고는 진리를 발견할 수 없으며, 더 많이 사랑할수록 더 많이 알게 되는 것이다. 이에 Palmer는 '안다는 것은 사랑한다는 것이다'라고 말하며, '사랑에서 발원한 지식'을 제안한다(Palmer, 1983, 이종태 역: 94-95).

진리의 인격성, 공동체성, 상호성이라는 특성에 비추어 볼 때, 진리를 가르치는 교육은 인식주체와 인식대상, 그리고 둘 사이의 관계에 대한 새로운 인식구조를 제시한다. Palmer의 '진리 교육'은 인식대상을 인격적인 존재로서 대하며, 그 대상을 통해서 관계와 대화와 상호 변화의 공동체를 만날 것을 강조한다. 그것은 오직 인식주체만이 인격과 능동성을 가지고 대상을 발견하고 조작할 수 있다는 오만한 독재자적 탐구 자세를 버릴 것을 강조하며 인식대상이 인식주체에게 하는 진리의 말을 겸손히 개방적인 자세로 듣도록 가르친다. '진리'를 가르치는 일은 새로운 인식 구조를 가르치는 일인 동시에 새로운 존재양식, 윤리관, 삶의 양식을 가르치는 일이다. 인식구조는 우리가 세계와 관계를 맺는 존재양식을 규정하며, 이것은 인간과 사물, 세계에 대한 가치관을 내포한다. 그리하여 우리의 인식론은 은연중에 우리의 윤리로 탈바꿈하며, 이것은 결국 우리의 삶의 양식을 규정하게 된다. 인식론은 단순히 앎에 대한 이론이 아니라 삶의 윤리가 되는 것이다(Palmer, 1983, 이종태 역: 46-47, 85).

2 지식의 목적 재음미: '사랑에서 발원한 지식'

1) '사랑에서 발원한 지식'

우리가 지식을 가르치고 배우는 목적은 무엇인가? 우리는 잘 살기 위해 지식을 배운다. 그러나 행복한 삶을 위해 배우는 지식이 거꾸로 인간의 삶을 파멸로 이끌 수 있다고 Palmer는 지식의 폭력을 경고한다(Palmer, 1983, 이종태 역: 25-28). 비판이론이 지적하고 있듯이, 지식은 가치중립적이고 도구적인 것으로 흔히 간주된다. 학교교육을 통하여 우리는 지식이 세상을 지배하는 힘을 주는 것이며 반면에 세상은 분해되고 조작되는 물체에 불과하다고 배운다. 그 결과 학생들은 개인의 이익과 승리를 위해 세상을 조작하는 데 지식을 사용할 뿐, 책임감을 가지고 세상의 문제를 해결하는 데 지식을 사용하려 하지 않는다. 이러한 과정에서 인식주체인 인간은 인식대상인 세상으로부터 소외되며, 지식을 사용하기보다는 지식의 오만한 힘에 정복당하여, 결국에는 모든 인간이 파멸과 죽음으로 내몰리게 된다는 것이다(Palmer, 1983, 이종태 역: 25-27). 이에 Palmer는 우리가 지식의 발전과 위력을 기뻐하기보다는, 이러한 지식이 도대체 어디에서 왔으며 또 우리를 어디로 데리고 가는지, 지식의 기원과 목적을 밝혀야 한다고 말한다.

근대의 지식을 출발시킨 원천을 Palmer는 '호기심'과 '지배욕'으로 본다. 인간은 호기심을 가진 존재로서, 호기심은 유익할 수도 있지만 때로는 대상을 죽이기도 한다. 호기심은 도덕과 무관한 열정으로서, 알고자 하는 욕구를 방해하는 어떠한 지시도 거부하려 든다. 한편 인간은 힘에 미혹되는 존재로서 지배욕과 권력욕을 가진다. 이것은 도덕과 무관할 뿐만 아니라 부패하기 쉽다. 호기심에서는 대개 순수이론처럼 지식 자체가 목적인 지식이 나오고, 지배욕에서는 응용과학처럼 실용적 목적을 위한 수단으로서의 지식이 나온다. 호기심과 지배욕은 우리의 앎 이면에 자리한 열정으로 결합되어서 죽음으로 이끄는 지식을 낳게 된다고 Palmer는 지적한다(Palmer, 1983, 이종태 역: 28-29).

이와는 달리 생명으로 이끄는 지식은 자비와 사랑에서 나온다고 Palmer는 주장한다. 지식에 대한 우리의 가장 깊은 욕구는 세계가 처음 창조되었을 때의 유기적 공동체를 재창조하려는 열정이며, 지식의 기원은 이러한 공동체에 대한 사랑이라는 것이다. 여기서 사랑이라는 말은 감상적인 덕목이나 느낌이 아니라, 공동체를 엮는 끈, 실재를 엮는 끈을 가리킨다. 호기심과 지배욕은 이웃과 세계를 노리개나 지배의 대상으로 봄으로써 그것으로부터 우리를 떼어놓지만, 사랑에서 출발한 지식은 인식주체를 그 대상으로부터 소외시키지 않고 올바른 관계를 회복시키며, 책임감 있는 지식, 상호적이고 인격적인 지식을 가능하게 한다고 Palmer는 말한다(Palmer, 1983, 이종태 역: 31).

객관주의적 인식론의 오류의 원형을 Palmer는 창세기에서 아담과 하와가 에덴동산 가운데에 있는 선악을 알게 하는 지식 나무의 열매를 먹지 말라는 하나님의 명령에 불순종하고 그 열매를 따먹는 사건에서 찾는다. Palmer는 이것을 최초의 인식론적 과오라고 부른다. 아담과 하와는 그들의 한계 너머에 있는 지식, 즉 자신들을 하나님처럼 만들어 줄 것이라는 지식을 향해 손을 뻗쳤다. 이때 지식에 대한 갈망 자체가 죄는 아니며, 단지 그들이 추구했던 '지식의 종류'가 잘못되었다고 그는 지적한다. 알고자 하는 그들의 욕망은 사랑이 아니라 호기심과 지배욕에서 나온 것으로서, 그것은 하나님에게만 속해 있는 힘을 자신이 소유하려는 욕망에서 나온 지식, 그래서 죽음을 초래하는 종류의 지식인 것이다(Palmer, 1983, 이종태 역: 51). 이처럼 오늘날의 지식교육은 생명과가 아닌 선악과를 따서 주는 것, 살리는 지식이 아닌 죽음을 향한 지식이 될 수 있다.

2) 지식의 근원

기독교에서는 '여호와를 경외하는 것이 지식의 근본(잠언1: 7)'이라고 말한다. 이것은 창조주 하나님과 피조물의 유기적 공동체를 인정하고 사랑할 때 참된 지식을 가질 수 있게 된다는 것이다. 미신이나 주관주의로부터 벗어나 참된 지식을 찾으려는 계몽주의는 인간의 이성을 절대시하며, 이성을 지식의 절대적인 원천으로 보았다. 그러나 인간이 이성을 통해 세상을 무한히 알 수 있으며 자신에게 이성적으로 이해되지 않으면 그릇된 것이라고 생각하는 것은 잘못이다. 다양한 학문에 다양한 검증방식과 논리가 있듯이, 우리의 이성을 뛰어넘는 일이 있을 수 있다. 따라서 우리는 이미 주어진 창조 세계 그리고 세상이 만들어지고 운영되는 창조질서와 원리를 인정하며, 인간의 앎의 한계를 겸손히 받아들일 필요가 있다. 그리고 인간이 인식주체로서 인식대상을 만들고 조작하고 지배하며 소유한다는 오만한 관람자적 독재자적 태도를 버려야 한다.

인간의 이성이 지식의 원천으로 강조되는 오늘날, 신앙과 학문이 어떻게 통합될 수 있는가? 이 질문은 "당신은 아내를 구타하는 것을 중지했습니까?"라는 질문처럼 문제가 있는 질문이다. 긍정적 답을 하면 아내 구타를 인정하게 되고, 부정적 답을 하면 구타를 여전히 한다는 뜻이 되기 때문이다. 신앙과 학문의 통합에 대한 질문 역시 이 둘의 분리를 전제한다는 점에서 잘못된 질문이다. 왜냐하면 신앙이 없는 학문은 존재할 수 없기 때문이다(Greene, 1998, 현은자 외 역: 155-156). 모든 학문은 이성으로는 증명할 수 없는 형이상학적 가정에 대한 믿음에 기초하고 있으며, 이러한 형이상학적 가정이 바뀔 때 학문의 패러다임이 바뀐다고 Kuhn은 설명한다(Kuhn, 1970). 예컨대 창조론만 신앙에 기초한 것이 아니라, 다윈의 진화론도 신앙에 기초한다. 기독교나 불교만 신앙이 아니라, 무신론도 신앙인 것이다.

실제로 지식을 안다고 할 때, 그것은 머리로만 이해하는 것이 아니라, 마음으로 받아들이는 믿음이 있어야 하고, 증거를 제시하고 행하는 실천이 따라야 한다. 일반교육에서 Scheffler(1965)는 명제적 지식의 조건, 즉 명제를 안다고 말하기 위한 조건으로서 신념조건, 진리조건, 증거조건을 제시한다: X가 어떤 명제 P를 안다는 것은, ① X는 P임을 믿는다, ② P는 진리이다, ③ X는 P가 진리임에 대한 증거 E를 가지고 있다는 뜻이다. 이돈희는 이것에 'X는 E를 얻는 방법을 알고 있다'는 방법조건을 추가하였다(이돈희, 1991: 6장). 이렇게 볼 때 어떤 신앙적인 요소 없이 무엇인가를 배운다는 것은 불가능하다. 따라서 문제는 어떤 신앙의 빛 속에서 학문을 하려고 하는가가 된다. 기독교에서는 진리의 원천이 하나님에게 있으며, 진리는 하나님의 계시에 의해 드러난다고 본다.

3 기독교적 전인교육

지식교육이 비판을 받는 것은 그것이 교육의 다양한 측면을 무시하고 인지적 측면만을 강조하기 때문이다. 따라서 교육에서는 지 · 정 · 의가 조화된 통합된 인간을 기르는 전인교육을 강조한다. 따라서 지식의 형식들과 명제적 지식만을 가르칠 것이 아니라, 다양한 실천전통들을 가르치며, 각 실천전통의 다양한 요소들을 균형 있게 가르쳐야 할 것이다. 그렇다면 기독교 관점에서의 전인교육은 일반교육에서의 전인교육과 어떤 차이가 있는가? 앞에서 살펴본 Palmer는 '지성(mind)'의 발달만을 추구하는 교육, 특히 세계를 분열시키고 정복하는 데 사용하는, 잘못된 지식교육을 비판한다. 지성을 가르치되, 실재의 공동체적 본질을 깨닫게 하고 분열과 소외를 극복하며 지력을 발휘해 삶의 연대성을 인정하고 갱신하는 역할을 하도록 가르치는 바른 지식교육을 그는 강조한다.

이때 지성을 올바른 방식으로 발달시키기 위해서는 눈에 보이는 세계를 넘어서서 실재를 바라볼 수 있는 '영성(heart)'을 동시에 발달시켜야 한다고 Palmer는 지적한다. 오늘날 우리의 교육은 '지성의 눈' 한쪽만을 강조하고 다른 쪽 눈인 '영성의 눈'을 간과함으로써 온전하지 못한 치우친 시각을 갖도록 가르치고 있다는 것이다. 두 눈이 하나가 되어 바라보듯이, 우리에게는 지성과 영성이 하나가 되어 세계를 볼 수 있는 '온전한 시각'이 필요하다는 것이다. 이에 그는 교육이 두 가지 시각을 균형 있게 발달시켜야 한다고 주장하며, 교육을 온전한 시각을 형성하는 일로 본다(Palmer, 1983, 이종태 역: 15).[5]

최근 홀리스틱 교육은 인간이 영성적 존재임을 지적하며, 교육에서 잃어버린 언어인 삶의 초월적 차원을 회복시킬 것을 주장한다. 영성은 초월적 차원과 관련된 인간의 존재방식 내지 교류 가능성을 표현하는 말로서, 궁극적 관심의 지평 안에서 끊임없는 자기초월을 통하여 인격의 통합과 완성을 지향하는 것이라고 한다(심성보, 2005:

5) 이종태 번역본에서는 'mind'는 '지성'으로, 'heart'는 '마음'으로 번역되었다. 그러나 기독교적 특성을 반영하기 위해 여기서는 후자를 '영성'으로 번역한다.

24). Miller는 "영성은 만물 속에 숨겨진 생명의 질서, 만물을 하나의 커다란 연관구조 안에서 엮고 이를 창조적으로 추동하는 원리"라고 말한다(Miller, 1999: 160). 홀리스틱 교육이 말하는 영성은 기독교적 영성이라기보다는 보편적 영성을 뜻한다. 그러나 이것은 전인교육이 기존의 지 · 정 · 의 교육을 넘어서 영성교육까지도 포함해야 한다는 점을 적절히 지적한다. 기독교에서는 "우리가 다 하나님의 아들을 믿는 것과 아는 일에 하나가 되어 온전한 사람을 이루어 그리스도의 장성한 분량이 충만한 데까지 이르리니"(에베소서 4: 13)라는 구절이 보여주듯이, 신앙과 지식이 하나가 되는 온전한 전인적인 사람의 양성을 추구한다.

IV. 나가는 말

이 장에서는 지식교육에 대한 일반교육의 여러 논의들을 살펴보고, 기독교적 관점에서 지식교육을 어떻게 새롭게 이해하고 대안을 제시할 수 있는지를 논의하였다. 먼저 지식교육은 학습자와 더불어 교육의 양대 지주로서 중요함을 설명함으로써 교육 전체에서 지식교육의 위상을 강조하였다. 그리고 이론적 지식 전달에 치우치는 주지주의 교육의 문제와 대안들을 살펴보았다. 또한 교육적 앎의 성격과 관련하여 객관주의적 인식론 해결을 위한 Polany의 '인격적 지식'의 개념, 정초주의 인식론 극복을 위한 해석학적 인식론, 가치중립적이고 도구적인 지식관 해결을 위한 비판이론의 지식관 등을 살펴보았다. 지식교육에 대한 일반교육의 논의와 구분하여 기독교적 관점에서 어떻게 접근할 수 있는지를 앎의 성격과 인식구조 바로잡기, 지식의 목적과 근원 재음미, 그리고 기독교적 전인교육 등을 중심으로 살펴보았다. 여기서는 인식주체와 인식대상이 적대적 관계가 아닌 언약관계를 가져야 하며, 이에 지식은 인격성, 공동체성, 상호성이라는 특징을 가짐을 지적하였다. 또한 지식은 호기심이나 지배욕이 아닌 사랑에서 출발해야 함을 강조하였다. 사랑이 담기지 않은 지식은 참된 지식이 아니라는 것이 기독교적 지식관이다(Greene, 2004: 157). 특히 지식은 하나님에서 나오기 때문에 인간의 앎의 한계를 인정하고 겸손한 태도로 탐구해야 함을 살펴보았다. 끝으로, 지식교육은 지 · 정 · 의의 조화를 강조하는 것 이상으로 기독교적 영성교육에 의해 보완되는 전인교육이 되어야 함을 지적하였다. 지식교육에 여러 가지 문제가 있지만, 그렇다고 지식교육을 폐기해서는 안 되며, 바른 지식교육이 되도록 가르쳐야 하며, 전인교육이 될 수 있도록 전체 교육 속에서 조화롭게 가르쳐야 할 것이다. 지식교육은 단순히 지식을 전달하는 문제가 아니라, 세상을 어떻게 이해하고 관계를 맺는지를 가르치는 존재양식 및 삶의 양식의 문제인 동시에 윤리의 문제이다. 이런 점에서 지식교육은 매우 중요하며, 바른 지식교육을 위하여 기독교적 관점에 입각한 지식교육의 틀이 재정립될 필요가 있다.

토의 문제

▶▶ 지식교육의 문제점으로 지적되는 것은 무엇이 있는지 토의해보자.

▶▶ 우리 나라에서 지식교육의 위상과 그 영향에 대해서 토의해보자.

▶▶ 객관주의적 인식론의 문제는 무엇이며, 이를 극복하기 위한 대안은 무엇인지 토의해보자.

▶▶ 우리 나라에서 바른 지식교육이 이루어지기 위한 환경을 만들기 위해 필요한 것이 무엇인지 토의해보자.

참 고 문 헌

강선보(1994). 『마르틴 부버의 '만남'의 교육』. 서울: 양서원.

심성보(2005). "홀리스틱 교육 패러다임의 교육철학적 지평 확장과 한국교육철학의 반성", 『2005년도 한국홀리스틱교육학회 춘계 학술발표대회: 홀리스틱교육 패러다임에 기초한 한국교육의 성찰과 과제(I)』. 한국홀리스틱교육학회 자료집, pp.17-29.

유재봉 (2002). 『현대교육철학탐구』. 서울: 교육과학사.

이규호 (1972). 『앎과 삶』. 서울: 연세대학교 출판부.

이돈희 (1991). 『교육철학개론』. 서울: 교육과학사.

이홍우 (1978). 『지식의 구조와 교과』. 서울: 교육과학사.

이홍우 (1991). 『교육의 목적과 난점』. 제5판, 서울: 교육과학사.

홍은숙 (1999). 『지식과 교육』. 서울: 교육과학사.

홍은숙 (2007). 『교육의 개념: 실천전통에의 입문으로서의 교육』. 서울: 교육과학사.

Bernstein, Richard J. (1983). *Beyond objectivism and relativism: Science, hermeneutics, and praxis.* Philadelphia: University of Pennsylavania Press.

Buber, Martin (1937). *Ich und Du.* 표재명 역 (1978). 『나와 너』. 서울: 문예출판사.

Bruner, J.S. (1960). *The process of education.* Mass.: The Harvard University Press. 이홍우 역 (1973). 『교육의 과정』. 서울: 배영사.

Elliott, R.K. (1975). "Education and Human Being I". Brown, S.C.(ed.). *Philosophers discuss education.* Totowa, N. J.: Rowman and Littlefield. pp.45-72.

Greene Jr., Albert E. (1998). *Reclaiming the future of Christian education: A transforming vision.* 현은자 외 역 (2004). 『기독교 세계관으로 살아가기』. 서울: 도서출판 CUP.

Groome, Thomas H. (1980). *Christian religious education.* San Francisco: Harper & Row, Publishers. 이기문 역(1983). 『기독교적 종교교육』. 서울: 대한예수교장로회 총회출판국.

Habermas, Jurgen, Shapiro(trans.) (1971). *Knowledge and human interests.* Boston: Beacon Press.

Hirsch, Jr., E. D. (1988). *Cultural literacy: What every American needs to know.* New York: Vintage Books. A division of Random House.

Hirsch, Jr., E. D. (1996). *The schools we need.* New York: Doubleday.

Hirst, P.H . (1974). *Knowledge and curriculum.* London: Routledge & Kegan Paul.

Hirst, P.H. (1992). "Educational aims: Their nature and content". *Philosophy of education 1991.* Normal, Illinois: Philosophy of Education Society. pp.40-53.

Hirst, P.H. (1993). "Education, knowledge and practices". R. Barrow and P.White(eds.). *Beyond liberal education: Essays in honour of P.H. Hirst.* London: Routledge & Kegan Paul.

Hirst, P.H. & Peters, R.S. (1970). *The logic of education.* London: Routledge and Kegan Paul.

Kuhn, T.S. (1970). *The structure of scientific revolution.* 2nd enlarged ed. Chicago: University of Chicago Press.

Lyotard, Jean-Francois (1979). *The postmodern condition.* 이현복 역(1992). 『포스트모던적 조건: 정보사회에서의 지식의 위상』. 서울: 서광사.

Marcuse, H. 차인석 역 (1976). 『일차원적 인간』. 서울: 삼성출판사.

Martin, Jane Roland (1981). "Needed: A new paradigm for liberal education". J. Soltis (ed.), *Philosophy and education.* Chicago: The National Society for the Study of Education.

Miller, R. (1999). 송민영, 김현재 공역, 『홀리스틱 교육의 이해』. 서울: 책사랑.

Oakeshott, Michael (1967). "*Learning and Teaching*". R.S. Peters(ed.). *The concept of education.* London: Routledge & Kegan Paul. pp.156-176.

Palmer, Richard E. (1969). *Hermeneutics.* Evanston: Northwestern University Press.

Palmer, Parker J. (1983). *To know as we are known: A spirituality of education.* San Francisco: A Division of Harper Collins Publishers. 이종태 역(2000), 『가르침과 배움의 영성』, 서울: IVP.

Peters, R.S. (1966). *Ethics and Education.* London: George Allen & Unwin Ltd.

Polanyi, Michael (1962). *Personal knowledge.* Chicago: The University of Chicago Press.

Polanyi, Michael (1966). *Tacit dimensio.* Garden City, N.Y.: Doubleday & Company.

Popper, Karl R. (1972). *Objective Knowledge: An Evolutionary Approach.* Oxford: Oxford University Press, 1972.

Ryle, Gilbert (1949). *The concept of mind.* New York: Barnes & Noble.

Ryle, Gilbert (1967). "Teaching and training". R.S.Peters(ed.). *The concept of education.* London: Routledge & Kegan Paul. 105-119.

Scheffler, Israel (1965). *Conditions of knowledge.* Glenview, Illinois: Scott, Foresman and Company.

Schön, D. A. (1983). *The reflective practitioner: How professionals think in action.* New York: Basic Books.

In Jesus' name, I pray. Amen.

04

한국의 근 · 현대사 속에서 기독교학교

– 임희국(장로회신학대학교)

I. 들어가는 말

이 글에서 우리는 한국의 근 · 현대사에서 기독교학교가 시작된 배경과 그 역사적 과정을 살펴보고자 한다. 1885년에 내한(來韓) 미국 선교사들이 첫 기독교학교를 설립했는데, 이것은 문호개방을 통한 근대화를 추진하려는 정부의 요청과 허락으로 가능했다. 이로부터 10년 뒤에(1895년) 한국의 신생 교회들도 '스스로' 기독교학교를 설립하였다. 신식(新式) 기독교사립학교였다.

II. 구한말에 시작된 기독교학교

1 정부의 교육정책 변화

구한말에 정부가 교육정책을 바꾸게 되었는데, 그 역사적 배경이 문호개방(1876년)에 있었다. 정부가 쇄국정책을 풀면서 굳게 닫았던 나라의 문을 열고 문호를 개방하자, 우리나라는 근대화의 길로 들어섰다. 근대화는 서양문물의 수용과 유입(流入)으로 시작되었다. 그런데, 정부는 이 일을 착수하는데 매우 신중했다. 모든 것을 한꺼번에 수용하지 않았고, 다만 유교국가 체제의 취약점을 보완하는 범주에서 부분적으로 서양문물을 받아들이고자 했다. 서양의 자연과학 · 군사 · 기술의 우수성과 유용성을 인정하되, 우리나라의 전통 정신문화를 그대로 계승하고자 했는데, 이것을 "동도서기론"(東道西器論)이라 부른다.[1)]

이러한 근대화정책을 추진하려는 정부는 일본으로 신사유람단(紳士遊覽團)을 파견하였다. 이들의 주된 임무는 현재 서양문물을 받아들여 근대화를 추진하고 있는 일본을 배우는 것이었다. 이때 김옥균이 일본에 있었다. 그는 이곳에서 일하는 미국 선교사들과 사귀었고, 그러면서 선교사들이 일본의 경우처럼 조선으로도 서양문물을 가져와서 우리나라의 근대화를 위해 기여할 수 있으리라 내다보았다. 그래서 그는 선교사 녹스(G.W. Knox)에게 조선에 선교사를 파송할 수 있는 길을 알아봐 달라고 청했다. 이에 공감한 녹스는 1883년 본국(미국)의 해외선교부에 편지를 써서 조선선교의 중요성을 알렸다.[2] 이것이 시발점이 되어서, 이듬해 6월 일본에서 일하는 미국 선교사 맥클레이(Robert S. Maclay)가 조선으로 갔다. 그는 황제 고종을 알현했다. 이 기회에 그는 황제로부터 서양식 학교사업과 병원사업에 대한 윤허를 받아냈다.[3] 1885년 4월 5일(부활절) 제물포에 미국의 첫 선교사 6명이 들어왔다.[4] 정부가 허락한 선교사들의 사역은 교육과 의료부문으로 한정되었고 공개적인 포교(선교)가 금지되었다.[5] 이에 선교사들은 교육·의료·출판문화사업에 중점을 두었다.[6]

1) 원래 도(道)와 기(器)의 개념은 『周易(주역)』에 "形而上者(형이상자)는 이를 道(도)라하고, 形而下者(형이하자)는 이를 器(기)라한다"는 데서 연유한다. 도란 우주만물의 본원이나 본체로서 사물의 배후에 있으면서 사물의 형체를 이루게 하는 원리를 뜻하고 기란 도에 의해서 구체적인 형체를 이룬 현실세계의 사물을 말한다.

2) 백낙준, 『한국개신교사』 (서울: 연세대 출판부, 1973), 75.

3) 그 해 9월에 미국인 의료선교사 알렌(H.N. Allen)이 조선으로 들어왔다.

4) 이들은 아펜젤러(Henry G. Appenzeller)부부, 스크랜튼(William Bention Scranton)부부 및 스크랜튼 모부인(Mary S. Scranton), 그리고 언더우드(Horace G. Underwood)였다. 3월에 잠시 일본 요코하마에 들렀다. 이 때 스크랜톤 목사가 급진개화파의 한 사람 박영효를 만났는데, 박영효는 그에게 이런 부탁을 했다. "선교사들이 우리나라에서 해야 할 일이 얼마든지 있습니다.(...) 우리 백성이 지금 필요로 하는 것은 교육과 기독교입니다. 선교사들과 또 선교사들이 세운 학교를 통해서 우리 백성을 교육하고 향상시켜 주어야 합니다.(...)" Mrs. I. Bishop, Korea and Her Neihbours, John Murray, London, 1898. 재인용, 민경배, 『한국의 기독교회사』, (대한기독교서회, 1968), 55.

5) 『한국 근대사강의』, 한국 근현대사 연구회 엮음 (서울: 한울, 1997), 86.

이러한 맥락에서, 첫 서양식 학교를 1885년에 선교사 아펜젤러(Henry G. Appenzeller)가 세웠고,7) 그 이듬해 5월에 스크랜튼 모부인(Mary F. Scranton)이 여성교육기관을 세웠고, 언더우드(Horace G. Underwood)가 '언더우드학당'을 세웠다. 왕실이 선교사들의 교육 사업에 큰 관심을 보였다. 고종황제는 1887년 2월에 아펜젤러가 세운 학교의 이름을 '인재를 배양하라'는 바램이 담긴 "배재학당(培材學堂)"으로 지어 주었다. 명성황후 또한 첫 여학교의 이름을 "이화(梨花, 배꽃)"로 지어주었다. 배꽃은 당시 황실을 상징하였는데, 이 꽃은 여성의 올바른 태도와 순결과 명랑을 상징하였다.8)

조선의 근대화는 온건개화파가 주도한 갑오개혁(1894년)이 분수령을 이루었다.9) 근대화를 위한 교육의 근대화가 그 무엇보다도 중요하다고 파악되었다. 그 해 7월에 정부는 근대화를 추진하기 위한 교육담당부서인 '학무아문'을 발족시켰다. 그 이듬해(1895년) 3월에 학무아문이 '학부'로 바꾸었고, 학부가 근대 교육체제를 만들어 나갔다. 이에 따라 1895년 7월에 "소학교(小學校)"가 설립되어서 초등교육 단계의 신신학교가 시작되었다.10) 소학교는 전국 각지에서 관·공·사립의 세 가지 형태로 설립되었다. 같은 해에 "중학교"도 시작되었다. 소학교 교사양성을 위한 중등교육 단계인 한성사범학

---

6) Frederick A. Mckenzie, Korea's Fight for Freedom (Yonsei Univ. Press, 1969), 50쪽; 참고, 박영신, "한국 근대 사회변동과 기독교", 『기독교사상』 (1984,7) : 122-132.

7) 이 학교의 설립에 관하여는 1885년이라는 견해와 1886년이라는 견해로 나뉜다. 李光麟, 『開化派와 開化思想硏究』, (서울: 일조각, 1989), 93-105. 吳天錫, 『韓國新敎育史』, (서울: 현대교육총서출판사, 1964), 95.

8) 그런데 원래 이화학당 자리에는 '梨花亭'이라는 정자가 있어 그 이름을 따서 지었다는 견해도 있다. 최숙경, "梨花學堂 命名에 관한 諸說의 檢討", 『梨花女子大學校 創立百周年記念論叢』 제 48집(인문과학편), (이화여자대학교한국문화연구원, 1986), 458-459.

9) 『한국사 14. 식민지시기의 사회경제 2』, (서울 : 한길사, 1994), 201.

10) 그러나 소학교는 1906년 8월 -일제의 통감부가 설치되면서- 그 명칭이 "보통학교"로 변경되었다.

교가 설립되었다. 중학교에는 외국어학교(일어 · 중국어 · 영어 · 러시아어 · 독어 · 불어 등)와 실업학교(상공 · 농상)도 포함되었다. 이 무렵에 미국 장로교회 선교부 역시 중학교를 설립하고자 했다. 소학교 교원양성을 위하여 단기 사범과를 두기로 한 것이다.[11]

2 새로운 교육체제에 대한 일반 대중의 인식변화

정부와 왕실이 개화정책으로 추진한 신식 교육제도가 일반 대중에게 잘 전달되지 않았다. 대다수 백성의 눈에는 새로운 학교(신식학교)를 세운 서양 선교사들이 낯 선 이방인으로 비치었고 또 신식교육이 도무지 몸에 잘 어울리지 않는 옷처럼 보였다. 1888년 무렵에는 사람들 사이에서 서양인들이 "양귀자"(洋鬼子)라는 소문이 번졌다. 이러한 상황에서는 선교사들이 벌인 교육 사업을 추진하기가 매우 어려웠다.[12] 그러나, 바늘구멍만한 작은 가능성이 보였다. 당시의 서울엔 열악한 생활환경 때문에 거의 해마다 전염병이 돌았다. 이로 말미암아 많은 사람들이 목숨을 잃었고, 부모 잃은 아이들이 거리를 헤매고 있었다. 이러한 고아(孤兒)들과 또 다른 고아들을 불러모은 선교사 언더우드는 이들을 먹이고 잠재우며 신식교육을 시작했다.[13] 고아원 기숙학교인 '언더우드 학당'은 학생 1명에서 출발하여 25명의 남자아이들을 무료로 먹이고 잠재우고 입히면서 주로 성경과 영어와 한문을 가르쳤다.[14]

11) 참고: 『숭실대학교 90년사』, (숭실대학교, 1987), 60-61.

12) 이를테면, 알렌이 경영하는 병원 광혜원에서 사람의 눈알과 염통을 빼고 가죽을 벗긴다는 소문이 돌았다. 1888년 6월에는 소위 "애기소동"이라는 낭설이 파다하게 퍼지면서 병원은 아이들을 잡아 죽이는 도살장이라는 유언비어가 돌았다. 또한, 외국공사관은 아기고기를 요리하는 음식점이라는 소문도 돌았다.

13) 『朝鮮예수敎長老會史記(상권, 1926)』, (한국기독교역사연구소편, 2000), 15.

그러다가, 청일전쟁(1894년)에서 일본이 중국을 누르고 승리하자 서양문물을 바라보는 일반 대중의 인식이 크게 달라졌다. 그 과정은 이러했다. 작은(倭) 나라로 깔보아 왔던 일본이 큰 나라(大國) 중국을 군사력으로 납작하게 눌러버린 현실에 엄청난 충격을 받았다. 달라진 동아시아의 현실을 경험한 대중은 일본이 전쟁에서 승리한 이유가 어디에 있는지 무척 궁금했다. 깊이 살피고 생각한 끝에, 일본이 승리한 까닭은 서양의 선진(先進) 과학기술을 받아들여 배웠기 때문이라고 파악되었다. 이렇게 전쟁을 통해 서양의 기술과 문명에 대해 어렴풋하나마 실체를 파악하게 사람들은 거기에 대한 관심이 높아졌다.[15] 이제는 제 스스로 서양의 기술과 학식을 배우고자 선교사가 세운 신식학교로 찾아오게 되었다.

3 내한(來韓) 선교사들의 학교설립 정책

1890년 봄에 중국의 산동 지부(芝罘)에서 일하는 선교사 네비우스(John B. Nevius)가 서울로 와서 선교사들에게 선교의 원리를 제시했다. 소위 "네비우스 선교정책"으로 불리는 이 선교방안은 자립전도(self-propagation), 자립치리(self-government), 자립재정(self-support)이 그 뼈대를 이루었다. 그러고 나서 곧 바로, 미국 북장로회 선교부는 선교정책을 확립했다. 이와 관련하여서, 이제까지는 언더우드학당에 드는 모든 재정을 선교부가 담당해 왔는데, 이제부터는

14) 참조.『儆新八十年略史』, (서울: 1966).

15) 참고 : 임희국, "신앙각성운동을 통한 갱신과 부흥, 토착 교회의 형성. 1907년 평양 대각성운동을 중심으로",『제 2회 소망신학포럼 자료집』(2005.4. 20). 5-28. 이 견해는 그 당시에 평양을 방문한 미국 북장로교회 해외선교부 총무 스피어(R. E. Speer)의 해석이었다. Robert E. Speer, Report on the Mission in Korea of the Presbyterian Board of Foreign Missions, The Board of Foreign Missions of the Presbyterian Church in the USA, 1897. 7.

등록금의 일부라도 낼 수 있는 학생에 한하여 입학을 허락하였다. 학교의 이름도 1891년에 야소교학당(耶蘇教學堂)으로, 또 1893년에 민노아학당(閔老雅學堂)으로 바꾸었다.[16)]

1897년 8월에 미국 북장로회 선교부 연례회의가 열렸다. 이 자리에서 선교사 베어드(William M. Baird)가 입안한 교육정책인 "우리의 교육정책(Our educational policy)"이 채택되었다. 베어드는 네비우스 선교원리를 교육정책으로 적용하고자 했다. 그 내용을 요약해보면, 기독교학교 설립의 기본이념은 '학생들에게 유용한 지식을 다양한 방법으로 가르쳐서 실제생활에 기여하고 더 나아가서 이들이 장차 책임 있는 일꾼으로 자라게 하는 것이었다. 이를 위하여 학교는 학생들의 신앙증진과 정신함양을 위해 교육시켜야 할 것이며, 그 무엇보다도 이 학생들이 교회의 중심인물로 활동하여서 토착교회(native church)를 형성하도록 해야 한다'고 보았다. 이 학생들이 장차 "농부나 대장공이 되건, 의사나 교사가 되거나 혹은 정부의 관리가 되던 간에 복음을 전하는 능동적인 복음전도자가 되어야 한다"고 마무리 지었다.[17)] 한 걸음 더 나아가서 학교설립안도 구체적으로 마련했다. 1) 각 지역에 있는 지(支) 교회의 초등학교를 발전시키고, 2) 이 초등학교 교원의 확보를 위하여 특별 단기 사범과를 두어서 재직교원(在職教員)과 기타 유망한 사람들을 모아 교원으로 양성하며, 3) 특별히 선발한 초등학교 졸업생들을 중학교에서 교육시키고, 또 더 나아가서 전문학교에서 교육을 받도록 할 것이며, 4) 이와 더불어 교과서를 만들기로 했다.[18)] 그 후속조처로, 선교부는 베어드를 평양선교지부

16) 이 학교는 1896년에 잠시 폐교하였다가, 1901년 1월에 선교사 게일(J.S. Gale)이 예수교중학교(耶蘇教中學校)로 다시 개교하였다. 1905년에 경신학교(儆新學校)로 이름을 바꾸어서 오늘에 이르렀다.

17) 『숭실대학교 90년사』, 60-61.

18) 위의 책.

로 전임(轉任)시키기로 결의했고, 그 해 10월에 그는 평양으로 이주했다.

III. 교회의 기독교학교 설립 : 1895-1908년

1 초등학교

교육의 근대화를 추진하려는 정부가 담당부서인 학부(學部)를 조직한 1895년, 서울의 새문안(신문내)교회가 기독교학교인 영신학당(永信學堂)을 세웠다.[19] 이 학교의 설립은 이 교회가 왕성하게 발전한 열매였고 또한 1887년에 미국 선교사들이 교회 안에 세운 구세학당(救世學堂)의 발전에 힘입었다. 구세학당의 학생이었던 송순명(松淳明)이 영신학당의 선생으로 가르쳤다. 이리하여서 이제부터는 선교사들이 운영하는 기존의 기독교학교와 토착인(한국인) 교인들이 세운 기독교학교가 나란히 양립하였다. 그런데, 10년 전의 일을 떠올리면, 영신학당의 설립은 신식교육에 대한 일반 대중의 인식변화를 대변하고 있다. 그 때엔 부모들이 자녀를 신식학교로 보내려 하지 않았는데, 이제는 토착교인들 스스로가 이 학교를 설립하였다. 같은 해에, 평안도 용천군의 신창(新倉)교회, 정주군의 정주읍(定州邑) 교회, 박천(博川)군의 남호(南湖)교회도 각각 사숙(私塾)을 설립하였다. 사숙 혹은 학당은 정부(학부)의 인가와 함께 정식 학교로 발전하였다.

서울의 연동교회가 1898년 연동소학교를 설립했다. 같은 해에

19) 『朝鮮예수教長老會史記(상권)』, 81.

평안도에서는 평양의 장대현(널다리골, 장대재)교회와 의주군의 남산교회가 각각 사숙을 설립하였다. 1900년에는 의주읍 교회, 선천읍 교회, 황해도 황주군 용연교회가 각각 사숙을 설립하였다. 교회들이 학교를 설립한 동기는 하나같이 "교인 자녀들을 교육하기 위함"이었다. 경건교육(성경・기도)과 지식교육(영어・산수 등의 신(新) 지식교육과 전통 한문교육)을 병행한 기독교교육이었다. 많은 경우에, 토착 교인들이 직접 학교를 운영하면서(재정부담) 가르치는 선생으로 일하였고, 선교사들은 그 곁에서 협조하였다. 1904년에 설립된 초산읍의 배신(培信)소학교와 안주읍의 유신(維新)소학교는 빠른 속도로 발전을 거듭하여 교실을 새로 짓고 크게 늘려갔다.

경상도 대구에서는, 1900년에 교인들이 스스로 힘을 내어 남자소학교를 설립했다. 대구의 첫 장로교회인 남문안예배당(지금의 대구제일교회)이 설립된(1897년) 지 불과 3년 만이었다. 지역의 첫 신식학교를 교회가 설립한 것이다. 학교의 공식 이름이 사립 대남학교(私立 大南學校) 또는 예수교 대남소학교(耶蘇敎 大南小學校)였다.[20] 여자 소학교도 이 무렵에 설립되었고, 그 이름이 신명여자소학교였다. 학교설립에 필요한 재원의 절반을 한국 교인들이 마련했고 나머지 절반의 재원을 선교사들이 개별적으로 헌금하였다. 계속해서, 학교운영을 위하여 교인들 스스로 헌금했고, 이들이 학교의 운영비 절반 정도 담당했다. 학생 수가 늘어나서 1904년에는 학생수

20) 이 학교는 지금의 종로초등학교의 전신이다. 1981년 종로국민(초등)학교 교감 이두수 선생이 교무과에 보관된 기록을 조사한 바에 따르면, 종로초등학교는 대남학교가 희도학교를 거쳐 지금의 학교로 바뀌었다. 기록을 옮기면, 1900년 11월 1일 제일교회 구내에서 소학교 남자부 대남학교 여자부 신명여자소학교를 개교하다. 1914년 5월 제일교회 서희원 등의 헌금으로 학교시설을 정비하였고, 5월 10일자로 대남학교를 喜媛학교로 신명여자소학교를 順道학교로 각각 교명을 바꾸었다. 1926년 4월 1일 남녀 두 학교를 병합하여 희도보통학교로 교명을 바꾸었고, 1938년 4월 1일 희도심상소학교로, 1941년 4월 1일 희도국민학교로, 1955년 3월 28일 종로국민학교로 바꾸었다. 이재원, 『대구장로교회사연구: 1893-1945』, (대구:도서출판 사람, 1996), 116.

가 28명이었고, 1905년에 47명, 1908년에 167명이었다.21)

이러한 방식으로, 교회가 설립한 사립 기독교학교가 전국 여러 지역으로 확산되었다. 그러나, 정식 학교로 발전되지 못하고 도중에 문을 닫는 사숙과 학당들이 더러 있었다. 예를 들어 1904년에 설립된 철산읍교회의 학당, 선천군 동림교회의 학당, 곽산읍 교회와 박천 구읍교회의 학당은 재정 곤란으로 폐교하였다. 또한, 전국의 모든 교회들이 하나같이 학교설립에 힘 쓴 것은 아니었다. 교회의 학교 설립은 대체로 평안도 지역에서 활발하였다.22)

---

21) Harry A. Rhodes(ed.), History of the Korea Mission vol. 1 : 1884-1934, (Seoul, 1934), 191.

22) 1902년부터 1906년까지 교회가 설립한 학교의 현황은 다음과 같다. 1902년 의주군 관리교회, 용천군 덕천교회, 용천군 덕흥교회와 사면교회와 읍교회에서 사숙을 설립하였는데 학교로 발전했다. 강서군 반석교회와 청주읍교회에서 학당을 설립하였는데 학교로 발전했다. 1903년 선산군 죽원교회와 익산군 고내리교회가 학당을 설립하였는데 학교로 발전했다, 1904년 초산읍교회, 안주읍교회, 덕천읍교회, 황주읍교회에서 학교를 설립했다. 1905년 용천군에 있는 양시(楊市)교회가 남녀학교를, 신창(新倉)교회가 여학교를, 대성(大成)교회가 남학교를 설립했다. 같은 해에 선천군 가물 남교회(嘉物南敎會)의 崇信學校, 洞교회의 義成學校, 德川郡 下達敎會의 남학교, 같은 군 水底里敎會의 新明學校, 寧遠邑敎會의 남학교, 大同郡 文發里敎會의 文興學校, 義州郡 倉會의 祇成學校, 朔州邑敎會의 여학교, 渭原邑敎會의 降信學校, 金堤郡 月成里敎會의 남학교, 善山郡 習禮敎會의 永明學校, 같은 군 路上敎會의 廣成學校, 경북 慶山郡 沙月敎會의 啓東學校, 金泉郡 黃金町敎會의 進明學校, 서울 勝洞敎會의 勝洞學校를 설립하였다. 1906년에 서울 연동교회의 普永學校, 김포읍교회의 신명학교, 양평군 용진교회의 소학교, 같은 군 봉화현교회의 소학교, 같은 군 퇴계원교회의 소학교, 양평군 묘곡교회의 소학교, 같은 군 고송교회의 소학교, 같은 군 신점교회의 소학교, 시흥군 영등포교회의 소학교, 같은 군 양평릭교회의 소학교, 고양군 세교리교회의 소학교, 광주구 송파교회의 소학교, 대동군 수저리교회의 숭신학교, 같은 군 병지도교회의 인실학교, 평원군 통호리교회의 일신학교, 같은 군 덕지교회의 소학교, 의주군 미산교회의 명신학교, 같은 군 청전교회의 취신학교, 선산군 죽원교회의 영창학교, 같은 군 오가동교회의 광명학교, 경산군 봉회동교회의 영창학교, 청도군 성서며교회의 소학교, 부안군 대수리교회의 소학교 등 설립. 朝鮮예수敎長老會史記(상권)』, 174-177.

2 중등학교, 대학교

앞에서 살펴본대로, 1895년 우리나라에 중등학교 교육이 시작되었고, 교회의 중등학교 설립은 1897년에 시작되었다. 중등학교설립의 직접적인 원인은 교회가 설립한 초등학교에서 졸업생을 배출했기 때문이다. 초등학교 졸업생을 교육시키는 상급학교를 설립했다. 이에 1897년 8월 평양에서 열렸던 선교사회 연례모임 직후, 미국 북장로회 선교부의 평양지부는 베어드로 하여금 중등교육을 시작하게 했다. 그 해 10월에 그는 자기 집 사랑방에서 중등교육반을 발족시켰다. 흔히 "사랑방학급"으로 알려진 이곳이 숭실학당(숭실대학교)의 모체가 되었다.[23)]

베어드는 한학자 교인인 박자중(朴子重)과 함께 학생들을 지도하였다. 학생들은 초등학교를 졸업했거나 이와 동등한 실력을 갖춘 젊은이들이었다. 이들은 정식으로 개교하기 까지 예비교육을 받았다. 사랑방 중등교육반은 이듬해(1898년) 가을에 정식으로 학생모집을 공고하였다. 약 60여 명이 지원하였고, 베어드는 이 가운데서 학력, 건강상태, 가정환경 등을 고려하여 18명을 선발하였다. 1904년에 첫 졸업생을 배출하였다. 그러자 이 학교는 또 다시 대학부를 설치하여서 1905년에 대학교육과정을 시작하였다. 평양에 대학을 설립하는 일은 그 지역 모든 교회들의 염원이었다. 그래서 1906년 음력 5월(양력 6월)에 교회지도자들이 장대현교회에 모여서 대학설립을 위해 논의하고 그 자리에서 모금하였다. 큰 액수의 헌금에서부터 몸

---

23) 『숭실대학교 90년사』, 66-75. 그런데, 숭실이란 학교이름은 창립 당시는 물론이고 1900년까지도 사용되지 아니하였다고 한다. 그 무렵에는 그저 학당 또는 중학교로 불렀다. 당시의 영문보고서들도 그저 Pyeng Yang Academy로 표기하였다. 학교 이름은 1901년에 가서 "숭실"로 정해졌다고 한다.

에 지닌 장신구(비녀, 은장도 등)까지 헌금하였고, 돈이 없는 사람은 노동으로 헌금을 대신하겠다고 나섰다.[24]

또한, 토착 교인들 가운데는 외국 선교부의 힘을 빌리지 않고 중학교를 설립하였다. 선천읍교회의 초대 장로 양전백(나중에 목사가 됨)은 1900년에 교인 자녀들의 교육을 위하여 소학교인 명신(明信)학교를 설립하여서 교장으로 일하였는데, 그러다가 1905년에 교우들과 함께 남자 중등교육기관인 신성학교(信聖學校)를 설립하였다.[25] 그 이듬해에 의주읍교회는 장유관(張有寬) 등의 발기(發起)로 동지학회(同志學會)를 조직하고 읍내의 소학교를 확장하여서 남녀중등교육기관을 설립하고 학교이름을 양실학원(養實學院)이라 지었다.

미국 북장로회 선교부 평양지부의 교육 사업이 빨리 진행되었는데, 여기에 자극받은 서울의 선교지부는 1901년 연지동(연동교회)에 중학교(中學校)를 설립하였다.[26] 교장은 연동교회의 담임목사인 게일(James S. Gale)이었다. 교사(校舍)로 교회의 부속건물(첫번째 예배처소)을 사용했다. 수년 전에 폐교된 민노아학당(1897년 10월 폐교)의 맥을 잇는 중학교로 운영하게 되었다.[27] 1902년에 미국 북장로회 선교부가 연지동 1번지에 학교대지를 매입하였고, 학교의 이름을 "예수교중학교"로 지었다. 교실은 두 개의 방을 터서 넓힌 6간 정도의 온돌방이었고 벽에 칠판을 매달아 선생은 서서 가르치고 학생은 방바닥에 앉아서 배웠다. 첫 입학생들은 서병호·민충식·이덕준 등 6명이었다.[28] 가끔 교장의 사택과 연동교회당이 특강

---

24) 〈그리스도신문〉, 1906. 7. 19.

25) 『朝鮮예수教長老會 史記(상권)』, 174.

26) 『朝鮮예수教長老會 史記(상권)』, 174.

27) 게일은 1890년 7월부터 선교사 마펫(S.A. Moffett)이 학당장으로 있는 예수교학당에서 영어를 가르치기 시작했다.

28) H.H. Underwood, Modern Education in Korea, 54. 재인용: 『연동교회 100년사』, 139.

강의실로 사용되었다. 교회당에서 진행된 특강과 예배에는 연동여학교 학생들도 흰 휘장을 사이에 둔 오른 편 자리에 참석했다. 중간의 휘장은 소위 남녀칠세부동석(男女七歲不同席)의 유교관습에 따라 친 것이었다.

게일은 예수교중학교(경신)와 연동여학교(정신)를 관장하고 두 학교의 연지동 시대 설립자로서 새로운 기반을 구축했다. 1905년에 게일은 교사들과 협의하여 예수교중학교의 이름을 "경신"이라 지었다.

대구에서는, 교회가 경영해 온 대남소학교가 1906년 무렵 졸업생을 배출했다. 그리고, 이들을 상급학교로 진학시키는 일이 큰 과제로 대두되었다. 그 당시 대구에서 교회가 운영하는 소학교의 수가 49개였고 학생수는 433명이었다. 이 사안을 협의하기 위하여 미국 북장로회 선교부의 대구 선교지부와 부산 선교지부에 소속된 선교사들이 대구로 모였다. 이 모임에서 아담스(James E. Adams)가 대구에서 남자 중학교를 설립하도록 위임받았다. 이에 따라 아담스는 대남소학교 졸업생들을 중심으로 27명의 학생을 모아 1906년 5월 1일 대구 선교지부의 행랑채 흙벽돌 초가집에서 4년 과정의 남자 중학교(Boys' Academy)를 개교했다.[29] 학생들 가운데서 절반 정도가 기혼 남성이었다. 처음 4주간 동안 아담스가 가르쳤고, 이어서 6주간 동안 사이드보담(Sidebotham)이 가르쳤다. 여름에는 방학으로 쉬었다. 10월에 다시 개학했다. 중학교는 당시에 최고학부였다. 학교의 이름을 남문안예배당 장로 박덕일이 지었는데, "계성(啓聖)"이라 했다. 계성은 '거룩한 시작' 또는 '영적인 출발(spiritual beginning)'을 뜻했다.[30]

29) 『계성학보』 창간호(1913)는 계성학교가 1906년 3월 24일 학생을 모집하여 수업이 시작되었다고 한다. 또한 제 1회 졸업생 12명 중 조기철과 이재인의 학적부에 1906년 2월 입학이라는 기록이 있다. 이를 근거하여 계성학교 100년사는 개교의 일자를 1906년 1월로 잡을 수 있다고 보았다. 『계성 100년사: 1906-2006』, (학교법인 계성, 2006), 42.

30) 박덕일은 이 학교에서 산술과 성경을 가르쳤다. 대구 선교지부는 미국 북 장로회선교부에

1907년 10월 15일 마르다 스콧 브루엔(Martha Scott Bruen, 선교사 브루엔의 부인)이 여자 중학교(Girl's Academy)를 개교했다. 신명여학교(信明女學校)였다. 브루엔은 1902년 소녀들에게 가사(家事, 집안 살림살이)를 가르치던 바느질학교(sewing school)를 맡아서 신명여자 소학교로 개편하였고, 이 소학교를 1907년에 여자 중학교로 확대 개편하였다.[31)]

3 교회가 설립한 기독교학교에 대한 통계

이제까지 기독교학교의 설립역사에 대한 대강의 줄거리를 살펴보았다. 그런데 이것은 기독교학교의 설립에 관한 몇몇 특정 지역에 국한된 서술이므로 전국의 상황을 골고루 담아내지 못하였다. 그런데, 1907년에 보고된 장로교회의 "장로공의회 통계보고표"에는 장로교회가 설립한 전국의 기독교학교에 관하여 정확히 보고했다. 이 보고서에 따르면,[32)] 1905년에 전국의 장로교회가 운영한 소학교는

건축비 5천불을 요청했다. 신축교사는 1908년 가을에 완공되었고, 학교가 선교부에서 이곳으로 이사했다. 서양식 2층 붉은 벽돌 건물(대구 최초의 양옥 2층)이었다. 교실 5개에 예배실이 있었다. 이 건물의 이름을 학교설립자 이름을 따와서 '아담스관' 이라 붙였다. 계속해서 기숙사를 지어서 1910년에 완공했다. 1911년 5월에 제 1회 졸업생 12명이 배출되었다. 1931년까지 졸업생 154명이 배출되었는데, 이 가운데서 17명이 안수받은 목사가 되었고 30명이 조사나 전도사가 되었고 50명이 교회학교 교사로 일했다. 이로써 계성학교는 졸업생 10% 이상을 목사로 배출했고 또 전체 졸업생 60%이상을 평신도 지도자로 배출했다.

31) 아담스가 남자 중학교 설립의 위임을 받았을 때, 같은 시기에 여자중학교의 설립에 대한 위임을 받았다고 추정한다. 이 학교가 선교부로부터 정식으로 승인받은 때는 1910년이었다. 1912년에 신명여학교의 학생수는 80명이었다. 1931년까지 졸업생 118명이 배출되었다. 이 가운데서 9명이 전도부인(Bible women)으로 일했고, 37명이 교회가 세운 학교에서 교사로 일했고, 30명이 교회의 주일학교에서 교사나 사무원으로 일했다. 또한 46명이 결혼하여 교회에서 성실히 봉사했다. 이처럼 신명여학교도 -계성학교처럼- 지역의 교회를 섬기는 지도자를 양성하였다. 이와 관련하여서, 대구에서 수개월 동안 사역을 준비했던 선교사 베어드의 교육정책을 함께 살펴볼 필요가 있다(이미 앞에서 언급). 그가 대구에서 설립되는 초등학교와 중등학교에 관여되었는지를 살펴보아야 하겠는데, 아마도 그는 아담스와 처남매부 사이였으므로 학교설립을 위해 자문하였으리라 짐작한다. 이재원, 『대구장로교회사연구: 1893-1945』, 122.

139개(학생 수 2,730명)였고, 1906년에는 238개(학생 수 5,124명, 교회 수 584개), 1907년에는 405개(학생 수 8,615명, 교회 수 785개), 1908년에는 542개(학생 수 13,147명, 교회 수 897개)였다. 게다가 1908년에는 중등학교와 대학교에 대한 통계도 작성되었는데, 중학교의 수가 17개(남자중 11개, 여자중 6개)에 학생 수가 894명(남 683명, 여 211명)이었으며, 대학교의 수는 2개에 학생 수가 30명이었다. 1908년도의 통계보고가 다음과 같이 도표로 작성해 보았다.[33]

1908년도의 통계보고

지역	예배당 수	소학교 수	학생수 (남/녀)	중학교수 (남/녀)	학생수 (남/녀)	대학교 수	학생 수
경기도	99	39	647/205	1/2	126/65	1	14
평안남도	168	110	3021/790	2/1	295/100	1	15
평안북도	104	148	3100/621	1/1	0	0	
황해도	95	83	1700/328	0/0	0	0	
전라남도	63	27	386/52	1/0	84/0	0	
전라북도	105	30	400/35	2/1	62/39	0	1
경상도	230	85	1010/468	1/1	68/7	0	
함경도	33	20	237/147	3/0	48/0	0	
합계	897개	542개	10501/2646명	11/6개	683/211명	2개	30명

이 통계표에서 파악한 대로, 1905년에서 1908년까지 장로교회의 교회 수는 해마다 100-200개 정도 늘어났으며 또 교회가 설립한 기독교학교의 수도 해마다 비슷한 수치로 늘어났다. 교회 수 대비(對比)

32) 『독노회록 및 제 1회 총회록』(대한예수교장로회 총회, 1907년-1912년).

33) "1908년 장로공의회 통계보고표", 『독노회록 및 제 1회 총회록』(대한예수교장로회총회, 1907-1912년).

학교 수를 계산해보면, 1905년에 평균 세 교회 당 소학교 하나를 설립하였고, 2년 뒤 1907년에는 두 교회 당 소학교 하나 이상을 설립했다. 이것은 교회의 활발한 기독교학교 설립운동을 대변하고 있다. 설립운동이 가장 왕성한 지역은 여전히 평안남도였다. 또한 평양의 교회들은 제각기 설립한 학교들을 연합하여 하나의 학교로 묶었는데, 1907년 숭덕(崇德)학교의 창립이 바로 그것이었다. 이 학교의 운영과 관리는 당연히 지역의 각 교회들이 서로 나누어 담당하였다.

장로교회 제 3회 독노회(1909. 9. 4., 평양 장로회신학교)는 전국의 교회들이 세운 모든 학교를 통괄하는 부서를 만들었다. 노회(=총회) 안에다 -정부의 학부와 비슷한 명칭인- 학무국을 설치하였다. 5명(평양에서 2명 서울에서 3명)으로 구성된 학무국은 전국 장로교회 안에 있는 학교들을 관리하는 임무를 맡았다.

IV. 1908년 이래로, 교회가 세운 기독교학교에 타격

교회가 설립한 기독교학교가 일제의 침략정책으로 커다란 타격을 입었다. 일제는 1906년 대한제국에 통감부를 설치하여서 정부의 교육담당기관인 학부에 일본인들을 참여시켰다. 이들은 학제개정, 일본어 도입, 교과서편찬에 개입하였다. 일제는 모범교육이라는 이름아래 시시때때로 사립학교의 유지를 가로막거나 운영을 방해하였고, 그러면서 또 다른 한 편 관·공립학교를 중심으로 학제를 개편해 나갔다. 이것은 당시 애국계몽운동을 주도하고 있던 사립학교(특히 기독교학교)를 견제하려는 의도에서 추진되었다.

1908년에 '사립학교령'(1908년)이 공포되었다. 이를 통하여 일제는 학교설립에서부터 교재선택에 이르기까지 다양한 영역의 교육현장에서 일일이 모든 것을 다 간섭하게 되었다. 당국의 명령을 위배하거나 유해하다고 판정된 학교를 강제로 폐쇄시킬 수 있는 법령이었다. 이른바 사립학교를 탄압하는 법령이었다.

이 법령이 시행되는 과정에서, 교회가 설립하여 운영하는 기독교학교가 사립학교의 범주에 속했으므로, 기독교학교는 당국의 탄압을 받았다. 그래서 1909년 이래로 기독교학교의 수가 해마다 자꾸 줄어들었다. 장로교회의 소학교 수가 1909년에 694개였는데 일 년 동안 10개가 없어졌다. 그 다음 해에는 또 다시 50여개 학교가 없어졌고, 또 그 다음해(1912년)에는 또 다시 100개가량 없어져서, 교회가 운영하는 소학교의 수가 539개로 줄었다. 이와는 대조적으로, 중학교의 수는 거의 변동 없이 유지되었다.

이러한 맥락에서 1909년에 서울 연동교회의 부속학교인 연동여소학교의 이름이 정신여소학교로 바뀌었고 또 연동남소학교의 이름도 경신남소학교로 바뀌었다. 바로 직전에 연동여학교는 관청의 허가를 받아 중등교육을 확대 실시하고자 사립 정신여중학교(私立貞信女中學校)로 이름을 바꾸었고, 또 연동중학교도 같은 차원에서 관청의 허가를 받아 사립 경신학교(私立 儆新學校)로 이름을 바꾸었다.[34] 이렇게 중학교의 이름이 바뀜에 따라 교회부속 소학교의 이름도 바뀌었다. 1913년 초에는 정신여소학교와 경신남소학교를 통합하여 학교이름을 보영학교(普永學校)로 바꾸었다.[35] 이름을 바꾼 까닭은 일제가 사립학교(기독교학교) 탄압을 위해 취한 정책 때문이었다.

34) 참고: 『朝鮮예수教長老會史記』 (상권), 196.

35) 이 두 학교의 합병에 대하여 예수교회보(1913. 1. 14)에 기록되어 있다. 『朝鮮예수教長老會史記』 (상권) 176쪽에는 연동교회의 보영학교설립을 1906년으로 표기했다. 이것은 아마도 보영학교의 전신인 여동여소학교·연동남소학교의 설립연도를 기록한 것이라 판단된다.

우리나라가 일제에 강제로 병합된 지 만 1년이 지난 1911년 8월에 조선총독부는 '제 1차 조선교육령'을 공포하였다. 총독부는 지속적으로 사립학교 탄압정책을 밀고 나갔다. 총독부는 또한 대한제국 시절의 학부를 축소하여서 내무부 산하 학무국에서 교육행정을 맡게 했다. 전국의 사립학교가 눈에 띄게 쇠퇴해졌다. 이러한 상황에서, 장로교회 총회의 학무국은 교단 산하 기독교학교를 계속 유지하기 위하여 총독부의 학무국과 몇 달 동안 교섭하였다. 총회는 전국 대리회(노회)에 지역 교육위원을 각각 2명씩 임명하여서 그 지역의 학교를 돌아보고 보살피게 하였다. 또 교육위원들로 하여금 학교의 설립과 통폐합을 주관하게 했다. 이것은 총독부의 사립학교 탄압정책에 대한 방어책이었다. 그래서 전국 모든 지역의 교단소속 학교는, 어떤 사건이 발생하면 곧 바로 머뭇거림 없이, 지방교육위원을 통하여 총회의 사무국에 연락하도록 했다.[36] 이런 식으로, 총회는 지역교육위원회를 통해 기독교학교를 유지해 나갔다.

그러나 이러한 노력에도 불구하고, 장로교회 소속 기독교학교의 운영형편이 계속 어려워졌다. 특히 학교의 재정에 압박이 오면서 운영이 버거워졌다. 장로교회 제 1회 총회(1912년)의 회의록에는,[37] 전국의 노회들이 각각 학교의 상황에 관하여 보고하였는데, 많은 학교들이 재정난으로 허덕이다가 더 이상 지탱하지 못하여 통폐합된 곳이 적지 않았다. 그렇지만 수많은 교회들이 꿋꿋하게 열심을 다해 '인재양성'에 공을 들였고 또한 경건교육(성경・기도)에 특별히 애썼다. 특별히 눈에 띄는 점은 나라 잃은 민족의 교회로서 '국어교육'에 크게 힘썼다.

---

36) 〈예수교 쟝로회 조션로회 뎨 오회 회록〉, (1911. 9. 17., 대구 남문안예배당), 수록: 『독노회록 및 제 1회 총회록』.

37) 〈예수교장로회 조선총회 제 1회 회록〉, (1912. 9. 1, 평양 여자성경학원). 수록: 『독노회록 및 제 1회 총회록』.

V. 그 당시 기독교학교의 성격

1 19세기 말, 근대화 과정에 맞물린 교회의 기독교학교 설립

앞에서 살펴본 대로, 19세기 말 우리나라의 근대화가 시작되고 학제가 크게 개편되던 상황에서 이제 갓 태어난 한국 기독교(장로교회)가 기독교학교를 설립했다. 초등학교부터 설립하였고, 초등학교의 졸업생이 배출되자 중등학교를 설립하였고, 그리고 대학까지 설립하였다. 학교를 설립한 일차적인 동기는 교인 자녀들을 교육시키기 위함이었다. 교육의 내용은 3 가지 영역이 함께 병행되었다. 신앙교육(성경 · 기도), 서양에서 들어온 새로운 지식을 전수하고 가르침(영어 · 산수 등), 그리고 전통 교육(한문 등)을 병행하였다.

2 여성에게도 주어진 학교교육의 기회

기독교학교는, 조선시대의 가부장적 사회전통을 타파하는 차원에서, 여성에게 학교교육을 받을 수 있도록 했다. 특별히 1899년에 연동소학교가 여학생을 모집한 점이 눈에 띈다. 그 이듬 해(1900년) 5월에 담임목회자로 부임한 게일(J. S. Gale) 목사는 여성인권을 위한 여성교육에 커다란 관심을 갖고 있었다. 그는 동양의 전통 종교(불교, 유교 등)에는 여성인권에 대한 의식이 별로 없었다고 판단하면서 "동북 아시아의 여성들은 나사렛 예수가 이곳으로 오기까지(선교) 약 2,000년을 기다렸으며, 이제는 이 여성들이 등에 지고 있던 무거운 짐을 예수의 발 아래로 내려놓고 그들의 슬픔을 하소연하게 되었다. 예수는 여성의 처지에서 그들의 소원을 들어준 유일한 동양인"이라고 말했다.[38] 게일은 이처럼 여성인권을 위한 여성교육의 중요성을 잘 파악했다. 같은 맥락에서 그는 8년 전(1887년) 정동에서 장로교회 첫 여성교육기관으로 시작한 정동여학당이 1895년에 여선교사 도티의 주관으로 "의지할 데 없는 여자아이 10여명을 모집하여 초등교육을" 실시하고자 연지동으로 옮겨온 점도 잘 알고 있었다.[39]

여성교육은 여성의 삶을 바꾸는데 크게 공헌하였다. 이제까지 여성의 삶은 가장권(家長權)이 절대화된 가부장적 가족제도에 매여 있었다. 이 제도는 유교적 통치이념인 충효사상에 기반을 둔 것이었다. 이러한 가족제도와 사회질서아래에서 여성의 과제는 남아(男兒)출산을 통한 부계혈통(父系血統)의 유지, 부계혈통의 순수성을 지키려는 명분으로 강조된 여성의 정절과 과부의 재가(再嫁)금지, 죽은 조상에게까지 확대된 효의 실천을 위한 조상제사에 대한 책임이었다. 그런데 이제는 신교육을 받은 여성들이 개화되기 시작했다. 때마침 여성개화는 개화파 지식인들을 중심으로 일어난 사회개혁운동이었다. 독립협회가 주관해서 벌이는 남녀평등, 과부의 재가허용, 조혼폐지, 축첩폐지, 여아매매금지 등의 사회개혁에 여성교육이 호응했다.

이러한 가운데서 기독교인이 된 여성들은 봉건시대의 엄격한 내외법에서 해방되었다. 내외법은 여성의 사회활동을 철저하게 배제시키고 집안에서만 지내도록 하는 오랜 관습이었다. 그런데 기독교인이 된 여성들이 이제 집밖으로 나와 남성들과 나란히 교회에서

38) 이 말 속에 오린엔탈리즘이 배여 있는지 살펴보아야 할 것이다. 아무튼 간에 게일은 예수가 붓다나 공자와 달리 여성의 인권을 깨우친 분이라 보았다. Blanche I. Stevens, "Contribution to the Christian Movement of Educational Work for Young Women", The Fiftieth Anniversary Celebration of the Korea Mission of the Presbyterian Church in the U.S.A.(June 30-July 3, 1934), 145.

39) 『朝鮮예수敎長老會史記』(상권), 81.

예배를 드리게 됨으로써, 교회는 간접적으로 봉건시대 관습인 내외법을 깨트리는 역할을 했다. 더 나아가서 교회는 남녀에게 동등한 권리가 주어졌다는 의식을 토론회를 통해 불어넣었고(예, 1897년 12월 31일, 정동교회), 실질적인 남녀동등을 위해서는 여성도 남성과 동등한 교육을 받아야 한다는 점을 강조했다. 차츰차츰 기독교가 강조하는 여성교육론과 여권론에 대한 사회적 호응도가 높아졌다.

1908년 1월에 발간된 신문 「예수교 신보」에 따르면, 여성이 주목하는 기독교 신앙은 퀘퀘묵은 '구습을 버리는 것'도 포함되어 있는데, 그러나 아무리 신학문을 열심히 배운다 해도 예수를 믿지 아니하면 구습에서 완전히 벗어났다고 볼 수 없다고 강조했다.[40] 이처럼 교회 여성들은 신앙 안에서 구습을 벗어 버리는데 특별한 관심을 가졌다. 한 걸음 더 나아가서, 여성들은 신약성경 복음서를 통해 여성을 대하시는 예수님의 행적을 읽으면서 여성됨의 '자긍심'을 가지게 되었다. 예컨대, 예수님이 치유하신 혈루병 앓는 여인, 예수님이 살려주신 나사로의 누이 마리아, 예수님 부활의 첫 목격자인 여성들을 통하여 '여성도 남성과 동등한 인격체'라는 의식을 가졌다.

3 20세기 초반, 애국계몽운동과 기독교학교

연동교회 담임목사인 선교사 게일은 고종황제의 고문으로 활동했다. 그의 활동반경이 넓어지면서 당시의 지식인들과 교제하며 사귀었다. 특히 독립협회 사건으로 감옥에 갇힌 이상재·김정식·이승만·유성준·이원긍·홍재기·안국선 등을 심방하면서 그들과 사귀었다. 이들이 출옥하여 "이상재·이원긍·김정식·홍재기·

40) 〈예수교신보〉, 1908. 1.

유성준" 등이 차례로 연동교회의 교인으로 등록했다.[41] 또한, 이들 가운데는(예, 이창직 · 김정식 · 유성준) 연동교회의 중학교에서 교사로 일하였다. 이들은 독립협회 회원이었다. 이 점은 바로 연지동 중학교의 교육내용이 당시의 애국계몽운동과 연계되어 있을 것이란 추측을 갖게 한다. 당시의 중학생은 신식교육을 받는 지성인이었으므로, 교회가 설립한 중학교의 학생은 신앙 인격을 갖춘 신(新)지식인이었음이 분명하다.

이러한 개연성은 당시에 일어난 사립학교 설립운동과 잇대어보게 한다.[42] 1904/1905년 이래로 서울을 비롯하여 전국에서 사립학교 설립운동이 일어났다. 교육구국운동(敎育救國運動) 차원으로 일어났다. 러시아와 일본이 전쟁한 결과, 10년 전 청일전쟁의 결과와 마찬가지로, 또 다시 일본이 승리하자 10년 전의 충격이 되살아났다. 이 뿐 만이 아니라 조선(한국)에 대한 일본의 식민지배 야욕이 드러남에 따라 온 나라가 불안감에 휩싸였다. 1905년에 나라의 외교권이 일본에게 빼앗긴 사건은 대중의 불안 심리와 위기의식을 가중시켰으므로, 교육구국운동은 애국계몽운동의 차원으로 추진되었다.[43] 조선을 침략하고 지배하려는 일본의 야심을 대중에게 알리려는 계몽운동, 빼앗긴 외교권을 되찾으려면 나라의 힘을 길러야 하겠는데 그 힘은 교육을 통한 인재양성에서 온다는 확신이 애국계몽운동으로 추진되었다.[44] 이와 함께 전국적으로 사립학교운동이 일어났다.

41) 『朝鮮예수敎長老會史記』(상권), 122.

42) 참고: 윤경로, "105인 사건과 기독교수난", 『한국기독교와 민족운동』, (서울: 도서출판 보성, 1986), 307.

43) 계몽운동의 시작에 관해서 국사학계 안에 두 가지 견해가 있다. 다수가 1905년 을사조약의 체결과 함께 국권의 일부가 일제에 빼앗긴 시점에서 계몽운동이 시작되었다고 보는 반면에, 조동걸은 1904년에 노일전쟁을 승리로 이끈 일제가 한국을 독점적으로 지배하게 된 결정적인 시기에 이 운동이 시작되었다고 본다. 조동걸, 『한국 민족주의의 성립과 독립운동사 연구』,(서울: 지식산업사, 1989), 97.

교회가 운영한 기독교학교가 애국계몽운동에 깊이 연류된 경우는 상동교회(尙洞敎會)의 부설기관인 청년학원(靑年學院)이 대표적인 본보기다. 대한제국이 외교권을 박탈당하자, 상동교회 담임목사 전덕기와 이동녕 · 이회영 · 이준[45] · 김병헌 · 김구 등이 국권회복운동(國權回復運動)을 전개했다. 상동 청년학원의 교사와 학생들은 을사조약의 무효, 대한문 앞 상소운동, 종로의 가두시위연설, 구국금식기도회, 철야기도회를 개최하였다. 이 사건 직후에 안창호는 국권회복을 위한 새로운 길을 제시하였다.[46] 그는 자주독립의 과제가 시급하기는 하지만 이 보다 앞서 나라를 일으킬 인재를 길러내야 한다고 주창했다. 여기에 동조한 많은 지사(志士)들이 사립학교 설립운동에 뛰어 들었다. 가령, 이동휘가 강화도를 중심으로 여러 지역에 보창학교(普昌學校)를 설립했다. 최재학은 야학을 주도했다. 이준은 국민교육회(國民敎育會) 회장으로 일하면서 보광학교(普光學校)와 한남학교(漢南學校)를 세웠다. 이승훈은 오산학교(五山學校)를 세웠다. 안창호 자신은 대성학교(大成學校)를 세웠다. 신민회의 목표는 한국의 부패한 사상과 습관을 혁신하여 '국민을 유신하며 쇠퇴를 유신하여 유신한 국민이 통일 연합하여 유신한 자유문명국을 성립하는 것'이었다.[47]

---

44) 이 운동은 몇 가지 점에서 이전의 그 이전까지의 계몽운동과 달랐다. 이전의 계몽운동은 대체로 정치개혁을 통한 사회계몽에 초점이 맞춰졌고 또 정부의 보조와 지원을 자주 받았던 반면에, 지금의 애국계몽운동은 -정치활동이 법적으로 봉쇄된 상황에서- 정치적인 색채를 띨 수 없거니와 정부의 힘을 입을 수도 없게 되었다. 그 까닭은 노일전쟁(1904년)에서 승리한 일본이 대한제국과 '한일의정서'를 체결해서 내국인의 정치활동을 법적으로 금지시켰기 때문이었다. 더구나 대한제국은 을사조약과 함께 외교권을 박탈당한 무력한 정부였다. 이러한 상황에서 애국계몽운동은 국권회복(國權回復)과 구국(救國)에 그 목적을 두었고, 신식교육제도의 설립과 산업진작을 통해 이 목적을 이루고자 했다. 참고: 임희국, 『선비 목회자 봉경 이원영연구』, (서울: 기독교문사, 2001), 30-35.

45) 참고: 『연동교회 100년사』, 180.

46) 안창호는 민노아학당에서 배운 학생이었고 또 조교로 일했다(1894-97년). 민노아학당이 문을 닫자 그는 독립협회에 가입했다.『경신사 : 1885-1991』, 171.

VI. 나가는 말

앞에서 살펴본 내용을 몇 가지로 정리하고자 한다.

① 우리나라 최초의 기독교사립학교인 배재학당, 이화학당, 언더우드학당은 당시의 정부가 근대화를 위해 내한 미국 선교사에게 요청하여 설립하도록 했다. 정부는 동도서기론의 입장에서 서양문물을 배우고 익히는 인재를 양성하고자 했다.

② 1895년에는 신생(新生) 한국 교회(새문안교회)가 기독교학교를 설립했다. 이후로 계속해서 전국적으로 교회가 기독교학교를 설립했는데, 이것이 교회운동으로 확산되었다.

③ 교회의 기독교학교설립은, 그 당시 정부의 학교정책과 맞물려서, 사숙, 초등학교, 중학교, 대학교의 순으로 진행되었다.

④ 교회가 세운 학교는 학생들에게 유용한 지식을 가르쳐서 실제생활에 적용하도록 하고(실용주의적 교육), 장차 이들이 교회와 사회에서 책임 있는 인재로 자라나게 했다.

⑤ 1904/05년에 일어난 일반 사립학교 설립운동과 맞물려서, 교회가 활발하게 기독교학교를 설립했고, 이것이 1907년에 절정을 이루었다. 그러나, 일제의 탄압으로 말미암아 1908년 이후로 기독교학교의 설립이 위축되었다. 그리고 기독교학교의 수가 점점 줄어들기 시작했다.

⑥ 기독교학교는 우리나라의 근대화에 기여했고, 여성에게 남성과 동등한 교육의 기회를 부여했으며 또 여권의식을 위해 노력했고, 20세기 초반의 애국계몽운동에 참여하여서 교육구국운동을 펼쳤다.

---

47) 國史編纂委員會, 『韓國獨立運動史』, (第 1卷, 1966), 1023-1024.

토의 문제

▶▶ 19세기 말 기독교학교의 설립과 성장에 관해 아는 것은 어떤 유익이 있을지 토의해보자.

▶▶ 19세기 말의 기독교학교의 성격은 그 시대상황과 어떤 관련이 있었는가?

In Jesus' name, I pray. Amen.

05

외국 기독교학교의 역사 -미국을 중심으로-

— 장화선(안양대학교)

I. 들어가는 말

우리나라에서는 지금 그 어느 시기보다도 학부모, 교사, 교육지도자 그리고 목사의 계층에서 기독교학교교육에 대하여 큰 관심을 가지고 있다. 기독학부모는 자신의 자녀교육을 위하여 학교에서의 기독교교육에 관심을 점차 갖게 되었고 기독교사는 그 나름대로 자신이 가르치는 학과목을 성경적 관점으로 조명하면서 가르치려고 한다. 선교를 목적으로 설립되었던 학교(미션스쿨)들이 성경적 세계관에 기초하는 기독교학교로 변화되고 있으며 이와 더불어 기독교세계관에 기초한 기독교대안학교들이 설립되고 있다. 외국 기독교학교의 역사에 있어서와 같이 우리나라에서도 기독교학교와 기독교의 발전 과정은 밀접한 관계가 있다. 이 글에서는 기독교학교가 언제, 어떻게 발달하였는지를 살펴보려고 한다. 외국의 기독교학교 역사는 기독교역사와도 깊은 관련이 있다.

외국 기독교학교의 역사를 시대적으로 분류한다면 기독교가 크게 부흥하여 많은 기독교학교가 설립된 초대교회시대를 제 1 기독교학교운동기라 일컬을 수 있다. 그 후 1500 년이 지난 종교개혁 시기에도 수많은 기독교학교가 설립되었는데 이 시기는 제 2 기독교학교운동기라 할 수 있다. 20세기에 들어서 미국은 공교육의 세속화와 공교육의 질적 저하, 그리고 인종통합 정책 등의 요인으로 많은 기독교학교가 설립되고 기독교연합회가 조직된 제 3 기독교학교운동기를 맞게 되었다. 이 장에서는 미국을 중심으로 외국기독교학교의 발전 과정을 살펴보면서 우리나라 기독교학교운동에 의미하는 바를 살펴보려고 한다.

II. 외국 기독교학교의 역사

기독교학교 연구가 키넬(Paul A. Kienel)은 기독교학교운동기를 3 시기로 구분한다. 그에 따르면 초대교회시대에 일어났던 기독교학교의 설립 시기(70-590년)를 제 1 기독교학교운동기라고 하며, 많은 기독교학교가 설립된 종교개혁 시대(1517-1850)를 제 2 기독교학교운동기라고 일컫는다. 미국에서는 기독교학교가 전국 도처에서 증가하면서 1920년 전국기독교학교 연합회(National Union of Christian Schools)가 발족되고 그 후 지속적으로 확대되며 조직되었는데 이를 제 3 기독교학교운동기라고 명명한다(Kienel, 2005, 307-308).

1 제 1 기독교학교운동 (초대교회시대, 70-590년)

초대교회 그리스도인들은 A. D. 70년경 예루살렘에서 추방을 당할 때까지 유대교 학교에서 의무적으로 교육을 받았다. 가정도 자신의 아이들을 스스로 가르쳤다. 이 당시의 기독교는 매우 번성하여 전 로마 제국에 걸쳐 확장되었으며 이에 따라 기독교학교도 증가하였다. 새롭게 설립되기 시작한 기독교학교는 전 로마 세계에 기독교를 전파하는 주요한 도구가 되었다. 기독교학교가 점점 증가함에 따라 이교도 학교는 폐쇄되기 시작하였고 로마의 일부 학교는 기독교학교로 전환되었다.

초기 그리스도인들은 하류 계층 출신이 대부분이어서 헬라와 로마에 관한 지식에는 거의 관심을 갖지 않았다. 당시 교육받은 사람들의 도덕적 특징은 기독교의 도덕적 기준과는 일치하지 않았다. 그리하여 그리스도인 부모들은 자녀들이 이교도 문학을 배워 우상의 영향을 받게 하는 로마 학교(Roman Schools)에 보내기를 주저하였다. 그러나 교회가 성장하고 그리스도인들이 헬라와 로마 문화와의 접촉을 하게 됨에 따라 교육받은 계층의 사람들도 개종하기 시작하였다. 이들은 기독교 진리에 대한 지적인 이해를 추구하여 지도자와 사역자들에게 어려운 질문을 하였다. 그 결과로 성직자들은 이교 철학자들에 대하여 더 탐구하게 되었고 이교도의 공격에도 대비하게 되었다(Eavey, 1964, 87).

초대교회시대의 기독교학교운동이 점점 쇠퇴하기 시작한 이유는 312년 콘스탄틴 황제(Emperor Constantine, 280-337)의 회심이후 나타나기 시작한 교회 공동체의 분열 때문이었다. 콘스탄틴이 기독교를 국교화 하였을 때 종교적으로는 '교회제국시기'를 맞이하게 되었다. 이 당시 교회와 제국의 힘과의 혼합은 카톨릭 교회의 든든한 기초가 되었다. 카톨릭은 590년에 탄생하게 되었고 제국 교회는 정부의 모든 형태를 흡수하여 국가 그 자체가 되었다. 역설적으로 초대교회시대 기독교학교 운동이 쇠퇴하게 된 원인은 카톨릭 교회가 권위를 행사하고 이교주의를 막기 위해 모든 교육을 금지하는데서 찾을 수 있다. 이런 교육의 금지 상황에서도 용기가 있는 그리스도인들은 자기 자녀들에 대한 기독교교육을 몰래 실시하였지만 수적으로는 소수에 불과하였다(Kienel, 2005, 308).

초대교회 시대의 입문학교 혹은 초신자 세례준비학교(Catechumenal Schools)는 최초의 공적 교육기관으로서 1-2세기에 설립되었고 회심자의 훈련을 목적으로 한 교육기관이다. 당시에 교육받는 사람을 카테큐멘(catechumen) 곧 세례 예비생도라고 불렀는데 이에는 어린이, 유대인, 이방인 회심자들이 모두 포함되어 있었다. 교리문답인 카테

키즘(catechism)과 세례예비생인 카테큐멘(catechumen)이란 단어는 '가르치다'와 동일한 어근에서 유래한 것으로 그 본래의 의미는 '귀에 반복적으로 들려준다'라는 뜻을 가지고 있다. 이 명칭은 회심자를 위한 교회의 가르침이 매우 체계적이고 철저하였음을 보여준다. 입문학교교육은 1, 2 세기경에 시작되었으며 325년과 450년 사이에 성행하였다(Eavey, 1964, 85-87).

2세기 말과 3세기 초에 입문학교에서 발전된 새로운 형태의 학교인 교리문답학교(Catechetical Schools)가 설립되었다. 이 학교의 목적은 당시의 세속교육을 받은 사람들을 지적으로 가르칠 수 있는 훈련된 성직자를 양성하기 위한 것이었다. 당시 가장 유명한 교리문답학교는 알렉산드리아(Alexandria)에 있었는데 이 학교는 입문학교에서 출발하였다. 후에 교리문답학교는 모든 교육을 관할하게 되었고 5, 6 세기경에는 성직자가 되고자 하는 어린이들은 어려서부터 이 학교에 다니게 되었다. 점차적으로 그들의 가르침은 교회의 교리에 영향을 주었고, 이 학교 안에서의 신학적 입장의 갈등은 전체 교회를 동요하게 하였고 연합을 깨뜨리게도 하였다(Eavey, 88-89).

위와 같이 초대교회시대에 어린이, 유대인, 이방인 회심자들을 위한 학교와 성직자를 양성하기 위한 학교가 설립되었는데 이는 기독교가 확장하는데 큰 몫을 하였다고 볼 수 있다.

2 제2기독교학교운동 (종교개혁시대, 1517－1850)

종교개혁 시대 당시 카톨릭 교회는 서구사회를 지배하고 있었다. 대부분의 평민들은 읽고 쓸 수 있는 능력이 없었다. 성경은 오직 성직자들만 합법적으로 읽을 수 있는 책이었고 교회를 이단이라고 하는 이는 죽음을 당하였다. 종교개혁 시대에 기독교학교를 설립하고 확산하는데 영향을 주었던 당시 지도자들로는 위클리프(Wycliff), 후스(Huss), 루터(Luther), 쯔빙글리(Zwingli), 틴데일(Tyndale), 칼빈(Calvin), 낙스(Knox) 등이 있다. 특히 존 후스(John Huss)는 보헤미아(Bohemia, 체코슬로바키아 서부 지방)에서 종교개혁가 루터(Martin Luther, 1483-1546)가 활동하기 100년 전부터 300 여개의 기독교학교를 설립하였다. 그 후 하나님께서는 루터를 택하여 종교개혁을 시작하게 하셨고 이와 함께 제 2의 기독교학교운동이 일어나게 하였다. 루터는 성경에 기초한 교회교육 뿐 아니라 기독교학교교육에 대한 적극적인 옹호자였다. 루터는 종교 뿐 아니라 교육에서 주요한 개혁을 주도하였다. 루터와 그와 함께한 개혁자들은 교육을 변화시키고 후에 종교개혁을 일으켰다(Kienel, 307).

루터는 청년 교육에 대한 책임을 교회와 국가와 사회가 함께 져야하며 학교를 공공 비용으로 운영하여 부자나 가난한 자나 높은 자나 낮은 자나 소년이나 소녀나 모두 다 의무적으로 입학해야 한다고 주장하였다.

> 비록 영혼과 천국과 지옥이 없다 하더라도 건전한 정부가 존재하려면 좋은 학교와 학식 있는 사람들이 있어야 할 것이 아닌가? 소년 소녀들을 위한 최상의 학교를 도처에 설립함은 그 자체가 보람 있는 일이며, 사회가 올바른 질서를 유지하며 가정이 적합한 규칙을 가지려면 잘 배운 사람들이 있어야 한다.
> (F. V. N. Painter의 글, Eavey, 146-147 재인용)

루터는 "교육이란 근본적으로 기독교인이 되게 하는 것이라"고 주장하였다. 그는 성경은 모든 학교의 주 교과목이 되어야 하며, 성경공부가 없는 학교에 자녀를 보내어서는 안 된다고 주장하였다. 그는 '교리문답서'를 통하여 성경의 진리를 학생들이 쉽게 이해하도록 단순화시켰다. 그는 교사들로 하여금 학생들이 답을 알 뿐만 아니라 그 답이 의미하는 바를 이해하도록 가르치게 하였다. 루터는 학생들이 성경과 더불어 어학, 역사, 음악, 기악, 수학을 공부해야 한다고 주장하였다(Eavey, 146-147).

루터와 함께 활동하였던 멜랑톤(Philip Melanchton, 1497-1560)은 민족과 신교 신앙에 있어 중요한 문제들을 젊은 독일인들에게 교육시키고자 하였다. 이러한 그의 계획은 라틴어 학교로부터 시작하여 교과목을 확장시켜 마침내 9년제 대학예비학교(the Gymnasium)로 발전시켰다. 멜랑톤으로부터 영감을 얻은 요한 스텀(John Sturm, 1507-1589)은 경건과 지식과 웅변을 강조하였다. 그는 성경에 대한 지식과 교리문답과 신조를 가르쳤으며 교회봉사에 참여하게 하였다. 그에게 있어서 지식교육이란 라틴어와 문학과 웅변을 숙달하여 실생활에서 자유스럽게 사용하게 하는 것이었다. 그의 학교는 가장 성공적인 것이었으며 그에게 배운 학생들은 여러 지역에 세워진 학교의 교장이 되었고 그가 만든 교육과정은 독일 뿐 아니라 전 유럽 학교교육과정의 모형이 되었다. 이후 점차적으로 독일에 세워진 상급학교들은 모두 대학예비학교로 발전되었다(Eavey, 148).

요한 칼빈(John Calvin, 1509-1564)은 제네바 시를 재조직하여 학교들을 창설하여 교육을 확대시켰다. 그는 제네바에 있는 학교들은 기초교육을 위하여 모든 학생들이 성경과 읽기와 쓰기, 문법 그리고 수학을 공부하도록 하였으며, 이 과목들은 모두 모국어로 교육하도록 계획하였다. 칼빈은 성경이 모든 학문의 기초가 되어야 한다고 생각하였다(Eavey, 150). 칼빈은 짐나지움(Gymnasium, 인문계 중고등학교)의 개혁에 관심을 쏟았고, 초등학교 개혁에도 관여하였으며, 제네바 아카데미를 세워 후진을 양성하였다. 칼빈이 활동했던 당시에는 인문주의의 영향으로 교육이 중요시되고, 성직자 양성 위주의 중세교육에서 탈피하여 국민 일반을 대상으로 하는 일반교육 개념이 생기면서 전반적으로 교육이 활성화되었다(양금희, 1999, 142).

스코틀랜드의 종교개혁 지도자인 요한 낙스(John Knox, 1505-1572)는 제네바의 교육 체제를 스코틀랜드에 소개하였다. 그는 성공회 교회와 학교들이 기독교교육을 실시할 수 있도록 계획을 마련하고, 모든 부모들에게는 그들의 자녀를 교육시키도록 강요하였다. 그는 남녀를 구분함이 없이 교육할 학교를 세우고 협조해야 할 직접적인 책임이 교회에 있다고 강조하였다(Eavey, 151).

청년 교육을 위한 기독교학교들이 도처에 세워졌다. 특히 루터파 칼빈주의는 사회 각계각층의 남녀를 초월한 청년 기독교교육을 매우 강조하였다. 루터와 칼빈은 교육에 대하여 저술하였고 학교를 창설하였으며 가정에서는 물론 학교에서 기독교교육을 가능케 하기 위하여 노력하였다. 이러한 영향에 따라 화란, 스코틀랜드, 영국, 미국 등 신교가 가는 곳마다 기독교학교들이 설립되었다.

종교개혁기 이후 기독교학교는 쇠퇴하게 되었는데 그 이유는 수많은 이방인을 위해 지속적으로 기독교학교를 준비하는 지도력이 결핍하였고, 자연주의 철학이 영향을 끼쳤으며, 그리고 수업료가 없는 정부지원의 세속주의적인 공립학교가 증가하였기 때문이다(Kienel, 308).

위와 같이 종교개혁시대는 모든 계층의 기독교교육을 위한 수많은 기독교학교가 설립되었는데 이는 종교개혁에 큰 기여를 하였음을 알 수 있다.

3 제3기독교학교운동 (미국 기독교학교교육 운동)

초기 미국의 학교는 기독교 신자들에 의해 설립되고 후원된 기독교학교였으나 차츰 교회후원의 체제로부터 정부지원의 체제로 변화함과 동시에 세속화되어갔다. 본 절에서는 미국에서 기독교학교운동이 당시 공교육이 처한 상황 곧 교육적 위기와 밀접한 관계가 있음을 전제하고 그 요인들이 무엇인지를 살펴보고자 한다.

1) 미국 기독교학교운동의 요인

① 공교육의 세속화

미국에서 기독교학교가 설립되는 운동의 요인은 첫째로 공교육의 점진적인 세속화라고 볼 수 있다. 식민지시대 기간 동안 미국의 대부분 교육자들은 신교개혁운동(Protestant Reformation)의 영향을 받고 있었다. 공교육의 씨앗도 개혁자들에 의해서 뿌려진 것이었다. 루터와 칼빈을 비롯한 개혁자들은 만인제사장주의와 성경의 권위, 믿음으로 말미암는 칭의와 같은 핵심적인 교훈을 가르쳤다. 그런데 이들은 모든 교육이 성직자에게 뿐만 아니라 모든 사람들에게 다 적용되어야 함을 전제하였다. 성경과 요리문답이 모든 소년, 소녀들에게 읽혀지기 위해서는 그들이 최소한의 기본적인 교육을 받아야 했다(Harper, 1984, 79).

이런 영향은 초기의 공교육 법령에서도 명백하게 나타난다. 1642년에 매사추세츠 대법원은 부모들에게 아이들로 하여금 읽기를 배우게 하여 '종교의 기본과 국가의 헌법'을 이해하도록 해야 한다는 의무를 규정하는 법령을 통과시켰다. 1647년의 매사추세츠 법령의 한 부분은 다음과 같은 선언을 한다.

사람들에게서 성경 지식을 멀리하게 하고 앗아가려는 것은 옛부터 속이는 자인 사단의 주된 목적이다. 옛적엔 알지 못하는 언어로 사람들에게서 멀게

> 하더니 (자국어로 번역이 안 됨을 의미함), 근자에는 언어 용법을 알지 못하게 하여 원래의 참 의미와 감각이 성자처럼 보이는 속이는 자들의 거짓된 안경으로 인해 어두워지게 하고, 학문을 교회와 연방 안에서 우리 조상들의 무덤 속에 묻히게 하려하고 있다.[1]

미국의 공립학교의 입장은 교육은 종교적인 중립을 유지해야 한다는 원칙에 근거했다. 물론 이것은 불가능한 것이었다. 교회와 국가는 분리될 수 있어도 종교와 교육은 분리될 수 없기 때문이다. 의무적인 기도와 성경읽기가 잘못되었다는 1962년과 1963년 대법원의 판결에 따라 공립학교에서 기독교가치를 점점 소홀히 함에 따라 제 3의 기독교학교 운동이 일어나게 되었다. 기독교학교가 전국에 걸쳐 늘어나게 되었고, 급속하게 늘어나는 기독교학교의 증가는 공립학교 관계자들에게도 경고가 되었다.

② 공교육의 질적 저하

미국에서 기독교학교가 설립되는 운동의 다른 요인은 공교육의 질이 저하된 점이었다. 교육의 질이 저하된 주된 원인은 종교적 관심의 저하에 있었다. 공립학교는 영적으로 진공상태였다. 통일된 목적의 결여는 필연적으로 무의미, 허무, 절망의 도를 넓혀 나가고 있었다. 미국에서 널리 알려진 진보주의 교육가들이 주장했던 전인교육의 이상은 실제로 전인을 염두에 두지 않았다(Harper, 1984, 84).

미국 기독교학교운동은 일반적으로 공립학교의 세속적 인본주의와 학문적 결핍에 대항하여 일어난 것으로 받아들여지고 있다. 그러나 이러한 학교들은 그리스도인들의 권리와 성경적이고 기독교적인 원리를 완전하게 수호하기 위해 설립되었다는 사실을 인식해야 한다(Byrne, 1981, 235).

1) 제 2차 메샤츄세츠 교육령

③ 인종 통합 정책

미국에서 기독교학교운동의 요인은 법정에서 시달된 인종 통합 정책이나 강요 등의 정치 · 사회적인 면에서 찾아볼 수 있다. 한 인종이나 인종집단 비율의 급격한 변화는 분열적인 행동을 초래할 수 밖에 없었다. 우리가 과거와 현재의 죄의 결과를 거두고 있는 한, 현재로서는 마을학교 폐쇄의 역기능을 바꿀 수 없을 것이다. 이와 같은 상황에서 사립학교의 발전에 관심을 가진 사람이라면 누구나 공립학교 후원자들의 불안과 불만을 자신들의 목적을 위해 사용하기가 쉬울 것이다. 또한 부모들이 자신의 자녀들을 기독교 학교에 등록시키려는 이유가 기독교교육에 대한 헌신에서가 아니라 인종통합정책에서 벗어나려는 시도의 일환일 경우도 있다(Harper, 79).

위에서 살펴 본 바와 같이 미국 기독교학교운동의 요인은 공교육의 점진적인 세속화, 공교육의 질적인 저하 그리고 인종 통합 정책으로 요약할 수 있다.

2) 미국 기독교학교 연합회의 발족

제 3의 기독교학교운동은 1세기의 초대교회시대와 종교개혁기 기독교학교운동에서와 같이 담대하고 용기가 있는 기독교교육가들이 가지고 있던 마음과 비전을 드러낸다. 미국 전 지역에 복음주의적인 개신교 기독교학교가 설립되었는데 이와 같은 기독교학교운동의 물결은 전국의 주, 지역, 혹은 전국 단위의 기독교학교연합회의 발족으로 나타났다. 교통과 통신의 현대적인 수단은 기독교학교연합회에 제공할 수 있는 여러 가지 서비스를 가능하게 하였다. 예로, 1892년 미시간 주 지역에서 기독교교육협회(Society for Christian Instruction on a Reformed Basis)가 발족하였다. 1920년 시카고 지역을 중심으로 기독교학교전국연합회(National Union of Christian Schools)

가 발족되었고 이 조직은 1978년 개혁파 기독교학교와 협력하는 국제기독교학교협회(Christian Schools International)라고 명명하게 되었다.

CSI[2]는 개혁주의 신학의 전통을 가지고 있으며 북미를 중심으로 세계 여러 나라에 500여 기독교학교를 회원으로 가지고 있다. CSI는 기독교사와 교장의 전문가적인 지위를 향상시키고자 하며 기독교교육을 장려하고 기독교학교에서 사용하는 교재를 출판하고 기독교학교 교사를 위한 다양한 교수자료를 개발하고 있다. 특히 학교교육지도자들이 함께 모이는 연차대회(annual leadership convention)를 연합회가 발족된 초기부터 개최하고 있다. 그 외에 기독교학교 교직원을 위한 연금제도와 건강보험 프로그램도 운영하고 있으며, 교사교육과 학교행정을 위한 프로그램 뿐 아니라 자녀를 둔 학부모를 위한 기독교학교 정보를 제공한다. CSI는 회원학교들의 기독교교육을 촉진하고 지원하기 위하여 회원학교 교사들의 욕구를 구별하고 교사가 학교에서 해야 할 주요한 일들을 도와주고 있다.

서부 캘리포니아 지역을 중심으로 1950년 캘리포니아 기독교학교연합회(California Association of Christian Schools)가 조직되었고 이것이 1976년 서부 기독교학교연합회(Western Association of Christian Schools)로 재조직된 이후 1978년 국제기독교학교연합회(Association of Christian Schools International)가 되었다. ACSI[3]는 미국, 캐나다, 아시아, 유럽, 아프리카, 라틴 아메리카에 지부를 두고 있다. ASCI는 미국 내에 3,800개의 회원학교를 중심으로 전 세계 100여 개의 나라에 5,300여 회원학교를 가지고 있으며 미국 콜로라도 주 콜로라도 스프링스(Colorado Springs)에 본부를 두고 있다. 이 연합회의 사명

2) www.csionline.org

3) www.acsi.org

은 기독교학교와 교육가를 통하여 학생들로 하여금 미래의 삶을 준비하게 하는 것이다. ACSI가 실시하는 주요 프로그램은 유아교육서비스. 국제 업무서비스, 법률 서비스, 고등교육 서비스, 도심학교 서비스, 보험과 연금, 협력관계 사업 등이 있다. 이 외에도 기독교학교교사 및 지도자 교육, 출판, 컨퍼런스 및 워크숍, 연차대회를 개최하고 있다.

다음의 도표는 미국 전역 걸쳐 형성된 개신교 기독교학교연합회에 관한 것으로 휘튼 아카데미(Wheaton Academy)의 교장이었던 로스(David L. Roth)가 작성한 것이다(Kienel, 311).

지역, 국가, 국제적 연대기표 [복음주의]

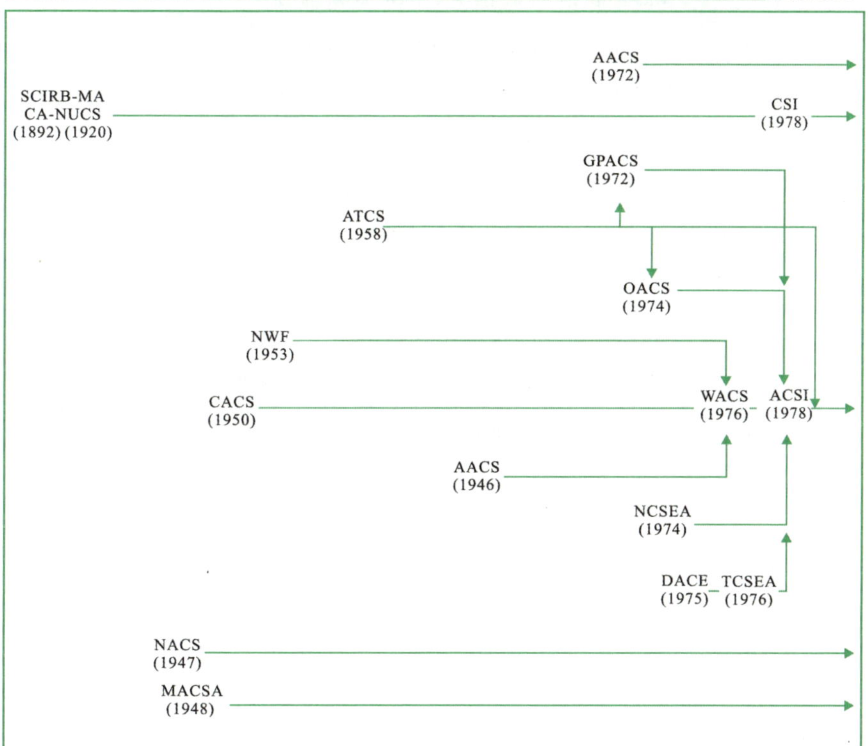

개신교기독교 학교 연합회 (Protestant Christian School Associations)

AACS	American Association of Christian Schools
AACS	Arizona Association of Christian Schools
ACSI	Association of Christian Schools International
ATCS	Association of Teachers of Christian Schools
CA	Chicago Alliance
CACS	California Association of Christian Schools
CSI	Christian Schools International
DACE	Dallas Association of Christian Education
GPACS	Great Plains Association of Christian Schools
MA	Michigan Alliance
MACSA	Mid-Atlantic Christian School Association
NACS	National Association of Christian Schools
NCEA	National Christian School Education Association
NCSEA	National Christian School Education Association
NUCS	National Union of Christian Schools
NWF	North West Fellowship of Christian Schools
OACS	Ohio Association of Christian Schools
SCIRB	Society for Christian Instruction on a Reformed Basis
TCSEA	Texas Christian School Education Association
WACS	Western Association of Christian Schools

III. 미국 초기 기독교학교

초기 미국의 이민자들은 대부분이 신교 신앙인이었고 그들은 복음이 개인구원의 수단이 된다고 확신하였다. 따라서 구원과 기독인으로서의 생활에 필요한 지식을 획득하기 위하여 그들의 자녀들로 하여금 성경을 읽도록 교육할 필요성을 갖게 되었다. 이들 대부분은 자유롭게 하나님을 섬기며 신앙적으로 자녀들을 양육하기 위하여 유럽을 떠나 미국으로 이민을 온 사람들이었다(Eavey, 189).

미국에서 그들은 사회적, 정치적, 종교적 기관들을 세웠는데 이것들은 근본적으로 기독교교육에 뿌리를 갖고 있는 일반 교육의 터전 위에 세워진 것이다. 이와 같은 양상은 특히 영국에서 온 칼빈주의 청교도(the Puritans)들에게서 특히 강하게 나타났다. 청교도들은 뉴잉글랜드 지방에 거주하면서 그 어떤 사람들보다 교육발전에 기여하였다. 특히 미국의 교육에 큰 영향을 준 또 다른 사람들은 프랑스에서 이민을 온 유그노파 교도들로서 캐롤라이나 지방에 거주하는 사람들이었다. 화란의 칼빈주의자들(the Calvinistic Dutch)과 왈른파 사람들(the Walloons)은 뉴암스텔담에 거주하였다. 스코틀랜드와 아일랜드 장로교인들은 처음에 뉴져지 지방으로 왔다가 후에 여러 지역으로 분산되었다. 영국의 퀘이커교도들(the English Quakers)과 소수의 영국 침례교인들과 감리교인들은 동부 펜실베니아에 거주하였다(Eavey, 189).

1 영국교회계통의 기독교학교

미국 버지니아 주는 영국식민지 중에서 가장 영국적이며 교회도 영국교회를 가장 많이 닮았기 때문에 자연히 교육에 대한 생각도 영국적이라고 할 수 있다. 영국의 식민지교육에 대한 동기도 증가하는 하류계층인 제임스타운(Jamestown) 식민지나 흑인노예들의 자녀에 대한 것이 아니라 미국 원주민(the Native Americans)의 자녀들에 대한 것이었다. 런던 식민회사의 모험가들은 학교교육을 우선시하지 않았고 정착민들에게 전적으로 일임하였다. 교육문제에 있어서는 하류계층인 제임스타운과 청교도 식민지 사이에는 큰 차이가 있었다. 영국교회의 교육에 대한 방임적 태도는 버지니아 주의 건립초기부터 팽배하였다(Kienel, 17).

이렇게 교육을 이단과 연계하는 영국교회의 생각의 근원은 중세 로마 카톨릭으로 거슬러 올라갈 수 있다. 중세의 천년에 걸친 기간 동안 로마 카톨릭 교회는 '교육은 이단의 아버지'라는 생각을 가지고 있었다. 카톨릭 교회가 일반 백성 곧 농부들이 카톨릭 교리와 상반되는 내용을 지닌 이단적인 서적들을 읽는 것을 두려워하였다. 1229년 발렌시아회의(The Council of Valencia)는 성경을 금서(禁書) 목록에 포함시켰다. 이렇게 중세시대에 카톨릭 교회가 교육에 대한 두려움을 가졌기 때문에 유럽 인구의 90%가 문맹이었다(Eavey, 107).

2 뉴 잉글랜드의 기독교학교

매사추세츠 지방의 칼빈주의 청교도들(The Calvinistic Puritans)은 자녀교육을 실시하기 위하여 준비를 갖추었다. 그들은 뉴잉글랜드 지방에 정착하자마자 제네바에서 칼빈이 실시한 것과 같은 일반적이며 종교적인 형태의 정부를 설립하였다. 각 마을은 독립적인 자치제를 실시하였고 연방형태의 유기적 관계를 가졌다. 청교도들은 종교적 자유를 획득하기 위하여 미국에 왔기 때문에 그들은 신앙을 전승하기 위하여 그에 적합한 정부와 예배당을 세웠고 그 밖의 일들도 기독교적 목적을 가지고 있었다(Eavey, 190).

청교도들은 성경에 관한 더 깊은 지식을 얻기 위하여 학교들을 세우기 시작하였다. 1635년에 보스톤 주민들은 그들의 자녀교육을 위한 교사를 초청하도록 주민회의에서 결정지었다. 1636년에 성직자 교육을 위하여 하버드 대학이 시작되었다. 그 해에 찰스타운(Charlestown)과 입시리히(Ipswich)에 문법학교(The Grammar School)가 세워졌고 1637년에는 살렘(Salem)에 세워졌다(Eavey, 192-193).

청교도들의 교육은 초기의 기본적 교육을 부모들이 실시하였고 아이들이 좀 자라면 마을 교사에게서 배웠고 대학과 고등교육을 위한 준비교육은 문법학교에서 실시하였다. 고등교육 지망자들은 주로 성직지망생이었고 모든 학교는 교회에 종속되거나 유기적 관계를 갖든지 하였다. 따라서 모든 교육은 기독교적이었다. 1642년 매사추세츠 법률(The Massachusetts Law)은 부모와 교사의 교육적 책임을 강조하고 자녀들이 교육을 의무적으로 받도록 규정하였다. 5년 후인 1647년에는 50가구 마다 한 명의 교사를 고용하여 봉급을 주며 100가구 마다 대학을 지망하는 청년들을 위한 교육기관인 문법학교를 설치하도록 법에 규정하였다(Eavey, 194).

위와 같이 미국 초기 뉴잉글랜드 지방의 기독교학교는 개신교 신앙을 지녔던 이민자 곧 칼빈주의 청교도들에 의해 성경중심으로 설립되었고 학교는 가정뿐만 아니라 교회와 밀접한 관계를 지녔다.

3 중부지역 식민지의 기독교학교

중부지역 식민지에는 독일의 개혁파 교인들과 화란의 개혁파 교인들, 퀘이커교인, 앵글리칸교인, 장로교인, 스코틀랜드 장로교인, 침례교도, 감리교인, 독일 루터교인, 모라비안교인, 메노나이트교인, 그리고 다른 교파들의 교인들이 정착하였다. 이들 대부분이 신앙의 자유를 얻으려고 미국으로 온 신교도들이었고 이들 모두가 성경을 읽어야 할 필요성을 인식하고 성경을 통하여 개인적 구원이 성취되는 것을 믿었기 때문에 교회의 통제와 감독 하에서 교육을 실시하였다. 그들은 고국에서부터 이미 알고 있었던 교구학교 제도를 모형으로 삼아 학교를 세우고 기본적인 기독교교육을 실시하였다(Eavey, 198).

후에 뉴욕으로 개칭된 뉴 네덜란드에 주민을 이주시킨 서인도회사(the West India Company)는 그들 주민과 함께 목사와 교사도 이주시켰다. 화란 정부는 미국으로 이주하는 사람들에게 목사와 교사가 동반하게 하였다. 그러므로 화란에서 온 정착민들은 교회와 연합하여 학교를 세웠다. 이런 학교들에서는 근본적으로 기독교교육을 실시하게 되었다. 수업시간마다 기도로 시작하고 기도로 마쳤다. 가정에서는 부모에 의하여, 학교에서는 교사에 의하여, 교회에서는 목사와 장로들에 의하여 철저하게 기독교교육이 실시되었다. 교사들은 화요일과 토요일에는 기도와 교리문답을 학생들에게 가르쳐서 그들이 교회생활에 잘 적용하도록 했다. 교회는 교사들이 신조에 순응하는가를 시험하였다(Eavey, 199).

1656년 뉴 암스텔담에서는 아카데미를 세우고 중등교육을 시작하였다. 펜실베니아에서도 뉴 네덜란드에서와 같이 교회학교 교육을 발전시켰다. 교육내용은 주로 읽고, 쓰는 것이며 교리문답서를 공부하는 것이었고 교사는 주로 목사들이었다(Eavey, 200). 1683년 펜실베니아 주의 법률은 모든 아동들은 성경을 읽을 수 있도록 가르침을 받도록 규정하였다. 회중교회, 모라비안 교회 그리고 메노나이트 교회들도 교구학교를 세워 기독교교육을 실시하였다(Eavey, 201).

위와 같이 미국 초기 중부지역 식민지 기독교학교는 교사이며 목사를 중심으로 기도와 함께 교리문답서의 가르침을 강조하였다.

4 남부지역 기독교학교

남부지역의 정착민들은 다른 지역의 정착민들과는 달리 신앙의 자유를 얻으려고 모여든 사람들이 아니라 부를 얻으려고 모여든 사람들이었다. 남부지역의 부유한 주민들은 교회나 국가의 조력이 없이 가정교사를 통하여 그들의 자녀들을 교육하였고 그 후에 문법학교와 대학에 보내어 교육하였다. 고아와 가난한 주민 자녀들의 교육은 주 정부에서 책임을 지지 않았기 때문에 거의 불가능하였다. 따라서 1643년과 1646년 그리고 1672년의 버지니아 법률은 고아나 가난한 주민들의 자녀들에게 도제학교 제도를 적용시켰다(Eavey, 201).

1618년부터 버지니아에서도 교육기관을 설립하기 시작하였다. 학교를 세우기 위하여 땅과 돈을 헌납하였다. 그들이 세운 초등 교육기관에서는 읽기와 쓰기 및 교리문답 공부가 실시되었고 중등교육기관에서는 대학진학을 준비하는 학생들을 교육하였다. 1660년에는 신앙적 원리에 따르는 대학을 설립하려고 하였지만 실패하였고 그 후 더욱 대학의 필요성을 절감하게 되었다. 이 무렵 부유한 주민들은 그들의 자녀들을 영국이나 혹은 하버드 대학으로 보내어 대학교육을 받게 하였으나 그 비용이 너무 많이 들었다(Eavey, 202).

위와 같이 미국 초기 남부지역 기독교학교는 교리문답 공부를 실시한 것이 특징이 된다.

IV. 미국 과도기 기독교학교

미국으로 이주한 정착민들은 자녀교육에 관심을 기울였다. 그래서 뉴잉글랜드를 비롯하여 여러 지방에서는 기독교교육을 철저하게 실시하였다. 뉴잉글랜드를 중심하여 일반학교에서 기독교 기초교육이 실시되었고, 중부지역에서는 교구학교가, 남부지역에서는 사립학교가 기독교적 원리에 입각하여 교육을 실시하였다. 아동들은 교리문답서와 성경을 읽을 수 있고 하나님의 뜻을 깨닫도록 교육받았다. 중등교육은 문법학교나 아카데미에서 목사들에 의하여 교육이 실시되었다. 이 학교들에서는 교회의 목사가 되기 위하여 대학에 진학하려는 학생들을 주로 교육하였다. 이렇게 기독교는 초기 미국 교육의 주도적 역할을 감당하였다(Eavey, 202-203).

모든 학교에서는 성경과 교리문답서를 읽고 설명하였다. 독일어를 사용하던 학교에서는 루터의 소요리 문답서(Luther's Smaller

Catechism)이나 하이델베르그 교리문답서(Heidelberg Catechism)를 사용하였다. 교리문답서 교육은 식민지 시대에 크게 흥행하였는데 이는 교육의 가장 중요한 수단이 되었다. 특히 아동교육에 있어 하나님에 관하여 가르칠 때는 필수적으로 교리문답서를 사용하였다. 교사들은 학생들에게 교리문답서를 다른 어떤 교과목보다 더 중요하게 가르치도록 요구받았고 학생들은 교리문답서의 질문과 대답을 암기하도록 요구받았다. 교리문답서에는 교리가 포함되어 있어서 교사들과 목사들에 의하여 그 교육이 더욱 강조되었으므로 교리문답서 교육은 기독교 신앙에 큰 영향을 끼쳤다(Eavey, 203).

미국 독립전쟁이 발생하자 대부분의 사람들 뿐 아니라 지도자들도 양심의 자유와 교회와 국가의 분리에 대한 원리를 찬성하게 되었다. 따라서 자연히 교육도 진리인 하나님의 계시에만 의존할 수 없었으므로 종교적 내용은 감소되었고 일반적인 내용이 점차적으로 증가되었다. 그 결과 공교육은 완전히 세속화 되었다. 종교와 교육의 일치는 불가능하게 되었고 교육적 책임은 교회로부터 정부로 옮겨졌다. 그러므로 일반교육에서는 기독교 진리에 대한 교육에 무관심하게 되다가 19세기에 이르러서는 교육의 세속화가 급진적으로 이루어졌다(Eavey, 210-211).

계몽주의와 개인주의의 영향과 함께 생물학과 물리학의 발전은 기독교교육에 대한 더 큰 무관심을 일으켰다. 특히 허버트 스펜서(Herbert Spencer, 1820-1903)는 진화론을 육체적 생활 뿐 아니라 정신적, 사회적 생활에까지 적용시켰다. 이는 교육철학에 큰 변화를 가져오게 하였다. 토마스 헉슬리(Thomas Huxley, 1825-1895)는 찰스 다윈(Charles Darwin, 1809-1882)의 진화론을 강력하게 주장한 사람으로 「과학과 교육」(Science and Education)이라는 책의 출판을 통하여 과학지식을 보편화시킴으로 교육이 세속화되는데 큰 영향을 끼쳤다.

물리학과 생물학의 발전은 과학실험만이 진리에 도달할 수 있는 유일한 방법이 되게 하였다. 그러나 기독교인들은 기독교진리를 가르치는 교육을 포기하지 않았다. 교회와 국가의 분리는 기독교가 국교로 인정될 수 없도록 하였지만 여전히 기독교는 사람들의 생활에 영향력을 행사하고 있었다(Eavey, 211-212).

위와 같이 미국 과도기 기독교 학교는 교육의 세속화에 큰 영향을 받게 되었고, 특히 생물학과 물리학 등의 자연과학의 발달로 기독교 학교에 대한 관심은 차츰 줄어들게 되었다.

V. 미국기독교학교의 특징

본 장에서는 오늘날 미국 기독교학교의 특징에 대하여 교육의 책임, 교육의 목적, 교육과정의 통합, 공동체의 관심 면에서 서술하고자 한다.

1 교육의 책임

미국 기독교학교의 특징 가운데 하나는 자녀교육을 위한 우선적인 책임은 부모에게 있음을 강조한다. 성경에 근거하면 교육의 책임은 교회와 국가가 아니라 가정에 있는데 이는 하나님께서 부모에게 자녀들을 교육해야 할 책임을 주셨기 때문이다(신 6:4-9, 엡 6:4). 그렇지만 부모는 자녀교육을 위해 교회와 학교에 크게 의존하게 됨으로 이러한 생각이 부모에 의해 학교가 생겨나는 원인과 근거가 되기도 하였다. 이는 교육의 책임이 우선적으로 부모에게 있음을 강조하는 것이다. 교육의 책임을 맡은 부모는 학교의 일에 참여 뿐 아니라 학교를 지원하고 협동하는 태도를 갖는 것은 매우 중요하다. 학교의 목적과 사명에 관한 협조적인 자세는 기관에 헌신을 하게 되고 부모들은 학교의 프로그램과 활동 곧 수업보조, 건물과 운동장 보완 협조, 학교 이사회, 기타 학교 활동에 적극적으로 참여하게 된다.

이와 같은 관점은 미국학교에서 '학부모운영의 학교 형태', '사친회 운영의 학교' 혹은 '학부모 단체학교'(Parent Society School)를 형성하였다. 이는 지역 내의 학부모들과 그 밖의 사람들이 사회적 단체를 만들어 협력하여 학생들의 교육을 통제하고 운영하는 학교를 설립한 경우를 말한다(Byrne, 1981, 236). 기독교학교 연합회(the Christian Schools International, the National Union of Christian Schools의 후신이다)는 이런 형태의 학교를 지지해왔다. NUCS의 창설자 중의 한 사람이며 '학부모운영 학교'의 충실한 대변자인 마크 페케마(Mark Fakkema)는 다음과 같이 말한다.

> 가정은 그 누구에게도 양도할 수 없는 일정한 권한을 가진다 그들 중에는 그 자녀들을 교육할 권리가 포함된다. 자기 후손을 교육하는 것은 하나님이 부여한 특권일 뿐 아니라 하나님이 요구하시는 의무이기도 하다. 그러므로 부모가 개인적으로 그들의 교육적 책무를 다 할 수 없다면, 자신들과 동일한 교육관을 공유한 다른 부모들과 협력하여 교육적 책임을 수행하도록 해야 할 것이다. 이는 그 부모들이 협력하여 기독교학교 사친회(a Christian School/Parents Society)를 구성함으로써 감당할 수 있다(Mark Fakkema의 글, Harper, 106에서 재인용).

위와 같은 입장은 언약신학에 근거하여 주장되고 있는 것으로 기독교 개혁교회(Christian Reformed Church)에 속한 학교들이 이러한 입장에 동조하고 있다.

2 교육의 목적

미국 기독교학교의 전반적인 목적은 자녀들로 하여금 기독교적인 삶을 살도록 돕는 것이었으며 또한 사회악에 반대하여 저항하는 운동으로도 존재하여왔다. 사회에 만연되어 있는 도덕의 타락, 환각제 남용과 학교의 폭행사고, 생활훈련의 부족과 낮은 학문수준 등에 지대한 관심이 표명되었다. 궁극적인 목표와 동기는 주님의 교훈과 말씀 속에서 학생들을 양육하는 것이다. 이렇게 하여 영적가치의 우월성이 강조되며 사람들은 인간의 모든 국면에서 사역하고 증거를 하기 위하여 훈련을 받는다(Byrne, 1981, 236).

기독교철학자 월터스토르프(Nicholas P. Wolterstorff)에 따르면, 기독교학교의 목적은 아동이 사회에서 무엇을 할 수 있도록 준비할 수 있게 하는 것이지 아동을 사회로부터 배제하고 고립하려는 것이 아니다. 그 이유는 신앙, 삶, 그리고 사회의 기독교적 관점에서 볼 때 부정주의를 정당화하는 것은 아니라고 생각하기 때문이다. 그는 가정, 교회, 학교는 자녀들을 기독교적인 삶을 살 수 있도록 훈련하는 곳이어야 함을 강조하였다. 그리고 그리스도인들은 자녀교육을 위해 기독교학교를 필요로 한다고 강조하고 자녀들에게는 예배드리는 방법을 가르치는 것보다 기독교적인 삶을 사는 방법을 가르쳐야 한다고 말하였다(Wolterstorff, 1966, 35).

기독교학교교육의 목적은 교인수를 늘리기 위하여 전도를 하게 하는 것이 아니고, 중립적인 가치를 전달하려는 것도 아니라 학생들이 현대사회에서 기독교적인 삶을 살 수 있도록 준비시키는 것이다. 곧 기독교학교교육의 목적은 학생들에게 기독교적인 세계관 및 인생관을 교육하려는 것이다. 모든 교육의 궁극적인 목적은 하나님께 대한 책임을 완수하는 방법을 가르침으로서 사람들의 기쁨과 즐거움을 찾게 하는 것이다. 그리스도인 부모와 교사는 모든 부모와 교사들이 마땅히 해야 할 바를 생각하고 행하는 것이다(Wolterstorff, 1980, 13-14). 이와 같이 미국 기독교학교는 학생들로 하여금 기독교적으로 혹은 성경적으로 생활하는 것이 어떤 것인지를 배우고 또한 그 배운 것을 사회 속에서 실현하도록 함을 강조한다.

3 교육과정의 통합

미국 기독교학교교육의 특징 가운데 하나는 성경에 근거한 통합된 교육과정을 추구한다. 교육과정은 하나님의 진리에 기반을 두는 것으로 "진리는 모두가 다 하나님께 속한다"(All Truth is God's Truth)는 원리를 받아들인다(Gaebelein, 1991, 55). 모든 진리는 언제나 하나님 안에서 통합되어 있다. 이것은 교과와 성경과의 통합의 의미하며 교육과 종교는 언제나 중립성을 가지는 것이 아니라 기독교적인 세계관이 모든 교육과정 내용에 통합되어야 함을 강조한다. 이러한 입장은 기독교적 조망을 통합하려는 수많은 교육과정 가운데 교재와 교수자료를 출판하게 되었다. 성경과 다른 교과목 사이의 관계에서 교육자가 결정해야하는 것은 성경과 신학이 교과목의 유일한 근원인지 혹은 성경에 근거한 교재는 기독교학교를 정당화하는데 사용되고, 학교의 목적은 특정한 성경구절에 기초해야하는가 하는 점이다(Waterink의 글, Oppewal, 1963, 30에서 재인용)

1970년대 이후 기독교학교 지도자들은 교재와 교수자료들을 출판하였다. 신앙과 학습 혹은 믿음과 배움을 통합하고자 하는 시도로 말미암아 '기독교학교연합회'(Christian Schools International, Association of Christian Schools International)의 교육과정개발부를 통해 기독교학교에서 사용할 수 있는 교과교재를 개발하여 출판하기도 하였다. 또한 성경적 세계관 연구소(The Biblical Worldview Institute)[4]는 기독교학교의 교사가 성경적 세계관에 근거하여 자신의 학과목을 성경적으로 조명하고 자신의 학과내용과 관련된 성경내용을 깨닫고 적용하여 수업을 할 수 있도록 하였다. 이를 위해 수업계획서(Biblical Worldview Integration Planner)를 개발하여 교사들에게 보급하고 있다. 칼빈대학교의 카이어 연구소(The Kuyers Institute for Christian Teaching and Learning)[5]는 기독교학교 교실에서 교사가 영적으로 혹은 신앙적으로 가르치는 교수목적과 교수방법 그리고 학습자에 대하여 성경적 연구를 한다. 그리고 기독교학교 교사들을 위한 수학 및 언어 교과목에 대한 기독교적 이론의 이해와 실제자료들을 제공하고 더 나아가 학술지 출판, 컨퍼런스 및 세미나, 그리고 워크숍 등을 실시하고 있다.

4 공동체의 강조

미국 기독교학교교육의 특징은 공동체에 초점을 갖고 교육은 공동체에 의하고 공동체를 위한 것임을 강조한다. 이와 같은 입장은 사회의 모든 영역에서 하나님의 주권을 인정함에서 나온다고 볼 수 있는데 이는 칼빈주의를 연구하였던 헨리 미터(H. Henry Meeter)의 주장에 의하여 뒷받침된다.

4) www.biblicalworldviewinstitute.org

5) www.calvin.edu/kuyers

> 가정이나 단체나 상업, 공업, 농업의 모든 기관들이나 교회는 인간 사회의 유기적 생활에서 창조의 원리대로 발전되어 나오는 것들이다. 이것들의 기원과 존재와 생활의 원리는 국가에 의존된 것이 아니다. 이것들은 하나님이 주신 자체 내의 내적인 원리와 문화적 소명의 책무를 가지고 있다(Meeter, 158).

공동체에 의한 그리고 공동체를 위한 교육은 부모에 의해 사적으로 수행되기도 하고 또한 교사와 목사에 의해 공적으로 수행되기도 한다. 기독교교육은 기독교공동체에 의해 실행되고 하나님의 평강 곧 샬롬(shalom)에 거하는 기독교공동체를 세우기 위한 교육이어야 한다. 그 이유는 그 공동체에 속한 존재의 모든 영역 속에 조화와 기쁨이 있기 때문이다. 기독교학교는 이상적인 가르침과 배움만이 아니라 서로 섬기고 섬김을 받는 공동체가 되는 것이며, 더 나아가 다른 공동체를 위해 존재하고 섬길 수 있게 되는 것이다.

VI. 나가는 말

본 장에서는 외국 기독교학교의 역사는 기독교역사와 밀접한 관계가 있음을 전제하였으며, 외국 기독교학교는 역사상 3 시기에 걸쳐 기독교학교가 활성화되었음을 서술하였다. 외국의 기독교학교운동기는 초대교회시기, 종교개혁시기 그리고 오늘날 미국을 중심으로 한 기독교학교연합회 시기로 구분될 수 있음을 밝혔다. 본 연구를 통하여 우리나라의 기독교학교교육에 의미하는 바는 다음과 같다. 첫째로, 우리나라 기독학부모의 기독교교육에 대한 계몽이 필요하다는 점이다. 자녀들을 위한 기독교교육의 우선적인 책임은 부모에게 있다는 점을 인식하고 이 책임을 깨닫고 구체적으로 실천하도록 하는 것이다. 기독인 학부모들은 기독교학교를 가정의 동반자로 여기고 학교에 대한 관심, 기도와 지원을 적극적으로 감당해야 함이 필요하다. 교사는 학부모의 대리자의 입장에서자신의 가르치는 일은 하나님께서 주셨음을 가르치는 사명을 감당해야 한다. 둘째로, 미국 기독교학교 연합회가 기독교학교의 설립, 교사 및 행정가 교육, 교육과정의 개발로 기독교학교를 지원하듯이 우리나라에서도 이미 형성된 기독교학교연합회, 한국기독교학교연맹, 혹은 한국기독교대안학교연맹 등의 사업과 활동에 기대를 갖고 협조해야 한다. 이를 위해 우리나라 기독교학교의 책임자, 교사, 기독교교육자는 연합회와의 상호협조적인 관계를 유지하고 기독교학교교육의 발전을 위한 협력을 아끼지 않아야 할 것이다. 마지막으로 우리나라 뿐 아니라 외국에서 기독교학교에 대한 관심과 함께 기독교학교운동이 일어나는 것은 공교육 제도 속에서도 하나님이 주신 문화적 명령을 수행하고자 함이다. 앞으로 기독교학교교육을 통하여 더욱 하나님의 나라가 이 땅 위에 이루어지게 하는 것이 그리스도인들, 교회 지도자들 그리고 기독교학교 지도자들의 사명임을 깨닫고 하나님이 주시는 힘과 지혜로 이 사명을 감당해야 할 것이다.

토의 문제

▸▸ 외국 기독교학교의 역사에 대한 구분과 그 시대의 특징을 나누어 보자.

▸▸ 제 1 기독교학교운동의 특징과 오늘날 우리나라 기독교학교교육에 의미하는 바를 토의해 보자.

▸▸ 제 2 기독교학교운동의 특징과 오늘날 우리나라 기독교학교교육에 의미하는 바를 토의해보자.

▸▸ 제 3 기독교학교운동의 특징과 오늘날 우리나라 기독교학교교육에 의미하는 바를 토의해보다.

▸▸ 미국 기독교학교교육의 역사를 통하여 우리나라 기독교학교교육에 의미하는 바를 토의해보자.

참 고 문 헌

양금희(1999).『종교개혁과 교육사상』. 한국장로교출판사.

Byrne, Herbert W. (2005).『기독교교육학총론』. (개정판) 신현광 옮김. 서울: 민영사, 2005.

Eavey, C. B. (1980). 김근수, 신청기 역.『기독교교육사』. 서울: 한국기독교교육연구원. 1980.

Gangel, Kenneth O. & Warren Benson (1992). 유재덕 역.『기독교교육사』. 서울: 기독교문서선교회.

Gaebelein, Frank E. (1991).『신본주의 교육』. 서울: 기독교문서선교회.

Harper, Norman E. (1984). 이승구 옮김.『현대기독교교육』. 서울: 도서출판 엠마오.

Eavey, C.B. (1964). History of Christian Education. Chicago, IL: Moody Press.

Kienel, Paul A, (1998). A History of Christian School Education. Volume One. Colorado Springs, CO: Purposeful Design.

Kienel, Paul A,(2005). A History of Christian School Education. Volume Two. Colorado Springs, CO: Purposeful Design.

Meeter, H. Henry (2003). 박윤선 김진홍 옮김.『칼빈주의 기본사상』. 개정 증보판. 서울: 개혁주의신행협회.

Oppewal, Donald(1963). The Root of the Calvinistic Day School Movement. Grand Rapids, MI: Calvin College Monograph Series.

Overman, Christian and Don Johnson (2007). 한국기독교대안학교 연맹 옮김.『진리와 하나된 교육』. 서울: 예영 커뮤니케이션.

Wolterstorff, Nicholas P.(1980). Education for Responsible Action. Grand Rapids, MI: Eerdmans Publishing Company.

Wolterstorff, Nicholas P.(1966). Religion and the School. Grand Rapids, MI: Eerdmans Publishing Company.

추천도서

오인탁 외(2008). 『기독교교육사』. 서울: 도서출판 기독한교.

오인탁(2005). 『기독교교육학개론』. 서울: 도서출판 기독한교.

Eavey, C. B. (1980). 김근수, 신청기 역. 『기독교교육사』. 서울: 한국기독교교육연구원. 1980.

Gangel, Kenneth O. & Warren Benson(1992). 유재덕 역. 『기독교교육사』. 서울: 기독교문서선교회.

Harper, Norman E. (1984). 이승구 옮김. 『현대기독교교육』. 서울: 도서출판 엠마오.

Sherrill, Lewis Joseph (1994). 『기독교교육의 발생』. 서울: 대한기독교서회.

In Jesus' name, I pray. Amen.

06

교육사회학의 관점과 기독교적 조명

-김선요(서울여자대학교)

I. 들어가는 말

교육은 사회적 진공상태에서 이루어지는 것이 아니라, 특정한 사회적 배경을 토대로 이루어지는 활동이라고 볼 수 있다. 교육이 이처럼 사회와 불가분의 관계 속에서 이루어진다는 인식 아래, 교육과 사회의 역동적인 관계를 살피는 학문이 바로 교육사회학이다. 교육사회학은 지금까지 사회학적 지식체계를 교육실천에 적용하려는 실천 지향적 성격이 두드러졌으나, 점차 교육현상을 사회학적으로 탐구하며 설명 지향적으로 발전하고 있다. 뿐만 아니라, 교육사회학의 접근은 교육현상에 대한 거시적이거나 구조적이고 주변적 성격이 강하게 부각되었으나, 최근의 새로운 접근 경향은 교육의 내적 측면을 중심으로 미시적이고 내면적이며 역동적인 인과관계를 밝히는데 초점을 맞추고 있다.

일반 사회과학자들과 마찬가지로 교육사회학자 역시 연구 방법론적으로 가치-중립적이기를 추구하지만, 실제로 각 교육사회학적 저작물들을 주의 깊게 살펴보면, 이러한 기대는 하나의 환상적인 목표라는 사실이 분명하게 드러난다. 각 저자들은 자신들이 그러한 사실을 알건 모르건 간에 그의 교육사회학적 이론 속에서 만들어진 가정뿐만 아니라, 개인적 배경요인, 문화적 환경에 의해 영향을 받을 수밖에 없기 때문이다. 일반적으로 교육자들이 교육과정을 편성하면서 그 속에 어떤 사회적 편견을 드러내고 있는지 탐구하는 분야를 교육과정사회학으로 부른다. 이와 같이 교육사회학자 역시 개인적 삶의 역사에서 비롯되는 사회적 삶에 대해 배경적 가정을 갖게 마련이다.

그동안 우리나라의 교육사회학은 사회학의 영역보다는 교육학의 한 영역으로 자리잡아왔으며, 주로 사범대학, 교직과정, 교육대학원의 강좌로서 많은 교사지망생들이 이 교과를 선택하여 이수하고 있다. 이중에서도 적지 않은 그리스도인들은 미묘하고도 끊임없이 신앙심을 퇴색시키고 의심을 자아내게 하는 교육사회학의 성향에 대해 제대로 대응하지 못하는 경우가 허다하였다. 그들은 자신들의 삶 속에서 신앙과 학업을 분리시킴으로 인해 통합성을 상실하는 경우가 있다. 또한 전에는 그리스도인이라고 고백했던 이들이 이제는 현저하게 믿음이 흔들리거나 포기함으로써 교육사회학과 기독교적인 신앙은 결코 양립할 수 없다고 느낄 수도 있다.

이 문제는 단지 신앙의 위기만을 초래하는 것이 아니다. 그리스도인들이 하나님과의 관계 속에서 교육과 사회의 관계를 바라볼 수 있어야하는데, 전적으로 인간-중심적인 방법을 통해서 교육과 사회를 바라보아야 한다는 문제를 안고 있다. 그의 믿음은 전과 같이 견고하다 해도, 교육과 사회의 관계를 적절하게 말할 수 없는 것은 그들이 기독교적인 관점에서 이 양자의 관계를 제대로 다루어보지 못했기 때문이다. 혹시 세미나 자료를 설교로 변형시켜 하나님은 참이고 인간에 대한 성경의 그림은 진실이라고 주장할 수 있을지는 모르지만, 이는 교육사회학적인 가정과 기독교적인 믿음 사이의 관계에 대해 전혀 이해하지 못하고 있다고 보아야 할 것이다.

외관상 현실의 묘사에 있어서는 종종 부적절하다 할 수 있더라도, 타당성 있는 교육사회학의 원 자료는 기독교적 관점에 대해 본래부터 배타적이지 않다. 홈즈(A. F. Holmes)가 『모든 진리는 하나님의 진리다』라는 저서에서 밝혔듯이, 그리스도인은 교육사회학적인 데이터와 기독교적 진리는 궁극적으로는 결합될 수 있다고 생각해야 한다. 그리스도인이 비 기독교적인 교육사회학자와 다르거나 일치하지 않는 부분이 있다면, 그것은 아마도 해석과 관점의 영역에서 그러하다고 볼 수 있다.

여기서 우리는 기독교 신앙과 교육사회학에 대한 관계를 적극적으로 재조명할 필요가 있다. 이 장(章)은 무엇보다도 이러한 교육사회학의 도전에 직면한 이들에게 도움을 주기 위해 마련되었다. 교육과 사회의 관계를 설명하기 위해 교육사회학의 이론적 관점, 거시적 관점, 그리고 미시적 관점을 중심으로 기술되었다. 이 글은 "성경의 표준에 따라 이해하며 살고자 노력하는 한 그리스도인이 교육과 사회의 관계를 이해하고자하는 교육사회학자로서 무엇을 할 수 있는가?"라는 질문에 대한 답변으로 이해해도 좋을 것이다. 아울러 여기에 기술된 내용은 한 그리스도인의 관점일 뿐, 보편적 기독교적인 관점이 아니라는 점도 분명히 하고 싶다. 또한 이 관점의 대부분은 신학적인 분석을 통해 도출되었다고 보기보다, 기독교 대학에서 교육사회학을 가르치고 있는 경험에서 비롯되었다고 보는 것이 더 타당할 것 같다.

II. 교육사회학의 이론적 관점

1 기능주의적 관점

스펜서의 전통을 이어받은 기능이론은 생물학으로부터 단초를 가져왔다. 살아있는 유기체의 다양한 기능을 가진 부분은 전체의 생명을 유지하기 위해 필수적인 역할을 수행한다. 마찬가지로, 사회는 자신의 생존과 유지에 필요한 여러 부분으로 구성되어 있고, 각 부분의 기능은 사회존립에 필수적이다. 따라서 사회 각 부분은 질적 우열의 차이는 없고, 다만 기능상의 차이만 있는 여러 부문들의 집합체일 뿐이다. 이러한 가정에 기초하여 기능주의자들은 "차등적 보상"의 원리를 전개시킨다. 즉 계층은 기능의 차이에 바탕을 둔 차등적 보상 체제의 결과이며, 이러한 체제는 사회의 존속과 유지를 위해 필요하다고 본다.

이러한 입장을 교육학에 적극적으로 수용한 사람은 에밀 뒤르껨(E. Durkheim)이다. 그는 불란서 혁명 이후, 급격하게 분열되는 와중에서도 해체되지 않는 사회를 바라보며, 그의 교육구상은 비사회적 존재인 개인을 사회적 존재로 기르는 것이었다. 그는 교육을 '사회화'와 동일한 의미로 이해했으며, 이를 위한 교육의 기능은 '보편적 사회화'와 '특수 사회화'로 집약시켰다. 기능주의에 기초한 교육의 관점은 뒤르껨에 이어 파슨스(T. Parsons)에 의해 좀더 정교화 되었다. 파슨스는 학교교육의 사회화 기능을 부각시킴으로써 사회적 선발기능을 강조했다. 따라서 사회계층 분화, 학력수준의 차이, 사회적 지위분배 등은 밀접하게 연결되어 있는 일련의 공정한 과정인 셈이다(김선요, 2009: 139-140).

외견상 기능주의 이론은 기독교적 관점과 서로 양립하는 것처럼 보인다. 성경은 표면상 직접적으로는 '사회'를 언급하고 있지 않지만[1], 기독교 공동체의 상호의존성과 기능을 예시하면서, 인간의 몸을 자주 비유로 들고 있다. 예를 들면, 고린도 전서 12장 12-26절은 이상적 공동체에 대한 생생한 모습을 우리의 몸에 비유하고 있다.

---

1) 성경은 '사회'라는 용어를 사용하고 있지 않지만, 이에 가장 가까운 개념인 '세상'이라는 말을 자주 그리고 분명하게 사용하고 있다. 성경의 '이 세상'은 '저 세상' 혹은 '하나님 나라'와 대조를 이룬다. 신약에서 '세상'을 나타내는 영어의 'world'는 희랍어 kosmos에 해당된다. 이는 '질서를 갖추다'(set in order) 또는 '꾸미다, 장식하다'(to adorn, decorate) 의미의 동사와 관련되어 있음을 주목할 것(참고, Elwell and Associates, 1988: 2163).

몸의 어느 한 부분이 고통을 당하면, 전체 몸이 고통을 받는 것과 마찬가지로, 어느 한 지체가 제대로 기능을 하지 못하면, 그로 인해 공동체 전체가 부정적인 영향을 받는다. 그러므로 기독교 공동체는 사회 전반에 걸쳐 영향을 미친다. 이처럼 그리스도의 지체에 대한 설명에서 바울은 교육사회학의 기능이론과 매우 닮은 이상적 공동체의 사회적 관계를 제시하고 있다.

그러나 교육사회학의 기능주의 이론이 기독교적인 인간관을 반영하고 있지 않음은 분명하다. 즉 기능주의는 거시적 관점으로 사회를 인식하기 때문에 '사회'라는 거대한 실체가 그 속에 살고 있는 인간을 지배한다고 보았다. 그렇기 때문에 인간은 하찮은 존재이고, '사회화의 산물일 뿐이다. 인간은 궁극적으로 '만들어진' 존재이며, 사회에 의해 '움직여지는' 인형과 같은 존재로 이해한 것이다. 그러나 창세기 1장 26-27절에 의하면, 인간은 '하나님의 형상'으로 창조되었다. 쉐이퍼(Francis Schaeffer)에 의하면, 인성(personality)의 핵심은 이성과 책임성이며, 이는 이성적으로 하나님께 응답하고 책임을 지는 존재로 인간이 창조되었다는 사실은 기능주의의 '로봇모형' 인간관과 거리가 멀다.

앞에서 밝힌 대로, 기능주의 교육사회학자들은 '사회화'개념을 통해, 가능한 한 학생들을 사회환경과 관련시켜 교육이 이루어져야 한다고 가정하였다. 그러나 우리가 잠시라도 이 교육개념을 꼼꼼히 들여다보면, 그것은 전혀 가능하지 않는 구조라고 볼 수 있다. 이미 반틸(C. Van Til)이 지적하였듯이, 허공 속에서는 교육을 위한 어떤 준비도 있을 수 없기 때문이다. 환경이 어떠한지에 대해 어떠한 생각도 가질 수 없는 누군가가 이 교육의 목적은 환경에 적응하도록 가르친다고 말하면, 그것은 완전히 '자가당착의 늪'에 들어가는 것과 마찬가지이다. 허공을 위해서는 어떤 준비도 있을 수 없기 때문이다. 특히, 대부분의 그리스도인들이 인식하는 것처럼, 이 사회가 타락한 환경이라고 한다면, 이러한 주장은 더욱 설득력을 얻기 힘들다 (1953: 439).

2 갈등주의적 관점

기능주의 이론과 달리, 갈등주의 이론은 사회를 개인 및 집단 간 끊임없는 경쟁과 갈등의 장으로 본다. 일반적으로 갈등주의는 마르크주의와 동일시되지만, 베버(Max Weber)를 중심으로 한 비 마르크스주의도 갈등이론의 한 축을 담당하는 '지위경쟁이론'으로 발전되었다. 갈등이론의 기본적인 가정은 희소한 자원을 둘러싼 분배의 문제가 핵심이다. 즉 인간이 소유하고자하는 대상물은 제한적인데 반해, 인간의 소유욕은 무한하기 때문에 이 모순을 해결할 길이 없어서 개인 혹은 집단 간의 경쟁은 불가피하다고 전제한다. 따라서 사회는 '변화'를 기본적인 속성으로 삼고, 계층보다는 계급개념을 선호한다. 마르크스가 역사의 발전과정을 유산계급과 무산계급의 경제적 이해관계를 둘러싼 갈등관계로 파악하였다면, 베버는 지위 · 권력 · 부와 같은 다양한 사회적 요인을 놓고 경쟁한다고 보고 있다(김선요, 2009: 140-142).

기능주의 이론과 마찬가지로 갈등주의 이론 역시 학교와 사회가 밀접하게 연관되어있다는 점에 있어서는 이견이 없다. 그러나 갈등주의 교육이론은 학교와 전체 사회와의 관계보다는 학교와 엘리트 혹은 지배집단과의 관계를 강조한다. 마르크스의 사상을 이어받은 신 마르크스주의자들은 학교가 재능 있는 사람들의 사회이동을 촉진시키고 사회발전에 기여하는 제도로 보기보다는 특정 엘리트 집단들의 권력을 영속화시켜주고, 기존의 계급질서를 유지시켜주는 도구로 인식한다. 특히, 학교는 기존의 불평등구조를 영속화 내지 심화시켜 참다운 자유와 민주주의를 누릴 수 없다고 주장한다 (Illich, 1971; Bowles and Gintis, 1976; Freire, 1972).

외견상 갈등이론은 기독교적 관점으로부터 비록 기능이론보다는 좀 더 제한된 범위에서 적용할 수 있다할지라도, 유익한 정보를 얻을 수 있다. 갈등은 삶의 일부이며, 어떤 갈등은 기독교적인 상황에서 필요하고 심지어는 유익하다고 볼 수 있다. 선과 악 사이의 성경적 갈등, 예수님 자신이 "내가 세상에 화평을 주러 온 줄로 생각하지 말라 화평이 아니요 검을 주러 왔노라"(마 10:34)는 표현이 이를 제대로 대변하고 있다. 그리스도인들도 구원을 경험하고 나서도 옛 삶을 청산하지 못하고 여전히 과거로 회기 하고자 하는 마음의 갈등도 갈등이론과 맥을 같이한다고 말할 수 있다.

앞에서 살핀 대로, 갈등주의 교육 사회학자들은 마르크스(K. Marx)를 그들 사상의 초석을 놓은 사람으로 바라본다. 마르크스는 인간이 사회구조에 의해 결정된다는 점에서는 구조-기능주의자들과 일치했지만, 사람들은 새로운 사회를 만들 수 있는 능력을 갖고 있다고 주장한 점에 있어서는 그들과 달랐다. 그들이 여기서 강조하고 있는 점은 인간관에 있어서 구조-기능주의의 '로보트 모형'이 아니라, 인간의 창조자 측면인 셈이다. 다시 말하면, 갈등이론과 인본주의 교육 사회학자들은 인간의 성품은 착하고, 그의 이러한 착함을 사회에 불어넣을 수 있다고 보고 있다. 이와 같은 관점은 18세기 철학자 루소(J. J. Rousseau)의 저작에서 발견되며, 그의 철학은 종종 홉스(T. Hobbes)에 비견된다.

이와 같이 '타락하지 않은 인간' 성품의 갈등주의의 관점은, 인간이 구속을 필요로 하는 죄인이며, 인간 스스로는 자신을 구원할 수 없다고 보는 기독교적 관점과는 정 반대의 위치에 서있다.[2] 교육에 대한 갈등주의의 설명 역시, 기독교 교리와 양립할 수 있는 것처럼 보이지만, 좀 더 가까이에서 인간과 교육에 대한 주요가정을 엄격하게 살펴보면, 하나님 나라와 인본주의 유토피아와는 단지 표면적으로만 유사하다는 사실을 알 수 있다. 인간의 죄가 있는 조건과 구속의 필요는 단지 예수 그리스도를 통해서만 가능하다는 기독교적인 입장은 인간 스스로 구원할 수 있다는 생각을 갖고 있는 갈등주의와 큰 차이를 보여준다(Poloma, 1980: 203-208).

3 해석적 관점

앞에서 밝힌 기능주의와 갈등주의 두 이론의 거시사회학, 자연과학적 실증주의 연구방법에 본격적으로 반론을 제기한 사람이 바로 베버(Max Weber)이다. 베버는 그의 저서, 『사회과학방법론』에서 "사회학은 사회적 행위를 해석적으로 이해함으로써 그 과정과 결과를 인과적으로 설명하는 과학"이라고 정의했다. 또한 "행위란 행위하는 개인이 의미를 부여하는 모든 인간행동을 포함한다"고 말함으로써 사회적 행위의 주관적 성격과 그에 대한 '이해'(Verstehen)의 중요성을 분명히 했다(Weber, 1947: 88). 이후 교육사회학의 해석적 이론은 슈츠(A. Schutz), 가핑클(Garfinkel), 호만스(G. Homans), 미드(M. Mead) 등에 의해 발전되었다

학교교육에 대한 해석적 관점의 연구는 하그리브스(D. Hargreaves)의 『인간상호 관계와 교육』(1972)을 들 수 있다. 미드(M. Mead)의 상호작용이론을 적용하여, 학교를 구성하는 행위자인 교사와 학생 그

2) 로마서 5장의 예수 그리스도에 의한 구원과 죄와 사망으로부터의 해방에 대한 사도 바울의 논의를 참고할 것.

리고 그들의 복잡한 상호작용의 모습과 내용을 연구했다. 하그리브스에 의하면, 교사는 모두 동질적인 존재가 아니어서 여러 유형으로 구분될 수 있고, 교사도 학생을 유형화한다는 사실을 밝혔다. 또한 교사가 학생을 유형화할 때, 학생의 계층적 배경을 기준으로 삼는 경우가 적지 않다는 보고도 있다. 교사의 기대와 관련, 중요시되는 낙인(labelling), 자기충족예언(self-fulfilling Prophecy)이 교육학에 도입되었으며, 로젠탈과 제이콥슨(Rosenthal & Jacobson)의 연구가 널리 알려져 있다

사회학의 해석적 이론가인 버거(P. Berger)는 룩크만(Thomas Luckmann)과 협력하여, 고전적 사회학에 토대를 둔 지식사회학을 발전시킴으로써 현대 해석적 사회학의 발전에 크게 기여했다. 특히, 폴로마(M. Poloma)는 "버거의 연구는 기독교적인 관점과 양립이 가능한 현존하는 이론적 전통으로 평가하고, 이를 통해서 기독교 사회학 이론을 세울 수 있다"고 주장했다(1980: 209-210). 이 사회학적 전통은 구조-기능주의의 '로봇'모형과 갈등주의가 기초하고 있는 인본주의의 '창조자' 모형 사이의 통합을 보여준다. 즉, 실재의 주관적인 영역을 객관적으로 방향이 잡혀진 통합에 밀어 넣음으로써 사회구조에 의해 꼴이 잡혀진 타락한 인간성의 이미지뿐만 아니라, 구원주 예수 그리스도를 체험한 구속받은 인간도 허용할 수 있다.

그러나 버거((P. Berger)를 포함한 대부분의 해석적 관점의 현대 교육사회학자들은 가치-중립 교육사회학의 모형을 포기하지는 않는 점은 기독교적 교육사회학 관점과 서로 양립하기 어렵다. 자연과학이든 사회과학이든 어떤 과학자도 모든 다른 인간과 마찬가지로 그들이 갖고 있는 가치체계에 의해 크게 영향을 받는다. 다시 말하면, 주어진 시점에서 그가 혹은 그녀가 수행하고 있는 연구 밖에다 전적으로 그의 혹은 그녀의 가치를 둘 수가 없다. 이러한 가치가 구

획될 수 있고 연구프로젝트를 하는 동안에 망각 상태를 유지할 수 있다고 생각하는 것은 지나친 기대일 뿐이다. 과학이 객관적이 되도록 노력해야 한다할지라도 궁극적 목표로서 전체 가치가 중립적이어야 한다고 압박하는 것은 지나치게 많은 기대를 단순하게 하는 것이다(Johnson, 1982: 34).

III. 교육사회학의 거시적 관점

1 사회화와 교육

교육사회학자들이 환경, 특히 사회화의 영향에 주목을 하게 된 것은 1930년대에 이르러서다. 그 이전 교육사회학 이론은 기능주의 관점에서 사회의 진화와 교육의 기능에 초점이 맞추어져 있었고, 이는 적자생존(適者生存)을 강조하는 사회적 다윈주의(Social Darwinism)의 자연주의 법칙에서 비롯되었다. 그러나 제1차 세계대전을 치르며, 인간의 행동과 교육의 기능을 설명하는데 있어서 진화나 유전보다는 사회문화 제도에 초점을 맞추기 시작했다. 이 과정에서 가장 영향을 많이 미친 사람 가운데 한 사람은 미드(George H. Mead)를 들 수 있다. 제2차 세계대전 기간까지 대부분의 교육과 사회학자들은 인간의 성품(human nature)은 사회적 상호작용에 의해 생겨난 것으로 보았다.

그러나 최근 출간된 교육사회학 개론의 교재내용을 살펴보면 알 수 있듯이, 인간의 성장 가능성은 유전과 환경의 조합으로 설명되어 있다. 다시 말하면, "어떤 사람이 성장 가능성을 훌륭하게 타고났다 하더라도 그가 경험한 인간적 · 문화적 · 물리적 환경이 교육적으로 부적합했을 때, 그 사람의 잠재능력의 계발활동인 교육을 제한을 받게 된다"(이형행, 2008: 29). 여기서 우리가 주목하고자 하는 것은 한 세트(set)인 유전과 환경(생물-사회)이 다른 한 세트인 유전(생물), 또 다른 한 세트인 환경(사회)과 자리가 바뀌었다는 사실이다. 여기서 제기할 수 있는 가장 중요한 문제점은 바로 '결정주의' 인간관, 즉 "인간은 . . .의 산물이다"라는 식의 인간에 대한 관점을 들 수 있다. 많은 사회과학자들이 인간 행동에 대한 이러한 인간관을 받아들이지만, 이를 수용하지 않는 학자들도 많이 있다는 사실을 잊지 말아야한다.

우리는 종종 과학은 본래부터 결정주의이고 교육사회학은 과학이기 때문에 이 역시 '결정적이다'라는 말을 듣는다. 그러나 이러한 주장은 오히려 논리적으로 모순이다. 오히려 과학적 교육사회학은 결정주의일 필요가 없다. 이미 우리들이 살폈듯이, 인간 행동의 결정주의 관점을 가진 교육사회학자가 있긴 하지만[3], 과학이기 때문에 교육사회학이 결정주의이어야 한다는 논리적 이유가 없다. 뿐만 아니라, 인본주의자들은 결정주의 인간관에 대한 다음과 같은 네 가지 중요한 이유를 들어 비판을 제기했다: (1) 우리 자신의 경험과 반대로 흐르고 있다; (2) 인간의 자유와 존엄 그리고 책임을 앗아간다; (3) 인간은 자신을 '결정하는' 사회를 만들 수 있고 창의적이라는 사실을 직시하지 못한다; (4) 인간행동의 주관적 측면을 무시하고, 따라서 사람들이 행동하는 것에 대해 왜 그렇게 하는지를 충분히 이해할 수 없다(Smit, 1978: 42).

이러한 인본주의적 비판은 대부분의 그리스도인들에게도 합리

3) 이러한 결정주의적 인간관을 가진 대표적 학자로는 스키너(B. F. Skinner, 1971)를 들 수 있다. 그는 주저하지 않고 모든 사람들은 지배되며, 그의 가장 건설적인 제안으로는 가장 잘 지배하는 사람의 손에 지배가 이루어질 수 있도록 해야 한다고 주장했다.

적이며, 기독교적인 전통과 관련이 깊다는 평가를 내릴 수 있으나, 결정주의에 대한 기독교와 인본주의의 반응이 동일하지 않다는 사실에 유의해야 한다. 인본주의자들이 인간은 자신의 미래에 있어서 '일손'을 가지고 있다고 강조하는 것은 맞다. 그들의 잘못은 인간을 자율적이고 자유로운 존재, 즉 자기 운명의 주인으로서 바라보는데 있다. 성경은 우리들에게 자유에 대한 다른 관점을 가르쳐준다. 인간은 선택은 할 수 있지만, 독립적이라는 의미에서 결코 자유롭지 않다. 우리는 누구인가 혹은 무엇인가에 매여 있다. 참다운 자유는 하나님의 은혜로서 찾아온다(Smit, 1978: 42-43).

초기 사회화에 있어서 인간은 기본적인 필요를 채우고자하는 육적인 욕망에 강하게 반응하는 경향으로 인해, 기능주의 이론의 재사회화의 가능성은 열려있지 않다. 그것은 바로 자기중심적 경향성이며, 이는 바로 사도 바울이 지체들 가운데서 발견한 전쟁의 근원지였다(롬 7:21-23). 그러나 그리스도인은 성령의 힘으로 이 전쟁을 승리로 이끌 수 있고(롬 8:12-14), 재사회화의 장에 들어설 수 있는 자격을 갖추고 있다. 그리스도인을 위한 재사회화는 두 가지 이유에서 필요하다. 첫째는 재사회화된 그리스도인은 무의식 행동의 세트와는 다른 새로운 습관에 의해 결정되며, 이들은 대체로 올바른 혹은 선한 습관이다. 둘째는 지각을 사용함으로 연단을 받아 선악을 분별할 수 있는 분별력(discernment)을 갖출 수 있기 때문이다(히 5:14).

2 사회평등과 교육

근대 시민사회가 등장하면서 사람은 누구나 동등한 존재라는 신념이 지배하게 되었다. 특히, 학교제도가 발달하면서 학교가 평등사회 구현에 큰 구실을 할 것으로 기대되었다. 따라서 어느 사회를 막론하고 교육기회가 어떻게 분배되느냐하는 문제는 교육이 사회적 지위 획득과 관련될 수도 있기 때문에 더욱 중요한 관심의 대상이 되었다. 프랑스혁명 이후 진보주의자(progressives) 또는 자유주의자(liberals)들은 학교야말로 모든 사람의 삶의 기회를 평등하게 만드는 기관이라고 믿었다. 19세기 미국의 초등의무교육 운동에 앞장섰던 호레이스 만(Horace Mann)은 교육을 '위대한 평등장치'(the great equalizer)라고까지 불렀다. 해비거스트(Havighurst)는 과학기술의 발전으로 직업구조의 하층이 줄고 상층이 커지는 방향으로 변하며, 교육이 사람들의 직업능력을 향상시키기 때문이라고 하였다(김신일, 2003: 272- 276).

우리는 여기에서 현대 민주주의 이념이란 자율적 인간의 권위가 사회의 개인들 사이에 동등하게 분배되어 있다는 신념에 의존하고 있다는 사실을 알 수 있다. 이러한 이념은 교육적으로 개인주의적 균등으로 이어져 현대 학교교육의 이상은 모든 이에게 동일한 교육기회에 접근할 수 있도록 동일한 교육을 제공하는 것이었다. 이러한 이상을 실현시키고자 초기에는 학문중심의 교과로 조직된 하나의 학교 형태에 모든 사람이 접근할 수 있게 했다. 학습능력이 낮은 학생들을 위해 '실용적' 혹은 '직업-중심'의 교육과정과, '통합학습', '발견학습', '경험학습'과 같은 접근이 이루어졌지만, 공통적으로, 모든 학생들이 다른 학생들과 같이 잘 할 수 있는 것은 아니었다(Fowler, 1990: 86-87).

파울러(Fowler)는 이에 대한 성경적 대안으로 부요한(prosperous) '청지기'의 삶에 요청되는 학습의 다양성을 살리는 '다 초점' 교육접근을 학교에 주문했다. 이를 위해서 그는 무엇보다도, 모든 사람이 동일하게 잘 할 수 있다는 공통구조를 제공하는 학습 환경의 구조가 마련되어야 한다고 주장하였다. 왜냐하면, 특별한 영역에 있어서 어떤 학생들은 다른 학생들이 갖고 있지 않은 은사를 갖고 있기 때문이다. 만일 다양한 은사와 직분이 학습구조에서 인정되기만 한다면, 학교는 학생들에게 충성스러운 청지기 정신을 준비시킬 수 있는 기본적인 틀을 갖춘 셈이다. 이 구조는 하나님께 갖추어주신 재능과 권위를 우리는 하나님께서 우리를 부르신 대로, 어떤 직분에 채울 필요가 있다고 본 것이다(1990: 87).

현대교육이 지향하는 사회 평등의 궁극적 목표는 부(富), 권력(權力), 지위(地位)에 두고 있다. 그러나 예수님께서는 마태복음 6장 19절에서 우리들에게 이르시기를 "땅 위의 보물"이 아니라, "하늘에 보물"을 쌓도록 하셨다. 성경은 부자가 되거나 부 자체를 비난한 적은 없지만, 부와 관련된 사람들의 태도와 행동에 관해서 예리하게 그리고 분명하게 말하고 있다. 부자와 마찬가지로, 힘과 위세에 대해서도 하나님나라에서 강하게 되고자하는 자는 종이 되어야 한다고 밝히셨다(막 10: 35-45; 눅 22:24-27). 이 사회가 귀하게 여기는 부와 권력과 위신은 상대적 박탈감의 악순환이며, 물로 비유하면, 이 물은 잠시는 목마름을 면하게 할 수 있을지 모르지만, 영원히 목마르지 않는 생수가 아니다.

성경은 우리들에게 생명을 얻는 길은 소유를 확대하는데 있지 않고, 전혀 다른 삶을 통해서 얻어진다는 것을 우리들에게 일깨워주고 있다. 그럼에도 불구하고 이 세상을 살아가는 많은 사람들은, 심지어는 적지 않은 그리스도인들조차 예수 그리스도와 아무 상관이 없는 삶을 살면서, 그 삶 가운데서 생명을 얻는다고 생각하며 살아간다. 우리의 노력, 능력, 소유, 출세, 부, 명예, 관계, 가족 등 가치를 '소유'하는 삶을 통해서 "참 살았다" 혹은 "생명을 얻었다"고 말하곤 한다. 그러나 성경은 이 세상을 사랑하는 자는 아버지를 위한 사랑이 그 안에 있지 않다(요일 2:15)고 밝히고 있다. 따라서 그리스도인은 '세상 안'에 있지만, '세상의' 사람은 아니라는 사실은 교육사회학적 진리일 뿐만 아니라, 가장 심오한 기독교 메시지이다.

3 사회변동과 교육[4)]

기능주의에 기초한 전통적 교육사회학은 균형과 조화를 핵심개념으로 삼았기 때문에 사회변동의 개념은 급격한 사회의 변화를 지향하지 않고, 교육의 목적으로 역할 수행과 사회화로 제한시켰다. 그러나 갈등주의는 핵심개념을 사회의 갈등과 변화에 두었다. 따라서 사회의 질서를 강조한 뒤르껨과는 달리, 마르크스는 사회의 변화를 강조했다. 뒤르껨보다 한 세대쯤 앞섰던 마르크스는 격동하는 유럽을 바라보면서 "변화를 일으키는 힘은 무엇이며, 역사의 변화는 어디를 지향하는가?"를 스스로에게 물었다. 그는 계급투쟁이 변화하는 힘의 원천이며, 역사발전의 방향은 공산주의 사회로 나아가는 것이 필연적이라는 해답을 얻었다(재인용 김신일, 2000: 68-69).

보울즈(S. Bowles)와 긴티스(H. Gintis), 알뛰세(L. Althusser), 그리고 카노이(M. Carnoy) 등 다른 신 마르크스주의 교육자들과 마찬가지로, 프레이리(Paulo Freire)는 그의 저서, 『억눌린 자들의 교수학』(1972)에서 교육의 목적은 사람들로 하여금 사회의 억압적인 구조를 신중하게 검토하고 변화를 가져올 수 있도록 돕는 '비판적 의식'을 배양하는 것이라고 밝혔다. 따라서 그에게 있어서 교육은 항상 정치적이다. 그의 비판은 소위 '은행개념 교육'을 지목하며, 교육은 이론적으로나 실제적으로 '해방효과'(liberating effect)를 가져야 한다. 이러한 의미에서 그의 교육은 '해방의 실천'(praxis)이다. 사람들이 살

4) 사회변동은 영어의 'social change'를 번역한 말이다. 일반적으로 사회변동은 사회구조와 사회적 상호작용의 유형이 달라지는 현상을 말한다. 인구구조, 교육수준, 가족구조, 출산율, 노사관계 등의 변동이 이에 해당된다. 사회변동을 사회변천, 사회변화 등으로 부르기도 하는데 사회학에서는 일반적으로 '사회변동'으로 부르는 경향이 있다. 교육의 관점에서보면, '변화'라는 개념이 더 정확할 수 있으나, 대체로 '사회변동'과 '사회변화'가 혼용된다(김병성, 2001: 87).

고 있는 구체적 상황에 대한 성찰은 학습의 한 부분이며, 이처럼 자신과 주변상황을 새롭게 알아 가는 과정을 '문화적 행동'(cultural action)으로 불렀다.

갈등주의 교육학자인 프레이리(Freire)의 주장 가운데서, 교육이 중립적이지 않다는 관점은 그리스도인들과 다르지 않다. 그것이 바로 모든 가르침을 통해 주님께서 이루신 놀라운 일들을 선포하고, 우리들이 어떻게 그 길을 가야만 하는지 성경은 분명하게 보여주기 때문이다. 그러나 프레이리는 '실천'(praxis), '해방' 등을 주장하지만, 그러한 용어가 구체적으로 무엇을 의미하는지 분명하게 드러나 있지 않다.

프레이리의 궁극적인 소망은 사람들이 더 사랑하기 쉬운 '세상'을 만들 수 있다는 믿음 때문이다. 어떻게 그것이 가능한가? '문제제기 교육'이 사람들을 비판적인 의식으로 인도하여 억눌린 자들이 억압자의 멍에를 집어던지고, 자신을 초월하게 만든다는 것이다. 여기에서 우리는 프레이리가 인간의 죄성(sinful nature)을 제대로 파악하지 않았고, 억눌린 자들의 죄성 또한 간과했다는 점을 지적하지 않을 수 없다. 인간의 비판의식, 물론 그것이 소중하다할지라도, 인간의 구원은 예수 그리스도 안에 있다는 사실을 인식하지 못했다. 일단 사람이 한번 의식화하게 되면 문제는 저절로 해결되리라고 생각했는지 알 수 없지만, 그의 해답은 인성의 완전함에 대한 맹신이 깊이 자리하고 있다고 볼 수 있다.

프레이리를 포함하는 신 마르크스주의 교육자들은 '해방'된 '새사람'을 얻고자 한다. 이 주장은 성경 말씀과 가까이에서 평행선을 이룬다. 그리스도인들도 역시 "새 사람으로 거듭남"을 소망하기 때문이다. 그러나 양자는 서로 다른 기원과 목적지를 향하고 있다. 그리스도인들의 '새사람'을 위한 출발점은 인간의 통찰이나 능력이 아니라, 성령의 역사를 통하여 일어난 구원의 은혜이다. 궁극적으로 그리스도인의 목표는 하나님을 영화롭게 하는 것이며, 신 마르크스주의자들처럼 사람을 영화롭게 하는 것이 아니다. 그리스도인들에게 있어서 참다운 자유는 하나님의 법과 명령에 있다. 이는 자신의 비판의식의 개발을 통해 인간이 자신을 해방시킬 수 있고 다른 외적인 규범이 필요하지 않다는 유토피아적인 믿음과는 큰 차이가 있다.

IV. 교육사회학의 미시적 관점

1 학교사회체제와 교육

학교사회체제의 개념을 학문적으로 발전시키는데 기초를 놓은 사람은 구조기능주의자인 파슨스(T. Parsons)이다. 그는 사회체제를 구성하는 기본적 단위를 사회적 행동이라 규정하고, 이들 행동자의 상호작용 체제를 사회체제로 규정하였다. 부르코버(Brookover, 1979) 등에 의하면, 학교의 사회적 체제는 학교와 학습풍토에 의해 규정되어지며, 그 구성요소는 학교의 사회 심리적 규범, 학교의 조직구조, 그리고 수업실천 행위 등 세 가지 요인을 포함하는 개념이다. 학교조직은 크게는 학교의 행정조직으로부터 작게는 학급 내 학급집단 구성형태까지를 포함하는 개념이다.

마일스(M. B. Miles)에 의하면, 학교조직의 특성은 다음과 같이 요약될 수 있다: (1) 목표달성에 대한 측정이 어려우며, (2) 교사와 학생의 능력이 다양하고, (3) 교사의 역할수행이 상급자가 없는 곳(보이지 않는 곳)에서 주로 이루어지며, (4) 교사들의 직무 간 상호의존성이 낮고, (5) 주위 환경으로부터 통제와 압력을 받기 쉬워서 자율성이 감소된다(재인용 이종각, 2007: 216-217).

마일스의 이러한 견해에도 불구하고 학교의 자율성은 현대 사회에서 매우 중요시된다. 왜냐하면 학교가 수행하는 과업은 외부의 통제보다는 학교의 자율성에 의해 이루어져야하기 때문이다. 여기서 현대 사회의 세속적 자율이념은 자유이념과 밀접하게 연관되어 있다. 그런데 세속적인 자유와 복음적 자유는 그 기원과 목적지가 다르다는 점은 이미 앞(제3절)에서 살펴본 바와 같다. 다만 여기서 짚고 넘어가야 할 중요한 문제는 오늘날 학교의 내적 사회구조에 있어서 가장 기본적인 억압의 근원은 '조직'의 개념만 남아있고, '공동체'의 개념이 점차 사라지고 있다는 사실이다. 그것은 바로 세속적 세계관에 널리 퍼져있는 개인주의가 현대 세상의 자각으로부터 공동체의 경험을 지워버렸기 때문이다. 이는 하나님께서 우리를 개인적 정체성과 공동체적 정체성을 동시에 갖는 존재로 창조하신 우리의 정체성의 절반을 부정하는 것과 마찬가지이다.

그 결과, 현대 학교의 현장은 학생들의 고립을 부추긴다. 동일한 학교에서 동시에 동일한 과목을 학습한다고 해도, 학생들은 대부분 혼자서 공부한다. 교사들이 질문을 할 경우에도 함께 듣긴 하지만, 혼자서 대답하는 경우가 많다. 과제를 할 때에는 혼자서 해결하고, 특별히 '가장 잘'하고자 할 때에는 더욱 그러하다(Goodlad, 1984: 105-106). 내가 공부하는 것이 옆의 친구에게는 별 의미가 없는 것으로 오늘날 학교 교육은 치닫고 있다. 이처럼 사적인 탐구에만 몰두하면서 교육과정이 지식의 참다운 성격을 덮어버리고, 왜곡된 방식으로 학습을 경험한다.

뿐만 아니라, 현대 학교체제의 가장 공통적인 조직모형은 위계적 모형을 따르고 있으며, 기독교학교의 경우라 해서 예외가 아니다. 이모형은 권위와 책임은 결국 이사회와 같은 소수의 직분 소유자 그룹에 귀속되며 대체로 권위주의 스타일의 리더십을 낳는다. 이러한 위계적 모형은, 대의 민주주의의 어떤 형태를 취하지만, 참여민주주의 모형도 예상할 수 있다. 겉으로 보기에 이러한 민주주의 모형은 집단 내의 모든 개인들 사이에 동등한 힘의 분배가 이끌어지는 듯하지만, 이 역시 위계적 모형과 마찬가지로 힘의 집중으로 이어지며, 그 필연적 결과는 공동체의 내분을 초래한다(Fowler, 1990: 111-112).

따라서 파울러(Fowler)는 성경에 기초한 학교공동체의 모형을 제안하고 있다. 학교공동체에서는 어떤 이는 부모의 직분에, 어떤 이는 행정가에, 어떤 이는 교사로, 또 어떤 사람은 학생의 직분으로 소명을 받았다. 공통적으로 다른 종류의 직분도 마찬가지로 있을 수 있다. 어떤 이는 하나 이상의 직분을 가졌지만, 적어도 공동체의 모든 성원은 적어도 하나 이상의 직분을 갖고 있다. 모든 직분과 함께 그 직분에 맞는 권위와 책임이 따른다. 높거나 낮은 권위는 없지만, 다른 종류의 권위인 것이다. 모든 다른 사람들이 행동하게 하는 권리를 이끌어낼 수 있는 최고의 권위는 존재하지 않는다. 어떤 경우에도 하나의 직분을 가진 자가 공동체 전체를 통제할 직분을 갖는 경우는 없다. 모든 직분은 공동체 내에서 하나님을 특별한 방식으로 섬기도록 소명을 받았기 때문이다(1990: 113).

2 학급집단과 교육

기능주의 이론가인 파슨스(T. Parsons, 1950)의 주요관심은 학급의 사회구조가 보다 큰 사회체제 속에서 학급의 기능에 관한 것이었다. 그에 의하면, 학급집단의 사회화의 특징을 연령 등에 따라 균등하게 배치하고, 경쟁에 대한 가치를 부여하여 학생들에게 똑 같은 공부를 시키며, 역할 모형인 교사의 평가를 통해 장차 사회 직위를 배분을 위한 대행체의 기능을 수행한다. 따라서 학급에서의 구두언어를 통한 상호작용은 대부분 교사에 의해 시작되고, 통제되며, 교사 지배적이다(Philips, 1972). 일반적으로 수업은 이상과 달리, 지극히 현실적인 장면에서 이루어진다. 수업이 이루어지고 있는 교실 장면에서 교사들은 학생들의 개인적 차이를 세심하게 고려하지 않거나 못하는 경우가 허다하다. 그 결과, 고통스럽거나 지겹지만 피할 수 없는 시간으로 이해할 가능성이 높다.

우리는 이미 언급한 학교체제의 위계적 모형과 그에 연결된 학급집단의 성격에서 억압의 원인과 해답을 발견할 수 있다고 여겨진다. 파울러(1990)에 의하면, 억압은 한 직분의 힘이 다른 사람의 직분에 압박을 가함으로서 능력을 갖지 못하게 활용될 때에 일어난다. 다른 직분으로부터 힘을 빼앗기게 되면 그 직분의 권위를 채우기 위해 힘이 필요하기 때문에 억압을 갖게 된다. 대개 억압에 대해 책임이 있는 사람은 대개 좋은 의도에서 시작하고, 그 대표적인 경우가 학급에서 가르치는 교사라고 할 수 있다. 그러나 아무리 좋은 의도를 갖고 시작했다 하더라도, 억압이 사라지지 않는다는 점을 교육자들은 명심할 필요가 있다.

여기서 학생들의 권위는 교사의 경우와 달리, 학습과정에 대한 권위이며, 이는 학습과정 속에서 학생들이 결심하고 판단할 수 있는 자격이 주어져 있음을 인정하는 것이다. 이에 반해 교사의 권위는 리더십 권위이기 때문에, 교사의 권위를 내세워 학생으로부터 이러한 힘을 빼앗아 사용하기 쉽다. 학생들이 학습하는데 있어서 실수를 저지르지 않도록 방지하는 것이 교사의 역할이라는 잘못된 신념으로 인해 이러한 일이 자주 일어난다. 그렇지만, 실수를 저지르는 것, 실패를 경험하는 것은 좋은 학습의 매우 중요한 요소이며, 죄를 짓는 것은 더욱 아니다. 오히려 시행착오는 학습과정의 중요하며, 지극히 정상적인 과정일 뿐이다. 좋은 가르침의 결국은 우리들의 실수를 통해 창조의 질서 안에서 하나님의 말씀과 성령의 권위에 순종이 경험되어지는 것이기 때문이다(Fowler, 1990: 116).

따라서 교사의 중요한 책무는 학생들이 자신들의 직분을 행사하는 가운데 능력을 갖출 수 있도록 적극적으로 도와주어야 할 필요가 있다. 이는 창조의 질서 가운데서 하나님의 다스리심을 스스로 체험하는 것을 의미한다. 이 과정에서 교실을 민주화시키는 방식을 통해서 학생들이 직분을 감당할 수 있으리라는 생각은 경계해야 한다. 이러한 방식으로는 교사의 직분은 물론 학생의 직분까지 지워버림으로써 직분의 구분이 상실되기 때문이다. 이에 대한 필연적 결과는 학생의 직분의 힘이 교사의 직분이 작동되지 않도록 억압하게 만든다. 진정한 자유는 현대 개인주의가 말하는 자율적인 독립이 아니라, 다른 사람과 상호 의존하는 가운데 나의 직분을 이루는 능력이기 때문이다.

교사는 단지 학생들의 권위를 행사하도록 허용하는 것만이 능사가 아니다. 오히려 그 권위를 책임 있게 행사할 수 있도록 수단을 제공함으로써 학생들에게 능력을 부여해야한다. 이는 학생들이 자신들의 학습에 있어서 자유롭게 움직일 수 있는 여지를 주고, 스스로 선택하며, 자신의 해결책을 찾을 수 있도록 요구하는 것이다. 더 나아가 학생들이 자신의 아이디어와 고안이 어떻게 작동하는지를 실제로 실험하는 것이다. 노딩스(Noddings, 1984)는 교사 스스로의 삶과 학생과의 대화를 통해 보살핌의 관계를 수립하고, 학생뿐만 아니라, 교사 스스로도 얼마나 자랐는지 평가의 기회를 가져야한다고 주장했다.

3 교직사회와 교육

전문직으로서 현대 사회의 교직은 교사의 자율적인 판단에 따라 그 직무가 수행되는 것이 특징이다. 따라서 세속적 관점에서는 자율성이 보장될 때에 교권이 확립된다는 생각을 많이 갖고 있다. 또한 교권과 교직의 자율성과의 관련, 많은 교육사회학자들이나 교육행정학자들은 교권의 문제는 교사와 학생간의 위계성에서 발생한다는 주장을 내세운다. 즉, 교사와 학생간의 위계성의 차가 크면 클수록 교권은 확립되고, 교사는 학부모와 지역사회의 존경의 대상이 된다는 것이다. 그런데 최근 들어 교권의 실추를 통탄하는 소리가 높아지고 있다. 이는 교사와 학생간 위계 격차가 작아졌음을 의미한다. 그러므로 교권이 확고해지면, 이에 비례하여 교직의 자율성이 증대되고 교권이 실추되면 교직의 자율성에 많은 제한을 받는다(이형행, 2008: 362-365).

현대 사회의 교사들은 학교나 동료 교사들과의 관계에서 여러 가지 문제에 직면하기도 한다. 현재의 학교 구조아래에서 교사들은 자신의 교실에서 자신의 학생들을 가르칠 수 있는 것에 가치를 두게 된다. 그들은 자신의 교과 분야를 잘 알고 있을 뿐만 아니라, 첫 수업부터 실내수업에 능숙할 것이 기대된다. 그들은 무엇을 해야 하는지 잘 알고 있다고 기대되고, 실수를 보이는 것은 능숙하지 못하다는 것으로 비쳐지기 때문에 그것을 부정하거나 숨기려 한다. 새로운 접근에 모험을 걸거나 실패하는 것은 차라리 시도하지 않는 것보다도 부정적으로 비쳐진다(Stronks, 1993: 117).

우리는 앞에서 자유 혹은 자율의 개념에 있어서 세속적 개념과 복음적 개념은 그 시발점과 종착역이 다르다는 점을 이미 밝힌 바 있다. 학교의 사회체제와 학급집단과 같은 맥락에서 교직사회 교권의 실추문제의 원인과 해결방안을 위계 격차의 입장에서 찾지 않는다. 그 대신 공동체적 삶의 필요에 부응하는 직분, 권위, 책임, 그리고 은사에 대한 개념을 복음의 관점에서 새롭게 바라보지 못한 결과에서 비롯되었다고 보고 있다. 교사는 교수와 학습에 대해 서로 영향을 주고받는 기회가 필요하다. 만일 학교가 전문적인 공동체가 되고자 한다면, 교사간에 교장과 교사간에 상호작용의 질이 개선될 필요가 있다. 이는 상호존중과 공유하는 일의 가치와 협력에 기반을 둔 교수와 학습에 대한 구체적인 대화에서 그 특징을 찾을 수 있다.

교실의 고립화를 막기 위해서는 교육과정을 만들고 학습활동에 함께 일하는 것이 학습에서 학생들을 인도하는데 더 잘 준비할 수 있게 한다는 사실을 교사들이 발견할 수 있어야 한다. 쿨리(R. Koole, 1993)는 교사간 협력관계(collegiality)는 교사들이 학교에서 교수와 학습을 안내해줄 그들의 신념, 아이디어, 의도 등을 협동해서 개발하는데 동참해야 한다. 그는 학교에서 리틀(R. J. Little)의 연구를 인용하여 교사간 협력관계의 개발을 위한 네 가지를 제안하고 있다: (1) 교사는 자주, 계속적으로 그리고 점진적으로 교수 실무에 관한 상세한 토의를 가질 필요가 있다; (2) 교수전략 개발을 위한 유용한 제안을 하면서 고립주의와 비판의 두려움을 극복할 수 있다; (3) 교수자료를 함께 계획, 디자인, 연구, 평가 그리고 준비를 통해 협력이 증진 된다; (4) 서로 가르치고 교수연습과 멘토링을 통해서 관찰할 수 있고 교수전략을 개발할 수 있다.

기독교학교는 교수-학습에 관한 결정에 있어서 학생, 교사, 교장은 서로 다르지만 보완적인 책임을 지는 학습 공동체임에 틀림없다. 이러한 공동체에서 교장의 리더십은 매우 중요하다. 기독교학교 교장은 교사와 학생이 각각 그들의 직분을 잘 감당할 수 있도록 능력을 부여하기 위해 부르심을 받았다. 교장의 가장 중요한 임무는 학교 구성원의 매일 매일의 일과의 맨 앞에 있는 학교의 비전을 지키는 것이다. 수석 학습자인 교장은 "교사와 학생이 하고자 할 때 무엇을 바라고 기대가 되는지에 대해 경험하고, 드러내고, 모델이 되며, 축하해야 하는지에 관여한다. 교장은 실패에 대해 누가 책임이 있느냐보다 실패로부터 어떻게 배울 수 있느냐를 염두에 두어야 한다(Barth, 1990: 46).

V. 나가는 말

지금까지 살펴본 교육사회학의 여러 측면, 즉 이론적, 거시적, 미시적 관점의 탐구를 통해서 우리는 기독교 교육적 관점에서 교육사회학을 보는 것이 매우 중요하다는 사실을 깨닫게 되었다. 이는 무엇보다도 성경의 권위에 학문의 순종이 필요하다는 사실이다. 성경이 사회학의 교과서라는 말이 아니라, 세속적 권위에 우선해야 한다는 말이다. 성경에 기초한 기독교적 가정은 조심스럽게 확인되어야 하고, 자료들을 검토하는 기본적인, 참조로서의 척도가 되어야 한다. 무엇보다도 인간의 품성에 대한 기독교적 관점에서 출발하는 것이 중요하고, 인간의 죄성, 자유와 해방 또한 주목할 만한 부분이다. 신앙의 체계 아래에 있는 가정을 수용하든 거부하든, 그것은 선택과 개인의 의지에 달려있다.

우리들 가운데 많은 사람들은 교육사회학의 가정과 기독교적 신앙의 잠재적인 긴장(tension)에 대해 침묵하거나 두려워한다. 문제를 직면하는 대신 애써 외면하거나 긴장의 존재를 부정하기 쉽다.

우리들 가운데 다른 이들은 신앙적 관심과 교육사회학적 관심에 구획을 그음으로써 갈등을 피하거나 이를 최소화시킨다. 특히 이 경우 기독교적 가정과 양립될 수 없는 가정을 세움으로써 하나님의 것을 부정할 가능성이 높다. 긴장의 문제에 접근하는 또 다른 이들은 기독교적 신앙과 교육사회학 중 어느 한쪽이거나 아니면 양쪽과 타협을 하는 것이다. 가치중립이라는 환상과 실증주의에 대한 맹신이 성경의 진리를 왜곡시키는 현장이다.

학교는 그들이 존재하는 사회의 문화를 반영한다. 우리 사회는 최근 들어 급격하게 개인주의, 경쟁, 위계 권위구조, 그리고 물질적 성공을 높이 평가하고 있다. 우리나라 학교를 대충 살펴보아도 이러한 가치들이 학교에서 마찬가지로 존중되고 있음을 보여주고 있다. 기독교학교라고 해서 크게 다르지 않다. 기독교학교 교사 역시 경쟁을 높게 평가하고, 좋은 직장 그리고 보수가 좋은 직업을 찾을 수 있도록 학생들을 준비시켜야한다는 기대를 갖기도 하다. 기독교 교육자들은 사회와 교육과의 관계를 깊이 생각하지 않고 공립학교 파트너와 비슷하게 적용을 하고 있다. 만일 예수 그리스도의 복음은 근본적인 변화를 가져오는데, 왜 기독교 학교는 근본적으로 다르지 않는지를 깊이 성찰해야 한다.

기독교학교는 더 이상 방관자로서 혹은 비판자로서 곁에 서있기 보다는 복음의 토대 위에 이 시대의 정신에 도전하는 선봉에서 교육적 변화를 가져와야 한다. 무엇보다도 우리는 성경적 원칙의 토대 위에 기독교 교육의 새로운 철학을 구조화할 필요가 있다. 그 핵심적 원칙으로서는 (1) 공동체의 개발, (2) 서로 다른 은사를 찾아내어 사용, (3) 하나님 나라와 학생들 서로 간 관계 맺기, (4) 교사로서 함께 일하기, (5) 권위를 청지기정신으로 보기 등이다. 이러한 원칙이 지켜질 때, 기독교학교는 세상의 다른 학교들과 더 이상 닮지 않거나,

전적으로 다른, 심지어는 정 반대가 될 것이다.

오늘날 세상에 대해 기독교인들이 만들 수 있는 가장 큰 기여를 할 수 있다면, 그것은 하나님나라와 우리의 세상을 위해 상호 존중하는 공동체 안에서 어떻게 살고 일하는지를 보여주는 것이다. 학생들이 공동체가 되어, 그리스도 안에서 공동체를 치료하며, 세상을 위해 치료하는 공동체가 되는 것을 배우는 곳이 바로 기독교학교가 되길 간절히 소망한다. 하나님께서 우리의 확신을 개발하고 실천에 옮길 용기를 주시리라 확신한다.

토의 문제

- 교육사회학 이론의 기능주의, 갈등주의, 그리고 해석적 관점이 기독교 교육적 관점과 어느 측면에서 양립이 가능하고, 가능하지 않은지 이야기해보자.

- 인간은 자유의지를 갖고 있거나 자유로운 선택을 할 수 있다고 어느 정도 믿을 수 있는지, 더 나아가 인간은 자신의 행동에 대해 어느 정도 책임이 있는지 토의해보자.

- 자유와 해방의 개념에 대한 신 마르크스주의 교육학자들과 기독교 교육학자들의 관점에 있어서 공통점과 차이점에 대해 토의해보자.

- 교육공동체를 구성하고 있는 학생, 교사, 부모, 교장, 이사들의 직분, 권위 그리고 책임에 대해 토의해보자.

- 학교나 학급을 보다 더 좋은 학습공동체로 만들기 위한 구체적 활동이나 프로그램을 토의해보자.

참고문헌

김병성 (2001). 『교육과 사회: 거시 · 미시 교육사회학적 관점』. 서울: 학지사.

김선요 (2009). "현대 교육사회학 이론에 대한 성경적 비판과 해석" 『사회과학논총』 16: 137-155. 서울: 서울여자대학교사회과학연구소.

김신일(2003). 『교육사회학(제3판)』. 서울: 교육과학사.

이종각(2007). 『새로운 교육사회학총론』. 서울: 동문사.

이형행(2008). 『교육학개론』. 서울: 양서원.

Barth, , R. S. (1990). Improving Schools from within: Teachers, Parents, and Principals can make Difference. San Francisco: Jossey-Bass.

Berger, P. L. (1973). The Social Reality of Religion. Penguin.

Bowles, Samuel and Herbert Gintis (1976). Schooling in Capitalist America: Educational Reform and the Contradiction of Economic Life. New York: Basic Books.

Brookover, W. B., C. Beady, P. Flood, J. Schweitzer & J. Wisenbaker (1979). Schools can make Difference. East Lansing, MI: College of Urban Development, Michigan State University.

Dreeben, R. (1977). "The Contribution of Schooling to the Learning of Norms". Harvard Educational Review 37(2):211-237.

Elwell, Walter A. and Associates(1988). Baker Encyclopedia of the Bible. Grand Rapids, MI: Baker Books.

Fower, Stuart (1990). "Structuring the School for Freedom" In Stuart Fowler, Harro van Brummelen and John van Dyk (eds.), Christian Schooling: Education for Freedom. Potchefstroom: Potchefstroom University for Christian Higher Education.

Freire, P. (1972). Pedagogy of the Oppressed. Harmondsworth: Penguin Books.

Goodlad, J. I. (1984). A Place Called School: Prospects for the Future. New York: McGraw-Hill.

Hargreaves, D. (1972). Interpersonal Relations and Education. Routledge.

Illich, Ivan (1971). Deschooling Society. New York: Harper and Row.

Johnson, Paul V. (1982). "Research Methodology in Sociology" In Stephen A. Grunlan & Milton Reimer(eds.), Christian perspectives on sociology(pp.28-46). Grand

Rapids, MI: The Zondervan Corp.

Koole, Robert(1993). "Strenthening Teaching through Collegiality" in Deboer, et al., Educating Teachers for Responsive Discipleship. UPA/ICS.

Noddings, N. (1984). "Moral Education". In Caring: A Feminine Approach to Ethics and Moral Education(pp.171-201). Berkley: University of California Press.

Parsons, T. (1950). The Social System. Free Press.

Philips, S. V. (1972). "Participant Structures and Communicative Competence: Warm Springs Children in Community and Classroom" In C. Caxden C., V. John & D. Hymes (eds.), Functions of Language in the Classroom(pp.370-394). Teacher College Press.

Poloma, Margaret (1980). "Theoretical Models of Person in Contemporary Sociology: Toward Christian Sociological Theory" In De Santo, Charles P., Calvin Redekop and William L. Smith-Hinds(eds.), A Reader in Sociology: Christian Perspectives (pp. 183-197). Kitchener, ON: Herald Press.

Skinner, Burris F. (1971). Beyond Freedom and Dignity. New York: Knopf.

Smit, William (1978). "Heredity, Environment, and Christian Freedom: Why do you what you do?" In William Smit, (ed.), Christian Perspectives in Sociology (pp.35-45). Sociology Department of Calvin College.

Stronks, Gloria and Doug Blomberg (1993)(eds.). A Vision with Task: Christian Schooling for Responsive Discipleship. Grand Rapids, MI: Baker Books.

Van Til, Cornelius (1953). "Antithesis in Education." In Cornelius Jaarsma(ed.) Fundamentals in Christian Education(pp.437-459). Grand Rapids, MI: WM. B. Eerdmans Publishing Co.

Webber, Robert E. (1979). The Secular Saint. Grand Rapids: Zondervan.

Weber, Max (1947). The Theory of Social and Economic Organization. Free Press.

07

기독교 학교교육에 대한 문화적 접근

– 이숙경(아세아연합신학대학교)

In Jesus' name, I pray. Amen.

I. 들어가는 말

기독교학교교육의 필요성을 강조하는 이유 중 하나는 학교교육이 가치 중립적이라는 주장은 허구라는 것이다(De Jong, N., 1985; Edlin, R. J., 2004). 따라서 기독교학교교육은 "기독교"라는 절대적 가치에 기초를 두고 그 가치를 드러내며 학교교육의 모든 요소와 과정을 그 토대 위에서 실천하고자 한다. 그런데 기독교학교교육이 기초로 하는 "기독교"는 절대적이지만 그것을 구현하는 사람과 환경은 상대적이고 제한적이다. 기독교학교교육이 가치중립성이란 신화를 거부하고 기독교의 가치를 드러내고자 할 때 해결해야 하는 과제는 바로 여기에 있다. 즉 다양한 인간과 문화의 측면들을 기독교의 절대적 본질위에서 어떻게 다루어 가는가이다. 기독교학교교육에 대한 문화적 접근이 관심을 갖는 문제도 이것이다. 문화가 매우 다양하고 복잡한 현상인 만큼 기독교학교교육을 문화와 관련하여 다루는 방식들도 다양하다.

따라서 이 장에서는 우선 기독교 학교교육에 대한 문화적 접근의 다양한 현상들을 살펴보고자 한다. 그리고 보다 실질적인 과제로서 교실문화를 성경적으로 세워가기 위한 기본적인 원리를 제안해 보고자 한다.

II. 기독교 학교교육에 대한 문화적 접근의 필요성

1 기독교학교교육의 거룩성과 세속성

기독교학교교육은 거룩성과 세속성이라는 두 가지 측면을 갖고 있다(Stott, J., 1985; 정웅섭, 1996). 즉 기독교학교교육은 기독교 신앙에 입각한 가치와 신념을 구현해야하는 한편 이 사회와 문화의 영향을 받으며 교육의 기능을 수행해야 하는 이중적 과제를 갖는다. 이 두 측면은 갈등하기도 하고 긴장관계에 있기도 하고 때로는 어느 하나의 측면만을 강조하기도 하는 다양한 양상으로 나타날 수 있다. 이 문제는 보다 근본적으로 기독교인들이 문화를 어떻게 다루어야 하는가(Niebuhr, H. R. 1992; Weber, R., 1990)와 관련되어 있다. 기독교에서 문화를 다루는 방식이 다양한 만큼 기독교학교교육의 방식이나 추구하는바 또한 다양할 수밖에 없다.

예를 들어 이런 질문들을 생각해 볼 수 있다. 기독교학교의 교육이념에 충실하기 위하여 다루는 교육의 내용들이 기독교적인 문화들을 포함해야 한다면 '기독교적'이란 무엇을 의미하는지, 우리의 전통문화나 일반학교의 문화들을 어떻게 다루어야 하는지, 현대 한국사회가 추구하는 가치들이나 삶의 방식들은 어떻게 다루어야 하는지 등의 문제이다. 그리고 이런 것들을 기독교적으로 다룬다는 것은 또 어떤 것인지 등에 대한 고민이다. 기독교학교교육에 대한 문화적 접근에서는 이런 문제들을 궁구하고 규명할 필요가 있다.

2 기독교학교교육의 궁극적인 목적

기독교학교교육의 궁극적인 목적은 복음에 의한 인간의 구원과 변화이다. 물론 여기에는 여러 의견이 있을 수 있다. 기독교 학교교육을 보다 일반 은총적인 측면에서 다루는 입장에서는 복음에 의한 인간의 구원이라는 것이 기독교학교교육이 추구하기에는 너무 배타적인 목적이라고 할 수도 있을 것이다. 따라서 일반적으로 기독교 세계관에 따른 교육의 실천에 초점을 맞추고 그것을 통해서 하나님의 존재와 방식을 드러내는 효과를 기대한다. 또 다른 입장에서는 보다 직접적으로 복음자체를 전달하는 구원사역의 일환으로 학교교육을 생각하기도 한다. 이러한 입장 차이에도 불구하고 결국 궁극적인 목적은 복음에 의한 인간의 구원과 변화임에는 이의가 있을 수 없다고 본다.

그런데 인간 변화의 가장 중요한 부분은 행동(doing)이전에 인성(being)이다. 문화는 인간의 성품을 형성하는 가장 중요한 요소이다. 따라서 인간의 변화에 대한 관심은 그 인간을 형성하는데 영향을 미친 문화에 대한 관심을 수반한다. 그리고 인간의 변화를 위해 조성되어야 할 문화적 환경에 대한 전략을 생각하게 된다. 기독교학교교육에 대한 문화적 접근은 이에 대한 실질적인 대안을 제시해야 하는 과제를 안고 있다.

III. 기본적인 질문들

1 관심의 다양성

일반교육학에서는 주로 교육사회학이나 교육인류학에서 교육과 문화의 문제에 관심을 갖고 연구한다. 기독교교육학에서의 문화에 대한 연구는 매우 미미하다고 할 수 있다(Pazmino, R. W., 1997). 그러나 기독교적인 시각의 사회학이나 인류학에서는 문화에 대한 연구가 있어왔다(Fraser, D. A. & Campolo, T. , 1995; Kraft, C. H., 2005; Perkins R., 1991, etc.). 이러한 학문영역들에서 문화를 다루는 방식은 크게 세 가지로 정리할 수 있다.

첫째, 문화는 교육에 어떤 영향을 미치고 있는가에 대한 것이다. 문화를 교육의 환경으로 보고 교육의 성격이나 현상에 영향을 미치는 문화적 요소나 특성들을 규명하고자 한다. 이런 접근은 문화와 교육에 대한 거시적인 관점에서 주로 이루어진다. 예를 들어 한국의 전통 문화나 현대 문화가 교육에 미치는 영향을 연구하거나 학교교육이 기존의 문화적 불평등을 어떻게 재생산하고 있는가 등에 대해 관심을 갖는다. 주로 교육사회학적 입장에서 이런 거시적인 논의들을 하는 경향이 있다(강창동, 2002).

둘째, 교육을 통하여 어떻게 문화의 변화를 가져올 수 있는가이다. 문화가 교육에 미치는 영향만을 지나치게 강조하다 보면 문화결정론적인 논의를 반복하게 되고 결국 환원주의의 덫으로 들어갈 수밖에 없다는 입장에서 교육이 문화의 변화에 어떻게 작용하는가도 연구해야 한다는 것이다. 이 입장에서는 기존 문화의 비판과 변화에 영향을 미칠 수 있는 교육과정을 연구 개발하고자 한다(Buckingham, D., 2004; 김영순, 2006; 문화연대문화교육위원회, 2003).

셋째, 하나의 문화적 현상으로서 교육을 어떻게 설명할 수 있는가에 대한 관심이다. 교육은 하나의 문화적 현상으로서 교육현장에서는 여러 가지 문화적 요소들이 작용하며 교육은 문화적 속성을 반영한다고 본다. 따라서 교육을 바로 이해하기 위해서는 이런 문화적 성격들을 파악하고 잘 기술하여 제시해야 한다고 본다. 예를 들어 교육인류학에서는 교육현상에 대한 가치판단적 설명이나 해석에 앞서 교육현장에서 일어나는 현상들을 문화인류학적 방법론에 기초하여 기술해 내고자 한다(이종각, 1995).

기독교학교교교육에 대한 문화적 접근도 기본적으로 교육과 문화의 관계에 대한 기존의 관심들과 무관하지 않다. 즉 기독교학교교육에 영향을 미치는 문화적 요소들에 대한 연구가 있어야 하며, 기독교학교교육이 문화의 변화에 어떻게 기여할 수 있는가에 관심을 가질 필요가 있고, 기독교학교교육 내에서 어떤 문화적 현상들이 일어나고 있는지 밝힘으로서 기독교학교교육 현장을 구체적으로 이해할 필요가 있는 것이다.

2 기본적인 질문들

그런데 문화적 접근의 다양성은 문화에 대한 입장의 차이들을 내포하고 있다. 그 중 두 가지만 살펴보고자 한다. 첫째는 문화와 인간의 관계에 대한 질문이다. 둘째는 문화에 대한 가치 판단의 문제와 관련되어 있다.

1) 문화 또는 인간의 주도성

문화와 인간의 관계는 문화를 연구하는 사람들의 계속적인 논의의 주제이다. 문화가 인간에 의해 형성되는 것은 분명한 것이다. 그런데 인간이 문화에 의해 받는 영향은 마치 인간이 문화에 의해 결정되는 것처럼 여겨질 정도로 강력한 것이다. 따라서 과연 문화가 인간에 미치는 영향은 어디까지 이며 반면 인간은 문화의 변화에 어느 정도까지 영향을 미칠 수 있는지에 대한 관심은 끊이지 않고 있다.

문화연구자들은 문화의 자율성, 문화의 초유기체성과 같은 개념을 통해 문화의 강력한 영향력을 설명한다(Alexander, C. J., 1995). 문화를 인간 개체를 초월한 하나의 독자적인(sui generis) 것으로 보기도 한다. 그러나 문화의 자율성을 강조하다보면 결국 문화결정론으로 흐르게 된다. 즉 문화가 사회나 인간을 초월해서 한 사회나 또는 인간 개체들의 행동방식이나 삶의 방식들을 결정하게 된다고 본다. 결국 개인들의 행동방식 뿐 아니라 각 개인들의 인성들조차도 문화에 의해 결정적인 영향을 받는다는 것이다. 이에 반해 문화 비판이나 문화 실천 이론에서는 인간이 문화에 미치는 영향력을 강조하며 문화에 대한 비판적 의식을 키워 줌으로 문화 변화를 일으키고자 하는 시도들을 해 오고 있다.

기독교 문화신학은 인간은 문화의 산물이라는 문화인류학의 주장을 일부 수용하면서도 인간과 문화의 관계 설정에 있어서 문화에 대한 인간의 역할을 강조한다. 즉 문화와 인간의 관계에 있어서 우위는 문화가 아니라 인간에게 있다고 본다. 문화와 인간은 상호 관계 속에 있으나 문화활동은 인간에 의해 수행되기 때문이다. 문화가 인간을 인간답게 하기 보다는 참된 인간이 문화를 인간답게 한다는 것이다(김영한, 1992).

이러한 입장은 문화가 어느 정도의 초유기체적 성격을 갖는다

해도 그 의미는 결국 인간 행동에 의해 부여되는 것임을 시사한다. 문화에 있어서 인간행동의 의미에 대한 이와 같은 기독교적 논의는 인간행동의 근원에 대한 기독교적 이해에서 비롯된다.

기독교적 입장에서 볼 때 인간행동의 근원은 바로 하나님께 있다. 즉 인간이 없는 문화란 있을 수 없고 또한 하나님께서 안 계신 인간이 있을 수 없다. 창조론적이고 구속론적인 하나님의 역사 속에서 인간은 계속 변화되고 그 변화는 질적으로 다른 삶들을 이루어 낸다. 인간은 이 창조의 원칙과 구속론적 목적 속에서 삶을 이루어 간다. 문화는 이런 과정의 산물이다. 그리고 특히 그리스도인에게 있어서 문화는 보이는 세계로 표현된 보이지 않는 그러나 실재하는 세계와의 역동적인 관계 속에서 움직이고 있다고 할 수 있다. 따라서 그리스도인들은 문화 이전의 실재 즉 하나님의 통치를 받고 있는 것이다. 따라서 기독교에서는 문화가 인간을 결정하다고 보는 문화결정론의 입장을 수용할 수 없다. 문화는 인간에 의해 주도되는 것이다.

교육적인 입장에서 문화를 주도하는 인간을 키우기 위한 구체적인 전략으로 교육과 관련된 문화적 상황을 변화시켜야 한다는 실질적인 과제가 주어진다. 기독교학교교육은 이를 위한 문화개혁의 한 형태라고 할 수 있다.

2) 문화에 대한 가치 판단

문화는 삶의 방식이라는 것이 오늘날 문화에 대한 가장 일반적인 정의이다. 문화학자들은 이를 문화에 대한 민주화된 정의라고도 한다. 즉 과거에는 정신문화나 고급문화, 엘리트 문화 등 일부 계층의 삶의 방식들만을 가치가 있는 것으로 여겨왔던 것에 비해 삶의 방식으로의 문화이해에서는 문화에 가치 판단 이전에 모든 삶의 방식을 문화적 관심의 대상으로 보기 때문이다.

이것은 문화를 이해하는데 매우 유용함에도 불구하고 중요한 한계를 갖는다. 즉 문화의 형이상학적 차원에 대한 관심을 약화시킨다는 것이다(신국원, 2002). 모든 문화는 세계관이나 신념에 기초하고 있다(Tillich, P., 1959). D. Bloesch는 어떤 문화가 그 형이상학적 뒷받침을 부인하면 그 문화는 세속화된다고 본다. 그러나 문화가 세속화되었다는 것이 문화가 종교적이고 도덕적인 주장에서 분리되었다는 것을 의미하지는 않는다. 오히려 세속적인 형태와 세속적 이상에 종교적, 도덕적 중요성을 부여하게 되기가 쉽다는 것이다. 결국 초월적인 것을 거부하는 문화는 그 나름대로 그것을 대신하는 등가물을 만들어내는 것이다(Bloesch, D.,1994). 따라서 문화에 대한 가치중립적인 논의는 현실적으로 문화 안에 포함되어 있는 다양한 가치들을 분별하지 못하게 하는 결과를 초래한다. 어떤 문화이건 문화를 다룰 때는 그 문화의 배경이 되는 세계관에 대한 관심이 수반되어야 한다. 즉 문화에 대한 가치 판단은 불가피하다.

물론 문화를 이해하는데 있어서 섣부른 가치 판단은 금물이다. 충분히 그 문화 자체의 의미와 구조를 알고자 노력해야 한다. 문화인류학은 이런 입장에서 문화적 상대주의를 강조한다. 그러나 또한 문화적 상대주의에 의해 모든 문화가 가치 있다고 하거나 문화에 대한 비판적 인식을 배제한다면 문화가 미치는 실질적인 영향들을 간과할 위험이 있다. "로잔언약(Lausanne Covenant, 1974)"에서는 문화판단에 있어서의 도덕적 절대성을 다음과 같이 강조한다(조종남, 1991).

"문화는 항상 성경에 의해 검토되고 판단 받아야 한다. 인간은 하나님의 피조물이기 때문에 인간이 만드는 문화의 어떤 것들은 아름답고 훌륭한 것이 많이 있다. 그러나 인간의 타락으로 인해 모든 문화는 죄로 물들었으며 그들 중 어떤 것은 매우 사악하다. 복음은 어떤 문화가 다른 문화보다 우월하다고 전제하지는 않지만 복음은 모든 문화를 진리와 정의에 관한 자체의 기준으로 평가하며 모든 견해에 대한 도덕적 절대성을 주장한다."

좀더 구체적인 예들을 통해 문화의 상대성에 대한 기독교의 입장을 살펴보자. 과거에 어떤 문화에는 유아 살해의 관습이 있었다. 현대인들은 이것을 보면서 매우 잔인하다고 한다. 그러나 현대인들이 쉽게 저지르는 일들 중에 낙태가 있다. 낙태는 근대화된 유아살해라고 할 수 있을 것이다. 여기서 우리는 문화적 현상의 상대성과 기독교적 문화판단의 도덕적 절대성의 측면을 볼 수 있다. 또한 식인과 가난한 사람들을 착취하는 것을 비교해 보자. 어떤 원시세계에는 식인풍습이 있었다. 오늘날 그것을 매우 잔인한 일로 또 미개한 문화로 여긴다. 그러나 현대사회에서 일어나는 가난한 자들에 대한 착취와 기아는 상대적으로 덜 심각하게 여겨진다. 그것에 대한 문제의식을 갖고 대책을 세우긴 하지만 잔인하다고 까지 표현하지는 않는다. 도덕적 절대성의 측면에서 판단할 때에는 두 현상 사이에 별 차이가 없다고 할 수 있다.

문화적 상대성에 대해서 기독교는 문화적 현상의 상대성은 인정하되 그것이 갖는 기본적 가치들에 대해 도덕적 절대성을 갖고 판단해야한다. 문화에 대한 이런 입장은 문화변혁의 시도로 귀결될 수 밖에 없다. 즉 기독교는 사명감을 갖고 하나님의 도덕적 절대성에 비추어 볼 때 문제가 되는 문화현상들을 변화시키기 위한 노력을 기울이게 되는 것이다. 기독교학교교육에 대한 관심도 그 일환이라고 할 수 있다.

IV. 문화적 접근의 토대

일반 학교교육에 대한 문화적 접근 방식들은 기독교학교교육을 다룰 때에도 유효하다고 본다. 그러나 기독교학교교육에 대한 문화적 접근은 '기독교'라는 고유성을 갖는다. 기독교학교교육에 대한 문화적 접근의 다양성은 결국 그 문제를 다루는 사람들의 기독교에 대한 태도와 관련되어 있다고 할 수 있다. 같은 교단이나 신앙적 전통 속에 있다고 하더라도 다양성은 여전히 발견된다. 여기서는 그 다양성을 크게 두 부류로 나누어 보았다. 하나는 신앙과 세계관과 삶이 분열된 상태로 있는 경우이다. 그리고 다른 하나는 이 세 차원의 통합이 이루어진 경우이다.

1 분열된 상태

1) 세계관이 정립되지 않는 신앙

신앙고백을 하고 신앙적 활동을 하지만 실제로 신앙이 세계관이나 삶의 방식에 영향을 미치지 못하는 경우이다. 이런 경우를 일종의 복음주의 영지주의라고 할 수 있다(Miller, D.,1998). 즉 신앙을 영적 영역에만 국한시키는 것이다. 행동이 없는 신앙은 대개 신앙을 공적 영역에서 배제시키는 현대사회의 흐름과 연관된다(Pearcey, N. R., 2006). 즉 신앙을 개인적인 고백으로 보고 사적인 영역에서만 신앙이 진리로써 작용할 수 있는 것처럼 생각하는 것이다. 따라서 신앙은 개인적 선택의 문제이고 세상을 설명할 수 있는 객관적이고 절대적인 근거가 될 수 없다고 본다.

〈그림 1〉 세계관이 정립되지 않은 신앙

이런 입장에서도 세계관에 대한 논의를 할 수 있지만 그것 또한 개인의 영역에 속한 것이지 공론화하여 일반적인 사람들의 삶의 방식에 까지 영향을 미칠 수 있다고 보지 않는다. 따라서 기독교의 영향력은 개인적인 삶에 국한된다. 기독교학교교육도 이런 식의 입장에서 다룬다면 문화나 교육 전반을 하나님의 방식으로 세워나가는 것 보다는 "신앙" 교육을 따로 구분하여 신앙교육만을 기독교적 방식으로 해 나가고자 노력하는 양상으로 나타날 수 있을 것이다. 그리고 학과교육이나 교육의 기타 활동들에는 신앙이 어떤 객관적이고 합리적인 틀을 제공하지 못하는 것으로 보기 때문에 비기독교학교에서의 교육과 본질적인 차이가 나타나지 않을 수 있다.

2) 행동이 없는 신앙

신앙이 있고 세계관에 대한 지식도 어느 정도 있을 수 있다. 그러나 실질적으로 그것이 삶의 방식으로 이어지지 못하는 경우이다. 이런 경우는 신앙과 세계관이 매우 관념적이고 지적인 것일 수 있다. 따라서 사람들의 삶의 방식에 대해서 비판적 안목도 가질 수 있고 방향도 제시할 수 있지만 그것을 위한 자신의 삶의 구체적인 변화가 없는 경우이다.

〈그림 2〉 행동이 없는 신앙

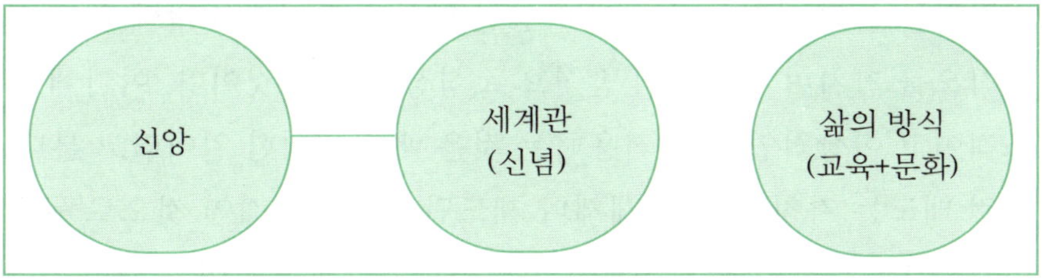

이런 태도를 갖고 있다면 한국의 교육문제에 대한 누구보다 정확하게 비판 할 수 있을 것이다. 그러나 자신의 자녀와 관련해서는 아무런 행동도 하지 않으며 기독교학교교육이나 문화의 변화를 위해서도 실질적인 행동이 없이 구별되지 않은 삶의 방식을 유지할 것이다.

3) 하나님과의 살아있는 관계가 단절된 신념

기독교적 신념을 추구하고 실천하지만 하나님과의 인격적이며 유기적인 관계가 결여된 경우이다. 따라서 기독교학교교육에 대한 주장이 강하고 그 실천을 위한 헌신이 깊지만 매우 율법적이고 이상주의적 추구로 귀결될 수 있다.

〈그림 3〉 하나님과의 관계가 단절된 신념

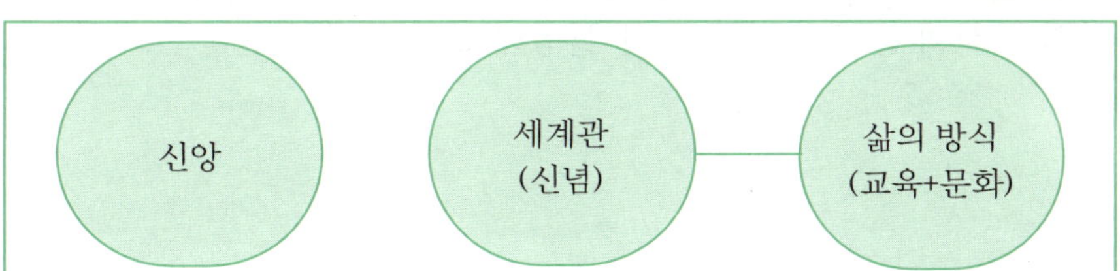

그리스도인들의 삶은 그 궁극적인 준거가 바뀔 수 없지만 계속 변화하는 삶의 상황들 속에서 다양한 양상을 드러낼 수밖에 없고 시행착오를 거치며 하나님의 방식으로 성장해 가는 것이다. 여기에 교조적이고 이상적인 틀을 적용하는 것은 매우 위험한 일이라고 본다. 이런 태도는 자칫 하나의 체제나 제도만을 기독교적인 것으로 규정할 수 있다. 그것은 곧 기독교가 이데올로기화되는 것이고 사회 속에서 상징적 폭력으로 작용할 수도 있다. 기독교학교교육도 마찬가지이다. 기독교학교교육도 계속 변화되는 문화 속에서 시행착오를 거치며 다양한 형태로 시도되고 발전되어야 한다. 그러기 위해서는 신앙과 신념이 하나님과의 인격적 관계를 전제로 하는 것이어야 한다.

2 통합된 상태

F. Schaeffer는 진정한 기독교인으로 살아간다는 것에 대하여 우리가 하나님을 사랑하고 하나님에 대하여 살아 있으며 역사의 바로 이 현재의 순간에 하나님과 교제를 나누는 가운데 있는 것을 의미한다고 하였다. 그리고 또 인간들을 사랑하고 인간으로서 인간들에 대하여 살아있어야 하며 역사의 바로 이 현재의 순간에 인간들과 진실한 개인적인 차원에서 서로 교제를 나누는 관계에 있어야 한다고 하였다(Schaeffer, F. A.., 1974; Pearcey, N. R., 2006). 이는 신앙과 신념과 삶의 방식이 통합된 상태를 잘 설명해 준다고 본다.

〈그림 4〉 통합된 신앙

기독교학교교육은 단순히 이념적 실천이기 이전에 하나님과의 관계의 표현이어야 한다고 본다. F. Gaeblelein은 교육과 신앙, 학교에서 가르치는 지식과 신앙을 어떻게 통합할 것이냐는 문제를 다루면서 통합의 근본적인 원리 하나를 제시한다. 즉 교사가 통합의 핵심적인 역할을 하게 된다고 보았다. 교사의 마음과 심정이 하나님의 말씀에 입각하여 올바르게 조성되고 형성되어 있다면 누구나 다 기독교와 그가 가르치는 교과를 통합시킬 수 있는 방법을 찾을 수 있다고 보는 것이다(Gaebelein F., 1991). 이것은 교사가 하나님과의 관계 속에 있을 때 가능하고 결국 하나님과의 관계가 성숙해 간다면 교사의 교육활동에서도 계속적인 변화가 있을 수밖에 없다. 하나의 이론적 구조의 적용 또는 하나의 문화적 형태로서의 기독교학교교육에 대한 추구보다 기독교학교교육을 하는 사람들이 하나님과의 유기적이고 역동적인 관계 속에 있을 때 기독교학교교육에 통합적으로 접근 할 수 있을 것이다. 그리고 기독교학교교육의 시도가 문화변화에 실질적인 영향력을 미칠 수 있을 것이다.

V. 접근방식의 다양성

기독교학교교육에 대한 문화적 접근은 기독교교육과 문화의 관계에 대한 이해에 기초한다고 본다. 기독교교육을 문화적 측면에서 볼 때 가장 먼저 고려해야 할 것은 바로 논의의 기초이다. 이는 앞 장에서 살펴본 대로 "기독교"이다. 복음과 기독교세계관은 원리적으로는 분리될 수 없는 것이나 기독교가 하나님의 신념체계이기 이전에 하나님과의 인격적 관계라는 부분을 간과하면 기독교 학교교육에 대한 추구는 또 하나의 이데올로기가 될 수도 있다.

또한 기독교학교교육과 문화를 관련시키는 방식에서도 다각적인 이해가 가능하다. 우선 문화를 그 자체로 이해하는 문화읽기식의 접근이 가능하다. 그리고 문화를 기독교세계관을 기준으로 판단하고 선택하는 것이 필요하다. 또한 기독교학교교육이 다양한 문화들과 어떻게 관계를 맺으며 어떻게 활용할 것이지 그 기준과 방법을 연구하는 것도 현실적인 요구이다. 마지막으로 좀 더 적극적으로 기독교학교교육을 통해 문화를 변화시키고 문화를 창출하는 능력을 어떻게 키울 것인가에 대한 관심을 가질 수 있다. 이러한 기본적인 틀 위에서 기독교학교교육에 대한 문화적 접근은 크게 거시적인 관점과 미시적인 관점으로 분류할 수 있다(이숙경, 2005).

〈그림 1〉 기독교교육에 대한 문화적 접근의 기본구조

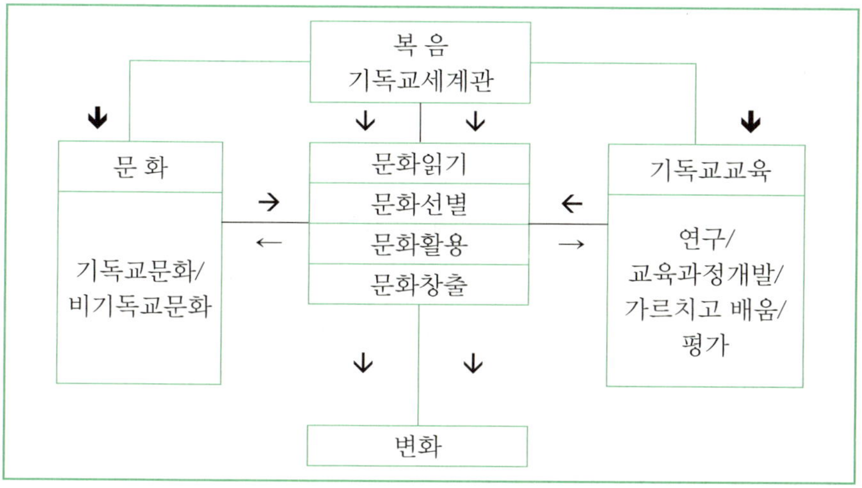

1 거시적 접근 : 기독교 학교교육의 환경으로서의 문화

거시적 접근은 기본적으로 문화를 기독교학교교육의 환경으로 보는 것이다. 기독교학교교육이 이루어지는 사회적 상황, 문화적 구조 등에 관심을 갖는다. 예를 들어 보면 다음과 같다.

우선 한국사회의 문화적 주류가 기독교학교교육에 어떤 영향을 미치고 있으며 또한 기독교학교교육은 이를 어떻게 변화 또는 극복할 수 있는 가라는 문제이다. 한국인들의 혈관을 흐른다는 유교적 사고 방식, 현대 한국인들을 지배하고 있는 성공지향적, 승리주의적 추구, 웰빙을 추구하는 삶의 방식들을 기독교학교교육에서는 어떻게 다루어야 하는가라는 문제이다. 또한 현대 한국 사회에서 기독교 학교교육이 영향을 미칠 수 있는 '기독교적인 것'은 과연 무엇인가도 거시적 관점에서 생각해 볼 수 있는 문제이다. 기독교학교교육이 해결해야 하는 과제 중 하나는 '기독교적인 것'에 대한 정의를 내리는 것이다. 기독교적인 문화가 무엇인지에 대한 생각은 기독교학교교육의 교육과정 및 운영의 전반에 영향을 미치기 때문이다.

기독교학교교육이 문화적 자원들을 어떻게 다루어야 하는가도 거시적 관점에서 풀어나가야 하는 주제이다. 한국 일반교육의 역사와 교육행정이 기독교학교교육에 미치는 영향에 대한 관심도 중요하다. 사립학교법이나 입시제도 등의 문제도 기독교학교교육이 관심을 가져야 하는 문제이다. 또한 한국의 학습방식이나 배움에 대한 태도들이 기독교학교교육의 실제에 미치는 영향을 밝히고 그 해결 방안을 모색하는 것은 기독교학교교육이 효과적으로 구현되기 위해 다루어져야 하는 과제이다.

〈그림 2〉 거시적 접근의 틀

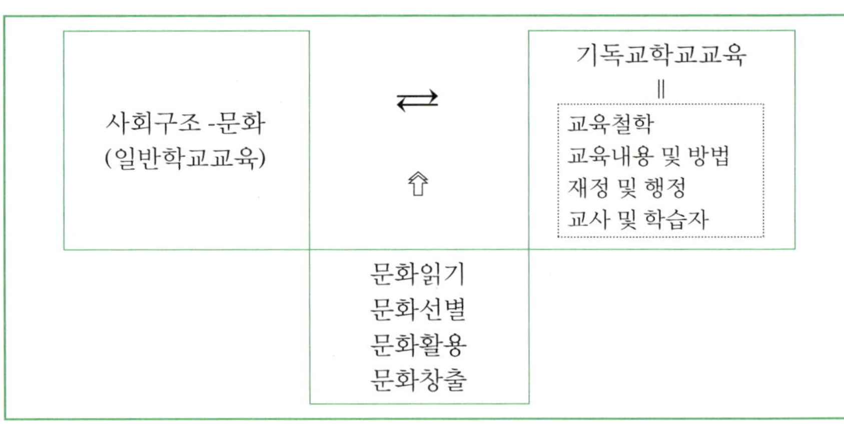

2 미시적 접근 : 교육현장의 문화보기

미시적인 접근에서는 기독교학교교육의 현장에서 이루어지는 것들에 관심을 갖는다. 교육현장에는 무수한 문화적 요소들이 작용하고 있다. 교사, 학습자, 행정가, 학부모 등 교육과 관련된 사람들은 각자 자신들의 문화를 갖고 있다. 이 문화들은 서로 공유되기도 하지만 사회가 다변화되면서 그 다양성의 폭 또한 커지고 있다. 같은 기독교인이라 하더라고 표현되는 삶의 방식은 다르다. 이런 차이들은 교육 현장의 각 요소에 영향을 미치게 되며 각 현장마다의 분위기를 조성하게 된다. 교육의 현장에서 만들어 지는 분위기는 또 하나의 교육과정이라는 점은 이미 충분히 강조되어 오고 있다.

기독교학교교육에 대한 문화적 접근이 교육실제에 기여하기 위해서 좀 더 관심을 기울여야 하는 부분이 바로 미시적 접근이다. 즉 교육의 현장에서 실질적으로 일어나는 것들을 규명하고 그 곳에서 기독교 교육적 원리들을 세워 나가는 것이다.

〈그림 3〉 미시적 접근의 틀

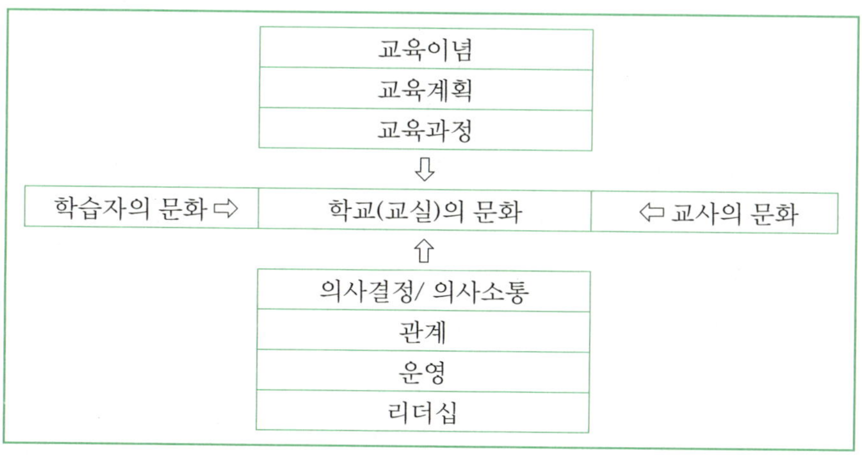

일반교육학에서도 교육현장에서 이루어지는 것들을 보다 정확하게 이해하기 위하여 현장의 언어로 상황을 이해할 수 있는 연구방법들을 사용하고 있다. 이런 노력은 교육에 대한 이념적, 명제적 주장들이 현장에서는 사람들에 의해 자신들의 방식으로 해석되고 이념과 거리가 있는 현실들이 계속적으로 초래되는 것에 대한 인식에서 비롯된 것이다. 또한 현장에서 일어나는 것들을 그 자체로 이해하기에 앞서 이념적 이론적 틀로 분류하고 설명함으로써 실질적인 필요들을 간과하는 오류가 발생하는 것을 최소화하기 위해서이다. 기독교학교교육에서도 이런 노력이 필요하다고 본다. 즉 교육현장을 있는 그대로 파악하고 성경적 원리 위에서 실질적인 변화를 시도하는 것이다.

VI. 성경적 교실문화에 대한 제언

1 교실의 문화적 언어들

문화의 특성 중 하나는 바로 그것이 몸에 배어 있다는 것이다. 따라서 그것을 변화시키는 것은 매우 오랜 시간이 필요하다. 일상적인 삶의 환경들과 관계들이 변화되지 않는다면 실질적인 변화는 기대하기 힘들다. 예를 들어 한국인들에게서는 마늘 냄새가 난다고 한다. 그래서 한국 사람들이 마늘 냄새를 싫어하는 외국에 가면 냄새를 없애기 위해 공공장소에 갈 때에는 그 전 날부터 마늘을 먹지 않고 샤워는 물론 향수를 뿌리기도 한다. 하지만 좀 돌아다니거나 운동을 하거나 하면 몸에 어려서부터 배어 있는 마늘냄새가 땀을 통해 올라온다. 그래서 우리 자신들은 못 느끼지만 마늘냄새에 익숙하지 않은 외국인들은 그 냄새를 알아차린다. 한국인이 마늘 냄새를 없애는 가장 좋은 방법은 그 나라의 음식을 오랜 시간 지속적으로 먹는 것이다. 문화도 마찬가지이다. 기독교학교교육이 학생들로 하여금 기독교적인 것을 배우게 하려면 학생들이 많은 시간을 지내는 교실의 문화가 기독교적일 필요가 있다.

E. Hall에 의하면 문화는 일종의 언어적 기능을 한다. 즉 일반적 의미의 언어를 통해 전달되는 것들 보다 더 많은 것들이 문화적 요소들을 통해 전달된다. 그는 이런 문화적 요소들을 상호작용, 연합, 생존방법, 성 정체성, 공간, 시간, 학습. 놀이, 방어, 개발 등으로 제시하고 있다(Hall, E., 1959). E. Hall이 제시하는 메시지 전달의 매체로서의 문화에 대한 논의는 기독교학교문화를 연구하는데 있어서 매우 중요한 시사점을 제시한다고 본다. 기독교학교교육이 효과적으로 구현되기 위해서는 교과나 교사의 역할 등과 함께 고려되어야 할 것이 바로 학생들이 일상적으로 접하게 되는 교실의 문화이다. 교실의 문화를 통해서 학생들은 실질적으로 기독교적인 세계관과 삶의 방식들을 배우게 될 것이다. 그리고 이것이 이론적으로나 또는 지적으로 기독교 세계관을 배우는 것으로는 얻을 수 없는 효과를 가져 올 것이다.

〈표 1〉 교실 내 문화적 언어의 요소들

PMS(Primary Message System)		교실문화에의 적용
상호작용 (Interaction)	말, 몸짓	표현의 방식 언어의 성격들
연합 (Association)	조직 관계의 구조 신분적 위치	관계 구조(교사와 학생/ 학생과 학생) 위계구조 조직의 운영방식 친밀감과 거리감의 형성방식
생존방법 (Subsistence)	노동의 방식(직업) 노동에 대한 보상	성취에 대한 기준 보상방식 인정의 가치 기준과 체계
성 정체성 (Bisexsuality)	집단 구성원의 위치 정체성을 드러내는 삶의 방식들	각 구성원(교사와 학생)의 정체성 교사와 학생의 이미지 정체성의 표현방식
공간 (Territoriality)	공간의 분배와 활용	공적 공간과 사적공간을 구분하는 방식 공간을 운영하는 방식 공간의 배치 및 의미부여
시간 (Temporality)	시간의 분배와 활용	시간의 분배방식 시간 엄수에 대한 태도 쉼에 대한 태도
학습 (Learning)	형식교육 비형식적인 배움(예:관찰)	형식적인 학습(수업)에서 많이 사용되는 방법 비형식적으로 배우는 방법
놀이 (Play)	유머와 재미 게임	놀이의 허용과 규칙 웃음과 재미의 종류 웃음이나 재미를 만들어 내는 방법
방어 (Defense)	집단의 유지를 위한 장치들 (위생, 군사력, 종교)	갈등의 해결방식(교사와 학생/학생과 학생) 질서를 위협하는 상황에 대한 대처 방식 교실 외의 요소들의 개입에 대한 대처 방법
개발 (Exploitation)	자원의 사용, 분배 및 통제의 방법	교실 내의 지적 자원을 활용하고 분배하는 방식 가치있는 지식에 대한 판단 기준 학생들의 지식에 대한 동기 유발 지식 및 정보에 대한 접근 가능성

1) 상호작용

상호작용의 기초에는 언어가 있다. 언어에는 표정, 몸짓, 눈빛, 침묵 등이 포함된다. 교육학적으로 교실에서의 언어사용이 미치는 영향에 대해서는 이미 연구된 바들이 있다(김종두, 2005). 예를 들어 교실에서 사용되는 언어들을 교조적, 규제적, 상호작용적, 개인적, 탐구적, 상상적, 제안적 언어로 분류하고 그 언어들이 미치는 영향들에 대해 연구하는 것이다. 수업뿐 아니라 교사와 학생, 학생들 간의 언어표현은 그 방식 자체를 통해 인간에 대해, 삶에 대해 중요한 메시지를 전할 수 있다. 즉 표현의 내용뿐 아니라 표현의 방식이 메시지가 될 수 있다. 그리고 그 방식들에 기초하여 독특한 관계양상들이 나타날 수 있다.

2) 연합

모든 문화는 관계의 구조를 갖고 있다. 그 관계는 신분에 의해서, 역할에 의해서, 또는 혈연에 의해서 이루어질 수 있다. 관계를 이루는 기본 틀이 무엇인가가 그 문화의 성격을 결정하기도 한다. 또한 각 문화 마다 독특한 친밀감과 거리감의 구조가 있다. 예를 들어 한국 사람들은 이웃집의 밥그릇 수를 알아야 친밀하다고 느끼는 반면 서양 사람들에게 그런 친밀감은 무례함으로 비칠 수 있다. 따라서 친밀감과 거리감의 기준을 세우는 것은 교실 내 의사소통을 원활히 하고 관계의 성격을 규정하는 데 매우 중요하다.

3) 생계

먹고 사는 것을 해결하는 방식에 대한 관점과 가치 판단은 그 문화가 성취에 대해 갖는 관점과 밀접한 관련이 있다. 그리고 노동에 대한 보상체계도 이에 기초한다. 이를 교실 문화에 적용해 보면 학교교육의 가장 중심적인 활동인 학습의 결과에 대해 어떤 평가의 방식을 적용하고 성취의 의미를 부여하는가의 문제이다. 공부를 왜 해야 하는지, 공부를 잘 한다는 것이 무엇인지, 공부 외의 활동들에 대해 어떤 평가를 하고 있는지 등의 현상은 교사와 학생, 학생과 학생 간의 관계 구조에 영향을 미치게 된다. 보다 구체적으로는 보상체계가 고려될 수 있다.

4) 성 정체성

성 정체성은 문화의 구성원들의 정체성을 이루는 가장 기본적인 요소이다. 여성성과 남성성을 어떻게 정의내리는가에 따라 남성과 여성의 역할이 달라지고 사회 구조 전반이 달라진다. 그 문화를 구성하는 사람들의 위치에 대한 정의는 곧 문화의 성격과 직결된다. 교실문화에서 정의내려져야 하는 대상은 바로 교사와 학생이다. 물론 교사와 학생에 대한 일반적 정의들이 있다. 그러나 각 교사마다 자신에 대한 이미지와 스스로 규정하는 정체성에 있어서 차이가 있을 수 있고 그것은 교사의 옷입기, 말투, 태도, 학생들과의 관계를 맺는 방식 등에 영향을 미치고 바로 학생의 정체성을 규정하는 기준이 되기도 한다.

5) 공간

공간의 분배와 소유 구조, 그리고 공간의 분위기는 학교교육에 대한 연구에서도 이미 여러 측면에서 다루어져 오고 있다(Palmer, P., 1993). 특히 잠재적 교육과정에 대한 관심이 커지면서 교실 공간의 성격이 학생들의 인성이나 교육의 효과에 미치는 영향들이 교육학의 중요한 주제들이 되고 있다. 예를 들어 딱딱한 공간인가 부드러운 공간인가, 열린 공간인가 닫힌 공간인가, 또는 조직적 공간인가 공동체적 공간인가, 공적 공간과 사적 공간의 배분이 어떻게 되어 있는가 등은 그 교실의 상황을 설명해 주는 중요한 요소들이다.

6) 시간

교실에서의 활동은 시간대별로 이루어진다. 그리고 교사는 정해진 시간에 정해진 활동을 하도록 학생들을 지도한다. 이것은 교실에서의 질서유지의 중요한 요소가 된다. 그런데 이때 교사가 시간엄수에 대해 어떤 태도를 취하는지, 시간을 분배하는 방식이 기계적으로 시간표를 따라 하는지, 학습자들의 상황이나 활동의 내용에 따라 유기적으로 하는지, 등은 학급의 분위기를 조성하는데 영향을 미친다.

7) 학습

학습의 방식은 각 문화의 특성을 가장 잘 반영하는 요소이다. 그리고 가장 변화되기 힘든 것이기도 하다. 예를 들어 한국 문화에 스며들어 있는 유교적 학습의 방식은 아무리 테크놀로지가 발전하고 사회가 변해도 여전히 한국 사람들이 무엇인가를 배워가는 데 깊이 영향을 미치고 있다. 마찬가지로 기독교학교교육에서 기독교적인 교육을 시도할 때 심각하게 부딪치는 부분이 학습의 방식일 수 있다. 이것을 보다 기독교교육적인 방향으로 변화시켜 가고자 한다면 각 문화의 학습의 특성이 실제 교실에서 교사와 학습자들에게서 어떻게 나타나는지 성찰할 필요가 있다.

8) 놀이

교실에서는 학습 외에 놀이가 있다. 교실에서의 놀이는 교사와 학생, 학생들 사이의 사적인 관계를 이루는 영역이라고 할 수 있다. 놀이는 규칙에 의해 이루어지는 게임도 포함되지만 공적인 활동의 여백을 의미하기도 한다고 본다. 이 여백에서 웃음, 쉼의 공유가 일어날 수 있고 그런 것들이 교실에서의 관계의 성격에 영향을 미칠 수 있다. 교실에서 이루어지는 놀이를 통해 학생들은 관계와 소통의 방법을 배워간다.

9) 방어

모든 문화는 그 구성원과 문화를 보호하기 위한 조치들을 갖고 있다. 질병으로부터 보호하기 위한 위생체계, 외부의 적으로부터 보호하기위한 군사조직, 그리고 구성원들 간의 갈등을 해결하는 심리적 종교나 신념체계도 여기에 포함된다. 교실 안에서도 여러 종류의 갈등이 일어난다. 그 갈등은 교실의 질서를 위협하기도 하지만 또 다른 교육의 자료가 될 수도 있다. 즉 학생들은 갈등을 대하는 태도나 갈등의 해결방식을 통해서도 배워간다.

10) 자원의 개발

각 문화는 자원을 개발하고 분배하는 방식이 있다. 개발과 분배의 방식은 관계의 기본 구조에 영향을 미친다. 교실에서는 지식이나 정보에 대한 접근과 분배의 방식으로 생각해 볼 수 있을 것이다. 가치 있는 지식에 대한 판단 기준, 다양한 지식을 다루는 방식, 지식이나 정보에 대한 접근 가능성, 이를 위한 동기유발 등은 학생에 대한 평가, 학생의 교실 안에서의 인정과 실질적인 위치 등에 영향을 미치게 된다.

2 성경적 교실 문화의 기준과 실천원리

성경적 교실 문화를 세우기 위해서는 근본적인 기준들이 필요하다. 이 기준들은 넓은 의미에서는 기독교인들이 사회와 관련을 맺고 살아 갈 때 반드시 고려해야할 선택의 기준이라고 할 수 있고 기독교인들이 속한 공동체나 지역사회에서 실천되어야 할 삶의 실질적인 원리라고도 할 수 있다. R. Weber는 기독교인들이 사회문제를 대하는 근본적인 기준을 4가지로 제시한다(Weber, R., 1990).

첫째는 인간 생명의 존엄성에 철저한 인식과 그것에 기초하여 모든 제도와 체제들을 실천해야 한다는 것이다. 둘째는 하나님께서 세상을 창조하시며 세우신 질서를 회복하고 구현하는 것이다. 셋째는 청지기 의식이다. 인간에게 맡겨진 모든 환경들에 대한 소유의식을 버리고 위임받은 사람으로서의 태도를 견지해야한다는 것이다. 넷째는 절대적 도덕 명령에 대한 인식이다. 하나님께서 주신 양심과 계명에 따른 삶은 상황에 의해 달라질 수 있는 선택의 문제가 아니라 명령에 의한 절대적인 것이라는 점이다. 이상의 기본적 원리에 기초하여 실질적으로 성경적 교실문화를 이루어 가기 위한 원리들을 문화적 요소들 별로 제안해 보면 다음과 같다.

〈표 2〉 성경적 교실문화의 실천 원리

교실문화의 구성요소	성경적 원리
언어적 의사소통	1. 창조성 : 다른 사람을 살리는 언어, 생명을 주는 언어, 열매 맺는 언어표현 2. 정확성 : 교묘히 왜곡하지 않는 언어, 사실을 잘 표현하고 전달하는 언어 3. 정직성 : 변명하지 않는 언어, 책임지는 언어 표현 4. 관계성 : 인격적 배려가 있는 언어, 상호 소통이 가능한 언어 5. 겸 손 : 남을 자신보다 낫게 여기는 언어 하나님 앞에서 성찰된 언어
관계 구조	1. 인격적인 동등성 : 지위와 역할 이전에 인격적으로 동등한 관계 2. 사귐 : 친밀감의 조성, 친밀감과 거리감의 조절, 공적인 관계와 사적인 관계 3. 섬김 : 바른 권위의 구조 4. 질서 : 상호 존중, 권위에 대한 바른 태도
성취 및 보상 체제	1. 외적 보상과 내적 보상의 균형 2. 개인적 보상과 공동의 보상간의 균형 3. 일관성 있는 보상체계 : 규칙과 약속이 있는 보상체계 4. 피드백으로의 보상 : 성장의 촉진을 위한 보상 5. 다양한 보상체계 6. 인간의 비욕구충족적 본질을 고려한 보상체계
정체성 (교사)	1. 진리의 전달자 : 진리에 대한 바른 이해, 정확한 전달능력 2. 섬기는 자 : 사랑, 공감, 나눔 3. 다스리는 자 : 권위, 질서, 책임, 비전의 제시자
공간	1. 안정된 공간 : 질서 2. 열려진 공간 : 환영하는 공간, 따뜻한 공간 3. 참여적 공간 : 모든 구성원이 자신의 위치감을 느낄 수 있는 공간 4. 생명력 : 창조 공간의 특성, 자연친화적인 공간
시간	1. 시간의 청지기 의식: 우선순위를 따른 시간사용 2. 질서(일관성) 있는 시간 사용 3. 활동과 쉼의 적절한 분배 4. 기다림과 배려 : 유기적인 시간사용
학습방식	1. 실패와 연약함에 대한 설명과 이해가 수반된 학습 2. 실제적, 실천적인학습 3. 공동체적, 참여적인 학습 4. 학습자들의 다양성 고려 각자의 수월성을 인정해 주는 학습
놀이	1. 창조성 2. 능동성 3. 공동체성 4. 쉼
갈등 및 위기대처 방법	1. 예방 : 관심과 대화 2. 정확한 파악 3. 자기에 대한 성찰 4. 용서와 화해
지적자원의 활용	1. 지식의 청지기 의식 2. 지식의 사유와 공유에 대한 균형 있는 고려: 지식의 빈익빈 부익부 해결 3. 가치있는 앎에 대한 격려 4. 지식 또는 정보 선별의 기준 : 진리인가, 선한가. 바른가

이상에서 제안한 내용들은 하나의 시도에 불과하다. 기독교학교에 대한 문화적 접근에서 이 각 요소들에 대한 보다 실질적인 연구들이 이루어져야 할 것이다.

VII. 나가는 말

기독교학교교육에 대한 문화적 접근의 궁극적인 관심은 교실에서 삶의 성경적 방식들을 어떻게 실천하며 그것이 학생의 삶을 통해 어떻게 표현되는가에 있다. 이를 위해서 기독교학교교육을 문화라는 개념과 관련시켜 논하려는 입장에서 반드시 고려해야 할 본질적인 과제가 있다. 즉 하나님에 대한 전적인 의존이다. 기독교학교교육에 대한 문화적 접근은 하나님과의 인격적 교제 위에서 신앙과 세계관 그리고 실천의 통합을 이루어 가는 것이다. 즉 매일의 교실의 삶에서 하나님의 도우심을 청하는 것이 성경적 교실 문화를 형성해 가는 기초이며 실질적인 방법이라고 본다. 교실에서 우리와 동행하시고 우리 안에서 친히 중보하시는 하나님에 대한 신뢰에 기초하여 학급을 운영하는 것이다. 그렇다면 교사는 실패나 허비에 대한 두려움을 넘어서 성경적 교실문화를 위해 하나님 안에서 새로운 시도와 모험을 해 볼 수 있다. 이런 용기가 있을 때 기독교학교교육의 교실 현장은 문화적 영향에 대한 수용이냐 방어냐의 고민에서 한 발 나아가 문화적 성찰과 변화로 나아갈 수 있을 것이다.

토의 문제

▶▶ 기독교 교육은 문화를 변혁시켜야 한다는 주장에 대해 토의해보자.

▶▶ "문화는 삶의 방식"이기에 모든 문화는 존중되어야한다는 입장에 대해 토의해보자.

▶▶ 본인의 신앙, 세계관(신념), 삶의 방식(문화+교육)의 관계 여부에 대해서 이야기 해보자.

▶▶ 한국 학교교육의 변화를 위해 가장 우선적으로 변화되어야 하는 문화가 무엇인지 기독교적 관점에서 이야기 해보자.

▶▶ 저자가 제시한 교실문화의 구성요소 10가지 중 5가지를 중요 순서에 맞게 뽑아 보고 그것에 대해 토의해보자.

참고문헌

강창동(2002). 『한국의 교육문화사』. 서울:문음사.

김영한(1992). 『기독교문화신학』. 서울: 성광문화사.

김영순(2006). 『미디어와 문화교육』. 서울: 한국문화사.

김종두(2005). 『교육과 의사소통』. 서울: 양서원.

문화연대 문화교육위원회(2003). 『이제, 문화교육이다』. 서울 : 문화과학사.

신국원(2002). 『신국원의 문화이야기』. 서울: IVP.

오인탁(1985). "기독교교육의 사회문화적 기초", 오인탁외 편.『기독교교육론』. 서울: 대한기독교 교육협회.

이숙경(2005). 『기독교교육과 문화이해』. 서울; 그리심.

이종각(1995). 『교육인류학의 탐색』. 서울 : 하우.

정웅섭(1996). 『기독교교육개설』. 서울 : 대한기독교교육협회.

조종남(1991). 『복음과 문화』. 서울: IVP.

Alexander, J. C. (ed.)(1995). 『문화와 사회』. 윤민재외 역. 서울: 사회문화연구소.

Bloesch, D. (1988). "문화를 만드시는 하나님". 마크 놀, 데이비드 웰즈 편, 이승구 역 『포스트모던 세계에서의 기독교 신학과 신앙」. 서울: 엠마오.

Buckingham, D. (2004). 기선정, 김아미 역, 『미디어교육』. 서울: inBook.

De Jong, N. (1995). 신청기 역, 『진리에 기초를 둔 교육』. 서울: 생명의 말씀사.

Fraser, D. A. & Campolo, T. (1995). 강대기 역, 『사회학』. 서울: IVP.

Gaebelein, F. E. (1991). 이창국 역, 『신본주의교육』. 서울: 기독교문서선교회.

Kraft, C. H. (2005). 안영권, 이대헌 역, 『기독교 문화인류학』. 서울: 기독교문서선교회.

Miller, D. (1998). 『생각이 결과를 낳는다』. 서울: 예수전도단.

Niebuhr, H. R. (1992). 김재준 역, 『그리스도와 문화』. 서울: 대한기독교서회.

Palmer, P. J. (2006). 이종태 역, 『가르침과 배움의 영성』. 서울:IVP.

Pearcey, N. R. (2008). 『완전한 진리』. 서울: 복있는 사람.

Perkins, R. (1991). 김성웅 역, 『기독교와 사회학, 그 양자의 고찰』. 서울: 두란노서원.

Schaeffer, F. A. (1974). 권혁봉 역, 『진정한 영적 생활』. 서울: 생명의 말씀사.

Stott, J. (1985). 박영호 역, 『현대사회와 기독교적 답변』. 서울:기독교문서선교회.

Tillich, P. (1995). 김경수 역, 『문화의 신학』. 서울: 대한기독교서회.

Weber, R. E. (1992). 이승구 역, 『기독교문화관』. 서울: 엠마오.

Weber, R. E. (1990). 박승룡 역, 『기독교 사회운동』. 서울: 라브리.

Anthony, M. J. (ed.),(2001). *Evangelical Dictionary of Christian Education.* Grand Rapids, Michigan: Baker Academic, 2001.

Gaebelein, F. E. (1951). *Christian Education in a Democracy.* N.Y.: Oxford University Press.

Hall, E. I. (1959). *The Silent Language.* New York: Doubleday.

Pazmiño, R. W. (1997). *Foundational Issues in Christian Education.* Grand Rapids, Michigan: Baker Book House.

In Jesus' name, I pray. Amen.

08

교육과정, 교과서, 평가 정책

-김재춘(영남대학교)

I. 들어가는 말

학교 교육의 핵심적인 질문 중의 하나는 '무엇을, 왜, 어떻게 가르치고 평가할 것인가'이다. 학교에서 무엇을, 왜, 어떻게 가르칠 것인가가 교육과정 정책의 문제라면, 가르친 것을 얼마나 잘 배웠는지를 어떻게 확인할 것인가가 평가 정책의 문제이다. 교육과정에서 가르치도록 규정한 것을 교사와 학생이 의미있게 활용하는데 도움을 줄 수 있도록 관련 교수・학습자료를 어떻게 책으로 편성할 것인가가 교과서 정책의 문제이다. 이렇게 보면, 가르치고 배우는 학교 교육과 관련된 주요 정책 내용이 교육과정, 교과서, 평가 정책이라고 볼 수 있다.

'무엇을, 왜, 어떻게 가르치고 평가할 것인가'에 대한 답으로 볼 수 있는 교육과정, 교과서, 평가 정책에 대해 일반 교육학자와 기독인 교육학자의 생각은 같아야 하는가 달라야 하는가? 일반 교육학에서 이야기기하는 무엇을, 왜, 어떻게 가르치고 평가할 것인가에 대한 이론과 실천은 학교 교육에 대한 기독교적 관점에서는 얼마나 수용가능한가? 이 장에서는 학교 교육과 관련한 교육과정, 교과서, 평가 정책을 소개하면서, 이러한 정책들을 기독인들은 어떻게 이해할 수 있는가의 문제를 함께 다루고자 한다. 따라서 이하에서 제시할 내용은 '기독교학교'의 교과 교육과 관련된 내용이라기보다는 '일반학교'의 교과 교육을 기독인의 관점에서 어떻게 이해하고 비판하며 대안을 탐색할 수 있는가와 관련된 내용이다.

II. 교육과정과 기독교적 관점

학교에서 무엇을, 왜, 어떻게 가르치고 평가할 것인가? 무엇을 어떻게 가르칠 것인가에 대한 문제가 바로 교육과정과 교과서 정책의 문제이며, 무엇을 어떻게 평가할 것인가의 문제가 바로 평가 정책의 문제이다. 여기서 '왜' 가르치고 평가할 것인가의 문제는 교육과정, 교과서, 평가 정책의 근거나 정당성을 묻는 문제라고 볼 수 있다.

기독인 교육학자가 자신의 신앙과 일관되게 이 문제에 접근할 경우 일반 교육학자의 교육과정, 교과서, 평가 정책(무엇을, 어떻게, 왜 가르치고 평가할 것인가)에 대한 이해나 실천을 얼마나 수용할 수 있을 것인가 또는 수용해야 하는가? 이 문제와 관련하여 모든 기독인 학자가 수용할 만한 해답을 찾기란 쉽지 않을 것이다. 교육학을 전공하는 기독인 학자나 교육을 연구하는 기독인 연구자들이 성경적 세계관에 기초하여 학문이나 교육 연구 활동을 수행해야 한다거나 학문이나 교육 연구 활동을 통해 하나님을 영화롭게 하거나 하나님을 즐거워해야 한다는 원론적인 주장에는 모두가 동의한다고 하더라도 구체적으로 교육과정, 교과서, 평가 정책과 관련하여 기독교적 관점에서 어떻게 이해해야 하는가에 대해서는 동일한 신앙고백을 한 기독인 학자들간에도 구체적인 합의를 이루어내기가 쉽지 않을 것이다.

일반 학교의 교육과정, 교과서, 평가 정책을 다루는 이 장에서는 다음과 같은 입장을 견지할 것이다. 첫째, 신앙으로 거듭난 기독인 교육학자라고 해서 일반 교육학자보다 일반 학교의 교육과정, 교과서, 평가 정책에 대한 우월적인 지위를 가지지는 않는다. 매일의 삶

속에서 하나님의 은혜를 체험하며 살아가는 기독인 교육학자라 하더라도 일반 교육학자와 동일하게 교육과정, 교과서, 평가 정책을 이해하고, 비판하며, 대안을 개발하려는 노력을 경주할 필요가 있다. 학문이라는 영역에서 즉 영역주권(sphere sovereignty)이라는 관점에서 볼 때 합리적인 교육과정, 교과서, 평가 정책을 개발하기 위해서는 하나님이 일반은총으로 모든 사람에게 부여해주신 이성/지력을 활용해야 한다는 점에서 기독인 교육학자가 일반 교육학자에 비해 어떠한 우월적 특권도 지니지 않는다. 둘째, 신앙으로 거듭난 기독인 교육학자는 매 순간 하나님의 영광을 위한 삶을 그리고 하나님을 즐거워하는 삶을 살아가고자하는 사람들이기 때문에 땅끝까지 복음을 전하라는 '지상명령' 뿐만 아니라 우리 삶의 모든 영역에서 하나님의 주인되심을 인정하려는 '문화명령'을 수행할 필요가 있다. 교육학/교육과정 전공자로서 교육학/교육과정 영역에서 하나님의 주권을 인정하려는 노력은 신앙인의 기본 자세라고 볼 수 있다.

문제는 일반 교육학자에 비해 어떠한 특권적 지위도 지니지 않는 기독인 교육학자가 이런 과업을 어떻게 감당할 수 있는가이다. 일반 교육학자/교육과정학자와 의사소통이 가능한, 기독교적 관점에 근거한 교육과정, 교과서, 평가 이론이나 정책을 만들어 낼 수 있는가? 더 나아가 기독교적 관점에서 개발된 교육과정, 교과서, 평가 이론이나 정책은 단수적인가 아니면 복수적인가? 달리 말하면 기독교적 관점에서 개발된 교육과정, 교과서, 평가에 대한 이론이나 정책은 복수적일 수 있는가? 만약 기독교적 관점에 근거한 이론이나 정책이 복수적이라면 이들 중에서 더 나은 기독교적 이론은 어떻게 찾아낼 수 있는가?

일반 학교의 교육과정, 교과서, 평가 이론이나 정책을 기독교적 관점에서 어떻게 이해할 수 있는가에 대해서는 아직까지 체계적으로 이루어진 연구가 거의 없다. 이 짧은 글에서 일반 학교의 교육과정, 교과서, 평가 이론과 정책에 대한 기독교적 이해를 적극적으로 탐색하는 것은 쉽지 않기 때문에 여기서는 다음과 같은 다소 소극적인 방식으로 작업을 진행하고자 한다. 첫째, 일반 교육학에서 이루어지고 있는 교육과정, 교과서, 평가 이론 및 정책에 대한 논의를 비판적으로 검토할 것이며, 둘째, 이들의 논의를 비판적으로 검토하는 과정에서 기독교인들이 생각해볼 필요가 있다고 판단되는 특정 문제나 이슈에 대해서만 기독교적 관점에서의 이해나 해석, 대안을 원론적인 수준에서 제시할 것이다. 요컨대, 이 장에서 일반 학교의 교육과정, 교과서, 평가 이론과 정책에 대한 기독교적 관점에서의 이해나 대안 탐색은 부분적으로 그리고 초보적인 수준에서 진행될 것이다. 이처럼 지극히 부분적이고 초보적인 수준에서 논의를 시작하려는 이유는 일반 학교의 교육과정, 교과서, 평가 정책에 대한 기독인 학자간의 논의가 거의 부재한 상태에서 특정한 이론을 지나치게 강하게 제시할 경우 불필요한 논란만을 일으킬 수도 있다는 판단 때문이다.

III. 교육과정, 교과서, 평가 정책

흔히 교육의 3요소로 교사, 학생, 교과 즉 교육내용을 든다. 교육은 교사와 학생이 만나 교육 내용을 가르치고 배우는 활동을 의미한다. 따라서 학교라는 특정한 맥락에서 이루어지는 교육 활동은 제도화된 교사와 학생이 만나 제도화된 교육과정과 교과서로 가르치고 배우며 평가하는 특정한 형태의 교육이라고 볼 수 있다. 근대 공교육의 맥락을 잇고 있는, 오늘날의 학교라는 공간에서 이루어지고 있는 교육은 언제 어디서나 누구든지 자신이 관심있는 것을 가르치고 배우는 활동을 의미하는 일반적인 교육 활동과는 구별된다.

그렇다면 일반적인 교육 활동과는 구별되는 특수한 형태의 교육인 오늘날의 학교 교육은 어떤 특징을 지니는가? 첫째, 교육의 편재성이라는 관점에서 볼 때 학교 교육은 학교라는 특수한 공간・장소에서 이루어진다는 특수성을 지닌다. 둘째, 교육 활동에 참여하는 학습자의 연령이라는 관점에서 볼 때, 학교 교육은 아동기와 청소년기에 있는 사람들을 대상으로 한다는 특수성을 지닌다. 셋째, 교육 활동의 운영의 측면에서 볼 때, 한편으로는 의무교육제도에 의해, 다른 한편으로는 정치, 경제, 사회, 문화적 필요에 의해 강제로 그리고 집단적으로 실시된다는 특수성을 지닌다(김재춘, 2009a). 학교교육이 지닌 이런 특수성을 고려할 때 오늘날의 '학교교육'은 구약시대에 부모가 집에서 자녀에게 필요한 내용을 가르치는 이른바 '가정교육'과는 그 성격을 달리함을 알 수 있다.

이하에서 다루게 될 교육과정, 교과서, 평가 정책은 학교라는 특정 공간에서 이루어지는 특정한 형태의 교육 즉 공간의 제한성, 학습자 연령의 제한성, 참여의 강제성과 집단성이라는 특징을 지니는 제도화된 학교 교육의 경우로 제한된 것임을 밝혀둔다.

1 교육과정 정책

교육과정은 이론적인 차원에서는 무엇을, 왜, 어떻게 가르칠 것인가의 이론과 관련된 문제라고 볼 수 있지만, 실천적인 차원에서는 학교라는 공간에서 이루어지는 구체적인 교육활동의 설계도라고 볼 수 있다. 여기서는 교육과정과 관련하여 다음과 같은 네 가지 문제를 이론적 · 실천적으로 통합하여 다루고자 한다. 첫째, 무엇을 가르칠 것인가? 둘째, 어떻게 가르칠 것인가? 셋째, 왜 가르칠 것인가? 넷째, 누가 교육과정 정책을 결정할 것인가의 순으로 살펴보고자 한다.

1) 무엇을 가르칠 것인가?

무엇을 가르칠 것인가의 문제는 무엇보다도 교육내용의 선정에 관한 것이다. 교육내용 선정의 문제는 이 땅 위에 존재하는 수많은 지식, 기능, 가치, 태도 중에서 어떤 것을 선정하여 가르칠 것인가의 문제이다. 더 나아가 가르치기로 선정한 내용을 필수과목으로 가르칠 것인가 아니면 선택과목으로 가르칠 것인가? 필수나 선택과목으로 가르친다면 어떤 분량과 수준으로, 어떤 학년에서 가르칠 것인가? 이런 문제들이 내용의 선정 및 조직과 관련된 문제이다.

무엇을 가르칠 것인가와 관련하여 여기서는 많은 기독인들의 관심을 끌 수 있는 다음과 같은 두 가지 문제를 살펴보고자 한다. 첫째, 교육내용을 누가 선정 내지 결정해야 하는가? 둘째, 일반 학교에서 진화론과 창조론(지적설계론) 중 어느 것을 가르쳐야 하는가?

학교 교육에서 가르칠 내용의 선정에 참여하는 주체로는 다음과 같은 세 집단을 생각해 볼 수 있다. 첫째, 국가/관료/전문가 집단, 둘째, 교사 집단, 셋째 학부모 집단이다. 역사적으로 종교기관이나 사립단체에서 진행하던 교육을 근대 공교육이라는 형태로 변경하여 국가가 주도하는 학교에서 교육을 시행하게 되면서부터 교육내용의 선정은 국가/관료/전문가 집단이 주도하게 되었다. 교사 자격, 학생 신분, 교과서 등 학교 교육과 관련된 모든 것을 국가가 제도화하면서 교육과정 또한 국가에 의해 제도화되기 시작했다. 따라서 학교에서 가르칠 내용의 선정 문제 또한 국가를 대신하여 관료 집단이, 그리고 관료들의 전문성을 보충하기 위하여 전문가집단이 참여하게 되었다. 현재 우리나라의 경우 교육내용의 선정은 국가를 대표하는 교육과학기술부 관료집단과 이들을 지원하는 교육과정 전문가 집단에 의해 이루어지고 있다.

한편으로 사회가 민주화되면서 그리고 다른 한편으로 교사와 학부모의 학교 교육에 대한 의식이 성숙해지면서 교사와 학부모가 학교 교육의 내용 선정에 보다 많은 관심을 갖게 되었다. 교원 노조나 단체를 중심으로 교사들은 교육 전문가인 자신들이 교육내용을 선택할 권한을 지닌다고 주장하기 시작했으며, 학부모들은 교육의 선택권이라는 이름으로 교육내용의 선정에 참여할 것을 주장하였다. 우리나라의 경우 1980년대 이래로 교사들과 학부모의 교육내용 선정에 대한 관심이 증가하였으며, 특히 2000년부터 적용되기 시작하였던 제7차 교육과정을 계기로 교사와 학부모의 교육내용 선정권이 학교 지정/학교 선택과 학생 선택이라는 방식으로 일정 부분 반영되기 시작하였다.

기독교적 관점에서 볼 때, 학교 교육의 내용은 누가 선정해야 하는가? 혹자는 자녀교육은 아버지의 책임이라는 구약의 말씀을 인용하면서 학부모가 독점적으로 교육내용을 선정할 수 있어야 한다고 주장한다. 그러나 오늘날 학교에서는 기독인과 비기독인이 국가의 재정 지원하에 함께 교육을 받고 있다. 그리고 학교는 단순히 교육만을 수행하기보다는 교육의 결과를 성적표, 졸업장, 자격증과 같은 학력증명서로 발급 및 분배하고, 더 나아가 이러한 학력증명서에 근거하여 직업, 소득 등과 같은 사회경제적 가치를 배분하는 기능을 맡고 있다(김재춘 2002). 학교 교육이라는 제도가 이처럼 정치, 경제, 사회 등과 밀접히 연계되어 작동하는 복잡한 상황에서 부모가 바람직하다고 생각했던 지식과 가치를 자녀에게 전달했던 구약의 '가정교육'의 사례에 근거하여 오늘날의 '학교교육'에서도 학부모가 교육내용에 대한 일차적인 선정/결정권을 가져야 한다고 주장하는 것이 얼마나 타당한지는 검토가 필요해 보인다. 구약과 신약이라는 언약사적 맥락의 차이나 인류 문명의 발달상의 차이는 무시하더라도 구약의 가정교육이라는 맥락과 오늘날의 강제교육적 성격을 지닌 학교교육이라는 맥락의 차이는 심각하게 고려될 필요가 있다. 지면 관계상 간단히 줄여서 말하자면, 우리나라처럼 다종교를 지닌 다원화된 사회에서는 국가가 학교 교육의 방향과 기본 골격을 제시하고, 학교는 다양한 방식으로 교육내용을 선정, 조직하여 가르치며, 교육수요자인 학생과 학부모가 자신의 가치관이나 관심에 맞는 교육기관을 선택하여 공부할 수 있도록 허용하는 방안이 보다 합리적이라고 볼 수 있다.

교육내용의 선정과 관련하여 기독인에게 제기되는 또 다른 중요한 문제는 학교에서 진화론과 창조론(지적설계론)을 어떻게 다루어야 하는가의 문제이다. 현재 학교에서는 진화론만을 가르치고 있다. 여기에 대하여 일부 기독인들은 학교에서 창조론도 함께 가르쳐야 한다고 주장한다. 기독교 학교의 경우라면 이 문제의 해결이 상대적으로 간단할 수 있다. 왜냐하면 기독교 학교에서는 학교의 설립이념 등에 비추어볼 때, 진화론 대신에 창조론을 가르쳐야한다는 것이 설득력이 있기 때문이다. 사실 미국의 경우가 그러하다. 기독교계통의 사립학교에서는 진화론 대신에 창조론을 가르치고 있다. 그러나 공립학교에서는 예컨대 캘리포니아주에서는 진화론이 빠지거나 창조론이 포함될 경우 교과서 인정심사를 통과할 수 없다. 물론 단위학교에서 인정교과서외에도 진화론이 없거나 창조론이 들어간 비인정교과서를 사용할 수는 있다. 다만 비인정교과서를 사용할 경우 그 대가를 지불해야 한다. 인정을 받지 못한 교과서를 학교에서 사용할 경우 주 정부에서 교과서 대금을 보조해 주지 않는다. 요컨대, 미국에서는 일반 학교에서 교사와 학부모가 합의할 경우 창조론이 포함된 교과서를 활용할 수 있지만, 이런 교과서는 주 정부의 인정을 받지 못한 교과서이기 때문에 주 정부로부터 교과서 대금을 지원 받을 수 없어서 학부모나 학교가 교과서 대금을 부담해야 한다.

그렇다면 일반 학교에서 창조론을 가르쳐야 하는가 가르치지 말아야 하는가? 기독인들은 대체로 일반 학교에서 창조론을 가르쳐야 한다는 주장에 동의하는 경향이 있다. 그러나 이러한 주장이 얼마나 타당하며, 설득력이 있는가에 대해서는 좀 더 체계적으로 검토해 볼 필요가 있다. 일반 학교에서 진화론 및 창조론을 가르칠 것인가 말 것인가라는 문제와 관련하여 다음과 같은 논리적인 가능성이 존재한다. 첫째, 일반 학교에서 진화론과 창조론을 모두 가르치는 방안이 있다. 둘째, 일반 학교에서 진화론과 창조론을 모두 가르치지 않는 방안이 있다. 기독인들은 일반 학교에서 진화론을 가르치고 있으니까 창조론도 함께 가르쳐야 한다고 주장에 쉽게 동의하는 경향이 있다. 그러나 이러한 주장에는 정당화하기가 쉽지 않은 몇 가지 난점이 있다. 첫째, 창조론이 과학적인 내용이라고 주장할 수 있는가의 문제이다. 창조론을 진화론과 함께 가르치려면 과학의 한 분과인 생물학에서 가르쳐야 한다. 그러나 기독인 더 나아가 기독인 과학자 중에서도 창조론이 과학이라고 생각하는 사람은 그렇게 많지 않을 것이다. 하나님의 세계 창조는 대부분의 기독인에게 믿음의 사실로 다가오며, 따라서 종교적 믿음의 내용이지, 생물학에서 과학적 지식으로 가르쳐야할 성격은 아니라고 볼 수 있기 때문이다. 둘째, 창조론을 진화론과 함께 교과서에 포함하여 가르친다면 동일한 논리로 다른 종교의 세계/인간 출현에 대한 이야기도 동시에 함께 가르쳐야 한다는 주장이 성립될 수 있다. 예컨대, 우리나라의 경우 단군신화에 대한 이야기를 가르쳐야 한다는 주장도 동일한 설득력을 지닐 것이다. 왜냐하면 단군신화가 기독인들에게는 허황된 신화에 불과하지만, 이들을 믿는 사람들은 이를 사실로 받아들일 수도 있기 때문이다. 창조론 역시 기독인들에게는 사실로 받아들여지지만, 일반 사람들에게는 하나의 신화로 느껴진다는 점을 염두에 둘 필요가 있다. 학교 교육 정책을 결정하는 사람들이 마음을 열어서 생물학에서 진화론, 창조론, 단군신화들을 모두 함께 가르친다고 상상해보자. 창조론이 단군신화와 함께 허황된 주장으로 그리고 진화론은 과학적인 주장으로 받아들여지고 해석될 가능성이 있으며, 이 경우 학교교육에서 창조론을 가르치는 것이 복음 전파에 도움이 되기보다는 오히려 방해가 될 가능성이 더 많을 것이다. 일반 학교에서 창조론을 가르치자는 주장은 생각보다 훨씬 복잡한 논의를 요청한다고 볼 수 있으며, 창조론을 진화론과 더불어 가르치자는 주장보다는 인간이 미생물에서 진화되어 나왔다는 주장의 과학적 타당성을 비판하고 대안적 설명을 탐색하는 것이 더 바람직해 보인다.

2) 어떻게 가르칠 것인가?

어떻게 가르칠 것인가라는 문제는 교육과정 영역에서는 내용 조직과 관련된 문제이고, 교육방법 영역에서는 교수법과 관련된 문제이다. 교수법과 관련하여 어떻게 가르칠 것인가의 문제는 이 책의 다른 장에서 별도로 다루어질 것이기 때문에 여기서는 교육과정과 관련하여 교육 내용의 조직 문제를 중심으로 살펴보고자 한다.

교육 내용의 조직과 관련하여 중요한 질문 중의 하나는 지식을 교과별로 구분하여 가르쳐야 하는가 아니면 문제나 주제 중심으로 통합하여 가르쳐야 하는가이다. 전자는 일반적으로 교과 중심 또는 학문 중심 교육과정이라고 불리는 사조로서, 교육학 논의에서 보수적인 교육이론으로 자리매김 된다. 후자는 일반적으로 경험 중심 또는 인간 중심 교육과정이라고 불리는 논의로서, 진보주의 교육이론이라 불린다.

듀이는 지식을 교과별로 구분하여 가르치는 방식을 '교육자의 교과'라고 명명하고, 문제나 주제 중심으로 통합하여 가르치는 방식을 '학습자의 교과'라고 명명한다(Dewey, 1918); 김재춘 외(2008). 학습자의 교과는 학습자가 성장함에 따라 교육자의 교과와 일치하게 된다. 학습자와 교육자의 연령이나 지력의 차이가 큰 경우 학습자의 교과와 교육자의 교과간의 간격이 크기 때문에 이들을 분명히 구분할 필요가 있다. 예컨대, 유치원이나 초등학생의 경우 학생들은 전조작기나 구체적 조작기에 해당하는데 반하여, 교사들은 형식적 조작기에 속해 있기 때문에 학습자의 교과와 교육자의 교과가 분명히 구분될 필요가 있다. 그러나 듀이에 따르면 보수주의 교육자들은 학습자의 교과와 교육자의 교과의 차이를 잘 인식하지 못할 뿐만 아니라 교육자의 교과를 중심으로 학교교육을 진행하는 경향이 있다. 그 결과 학생들은 학교교육을 잘 이해하지 못하며, 학교 공부에 흥미를 잃고, 학교 공부를 싫어하게 된다.

기독교에서 통합된 인격을 강조한다고 해서 곧바로 교육내용을 통합적으로 조직해야 하며, 따라서 교과의 통합적 조직을 강조하는 진보적인 교육 방법이 기독교적이라고 속단하는 경우도 있을 수 있다. 그러나 교양인이 갖추어야 할 여러 교과나 지식의 형식 안에 입문함으로써 비로소 통합적 인격을 지닐 수 있다는 주장(Peters, 1966; Hirst, 1974)도 진보적인 교육학자들의 통합 교육을 강조하는 주장 만큼이나 설득력을 지니기 때문에 기독교에서 통합적 인격의 중요성을 강조한다고 해서 곧바로 문제나 주제 중심의 통합적 내용 조직이 더 기독교적이라고 단정 지어서는 곤란하다.

그렇다면 일반 학교에서 교육내용을 어떻게 조직하여 가르치는 것이 기독교적 관점에서 더 바람직하다고 볼 수 있는가? 기독인은 모든 지식이 우리의 인격 속에 스며들 뿐만 아니라 학생들이 하나님을 알아가고 영화롭게 하며, 하나님을 즐거워하는데 도움이 되는 방식으로 교육내용을 조직해야 한다고 말할 것이다. 그렇다면 교육내용을 교과별로 조직하는 보수적인 방식과 문제나 주제 중심으로 탈교과적으로 조직하는 진보적인 방식 중 어느 것이 기독교적으로 더 바람직하다고 볼 수 있는가? 이러한 질문에 대해 선험적으로 어느 것이 더 기독교적이라고 말하기는 어렵다. 마치 빛을 입자로 보는 이론과 파장으로 보는 이론 중 어느 것이 더 과학적이라고 보느냐는 질문과 유사한 성격의 질문이기 때문이다. 교과에 따라서, 학생의 연령에 따라서, 학생의 학습 습관에 따라서, 가르치는 교사의 교수방식에 따라서 그 효과가 다를 수 있기 때문이다. 각 상황에서 어떤 교수법이 더 효과적인가는 경험적인 연구를 통해서 밝혀져야 할 문제이다. 따라서 주어진 상황에 따라 어떤 이론이 더 바람직하거나 덜 바람직하다고 말할 수 있을 뿐이지 둘 중 어느 하나가 기독교적으로 더 바람직하고 다른 하나는 기독교적으로 덜 바람직하다고 말할 수 없다. 기독인 교육학자나 교사는 자신의 신앙의 양심과 모순되지 않는 범위 내에서 다양한 교육 이론 중에서 현재의 상황에 가장 적합한 이론을 선택적으로 활용하는 절충적 태도를 취할 필요가 있다.

3) 왜 가르칠 것인가?

왜 가르치고 배우는가? 가르치고 배우는 이유는 사람마다 다를 것이다. 혹자는 살아가는데 도움이 되기 때문에, 상급학교 진학에 도움이 되기 때문에 또는 좋은 직장을 구하는 데 도움이 되기 때문에 가르치고 배울 것이다. 다른 혹자는 가르치고 배우는 것이 인간다운 삶의 모습이기 때문에 또는 가르치고 배우는 것이 재미있기 때문에 가르치고 배울 것이다. 전자는 가르치고 배우는 활동에 대한 외재적인 목적 또는 이유를 제시하고 있고, 후자는 내재적인 목적 또는 이유를 제시하고 있다. 학교에서 가르치고 배우는 목적이나 이유는 개인마다 다를 것이며, 경우에 따라서는 외재적인 그리고 또는 내재적인 목적 때문에 가르치고 배우기도 할 것이다.

왜 가르치는가에 대해서 교육과정 분야에서 4가지 논의를 찾아볼 수 있다. 첫째, R. Tyler로 대표되는 논의로, 국가, 사회, 학교가 가르쳐야 할 것으로 정했기 때문에 가르쳐야 한다는 주장이다. Tyler에 의하면, 학교가 달성해야 할 교육목적이 정해지면, 목표달성에 적합한 교육내용을 선정하고 조직한 다음, 이를 가르친다. Tyler에게 있어서 가르쳐야 할 목적이나 이유는 국가, 사회, 학교가 그것이 가르칠만한 중요한 가치가 있는 내용이라고 합의/결정했기 때문이다. 따라서 Tyler의 경우 가르쳐야 하는 목적이나 이유는 가르치는 내용이 지닌 가치 때문이라기보다는 그것이 가르칠만한 가치가 있는 것으로 국가, 사회, 학교가 결정했기 때문이다(Tyler, 1949). 요컨대, Tyler는 교육내용 자체의 가치 문제에 대한 논의는 회피하고 있다고 볼 수 있다.

왜 가르치는가에 대한 두 번째 유형의 논의는 J. Bruner로 대표되는 논의로, 지식이나 학문을 가르쳐야 하는 이유는 이들이 인간에게 쓸모있기 때문이라는 주장이다(Bruner, 1960). 특히 쓸모있는 지식/학문을 가르치는 효과적인 방법은 지식이나 학문의 '구조'를 가르치는 것이다. 지식이나 학문을 가르치는 것은 인간이 살아가는 데에, 더 나아가 한 사회나 국가가 부강해지기 위해서는 꼭 필요한 일이다. Bruner의 지식의 구조 논의가 소련의 스푸트닉이라는 인공위성 발사 후 미국 교육에 대한 반성의 과정에서 나온 것이라는 점을 고려하면 Bruner의 이런 입장은 쉽게 이해될 수 있다.

왜 가르치는가에 대한 세 번째 유형의 논의는 이홍우나 R. Peters의 논의로, 인간다운 삶을 살기 위해서는 인간다운 삶을 가능하게 해주는 문명 즉 지식의 형식에 입문될 필요가 있기 때문이라는 주장이다. 인간은 문명화의 과정을 통해 인류가 발달시켜 온 다양한 지식을 공부하여 지식의 형식에 입문됨으로써 수학적, 과학적, 도덕적, 종교적, 미학적 지식 등의 안목으로 세계를 이해하게 되고, 이처럼 다양한 지식의 형식을 통해 세계를 이해하는 인간이 진정으로 문명화된 인간이라고 본다(Peters, 1966; 이홍우, 1966). 이홍우나 Peters에 의하면 학교에서는 지식을 가르쳐야 하며, 지식을 가르치는 목적이나 이유는 문명화된 삶 즉 인간다운 삶을 살도록 하기 위해서이다.

왜 가르치는가에 대한 네 번째 유형의 논의는 장상호나 J. Dewey의 논의로, 가르치고 배우는 것 자체가 가치롭기 때문이다. 이들에 의하면 가르치고 배우는 교육활동의 진정한 가치는 가르치고 배우는 과정에서 체험하는 희열, 기쁨이다(Dewey, 1938; 장상호, 2005). Dewey에 의하면, 인간은 성장 자체를 계속적으로 추구하며, 하나의 경험을 완성할 때마다 경험의 지평이 확대되면서 미학적 기쁨을 체험한다. 장상호에 의하면, 인간은 본질적으로 교육적 존재로서, 가르치는 활동과 배우는 활동 각각에서 보람을 느끼는 존재이다. 가르치면서 체험하는 가치, 그리고 배우면서 느끼는 가치 바로 그 가치 때문에 인간은 가르치고 배우는 교육활동을 지속한다.

그렇다면 기독교적 관점에서는 왜 가르치고 배우는가에 대해 무엇이라고 답할 수 있는가? 위에 제시된 4가지 유형 중에서 어느 것이 기독교적이라고 볼 수 있는가? 여기서도 우리는 절충적인 입장을 취할 수밖에 없다. 우리는 쓸모있기 때문에 가르치고 배울 뿐만 아니라 인간답게 살라고/살고자 가르치고 배운다. 그리고 가르치고 배우는 과정에서 희열이나 보람을 느끼기도 하고, 자신이 속한 국가, 사회, 학교에서 중요하고 가치있다고 결정했기 때문에 가르치고 배우기도 한다. 우리는 교육을 통해 다양한 지적인 안목을 형성하여 하나님의 피조세계의 오묘한 섭리를 깨닫기도 하고, 피조세계에 대한 하나님의 청지기로서 맡은 바 임무를 충실하게 수행할 수도 있다. 거듭난 기독인으로서 우리가 가르치고 배우는 목적/이유는 궁극적으로는 피조세계를 알아감으로써 하나님을 영화롭게 하고 영원토록 하나님을 즐거워하기 위한 것이다. 그러나 우리 기독인들이 가르치고 배우는 목적이나 이유는 구체적인 상황이나 맥락에따라 앞에서 살펴본 것 만큼 또는 그 이상으로 다양할 수 있다.

4) 누가 국가 교육과정 정책을 결정할 것인가?

우리나라는 해방 이후 중앙 집권적인 정치 체제로 인하여 교육과정 역시 국가의 역할을 중시하는 국가 교육과정이 지속되어 왔다. 제1차부터 제3차 국가 교육과정기에는 교과부(당시 문교부)의 편수관들이 교육과정의 개정 방향과 주요 내용을 행정적으로 결정(행정모형)하였다. 1980년대 이후에는 교육연구전문기관인 한국교육개발원(제4차-제7차 국가 교육과정)과 한국교육과정평가원(2007년 개정 및 2009년 개정 교육과정)에서 전문가의 참여하에 연구개발과정을 거쳐 국가 교육과정이 개정(연구개발모형)되었다. 물론 국가 교육과정을 교육전문연구기관에 위탁하여 개정한 경우에도 교과부가 국가 교육과정 개정에 대한 최종적인 의사결정권을 행사해 왔다.

교육의 자율성을 강조하는 이명박 정부는 한편으로 국가 교육과정에 대한 정부의 역할을 강조하면서 다른 한편 단위학교의 교육과정 운영의 자율성을 확대하고 있다. 2009년에 발표된 학교 자율화 정책과 2009 개정 교육과정에 따르면, 모든 학교로 하여금 국가 교육과정에 제시된 각 교과별 수업시수를 20%내에서 증감할 수 있도록 허용하고, 자율학교로 지정된 학교의 경우 교과별 수업시수의 자율 결정 폭을 35%까지 확대하여 운영하도록 허용하고 있다.

국가 교육과정 체제와 단위학교 중심의 교육과정 개발 체제 중 어느 것이 더 바람직한가? 학생들이 각 학교급에서 어떤 교과를 얼마나 배워야 하는가를 누가 결정해야 하는가? 이들 교과를 필수로 가르칠 것인가 선택으로 가르칠 것인가? 각 교과의 내용 범위와 깊이를 어느 정도로 가르쳐야하는가? 이처럼 국가 교육과정과 관련된 정책을 누가 결정해야 하는가? 학교 교육과정 개발과 관련된 이러한 문제에 대해 일반 교육학에서 합의된 이론이나 견해는 존재하지 않는다.

그렇다면 기독인 학자는 이에 대해 어떤 답을 제시할 수 있는가? 교육과정 정책 결정에 대한 기독인 학자의 논의라고 해서 일반 교육학자의 논의와 크게 다르다고 볼 수는 없다. 다만 기독인들이 기독교 학교에서 기독교적인 교육을 받는 것이 가능한 교육과정 정책이 필요하다고 말할 수는 있다. 이를 위해서는 단위학교에 교육과정 편성과 운영의 자율성을 최대한 허용해 줄 필요가 있다. 이렇게 볼 때, 국가나 교육청이 교육과정 관련 정책(가르칠 교과, 필수 및 선택 지정 여부, 수업시수 등)의 일부를 결정할 수는 있으나, 적어도 단위학교에 교육과정의 편성 및 운영에 관한 정책 결정권을 일정 수준 이상 허용해 줄 필요가 있다.

2 교과서 정책

교육과정이 학교 교육의 설계도라면, 교과서는 그 설계도에 따라 지은 구체적인 집이라고 볼 수 있다. 집은 설계도에 따라 지어지지만, 일단 집이 지어지고 나면 설계도보다 집이 더 중요하듯이, 일단 국가 교육과정이 개발되고 나면 이 교육과정에 따라 개발된 교과서가 학교에서 교육활동에 참여하는 교사나 학생에게는 더욱 중요한 것으로 다가온다. 왜냐하면 교사와 학생은 교과서를 가지고 수업하며, 많은 경우 교과서가 평가의 근거가 되기 때문이다. 따라서 누가 교과서를 개발하느냐 또는 어떤 교과서를 사용할 수 있느냐가 중요한 질문이 된다. 따라서 교과서의 개발이나 사용과 관련한 교과서 정책은 매우 중요하다.

일반적으로 학교에서 사용하는 교과서는 4종류로 나뉜다. 첫째, 국가가 민간에 위탁하여 개발한 다음, 국가가 저작권을 갖는 국정교과서(혹은 1종 교과서)가 있다. 둘째, 국가가 제시한 검정기준에 따라 민간인이 교과서를 개발한 다음, 국가의 검정심사를 받아 합격할 경우 교과서로 사용 가능한 검정교과서(혹은 2종교과서)가 있다. 셋째, 국가나 민간인이 개발하되, 검정심사보다 좀더 간단한 인정심사를 받아 학교에서 사용할 수 있는 인정교과서가 있다. 넷째, 교과서 개발이나 활용에 대한 국가의 특별한 정책이 없어서 학교가 필요한 자료를 자율적으로 선정하여 활용하는 이른바 교과서 자유발행제가 있다.

우리나라의 경우 2000년부터 현재까지 적용 중인 제7차 교육과정기에는 초등학교의 모든 교과에서 국정교과서를 개발했고, 중등학교의 국어, 도덕, 역사의 경우 국정교과서를 개발했으며 나머지 교과에서는 검정교과서를 개발하였다. 그리고 초・중등학교에서 '우리들은 1학년'이나 지역별 내용을 가르치는 초등학교 3, 4학년의 교과서인 '사회과탐구' 등 예외적인 경우에 한하여 인정교과서가 개발되고 있다. 2009년부터 적용되기 시작한 '2009 개정 교육과정'기의 교과서는 초등 5-6학년의 일부 교과(영어, 실과, 체육, 음악, 미술;

단 영어는 3-4학년 과정 포함)에서 검정교과서를 도입하여 개발할 계획이며, 중등학교의 모든 교과에서 검정교과서를 개발하는 것으로 정책을 변경하였다. 다만 수요가 너무 적어 시장 유지가 어려운 교과목의 경우 민간 출판사가 출판을 꺼려하기 때문에 국가가 국정교과서를 개발해주고 있다.

단위학교에서 교과서 사용은 다음과 같은 규칙(교과용도서에 관한 규칙)에 따르고 있다. 국정교과서가 있는 경우 국정교과서를 반드시 사용하여야 하며, 국정교과서가 없는 경우 검정교과서를 사용하여야 한다. 국・검정교과서가 없거나 사용하기에 부적절한 경우 인정교과서를 사용할 수 있다. 이러한 규정에 의하여 초등학교에서는 모든 교과에서 국정교과서를, 중등학교에서는 국어, 도덕, 역사를 제외한 대부분의 교과에서 검정교과서를 사용하고 있다. 아주 예외적인 경우에 한하여 인정교과서를 사용하고 있는 실정이다.

이렇게 볼 때 우리나라 교과서 정책과 관련하여 중요한 질문은 다음과 같은 두 가지이다. 첫째, 각 교과의 교과서를 국정, 검정, 인정 중 어느 것으로 개발할 것인가를 누가 결정할 것인가이다. 국가교육과정이 고시된 후, 그리고 교과서 개발이 이루어지기 전에 이른바 교과목 '구분고시'라는 것이 이루어진다. 어떤 교과목을 국정으로, 검정으로, 인정으로 개발할 것인가를 결정하는 것이다. 국정으로 구분고시하여 개발한다는 것은 국가가 개발한 교과서를 전국의 모든 학교에서 필수적으로 사용한다는 것을 의미하고, 검정으로 구분고시하여 개발한다는 것은 국가가 제시한 검정기준에 따라 민간인이 교과서를 개발하여 검정심사에 합격하면 전국의 학교에서 복수의 검정교과서 중에서 해당 교과서를 선택하여 사용할 수 있다는 것을 의미한다. 인정으로 구분고시 된다는 것은 민간인이 자유로이 개발한 교과서가 주로 시도교육감이 실시하는 인정심사에 합격하면 학교에서 선택하여 사용할 수 있다는 것을 의미한다. 이처럼 중요한 의미를 지니는 교과목 구분고시는 현재 교과부의 담당과(교과서선진화과)에서 장관의 결재를 받아 결정하고 있다. 이처럼 중요한 교과목 구분고시를 누가 어떻게 결정하는 것이 바람직한가가 교과서 정책의 중요한 문제 중의 하나이다.

둘째, 국정, 검정, 인정교과서의 사용 순위를 정해 놓은 것이 과연 바람직한가의 문제이다. 현재는 국정교과서가 있으면 반드시 국정교과서를 사용해야하며, 국정 교과서가 없으면 반드시 검정 교과서를 사용해야 한다. 국・검정교과서가 없거나 이들 교과서가 부적절하다고 판단되는 예외적인 경우에만 인정교과서를 사용할 수 있다. 그러나 이러한 규정을 바꿔서 학교에서 국정이나 검정 교과서 중 필요한 교과서를 선택하여 사용할 수 있도록 하거나 검정이나 인정교과서 중 필요한 교과서를 선택하여 사용하게 할 수도 있다. 따라서 국정, 검정, 인정 교과서의 사용 순위와 관련된 의사결정을 누가 어떻게 하는 것이 바람직한가는 교과서 정책과 관련한 중요한 질문 중의 또 다른 하나가 된다.

기독인 학자는 이런 교과서 정책과 관련하여 어떤 입장을 취할 수 있는가? 원론적인 차원에서 교과서 정책과 관련하여 일반 학자와 기독인 학자간의 특별한 입장 차이가 있다고 보기는 어렵다. 일반은총에 속한 영역으로, 우리의 지력을 활용하여 가능한 장단점을 철저하게 분석한 후 최선의 의사결정을 할 필요가 있다. 다만 기독교적 관점이 반영된 교과서가 개발되고, 희망하는 학교에서 이런 교과서를 사용할 수 있도록 하기 위해서는 교과서 개발, 선정, 활용의 자유(자유발행제)가 허용될 필요가 있다. 교과서 자유발행제의 전면적인 도입이 어려울 경우 사립학교에 대해서라도 교과서를 자유롭게 선정하여 활용할 수 있는 자유를 허용해 줄 필요가 있다.

3 평가 정책

교육평가란 학교에서 가르친 내용을 학생들이 얼마나 잘 배웠는가를 확인하는 작업이다. 학생이 얼마나 잘 배웠는가를 확인하는 작업은 두 가지 방식으로 이루어질 수 있다. 첫째, 학생이 얼마나 잘 배웠는가를 목표에 비추어 평가하는 방식이다. 이를 목표중심 또는 목표지향평가라고 부른다. 이러한 목표중심평가는 전문용어로 기준지향평가(criteria-referenced evaluation))라고 불리기도 하며, 일상적인 용어로는 절대평가라고 불린다. 학생의 학습 정도를 학습 목표 달성 정도로 확인하는 것이다. 둘째, 학생이 얼마나 잘 배웠는가를 학생들간의 상대적인 순위로 평가하는 방식이다. 이를 전문용어로 규준지향평가(norm-referenced evaluation)라고 부르며, 일상적인 용어로는 상대평가라고 부른다. 학생의 학습 정도를 같이 공부하는 학생들과의 상대적인 성취정도로 확인하는 것을 가리킨다.

그렇다면 기준지향평가와 규준지향평가 중 어느 것이 더 바람직한가? 두 유형의 평가 중 어느 것이 더 바람직한가의 문제는 평가의 맥락이나 활용목적에 따라 달라진다. 수업을 진행하는 교사가 해당 단원을 가르친 다음에 학생이 이들 내용을 얼마나 잘 알고 있는가를 확인하고, 필요할 경우 보충 수업 등의 형태로 피드백을 주기 위하여 평가를 실시한다면, 기준지향평가가 필요하며 더 바람직할 것이다. 교사가 한 학기나 일 년 과정의 수업을 마친 다음에 학생들의 학업성취도를 정확하게 평가하여 기록한 다음, 그 결과를 상급학교 진학의 근거로 활용하고자 할 경우 규준지향평가가 필요하며 더 바람직할 것이다. 요컨대, 순수한 수업이나 교육의 맥락에서는 자기 자신과의 경쟁을 의미하는 기준지향평가가 더 바람직해 보이지만,

상급학교 진학 등 선발이 필요한 맥락에서는 상대방과의 경쟁을 의미하는 규준지향평가가 더 바람직해 보인다.

이러한 두 유형의 평가방식이 우리 교육의 맥락에서는 어떻게 작동하는지 살펴보자. 우리 사회는 세계에서 그 유래를 찾아보기 어려울 정도로 선발을 위한 경쟁이 가열되어 있다. 한편으로 SKY(서울대, 고려대, 연세대) 대학을 중심으로 선발 경쟁이 치열하며, 다른 한편 의 · 치 · 한의대라는 학과/단대 중심으로 선발 경쟁이 치열하다. SKY대학이나 의 · 치 · 한의대 진학을 위한 공부에 열중하며, 이들 대학이나 학과에 많이 진학시킨 고등학교가 명문고등학교로 간주된다. 그리고 이들 명문고등학교 즉 외국어고, 과학고, 국제고, 자립형사립고 등에 진학하기 위하여 초등학생과 중학생은 공교육과 사교육을 오가며 공부에 몰두하고 있다. 이러한 우리 사회의 교육 양상을 고려할 때, 많은 사람들의 관심은 자신이 주어진 목표에 비추어 얼마나 많이 또는 잘 배웠느냐 보다는 경쟁자인 상대방보다 더 많이 그리고 잘 배웠느냐가 일차적인 관심사가 된다. 우리 사회의 경우 학교 교육에서 목표에 비추어 얼마나 잘 배웠느냐라는 교육적 관심보다는 경쟁 상대방과 비교할 때 얼마나 잘 배웠느냐라는 선발적 관심이 더욱 많다. 따라서 우리 사회에서는 기준지향평가 즉 절대평가보다는 규준지향평가 즉 상대평가가 더욱 번성하고 있다. 고등학교 내신 9등급제나 수능 9등급제 같은 정책이 대표적인 규준지향평가 즉 상대평가 정책 사례에 해당한다.

기독인 학자는 이런 평가 정책과 관련하여 어떤 입장을 취할 수 있는가? 원론적인 차원에서 보면 앞에서 반복적으로 진술했던 것처럼 평가 정책과 관련하여 일반 학자와 기독인 학자간의 특별한 입장 차이가 있다고 보기는 어렵다. 평가 정책 또한 일반 은총에 속한 영역으로, 우리의 지력을 활용하여 가능한 장단점을 철저하게 분석한 후 최선의 의사결정을 할 필요가 있다. 다만 하나님의 형상을 지닌 모든 학생들이 자신의 지력과 관련 능력을 최대한 계발할 수 있도록 교육하고, 그 결과를 평가하는 것이 중요하다. 물론 오늘날과 같은 자격증의 시대(Collins, 1979), 그리고 선발 중심의 사회체제 속에서 규준지향평가 즉 상대평가의 중요성을 결코 무시할 수 없지만, 한편으로 학생 각자가 최선을 다해서 공부하고 그 결과를 주어진 목표에 비추어 평가하는 기준지향평가 즉 절대평가를 실시하고, 다른 한편으로 모든 학생들이 현재보다 더 나은 지력 및 유관능력을 계발할 수 있도록 교육하고, 그러한 교육을 통해 나아진 정도(added value)를 평가하려는 노력이 요청된다고 볼 수 있다. 달란트의 비유를 통해 알 수 있듯이, 자신에게 맡겨진 달란트의 양과 상관없이 주어진 달란트를 가지고 최선을 다해 이윤을 남기는 것이 하나님의 청지기로서 우리가 취해야할 마땅한 자세이다. 따라서 기독교적 관점에서 우리는 규준지향평가 즉 상대평가의 필요성을 부인할 수는 없지만, 우리가 적극 추진해야 할 평가는 자신에게 주어진 달란트를 최대한 활용하여 얼마나 자신의 역량을 계발했는가 즉 얼마나 많은 부가가치(added value)를 창출했는가에 초점을 맞추어 평가할 필요가 있다.

IV. 나가는 말

교육과정, 교과서, 평가 정책은 학교 교육의 핵심적인 내용과 관련된 정책이다. 앞에서 살펴보았듯이, 각 정책은 매우 복잡한 문제들과 얽혀 있기 때문에 각 정책의 방향에 대해 일반 교육학자들간에도 의견의 일치를 이루기가 쉽지 않다. 이처럼 복잡한 정책 문제에 대해서 기독인 학자는 무엇이라고 말해야하는가? 믿음으로 거듭난 기독인 학자라고 해서 일반 학교 교육의 문제 즉 교육과정, 교과서, 평가 정책에 대해 우월적인 입장에서 어느 것이 더 바람직하다거나 성경적이라고 말하기가 쉽지 않다. 다만 기독인 학자들은 이들 문제를 접하고 해결하려는 자세나 동기가 일반 학자와 다를 것이라고 볼 수 있으며, 동일한 문제나 정책에 대한 의미 부여 및 해석을 달리할 수 있을 것이다(김재춘 , 2009b). 왜냐하면 거듭난 그리스도인들은 하나님께 영광 돌리고, 영원토록 하나님을 즐거워하려는 삶을 살고자 노력하기 때문이다.

상황이 이러하다면, 기독인 교육학자의 역할이 하나님의 나라의 확장을 위해서 그리고 기독인의 소명에 견주어 볼 때 지나치게 소극적이지 않은가라는 비판이나 문제제기가 있을 수 있다. 그러나 종교 다원적인 사회에서 더 나아가 반기독교적인 전통문화를 지닌 우리 사회에서 일반 학교 교육에 대해 기독인 학자가 이 이상 할 수 있는 일이 무엇일지 찾아보기가 쉽지 않다.

기독인 학자가 교육과정, 교과서, 평가 정책 등과 관련하여 앞에서 언급한 일들 외에 좀 더 적극적으로 할 수 있는 일이 있다면, 기독교적인 관점에서 일반 교과 교육이 가능한 학교를 설립하고 교육하는 것이다. 이러한 임무를 수행하는데 기독인 교육학자가 할 일은 매우 많아 보인다.

기독인 학자의 첫 번째 작업은 기독교 학교에서 기독교적 관점으로 일반 교과 교육을 실시하는 것이 가능할 수 있도록 국가 교육과정, 교과서, 평가 정책을 변화시켜 나갈 필요가 있다. 교육과정과 관련해서는 국가가 모든 학교에서 가르쳐야 할 최소한의 필수내용만을 제시하고 나머지는 단위학교에서 자율적으로 결정하여 가르칠 수 있도록 단위학교의 교육과정의 편성과 운영에 대한 자율성을 대폭 확대할 필요가 있다. 교과서와 관련해서는 단위학교가 필요한 교과서를 자유로이 선택하여 활용할 수 있도록 허용하거나 적어도 사립학교에서는 학교 설립이념을 반영한 교과별 교과서를 자체 개발하거나 선택하여 활용할 수 있도록 허용해 줄 필요가 있다. 평가와 관련해서는 국가가 평가 및 성적 기록에 대한 세세한 지침을 제시하던 관행에서 벗어나, 단위학교에서 적절한 평가 방안을 구안하여 학생을 평가하고 그 결과를 기록할 수 있도록 허용해 줄 필요가 있다.

기독교 학교에서 기독교적 방식의 교과 교육이 가능하도록 국가 교육과정, 교과서, 평가 정책이 바뀐다면, 기독교 학교에서는 기독교적 관점에서 교과 교육 등을 어떻게 수행할 수 있으며, 어떻게 수행하는 것이 바람직한가? 각 교과교육을 기독교적인 관점에서 접근하는 방법에 대해 연구할 필요가 있다. 그리고 기독교 학교에서는 어떤 교과를, 어떤 내용으로, 어떤 폭과 깊이로, 얼마나 많은 수업시수로 어떻게 가르치는 것이 바람직한가에 대한 교육과정연구를 수행할 필요가 있다. 기독교 학교에서 무엇을, 어떻게 가르칠 것인가에 대해서는 국내의 여러 기독교 단체에서 많은 연구를 해왔고, 미국을 비롯한 외국의 기독교 학교에서의 교육에 대한 책이나 사례가 많이 번역되어 소개되고 있다. 이런 자료들을 활용하여 기독교 학교의 교육과정을 개발하려는 노력이 요청된다.

그 다음으로 기독교적 관점이 반영된 교과별 교과서를 개발할 필요가 있다. 국어나 사회 같은 교과서는 물론이고 수학이나 과학과 같은 교과서도 별도로 개발할 필요가 있다. 어떤 교과의 교과서는 내용 자체가 일반 학교의 교과서와 많이 달라질 수도 있고, 또 어떤 교과의 교과서는 교육 내용은 일반 학교의 교과서와 별로 달라

지지 않지만, 그 내용에 대한 의미부여나 해석이 달라지는 경우도 있을 수 있다. 여러 가능성을 염두에 두고서 기독인 학자들과 교사들은 기독교적 관점을 반영한 교과별 교과서를 개발하는 작업을 수행할 필요가 있다. 기독교적 관점에서 교과서를 활용하는 한 가지 손쉬운 방법은 일반 학교 교과서 중에서 가장 잘된 것이라고 생각하는 교과서를 하나 선정한 다음, 반기독교적이라고 생각되는 내용은 삭제하고, 기독교적으로 손쉽게 보충 가능한 내용을 덧보태 활용하는 방식이다. 이런 과정을 여러 차례 거치다보면 각 교과별로 기독교적 관점에서 필요한 교과서를 집필할 수 있는 수준에 이를 것이다.

평가와 관련하여 기독교 학교에서 학생을 어떻게 평가하고 성적을 기록하는 것이 바람직한가에 대해 연구하고 고민할 필요가 있다. 한편으로는 그러한 평가와 기록 방식이 성경적이어야 하고, 다른 한편 상급학교 진학이나 사회적 선발에 활용가능 하도록 필요한 양식에 따라 기록하여 관련 자료를 제공할 수 있어야 한다.

토의 문제

▶▶ 공립학교에서 진화론과 창조론 모두를 가르치자는 주장에 대해 어떻게 생각하는지 이야기해보자.

▶▶ "왜 가르치고 배우는가?"에 대한 자신의 생각을 이야기해보자.

▶▶ 교육과정, 교과서, 평가 정책 결정에 정부, 교사, 학부모, 학생들이 참여할 수 있다. 바람직한 정책 결정을 위해서는 이들 관계자들이 어떻게 참여하고 협력할 수 있는지 이야기해보자.

참고문헌

김재춘 (2002). 『교육개혁 담론에서 학생의 위치 탐색』. 교육과정연구.

김재춘 (2009a). 『교육 가치에 대한 하나의 시론』. 교육원리연구.

김재춘 (2009b). "학문과 연구, 그리고 그리스도인의 삶". 2009년 Kosta-usa 강의노트.

김재춘 외(2008). 예비현직 교사를 위한 교육과정과 교육평가. 서울 : 교육과학사.

이홍우(1996). 교육과정탐구. 서울 : 박영사.

장상호(2005). 학문과 교육(중 I) : 교육이란 무엇인가?. 서울 : 서울대학교출판부.

Bruner, J. S.(1960). The process of education. Harvard University Press.

Collins, R.(1979). The credential society. N. Y. : Academic Press.

Dewey, J.(1938). Experience and education. New York : Collier Books.

Hirts, P. H.(1974). Knowledge and the curriculum : A collection of philosophical papers. London : RKP.

Peters, R. S.(1966). Ethics and education. London : George Allen and Unwin.

Stake, R. E. (2000). "Case Studies" (pp.435-454). In Yvonna Lincoln and Norman Denzin (Eds,) Handbook of Qualitative Research. Thousands Oaks. CA: Sage Publications.

Stronks, G. & Blomberg, D. (1993). A Vision with a Task. Grand Rapids, MI: Baker.

Tyler, R. W.(1949). Basic principles of curriculum and instruction. University of Chicago Press.

Wolterstorff, N. (1980). Educating for Responsible Action. Grand Rapids, MI: CSI Publications.

Yin, R. (2003). Case Study Research: Design and Method. Thousands Oaks, CA: Sage Publications.

In Jesus' name, I pray. Amen.

09

기독교적 교육과정 개발

– 이정미(기독교학교교육연구소)

I. 들어가는 말

학교의 교육과정은 그 학교가 속해있는 집단이나 사회 또는 국가의 교육적 이상을 실현하기위한 구체적인 실천전략이라고 할 수 있다. 근대사회를 지나면서 학교교육은 민주시민의 양성을 위한 공공성에 기반을 두고 국가가 관리하고 다스리는 제도 속에서 발전하여 왔다. 이로 인하여 학교의 교육과정은 사회속의 다양한 모든 사람을 수용할 수 있도록 가치중립적인 입장을 지녀야 한다는 것이 지배적인 생각이다. 그러나 교육은 본질적으로 가치지향적인 인간의 활동이다. 교육은 보다 바람직한 삶을 지향하는 인간의 목표 지향적 활동으로 바람직한 삶에 대한 이상은 개인이나 집단이 가지고 있는 삶의 본질에 대한 궁극적 가치관과 세계관에 의해 형성된다. 그러므로 현재의 교육과정을 검토하고 개선하기위한 교육과정 개발은 그 기초가 되는 철학적 기반으로서 교육과정 관점을 살펴보고 우리의 교육이 학생들을 어떤 삶의 방향으로 안내하고자 하는지 분별하여 바람직한 방향으로 교육과정을 개발하기위한 원리와 절차를 모색하는 작업이 필요하다. 여기서는 일반교육에서 지배적인 교육사조의 교육과정 관점과 기독교적 관점에서 바라 본 교육과정을 비교하여 살펴보고 교육과정 개발의 원리와 절차모형을 소개한다.

II. 교육과정개발의 관점

교육과정은 무엇을 어떻게 가르치면 학습자들이 보다 바람직한 삶을 살아갈 수 있을 가에 대하여 숙고하고 결정하여 이를 전문적으로 실천하고 반성하는 총체적인 과정이다. 새로운 교육과정 개발에 대한 고민은 현행 교육과정에 대한 비판적 반성과 함께 바람직한 교육과정에 대한 새로운 철학적 입장을 이해하는 것으로부터 출발한다. 그러므로 기독교적 교육과정 개발은 기존의 교육과정과 어떻게 다른 방향을 지향하고 있는지 그 방향을 구별하여 보는 것으로 시작될 수 있다. 역사 속에서 교육과정은 그 중심요소가 되는 지식과 학습자에 대한 철학적 이해와 강조점에 따라 여러 형태로 발전하여 왔으나 크게 두 가지 흐름으로 요약될 수 있다. 하나는 교육과정 개발에서 가르쳐야 할 '내용'을 강조하는 관점으로 교과중심, 학문중심 교육과정이 여기에 속한다. 다른 하나는 가르쳐야 할 지식 자체보다 학습자의 '경험'을 강조하는 관점으로 경험중심, 인지주의, 구성주의 교육과정이 여기에 속한다. 우리나라의 학교교육과정도 이러한 두 관점의 영향을 받아 개발되었다.

교육과정에 대한 위의 두 가지 관점은 실제로 교육과정 철학의 기본 요소가 되는 지식과 학습자 및 교육목적에 대한 다른 관점에 기인한다. 전통적인 교과의 내용을 강조하는 교육과정 관점은 지식을 인간의 이성적 능력에 의해 축적된 객관적인 사실과 개념으로 보고 이러한 지식은 학습자에게 전달되어야 할 그 무엇으로 이해되었다. 그리하여 교육의 목적은 문화유산의 전달이 되고, 학습자는 학습에 있어서 피동적인 객체가 되고, 교육과정은 전달해야 할 교과내용의 목록으로 이해된다. 반면에 교육과정에서 경험을 강조하는 진보주의 관점은 지식이란 전달되어야 할 객관적 사실이 아니라 인간의 경험과 과학적 탐구방법에 의해 형성되는 가설적, 과정적, 주관적인 성격을 지니는 것으로 본다. 그리하여 교육의 목적은 교육적 경험을 통한 학습자의 건전한 성장과 발달을 도모하는 것이 강조되고, 학습에 있어서 학습자는 능동적인 주체가 되고, 교육과정은 아동의 다양한 학습경험이나 활동으로 이해된다. 그러나 기독교적 관점에서 지식은 창조주로부터 온 것이며 그분이 우주만물의 창조에 부여한 의미와 질서로 이해된다. 이 지식은 이성적이고 경험적일 뿐만 아니라 인격적, 관계적 경험을 통해 알 수 있고 책임과 헌신을 동반하는 삶을 요청하는 책임적인 성격을 지닌다. 학습자는 조물주의 형상을 닮아 창조된 이성적, 능동적, 창의적, 책임적인 존재이며 그러나 타락하여 훈육과 회복을 필요로 하는 존재이다. 그러므로 교육과정은 학습자가 학습에 있어서 능동적 참여와 창의적 사고와 인격적 반응을 할 수 있고, 훈육을 통해 성장 변화할 수 있는 경험을 할 수 있도록 개발되어야 한다. 기독교적 교육과정은 체계화된 지식전달을 강조하는 좁은 학문적 합리주의 교육과정과, 아동중심 또는 인본주의적 경험중심 교육과정을 제고하여 지양하고, 신본주의적 관점에서 창조주의 뜻에 따라 그분의 나라를 추구하는 책임적인 삶을 살아갈 제자를 기르는 교육을 목적으로 한다. 이렇게 다양한 교육과정 개발이 지향하는 바를 비교하여 도표로 나타내면 다음의 <표 1>과 같다.

교육과정 개발은 개발의 주체가 어디에 있는가에 따라 국가수준, 학교수준, 교사수준의 다양한 형태로 이루어질 수 있다. 우리나라의 경우 학교교육과정 개발은 전통적으로 국가수준에서 주도권을 가지고 개발하여 단위 학교에 제시하는 중앙집중식 교육과정 개

〈표 1〉 교육과정 관점의 비교

	전통적 교육과정	진보적 교육과정	기독교적 교육과정
목적 (인간상)	문화유산의 전달 (이성적 인간)	지속적 학습인 (자율적 인간)	책임있는 제자 (관계적, 책임적 인간)
지식 (내용)	합리적이고 객관적인 사실, 개념	가설적, 과정적 경험 개인적 의미	창조세계의 질서와 의미에 응답하여 행함
방법	전달, 암기, 숙달	아동중심 활동 스스로 의미를 구성함	안내하고 인도함
교육과정	교과별 지식의 체계화	학습자의 흥미중심 활동 자기주도적 의미형성과정	다차원적, 문제해결, 통합교육과정

발체제를 통해 이루어졌다. 중앙집중식 교육과정 개발은 전국적인 학교교육의 수준과 질을 조절하고, 학생의 학교 이동시 교육의 계속성을 보장할 수 있는 장점이 있으나 학교교육의 획일화를 가져올 수 있고 개발과 실행의 주체가 분리되어 의도한 바가 실행되지 못하는 간격의 한계 가 문제가 되고 있다. 아울러 교사의 역할을 교육과정 전달자로 머무르게 하여 자율성과 창의성에 기반을 둔 전문성 향상의 기회를 주지 못하는 단점이 있다.

이와 달리 미국과 호주 등의 외국에서는 국가주도의 중앙집중식 교육과정 개발대신 주나 학교 수준에서 자율적으로 교육과정을 개발하는 학교중심 또는 지방분권적인 교육과정 개발 체제가 발달하였다. 학교중심 교육과정 개발은 교육과정 실행자인 교사가 주체가 되어 개발하고 실행함으로 교육과정 실행의 효율성을 높일 수 있고 지역학교 및 학생들의 요구와 특수성을 반영하여 교육의 적합성을 높이고 교사의 자율성과 전문성 신장의 기회를 제공하여 교육과정의 질을 높이는 장점이 있다(Lewy, 1987: Skilbeck, 1984). 우리나라의 경우도 제 6차 교육과정 개정 때부터 국가수준의 획일적 교육과정 개발체제를 약화시키고 학교수준의 교육과정 개발을 장려하고 있다(교육부, 1996).

III. 교육과정 개발 원리

일반적으로 교육과정이란 교육을 위한 청사진으로 미리 계획되어 주어진 교과서나 교사지도서로 생각하기 쉽다. 그러나 기독교교육학자들(Fowler, 1991; Stronks & Blomberg, 1993)은 교육과정개발에 임할 때 미리 준비하는 계획의 의미보다 교육이 이루어지는 교수-학습상황에서 실제로 실행되는 교육과정을 염두에 둔 교육과정개발이 이루어 져야 함을 강조하고 교육과정을 교수와 학습을 위한 역동적인 계획으로 정의한다. 이는 교육과정이 계획되지만 실행과정에서 변형되고 재조직될 수 있는 성질을 지니고 있고, 실제 학교현장에서 교육과정은 항상 교사와 학습자 사이의 유기적으로 발전하는 관계의 상황이 반영되어야 하기 때문이다. 함수곤(2003: 33-35)도 같은 맥락에서 일반적으로 수업계획을 교육과정 개발과 분리하여 생각하였으나 교육과정과 수업은 별개의 활동으로 분리하지 않고 교육에 관한 계획이라는 단일한 기준 또는 활동으로 보는 것이 타당하다고 하였다.

Stronks와 Blomberg(1993)는 우리가 교육과정에 대하여 생각하는 방식이 교육과정을 개발하고 실행하는 방식에 중요한 영향을 미치게 된다고 지적하였다. 교육과정을 전통적 관점에서 교과 내용으로 보면 교육과정 개발은 전달해야 할 내용을 체계적으로 상세화 하여 전달하는 일이 되고, 반면 교육과정을 진보주의적 관점에서 학습자의 경험으로 보면 교육과정 개발은 개별적인 학습자의 성장에 적합한 다양한 학습활동을 계획하는 일로 이해된다. 그러나 기독교적 교육과정 개발에서는 내용 자체나 학습자에 대한 교수 자체가 초점이 되어서는 안 되며 책임있는 제자를 양육하기 위해 위의 두 측면을 통합하여 체계적으로 교수-학습에 접근하는 역동적인 계획이 되어야 한다.

기독교적 교육과정 개발은 기독교의 종교적 비전의 실행과정으로 이해될 수 있다. 이는 학교의 교육과정 개발은 학교의 비전과 목표의 빛에 의하여 결정되어야 함을 의미한다. 이는 인간이 가지고 있는 삶에 대한 기본적인 신념과 가치로서 세계관이 교육과정을 바라보고 내리는 모든 교육적 결정에 총체적으로 반영되어야 함을 뜻한다(Stronks & Blomberg, 1993; Van Brummelen, 2002). 기독교적 교육과정은 교육적 이상으로서 기독교적 비전이 제시하는 핵심 개념이 무엇인지 이해하고 그 개념적 원리에 기초하여 교육과정이 개발되어야 한다는 것이다. 기독교적 교육과정의 독특성은 기독교적 원리가 교육과정의 모든 활동들을 지시하는 방식에 의해 나타난다. 온전한 기독교학교 교육과정은 사실적 교과지식 중심의 교육과정에 영적인 요소를 첨가함으로 개발되는 것이 아니라, 기독교 세계관의 관점에서 살펴본 교육과정의 기본 요소들에 대한 이해와 원리가 일관성 있게 교육과정 개발에 적용됨으로 가능해진다. Van Brummelen (2002)에 따르면 기독교학교의 교사는 먼저 자기가 속한 학교의 비전과 목적을 살펴서 교육과정에 반영하도록 하고, 교육과정을 통해 성경적 세계관과 가치가 증진되도록 교육과정을 개발하고, 응답적이고 책임 있는 제자도를 육성하는 교육과정을 개발해야 할 것을 강조하였다.

기독교적 관점에서 학교교육을 생각할 때 교육과정 개발은 교육과정을 실행하는 교사가 적극 참여하여 이루어지는 것이 바람직하다. 이때 교사들은 학습경험을 선택하는 과정에서 일차적으로 가능하다고 생각하는 결정의 범위에 의하여 제한을 받는다. 일반적으로 교사들은 전통적 입장에서 주어진 교과지식 영역이 선택을 위한 범위라고 생각하거나 진보적 관점에서 학습자의 필요와 관심이 교육내용 선택을 위하여 고려해야 할 우선적인 범위로 생각한다. 그러나 기독교적 관점에서 교육적인 학습경험 선택을 위한 근원으로서의 범위는 창조 세계 전체의 다양한 경험의 영역을 생각하여야 한다. 이를 위해 교과지식영역 뿐 아니라 학습자의 일상의 경험세계, 사회적 이슈들과 성경의 주제들도 교육과정 내용 선택의 중요한 자원이 되어야한다. 이때 교육과정의 성격은 선택되고 조직되는 학습경험과 추구하는 지식의 성격에 의해 결정된다. 그러므로 교육과정 개발에서 중요한 것은 학습경험 또는 지식을 선택하고 조직하는 데 적용되는 기준이나 원리이다(Stronks & Blomberg, 1993: 188-190).

Stronks와 Blomberg(1993)는 실질적인 교육과정의 성격을 결정하는 두 가지 핵심요소는 교수-학습 경험을 조직하는데 적용되는 기준들과 선택되고 조직된 학습경험을 통하여 추구되는 지식의 종류가 결정한다고 보았다. 학습에 있어서 경험의 역할을 강조한 Dewey(1938)는 모든 경험이 학습자에게 유익한 것이 아니며 교사가 특별히 교육적으로 가치있는 경험을 학습자에게 제공할 것을 강조하였다. 그는 교육적인 가치가 있는 경험의 기준을 학습자의 건강한 성장에 지속적으로 도움이 되는 경험과 학습자의 능력과 필요에 적합한 경험으로 규정하였다. 그러나 Dewey의 기준은 교육에 있어서 보다 본질적인 문제로서 무엇이 학습자의 건강한 성장인지에 대하여 그리고 학습자에게 진정으로 필요한 것과 개발되어야 할 능력이 무엇인지를 누가 어디로부터 결정할 수 있는지에 대하여는 분명히 밝히지 않고 있다. 그는 이것을 막연히 자율적인 인간의 지성이 결정할 수 있으리라고 보았다. 즉 교육적 문제의 최종적인 결정의 권위를 인간의 지성에 두었다.

그러나 기독교적 관점에서는 지식과 의미의 궁극적 근원과 권위를 창조주와 그분의 말씀에 두고 있기에 교육과정 개발의 원리와 교육적으로 가치 있는 경험의 기준을 생각할 때 지식과 학습자에 대한 기독교적 이해로부터 찾는 노력이 필요하다. Stronks와 Blomberg (1993)는 기독교학교 교육과정 개발에서 고려되어야 할 기준으로서 다음과 같은 세 가지를 제시하였다. 첫째는, 구체적인 경험이 풍부한 학습경험으로 조직하는 것이다. 이것은 논리적, 이론적 지식에 대한 진정한 이해는 먼저 다양하고 폭넓은 창조세계를 구체적으로 경험하는 놀이시간을 필요로 한다는 것을 의미한다. 또한 구체적인 놀이로서의 경험은 학습경험의 다양한 측면들을 연결하여 이해할 수 있는 장을 제공해 줄 수 있다는 것이다. 이론적 지식에 치우쳐서 학습경험을 조직할 경우에 교육과정은 학생들이 구체적 삶 속에서 다양한 방식으로 하나님을 경험하는 능력을 제한하게 된다. 이 방식은 이미 알고 있는 것과 새로운 지식이 통합되도록 하는 것이며, 이론적 지식이 일상의 삶에 연결되도록 하는 것이다. 둘째는, 문제발견-해결을 지향하는 학습경험으로 조직하는 것이다. 구체적인 경험과 놀이를 통해 창조세계에 접근해 가는 것이 지식의 폭을 넓혀 가도록 하는 것이라면 문제를 발견하고 질문을 제기하며 해결하는 방식으로의 접근은 지식의 깊이를 더해가는 방법이다. 기독교적 관점에서 창조세계는 현재의 상태와 종말에 완성되어야 할 상태의 긴장 관계에 있기에 언제나 문제 상황으로 다가온다. 학습은 이러한 문제 상황을 인식하고 해결해가는 과정이 되어야 한다는 것이다. 또한 실생활의 문제 상황을 통한 학습은 사실적, 기능적 지식의 의미를 발견하도록 할 뿐 아니라 달란트를 계발하고, 협동하여 학습하기를 요구하며, 문제해결 과정에서 학생들의 결정이 어떻게 평화의 삶을 만드는데 기여할 수 있는지를 경험할 수 있도록 한다. 셋째는, 책임적 응답이 수반되는 학습경험으로 조직하는 것이다. 기독교적인 학습은 배움이 지적인 연구나 이해에 머물지 않고 배움에 대한 실생활 속에서의 응답이 수반되는 경험으로 조직되어야 한다. 문제의 발견과 해결을 지향하는 학습경험은 학생들이 어떤 문제 상황 속에서 어떻게 응답해야 할지를 선택하도록 요청하고, 그렇게 하여 창조주의 뜻에 합당하게 살아가는 것이 무엇인지를 연습하는 기회를 학생들이 가지게 된다는 것이다.

기독교학교 교육과정 개발에서 고려되어야 할 또 하나의 중요한 원리는 성경적 세계관 통합이다. 이것이 교육과정 개발에서 반드시 고려되어야 하는 이유는 기독교의 본질에서 비롯된다. 기독교 신앙은 성경을 통해 우주와 인간의 삶의 모든 것을 포괄적으로 이해하는 틀로서 세계관을 제시해 주기 때문이다. 성경은 또한 '모든 진리가 하나님의 진리'라고 하는 진리의 통일성을 선포하고 있기에 이 세상의 지식을 세속적인 것과 거룩한 것 또는 이성적인 것과 초월적인 것으로 구분하여 생각하는 이원론적 사고는 기독교의 본질에 위배된다. 그러므로 기독교학교 교육과정에 있어서 모든 지식은 그것이 자연이나 인간, 사회, 또는 예술을 다루는 것일지라도 지식의 근원이 되는 하나님과 성경말씀과 적절한 관계 속에서 이해되어야 한다(Gaebelein, 1991: 37; Knight, 1989: 206). 진정한 의미의 기독교학교 교육과정은 성경적 세계관과 진리의 통일성에 기초하여 교육과정 개발이 이루어져야 한다.

기독교학교 교육과정을 생각할 때 일반적으로 많은 기독교학교들이 인본적인 교과교육과정을 유지한 채 성경과목과 기도 및 예배를 첨가하는 방식을 취하고 있다. 이러한 모델에 대하여 Chadwick(1982: 59)은 인간중심 교육이라는 케이크에 기독교라는 크림을 덧바르는 것이라고 비평하고, 기독교학교 교육과정이 필요로 하는 것은 집 옆에 덧붙여 짓는 새로운 차고가 아니라 새로운 기초이며 그 기초는 성경말씀과 기독교 세계관이며, 진정한 의미의 기독교학교 교육과정은 성경적 세계관에 근거하여 모든 교과가 해석되고 통합되어야 함을 강조한다. Knight(1989)는 기독교학교 교육과정 개발을 위한 성경과 기독교 세계관의 역할이 기존의 교육과정에 성경과목을 첨가하는 모델〈그림 1〉에서 벗어나 성경적 세계관이 기초가 되고 해석의 틀이 되는 모델〈그림 2〉로 접근되어야 한다고 주장한다.

〈그림 1〉 성경이 하나의 교과가 되는 교육과정 모델(출처: Knight, 1989)

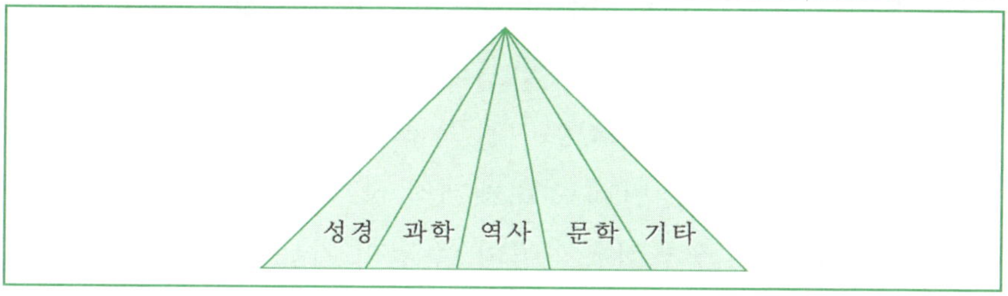

〈그림 2〉 성경이 교육과정의 기초가 되는 모델(출처: Knight, 1989)

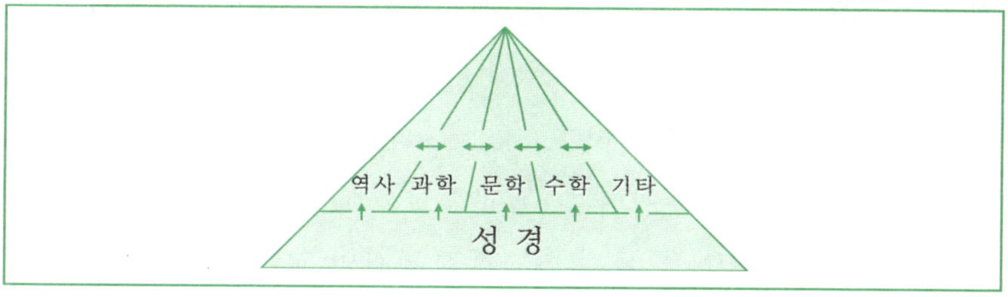

IV. 교육과정개발 모형

교육과정개발이란 학교교육에 대한 우리의 생각과 기대, 이미지 등을 교육 프로그램으로 변환하는 과정(김경자, 2000)으로 이 과정이 어떤 원리와 절차에 따라 이루어지는가에 대한 이론적 견해가 교육과정개발 모형이라고 할 수 있다. 역사적으로 다양한 교육과정 개발의 모형들이 제시되었다. 이러한 모형들은 크게 두 가지 유형으로 구분하여 체계적/합리적인 정도, 비체계적/실제적인 정도에 따라 체계적 합리적 모형과 역동적 상호작용 모형으로 구분하여 볼 수 있다(이귀윤, 1997; Brady, 1987; Print, 1993). 합리적 모형은 목표 진술로 시작하여, 그 목표를 달성하기 위한 내용으로서 학습경험을 선정하고, 적절한 학습활동을 조직하여 계획하고, 목표달성 여부를 측정하기 위한 평가 계획을 세우는 방식으로 교육과정 개발이 계열적이며 순차적으로 진행되는 모형이다. Tyler(1949)의 교육과정 개발 모형이 대표적인 예이다. 반대로 비체계적 상호작용 모델은 개발과정에 신축성이 있고, 상호작용적이며, 수정이 가능하다. 즉 교육과정 개발과정의 어느 시점에서도 개발을 시작할 수 있으며, 계열의 이동이 가능하고, 학습상황에 맞추어 개발의 방법을 수정할 수 있다. 또한 교육과정 개발의 구성요소들은 상호작용적이며 점진적으로 수정할 수 있는 것으로 간주된다. Walker(1972)의 자연주의적 교육과정 개발 모형이 이 유형에 속하고, Skilbeck(1984)의 학교중심 교육과정 개발 모형도 여기에 속한다. 기독교학교의 교육과정 개발을 연구한 Van Brummelen(2002)은 실제 학교현장에서의 교사수준의 교육과정 개발은 Tyler의 모델이 제시한 것처럼 선형적으로 이루어지기보다 역동적이고 상호작용적으로 이루어짐을 강조하였다. Marsh(1990)도 학교중심 교육과정의 사례연구를 통해 교육과정 개발과정은 수업현장에 기초한 지속적이며 장기적인 활동으로 선형적 수단-목표 모델보다는 순환적이며 역동적인 상호작용 모델에 입각하여 개발이 이루어지고 있음을 강조하였다.

기독교적 관점에서 교육과정 개발을 생각할 때 위의 두 모형에 내재된 철학적 기반을 비평적으로 이해하는 것이 필요하다. Tyler의 합리적 모형의 경우 이상적인 교육과정의 개발은 교육과정을 개발하기 위해 적용된 합리적이고 체계적인 방법자체가 가져다줄 수 있다는 가정이 전제되고 있다. 이는 지식과 의미의 근원과 본질을 과학적 합리성에 근거하여 교육과정개발의 궁극적 권위를 과학적 가치에 두고 있다는 점에서 모든 지식과 의미의 근원과 궁극적 가치를 창조주와 그분의 말씀에 두고 있는 기독교적 관점과 다른 방향을 지향하고 있음을 이해해야 한다. 다른 한편 Walker의 자연주의적 교육과정 개발 모형은 교육과정개발 과정에 참여한 개발자들이 자유로운 상호작용을 통해 이상적인 교육과정이 개발될 수 있음을 가정하고 있다. 이는 지식과 의미의 근원과 본질은 자율적 인간에게 있고 지식의 궁극적 가치를 인간의 자유로운 판단력에 두고 있다는 점에서 기독교적인 관점과는 다른 방향을 지향하고 있음을 인식해야 할 것이다.

기독교적 관점에서 교육과정개발의 모형을 생각 할 때 참된 지식과 의미의 근원은 창조주에게 있고 교육과정 개발을 안내할 수 있는 궁극적 권위는 그분의 말씀에 있음을 기억하고 교육과정 개발의 원리를 찾아야 한다. 이는 교육과정 개발의 원리를 합리적이고 과학적인 방법자체나 자율적인 인간의 상호작용 자체에 두기보다 교육과정 개발과정에 영향을 미치는 모든 상황과 요소들을 고려함에 있어서 성경적 관점에 입각하여 이해하고 책임 있는 응답과 결정의 문제로 접근해 가야 할 것을 시사한다. 이것은 교육의 본질적 목적을 생각하면서 교육과정을 통해 학생들이 창조주의 책임 있는 일꾼으로 살아가기 위한 능력을 부여하기 위해 무엇을 어떻게 선택하고 결정해야 할지를 창조주의 말씀에 비추어 심사숙고하며 교육과정 개발이 이루어지도록 해야 한다는 것을 의미한다.

학교교육과정 개발은 또한 교육과정을 통한 교육에 변화를 주고자 하는 일종의 개혁으로 이는 교육과정 실행의 주체가 되는 교사가 적극 참여하고 교사수준에서 이루어지는 것이 바람직하다. 일반적으로 교사수준의 교육과정 개발은 교사가 수업을 염두해 두고 한 단원개발 또는 재구성의 형태로 이루어진다. 그런데 앞에서 언급된 전통적인 교육과정 개발 모형은 개발 과정의 일반적 절차를 제시해 주고 있으나 교사 수준에서 학습의 상황과 관련하여 실제적인 단원중심의 교육과정 개발을 안내하기에는 구체적이지 못하다. 최근 들어 교사수준의 교육과정 개발 모형로서 Wiggins와 Mctighe (1998)가 제시한 이해를 추구하는 교육과정 개발모형(Backward Design)과 Tomlinson (2001)이 제시한 수준별 교육과정 개발(Differentiation in curriculum) 모형은 보다 구체적으로 교사가 수업과 관련하여 한 단원의 교육과정 개발을 위한 모델로 제시되고 있다.

일찍이 기독교학교 교육을 연구한 학자들은 교사 수준에서 교육과정 개발모델을 제시하고 있다. 이러한 모형은 위에서 논의된 기독교학교 교육과정개발의 원리를 반영하여 교사수준에서 교육과정 개발절차를 제시하고 있으며, 교육과정 개발 요소로서 목표 진술, 내용의 구성, 학습활동의 계획, 평가 계획을 포함한다. 여기서 절차는 순차적으로 따라야 하는 처방이 아니라 개발활동에 포함되어야 할 요소들을 설명하는 기술적인 것이며, 언제라도 요소들 간에 상호작용이 가능하다. 거기에는 또한 기독교학교 교육과정의 독특성으로서 기독교 세계관적 관점이 교육과정 개발에 통합되도록 하고 교육과정 개발과 관련한 교사의 사고과정이 포함되어 있다. 교사수준에서 학교교육과정을 기독교 세계관에 기초하여 개발하도록 돕기 위한 기독교적 교육과정 개발모형이 Van Brummelen(2002), Overman & Johnson(2003), Hay(1999) 에 의하여 연구되고 제시되었다. 이들 모두 교육과정 개발에 있어서 기독교 세계관의 통합을 중심으로 다루고 있지만 세 사람의 교육과정 개발 모형에서 나타나는 통합의 방식은 약간 다른 양상을 지니고 있다. 이들 모형을 통합의 논리에 따라 구분하여 소개하면 다음과 같다.

첫째로, Van Brummelen 모형(2002)은 기독교 세계관이 교육과정 개발을 형성하는 여러 요소들에 대하여 원리를 제시해 주는 방식으로 통합되는 모형이다. 그의 모델은 기독교세계관을 교육과정 개발의 기초로 보고 기독교 세계관의 관점에서 교육과정 개발의 핵심이 되는 교육목적, 지식과 학습자에 대한 이해로부터 교육과정 원리를 생각하여 교육과정 개발에 적용해 가도록 하는 모델이다. 그러므로 이 모델을 활용하기위해서는 먼저 기독교적 관점에서 교육과정의 기본 요소가 되는 학습목표와 내용, 방법 및 평가방안에 대하여 이해하는 노력이 수반되어야 한다. 그리고 실제 개발절차에서는 교사들이 내용구성의 방향으로서 매 단원의 주제를 창조, 타락, 구속의 기독교 세계관적 기초를 탐색하여 진술하도록 함으로서 기독교적 세계관이 교육과정 개발과정에 적극 반영되도록 하고 있다. 학습활동의 계획에서는 학습활동이 기독교적 관점에서의 주제진술과 목표달성에 적절하게 계획되어야 할 것을 강조 한다. 또 개인적으로 의미 있는 학습활동이 일어나도록 하고, 학습자의 다양한 학습스타일이 고려되도록 한다. Van Brummelen의 단원개발모형은 다음의 〈표 2〉와 같다.

〈표 2〉 Van Brummelen(2002)의 교육과정 단원개발 모형

교육과정 개발 절차

1단계: 중요하고 적절한 주제 정하기
- 이 주제는 학생들에게 기독교적 세계관과 가치 및 문화유산을 소개해 주는가?
- 이 주제는 학생들의 이전 지식을 확대시키고 중요한 이슈들을 다루는가?
- 이 주제는 학생들의 흥미를 불러일으키고 개인적으로 의미 있는 응답을 장려하는가?

2단계: 아이디어 브레인스토밍 하기
- 마인드맵을 통해 가르칠 소주제 및 개념들의 집합을 다루기 적절하고 통일된 느낌을 나타낼 때까지 수정하며 그려본다.
- 단원 주제를 위한 기독교 세계관적 기초 탐색하기
  - 이 분야에 대한 하나님의 의도와 목적은 무엇인가?
  - 무엇이 어떻게 왜곡되었는가?
  - 문제해결 방법은 무엇이며 하나님은 우리가 어떻게 응답하기를 원하시는가?
  - 학생들이 기독교적 삶을 위해 헌신하도록 어떻게 도울 수 있을까?
- 실재의 어떤 양상들이 주제의 일부분이 되는지 고려하기

3단계: 단원의 초점을 명확히 하기
- 주제 진술하기- 학생들이 습득하기 바라는 영속적인 이해, 주요개념, 핵심기능들 및 육성하기 원하는 가치, 성향, 헌신들을 포함하여 단원의 전반적인 목표를 기독교적 관점에서 기술한다.
- 탐구를 안내할 핵심 질문 만들기- 깊이 있는 학습을 인도할 질문을 작성한다.
- 의도된 학습결과(목표) 진술하기
  - 주제진술을 보다 상세화 하고 확대하여 구체적으로 성취될 목표를 작성한다.
  - 의도된 학습목표는 학습활동, 학습자료, 학습평가수단을 선택하기 위한 방향과 기준을 제공한다.
  - 의도된 학습목표는 서너개의 다른 범주로 구성하는 것이 유용하다(내용목표, 기능목표, 가치 및 성향목표, 표현과 창의성 목표/ 지식목표, 기능목표, 성향목표)

4단계: 학습활동 계획하고 선택하기
- 학습활동이 주제진술과 의도된 학습목표들을 달성하기에 적절한가?
- 학습활동들은 개인적으로 의미 있는 학습이 일어나도록 돕는가?
- 높지만 달성할 수 있는 성취수준에서 중요한 개념, 가치, 영속적인 이해사항들 및 고차적 사고를 통한 학습을 고무시키는가?
- 동기유발을 위한 도입활동과 학습내용을 종합하여 재음미 해보는 적절한 활동이 있는가?
- 적절한 학습지도안 양식을 구성하여 사용하기

5단계: 국가교육과정 기준(목표)를 통합시키기
- 국가 교육과정 지침서에 있는 학습목표를 만족시키고 있는지 점검하고 필요한 경우 추가하기

6단계: 계획된 학습활동의 일정표 계획하기
- 한 주간 동안 이 단원에 매일 어느 정도의 시간을 할애할 것인지 결정하기
- 이 단원을 몇 주간 동안 할 것인지 연간 계획표 검토하기

7단계: 학습 자료들 선택하기

8단계: 학습평가 계획하기
- 가능한 한 학습목표, 학습활동, 학생의 성취결과, 평가 전략을 나란히 맞춘다.
- 다양한 평가 전략을 사용한다.
- 외부평가로서 학력고사 같은 것은 평가 전략중 하나의 방법으로 활용한다.
- 모든 의도된 학습목표가 즉시 평가될 수 있는 것은 아님을 기억한다.
- 학습개선을 위한 형성 평가적 피드백을 하도록 한다.
- 점수산정의 기준을 포함한다.

9단계: 단원의 효과 제고하기

〈표 3〉 Overman & Johnson(2003) 교육과정 단원개발 모형

교육과정 개발절차
1단계: 성경적 세계관 통합을 원하는 교과목 결정하고 개발자와 적용대상의 정보 적기 • 교과목, 참고도서, 학년, 교사이름, 소속하교, 연락처 적기
2단계: 단원제목과 목표 진술하기 • 목표 진술에는 학습해야 할 교과내용과 학습자의 학습활동 사고수준이 포함되도록 한다.
3단계: 학습활동 계획하기 • 학습활동의 기본절차는 도입, 전달, 정리단계로 구성한다. • 2단계에서 진술된 사고수준의 활동과 목표가 달성되도록 구성한다. • 각자 교사들이 유연성 있게 이용하도록 대략적 개요만 진술한다.
4단계: 단원학습 내용이 성경적 세계관 요소에 어떻게 연결될 수 있는지 규명하기 • 성경적 세계관의 다섯 가지 요소인 하나님, 창조, 인간, 도덕적 질서, 목적 중 가장 적절한 하나의 요소와 어떻게 연결하여 학습할 수 있을지 규명하기
5단계: 단원에 통합되어야 할 구체적인 성경적 진리 명료화하기 • 4단계에서 찾은 일반적 세계관 요소와 관련되어서 교과지식에 연결되어야 할 보다 구체적인 성경적 진리 찾아 정리한다.
6단계: 성경적 세계관 통합을 위한 목표 진술하기 • 여기서의 목표 진술은 2단계에서 진술한 목표에 포함된 내용목표를 반드시 포함하고, 학습활동의 사고수준은 같은 수준을 유지하여야 하며, 여기에 통합되어야할 성경적 진리를 포함하여 새롭게 진술한다.
7단계: 성경적 세계관의 통합을 위한 학습활동 계획하기 • 이 단계에서는 학생들이 단원의 교과지식과 구체적인 성경적 진리를 연결하여 생각하도록 돕기 위한 질문이나 활동을 준비한다. • 성경적 진리는 교사가 직접제시 할 수도 있고 학습자들이 스스로 연결하여 보는 기회를 제시할 수도 있다.
8단계: 수업 후의 의견 쓰기

둘째로, Overman 과 Johnson 의 모형(2003)은 기독교 세계관 또는 성경적 진리가 교육과정의 학습내용에 연결되도록 교육과정을 개발하는 모형이다. 이 모형은 교과의 사실적 지식은 기독교세계관이라는 보다 큰 준거 틀과 연결하여 볼 때 지식의 의미를 올바로 이해할 수 있음을 강조한다. 그리하여 기독교적 세계관이 단원학습 내용에 연결되도록 하기 위해 일반적인 단원 목표 진술과 구별하여 기독교 세계관 통합을 위한 목표를 진술하도록 한다. 학습내용 구성에 있어서 단원의 내용이 기독교 세계관의 핵심요소로서 하나님, 창조, 인간, 도덕적 질서, 목적에 연결될 수 있는지 규명하고, 구체적인 성경적 진리가 단원내용에 연결되도록 한다. 학습활동의 계획에서는 학습내용과 성경적 진리를 연결하여 이해하도록 질문이나 학습활동을 계획한다. Overman 과 Johnson 의 모형은 다음의 〈표 3〉과 같다.

마지막으로 Hay 모형(1999)은 기독교 세계관의 관점에서 교육내용의 주요개념을 해석하고 그것이 학습과정에서 학습자의 삶에 적용될 수 있도록 하는 모형이다. 이 모형은 먼저 교과목표를 기독교 세계관의 관점에서 해석하여 진술하도록 한다. 그리고 나서 한 단원의 전체적인 목표로서 기독교 세계관의 관점에서 주제를 진술하고, 구체적 목표 진술에서 학습한 바를 적용할 수 있는 목표 진술을 강조한다. 내용구성을 위해 단원의 핵심 개념들을 기독교 세계관의 관점에서 해석하여 다루도록 하고 학습자의 필요와 삶의 문제들을 구체적으로 규명하여 내용구성에 반영되도록 한다. 학습활동에 있어서는 통합교과적 접근을 고려하여 계획하도록 하고. 학습한 바를 삶에 적용하는 활동이 강조되도록 한다. Hay 모형은 다음의 〈표 4〉와 같다.

〈표 4〉 Hay(1999) 교육과정 단원개발 모형

교육과정 개발절차
1단계: 교과목에 대한 성경적 원리 또는 기본신조 작성하기 • 교과목을 통해 성취되어야 할 주요 목표들을 성경적 세계관의 관점에서 해석하여 진술한다.
2단계: 교과 전체적 교육내용의 목차 또는 단원제목 요약 정리하기 • 일년 동안에 가르칠 전체 교육내용 단원의 목차를 요약 정리한다.
3단계: 한 대단원을 선택하고 단원의 소주제들 정리하기
4단계: 한 단원을 선택하고 그 단원에 대한 성경적 관점에서의 주제 진술하기 • 단원 주제 진술은 단원 전체의 목적을 포괄하는 핵심 아이디어를 포함하고, 학생들이 배워야 할 주요 개념과 기술을 포함하며, 학생들에게 형성되어야 할 가치, 성향, 헌신이 포함 되도록 진술한다.
5단계: 한 단원에서 학습될 핵심 기본 개념들을 규명하기
6단계: 5단계의 개념 및 원리를 성경적 관점에서 해석하기
7단계: 단원주제와 관련된 학습자들의 실재적 삶의 문제(필요)들 규명하기
8단계: 단원 학습목표를 진술하되 학습한 바를 적용할 수 있는 목표를 포함하여 진술하기
9단계: 학습자료 선택하고 평가하기
10단계: 학습활동 계획하기 • 주제를 소개하는 도입활동을 포함 한다. • 가르칠 단원의 주제와 개념을 다른 교과와 연결되는 방법으로 가르친다. • 기본적인 개념을 이해하고 평가할 수 있도록 계획한다. • 학습한 것을 적용하는데 초점을 둔다. • 개인적으로 의미 있는 학습과 평가활동이 포함되도록 한다.
11단계: 단원계획 평가하기 • 단원의 주제진술과 목표, 학습활동이 나란히 일관성 있는 방향으로 계획되었는가? • 단원의 개념과 가치, 태도, 목표들이 주제진술 및 기본신조와 조화를 이루도록 진술되었는가? • 학습활동이 목표달성에 적절한가? • 단원계획에 다른 교과와의 통합이 적절히 고려되었는가? • 평가계획과 기준이 내용의 이해와 적용을 평가하기에 적절한가? • 보다 효과적인 학습을 위해 어떤 변경이 요청되는가?

V. 나가는 말

앞에서 살펴보았듯이 기독교적 교육과정은 합리적인 질서요 이론적인 체계로서의 지식을 많이 받아들여 소유하도록 전달하여 가르침으로 가장 합리적이고 이성적인 인간을 기르고자 하는 교육과정이 아니다. 또한 가능한 한 다양한 경험을 하면서 스스로 학습하고 가치 있게 여길 수 있는 의미를 구성하도록 학습활동을 구성하고 촉진하여 자유롭고 자율적인 인간을 기르고자하는 교육과정이 아니다. 기독교적 교육과정은 학생들이 하나님에 의해 창조 세계에 부여된 질서와 의미를 발견하고 문화명령을 수행하기위해 주신 달란트와 소명을 계발하여 세상 가운데서 책임 있게 행하도록 인도하는 교육과정을 지향한다. 기독교적 교육과정 개발은 이러한 방향으로 교육실천을 바꾸어 가는 방안을 찾고 실현해 가는 것이다.

일반적으로 학교의 교육과정은 국가수준에서 교과 및 교육과정 전문가들에 의해 미리 개발되고 지역 학교와 교사는 그것을 받아 실행하는 패러다임으로 이해되고 있다. 그러나 이러한 패러다임은 교육의 획일화를 조장하고, 교육과정 계획과 실행의 분리로 인한 비효율적 운영의 원인이 되고, 무엇보다 가르침의 주체가 되는 교사를 수동적 전달자로 머무르게 하여 교사의 전문성 신장과 교육의 질적 개선에 장애가 될 수 있다. 그러므로 교육과정개발에 있어서 학교중심 교육과정 개발체제가 줄 수 있는 장점을 검토하고 국가수준 교육과정 개발과의 역할 분담 및 적절한 관계설정을 통한 새로운 교육과정 개발과 실행의 패러다임을 모색해 가는 것이 필요하다. 실제로 교육의 질적 개선은 학교현장에서 실행되는 교육과정에 대한 반성적 검토와 개선을 통해서만이 가능하다는 것을 생각할 때 효과적인 교육과정 개발은 교사의 능동적 역할과 적극적인 참여를 통해 이루어 질 수 있다.

기독교적 교육과정 개발을 위해 지역학교 차원에서 교사 공동체가 협력하여 현재 가르치고 있는 교육과정의 실제적 내용과 방법을 전체적으로 나열하는 교육과정 지도그리기(Jacobs, 1997)를 통해 교육과정의 일관성과 체계성을 검토하고 학교의 교육철학에 맞게 교육내용과 방법을 수정 보완해 가는 방법으로 교육과정을 개선해 가는 노력이 필요하다. 이러한 노력은 교사들에게 미리 만들어지고 주어진 교육과정 개념에서 벗어나 학생들에게 체계적이고 의미 있는 학습경험을 제공하기 위해 만들어가는 교육과정에 대한 경험을 줄 수 있고, 교육과정 개발 과정을 통해 교사들이 교육과정 전문성을 기를 수 있고, 학교공동체가 저마다 알고 있는 교육과정을 가르치는 개별교사 집단이 아니라 학교의 기독교적 비전 구현을 위하여 함께 협력하는 교육과정 개발 공동체요, 교육공동체를 형성하여 교육의 질적 개선을 도모할 수 있을 것이다. 아울러 개별교사나 소그룹 교사가 중심이 되어 기독교적 가르침을 구현하고 수업개선을 위한 단원수준의 교육과정을 개발하고 실행하는 노력이 필요하다. 이를 위해서는 앞에서 소개된 기독교적 교육과정 개발모형을 학습하고 그것을 적용하기 위한 노력으로 시작하여 우리의 학교 실정에 보다 적합한 모형으로 재구성하여 개발하는 노력이 요구된다. 마지막으로 기독교적 교육철학에 기초한 교재로서 교육과정개발이 필요하다. 교육과정의 핵심은 기독교적 가르침을 구현할 수 있는 교사이고, 교사는 실행되는 교육과정의 실질적인 결정자 역할을 하는 위치에 있기에 교사수준의 기독교적 교육과정 개발은 중요하다. 그러나 현실적으로 많은 시간의 수업을 날마다 감당해야 하는 교사가 매번의 수업을 위한 교육과정을 개발하고 가르친다는 것은 어려운 일이다. 또한 한사람의 교사가 기독교적 교육과정의 철학과 가르침의 원리를 이해하고 가르칠 수 있는 교사로 서기까지는 오랜 시간이 소요된다. 그러므로 미리 전문적으로 연구하고 가르쳐본 경험이 있는 교사와 전문가들이 협력하여 기독교적 교육과정의 철학과 원리를 정리하고 그것을 기초로 교과서를 개발하는 일은 기독교적 교육 실천을 위해 필요하고 중요하다.

토의 문제

- 학교 교육과정은 가치중립적일 수 없다는 주장에 대한 찬반 의견을 토론해보고 구체적인 사례를 들어 설명해보자.

- 교육과정 관점이란 교육과정을 형성하는 기초가 되는 요소로서 교육목표, 교육내용, 교수-학습 방법 그리고 평가에 대한 지향과 가정을 나타내는 하나의 시각이다. 학교교육과정 역사 속에 나타난 다양한 교육과정 관점을 정리하고 비교해보고 기독교적 교육과정관점의 독특성을 설명해 보자.

- 교육에 있어서 Dewey가 강조했던 교육적으로 가치 있는 경험이란 무엇인가? 기독교적 관점에서 교육적으로 가치 있는 경험은 어떤 특성을 지녀야 하는지 토론해보고 학습경험 선정에 고려되어야 할 기준을 몇 가지로 요약해 보자.

- 국가중심 교육과정 개발 체제와 학교중심 교육과정 개발 체제의 장, 단점은 무엇인지 비교해 보고 기독교적 교육과정 개발을 위한 효과적인 교육과정개발 체제를 토의해 보자.

- 앞에서 소개된 기독교적 교육과정 개발 모형을 활용하여 한 단원의 교육과정을 개발해 보고 개발과정에 나타난 각모형의 특징과 장단점은 무엇인지 토론해 보자.

참고문헌

교육부(1996). 『초등학교 교육과정 해설(I)』. 서울: 대한교과서주식회사.

김경자(2000). 『학교 교육과정론』. 서울: 교육과학사.

이귀윤(1997). 『교육과정 연구』. 서울: 교육과학사.

함수곤 외(2003). 『교육과정 개발의 이론과 실제』. 서울: 교육과학사.

Chadwick, P. R. (1965). Teaching and learning: An integrated approach to Christian education. Wheaton. IL: Fleming H. Revell.

Dewey, J. (1938). Experience and education. New York: The Macmillan Company.

Fowler, S. (1991). "What is curriculum?". Unpublished material used for a course at NICE in Australia.

Fowler, S., Brumelen, V. H., & Dyk, V. J.(1990) (Eds.). Christian schooling: Education for freedom. South Africa: IRS.

Gaebelien, E. F. (1991). The pattern of God's truth. 이창국 역(1991). 『신본주의 교육』. 서울: 기독교문서선교회.

Hay, J. (1999). "Raising up the foundation: A model seminar for a Biblically integrated school curriculum". Unpublished material presented at MCOS International educators conference at Seoul.

Jacobs, H. H. (1997). Mapping the big picture. Alesandria, VA: ASCD.

Knight, R. G. (1989). Philosophy and education. 박영철 역(2000). 『철학과 기독교교육』. 대전: 침례신학대학교 출판부.

Overman C. & Johnson D.(2003). Making the connections. Puyallup, Washington: The Biblical Worldview Institute.

Skilbeck, M. (1984). School-based curriculum development. London: Paul Chapman Publishing Ltd.

Stronks, G. G. & Blomberg, D. (1993). A vision with a task: Christian schooling. Grand Rapids, MI: Baker.

Tolmilson, A. C. (2001). How to differentiate instruction in mixed-ability classrooms. Alexandria, VI: ASCD.

Tyler, R. W. (1949). Basic principle of curriculum and instruction. Chicago: The University of Chicago Press.

Van Brummelen, H. (2002). Steppingstones to curriculum. Colorado Springs, CO: Purposeful Design Publications.

Walker, D. F. (1972). "A Naturalistic model for curriculum development". 『School Review, 80(1).

Wiggins, G. & MacTighe, J. (2005). Understanding by design. VI: ASCD

10

교육과정 운영의 실제

– 이정기(백석대학교)

I. 들어가는 말

학교교육을 잘 이해하기 위해서는 학교에서 편성·운영하고 있는 교육과정을 우선적으로 알아야 한다. 학교교육의 핵심은 교과를 교육과정에 의거하여 잘 가르치고 그 결과를 제대로 확인하는 활동이라고 볼 수 있다. 교육과정의 운영(management)은 포괄적으로 보면 교육과정 개발과 학교조직의 전체적인 과정을 지칭하는데, 즉 최초 교육과정 개념화에서 결정 및 채택, 그리고 수정에 이르기까지 전 과정을 포함한다. 교육과정의 운영의 궁극적인 목표는 학생들이 의미있는 경험의 내면화를 통해 자신들의 삶에 필요한 기초 지식과 능력을 습득하는 것이다.

기독교학교를 바르게 이해하기 위해서는 학교설립 시 기독교학교를 표방하고 기독교적 가치관과 교육목표가 반영된 교육과정을 알아야 한다. 효율적인 교육과정을 개발하고 편성·운영하는 것은 좋은 기독교학교를 견고히 세우는데 핵심적인 부분이다. 기독교학교는 교육의 목적과 교육과정, 그리고 전반적인 학교생활과 교육 프로그램 속에서 기독교신앙에 기초한 삶의 포괄적 관점에서 반드시 반영시키고 구현해야 한다. 기독교학교는 삶에 대한 기독교적 관점을 교육목적과 교육과정의 선택은 물론 학교의 설립정신에 반영되어야 한다. 월터스톨프(Wolterstorff, 2004)는 기독교학교의 교육과정 개발 및 구성과 관련하여 몇 가지 기본적인 원칙과 기준을 제시하고 있다. 첫째는, 기독교학교 교육을 구현하기 위해서는 기독교적인 교육과정을 독특하게 개발하고 편성·운영되어야 한다. 기독교 교육과정 개발은 기독교인들이 그리스도 안에서 소유하고 있는 공동의 결속력을 인정하는 것으로부터 시작되어야 한다. 둘째는, 통합적인 교육과정을 구성해야 하는데 교육과정은 무엇보다도 먼저 기독교적 관점과 통합되어야 하며 기독교교육철학의 관점을 기초로 교과 간의 통합을 촉진해야 한다. 셋째는, 교육과정 구성에서의 공통성과 함께 개별성과 다원성의 문제를 다루어야 한다. 물론 서로 다른 학생들에게 가르치는 내용이 상당한 부분이 공통적일 수밖에 없지만 개별화된 교육 역시 강조되어야 한다. 넷째는, 기독교 교육과정은 반드시 국제화를 지향해야 한다. 이것은 단순히 교육과정에 세계 여러 나라에 관한 간단한 내용을 조금씩 포함시켜야 한다는 의미가 아니라 현대사회 구조의 역동적인 상호 관련성을 학생들이 인식할 수 있도록 구성되어야 한다는 것이다. 마지막으로, 아동 및 청소년들로 하여금 전통과의 대화, 특별히 기독교 신앙공동체가 갖고 있는 심오하고 풍부한 가치를 존중하고 배울 수 있도록 도와주어야 한다는 것이다.

II. 학교 교육과정의 이해

1 학교 교육과정의 성격

학교 교육과정의 성격에는 학교 교육과정 편성의 성격과 학년, 학급 교육과정의 성격으로 나누어 볼 수 있다. 학교 교육과정은 국가수준이나 지역수준에 의거하여 지역의 특성과 학교의 실정, 학생의 실태에 알맞게 해당 학교의 교육목표와 학교경영 철학, 설립이념이나 전통, 특성 등이 반영되도록 독특한 교육내용, 다양한 방법과 특색이 있는 학교 운영 방안이 나타나도록 편성한 단위학교의 구체적인 교육과정을 말한다. 학년, 학급 교육과정은 국가 수준의 교육과정 범위 내에서 시・도 교육지침 및 지역교육청의 방향을 반영하여 학교교육 목표의 기저 아래 학년의 특색을 살려 편성한 것이 학년 교육과정이이며 학년의 교육목표에 따라 학급 담임의 학급경영관을 담아 학급 나름의 특색을 살려 편성한 것이 학급 교육과정이다.

2 학교 교육과정 편성 · 운영시 고려할 점

학교 교육과정 편성・운영시 고려할 사항은 다음과 같다. 첫째, 특수성이다. 학교 교육과정을 편성하는 가장 근본적인 이유는 학교 실정에 가장 알맞은 특색 있는 교육과정을 편성하여 운영해야 한다는 교육의 필요성에서 찾을 수 있으며 학교 교육과정은 지역의 특수성, 학생, 학부모, 교사 등의 요구와 실태, 학교의 여건 등 학교의 특성을 충분히 반영하여 특색 있게 편성하여야 한다. 둘째, 실용성이다. 학교 교육과정은 타인에게 보여주기 위한 형식적인 것이 아니라 실제로 활용할 수 있는 교육의 지침서가 되어야 한다. 교육과정의 편성과 운영이 따로 이루어지는 것이 아니라 편성한 내용이 실제 교육활동으로 이어져 수정 변경을 제외하고는 별도의 계획을 세우지 않고 편성한 그대로 추진되어야 교육과정의 중요성도 인식할 수 있다. 셋째, 참여도이다. 교육과정 편성은 학교의 중심이 되는 몇 사람의 노력과 참여만으로 편성할 경우 활용도나 실용성이 매우 낮아진다. 학교 구성원들이 함께 참여하여 편성하고 실천해가는 교육과정이 되어야 한다. 따라서 교육과정을 준비하는 단계에서부터 관련자들이 교육과정의 내용에 공유를 하고 자율적이고 능동적으로 참여할 수 있도록 안내하여야 한다. 넷째, 창의성이다. 새로운 시대와 사회의 요구에 부응하는 창의적인 교육과정을 편성하여야 한다. 특히, 재량활동, 특별활동, 수준별 교육과정은 학교 실정에 알맞게 창의적으로 편성 · 운영될 수 있도록 하여야 한다. 마지막으로 환류성이다. 학교에서는 교육과정의 질적인 수준을 높이기 위해서는 전년도의 학교 교육과정 편성 · 운영 결과를 자세하게 평가 · 분석하여 신학년도 교육과정에 반영하도록 하여야 한다. 또한 교육과정 운영과정에서도 수시로 의견 수렴과정을 거쳐 수정 · 보완할 수 있는 환류기능을 갖추어야 한다.

3 학교 교육과정 편성 · 운영의 절차

학교 교육과정을 편성하는 것은 현실적으로 학교에서 학생들에게 1년 동안 제공할 각 교과와 프로그램을 운영할 계획을 수립하는 것으로 나타난다. 학교수준의 교육과정 계획은 궁극적으로 해당 학교 학생들의 학습할 기회를 어떤 식으로 마련할 것인가를 계획하는 것이다. 학교 교육과정 편성의 절차는 여러 학자들이 약간씩 상이하게 제시하고 있는데 구체적인 절차는 대동소이한 것으로 나타나는데 그 방법과 절차는 〈표 1〉과 같다(교육부, 2001).

〈표 1〉 교육과정 편성ㆍ운영의 일반적인 절차

단계	내용
준비 단계	(1) 학교 교육과정 위원회 조직 및 편성 계획 수립 (2) 국가, 사회의 요구 분석 및 시사점 추출 (3) 기초 및 실태 조사, 조사 내용 분석과 시사점 추출
편성 단계	(4) 학교 교육과정 편성 운영의 기본방향 설정 (5) 학교 교육과정의 시안 작성 (6) 학교 교육과정 편성 운영지원계획 수립 (7) 학교 교육과정 시안 및 지원 계획 심의 확정
운영 단계	(8) 학교 교육과정의 운영
평가 단계	(9)학교 교육과정 평가와 개선

III. 기독교학교 교육과정 편성·운영의 실제

기독교학교의 중심교육방향은 기독교적인 전인교육이라고 할 수 있다. 기독교학교들은 각 학교의 특성에 따라 강조하는 교육과정이 다르기 때문에 각 학교에서 운영하고 있는 교육과정에 대한 인식이 우선적으로 필요하다. 본 장에서는 기독교학교의 교육과정에 대한 올바른 이해를 위하여 기독교 학교유형별(기독교 대안학교와 기독교 특성화학교)로 나누어 각 단위학교의 학교설립의 취지와 교육목적, 교육목표, 그리고 교육과정 편성의 원칙 및 교육과정의 실제를 알아보고 초등학교와 중등학교의 교육과정 편성ㆍ운영의 사례를 소개한다.

1 기독교 대안학교[1)]

1) 샘물기독학교[2)]

① 설립 취지 및 교육목적

하나님께서 각 가정에 주신 언약의 자녀를 언약의 백성으로 키우기 위하여 기독교학교를 설립하였다.

② 교육목표 : 섬기는 제자

아이들이 샘물 기독학교에서 교육받고 사회에서 하나님 나라를 위해 일할 때 섬기는 제자가 되기를 원한다. 무슨 직업을 가지던지, 어떤 지위에 있던지, 부자이던지, 가난한 자이던지 좋은 그리스도의 섬기는 제자는 그들에게 주어진 영역 안에서 하나님을 사랑하고 이웃을 사랑하며 함께 살아갈 수 있는 자이다.

③ 교육과정 편성의 원칙

첫째, 샘물교육과정을 하나님을 아는 지식, 사람을 아는 지식, 창조세계를 아는 지식으로 분류한다.

둘째, 샘물학교의 교육과정은 기초 배움, 다양한 배움, 샘물공동체 배움으로 편성한다.

셋째, 기초 배움 시간은 국민공통 기본 교과 지도 시간이다. 이 시간을 통하여 각 교과에 나타난 하나님의 일반계시를 알아가며, 학

1) 대안학교란 전통적인 학교의 개념에서 탈피하여 대안교육(alternative education)을 실시하는 학교를 말한다. 제도나 형식, 지향하는 가치가 대안적인 교육을 하는 학교가 대안학교이다. 기독교 대안학교는 기독교적 건학이념을 가지고 학교교육의 모든 영역 안에서 기독교적인 대안성을 추구하는 학교이다.

2) 2006년 3월에 "성경적 세계관을 기초한 기독교 교육을 통하여 언약의 자녀를 그리스도의 섬기는 제자로 양성하는" 비전을 가지고 샘물교회를 중심으로 설립된 기독교 대안학교. 경기도 성남시 분당구 소재. www.smcs.or.kr

생 개인의 흥미, 적성, 능력 등을 개발하며 기초 배움 시간에 성경적 관점, 가치를 함께 가르친다.

넷째, 다양한 배움 시간은 특별활동 시간에 이루어지는데 이 시간에 실제적인 경험에 집중하며 공동체가 함께 하는 것을 배우며 기존의 자치, 적응, 계발, 봉사, 행사활동을 샘물학교에 맞게 배치한다.

다섯째, 샘물공동체 배움 시간은 샘물학교 특성화 시간이다. 이 시간을 통하여 자기 주도적으로 생각하며 배우며 삶으로 실천하는 것을 배우며 샘물공동체 배움은 기존의 재량활동에 해당하는 것을 샘물학교에 맞게 수정한다. 기타 성품수업, 기독교 세계관수업(미디어교육, 나눔교육, 공동체놀이, 생각늘리기, 암송축제 등), 절기수업 등이 있다.

④ 교육과정 편성표

샘물기독학교에서 편성하여 운영하고 있는 교육과정 편성표는 〈표 2〉와 같다.

〈표 2〉 샘물초등학교 교육과정 편성표

<table>
<tr><td rowspan="3">하나님을 알아가기</td><td colspan="2">기초배움</td><td>성경</td></tr>
<tr><td colspan="2">다양한 배움</td><td>아침 열기 및 가족 기도회</td></tr>
<tr><td>샘물공동체 배움</td><td>삶으로 배우기</td><td>절기수업(봉사활동포함)</td></tr>
<tr><td rowspan="4">사람을 알아가기</td><td colspan="2">기초배움</td><td>역사, 국어, 음악, 미술, 체육</td></tr>
<tr><td colspan="2">다양한 배움</td><td>학교 행사</td></tr>
<tr><td rowspan="2">샘물공동체 배움</td><td>삶으로 배우기</td><td>성품(봉사활동포함)</td></tr>
<tr><td>생각하며 배우기</td><td>생각키우기(기독교세계관)</td></tr>
<tr><td rowspan="4">창조세계를 알아가기</td><td colspan="2">기초배움</td><td>수학, 과학, 노작</td></tr>
<tr><td colspan="2">다양한 배움</td><td>체험학습</td></tr>
<tr><td rowspan="2">샘물공동체 배움</td><td>삶으로 배우기</td><td>주제별 여행</td></tr>
<tr><td>생각하며 배우기</td><td>생각 늘리기</td></tr>
</table>

⑤ **샘물기독학교 교육과정의 구체적인 사례**

주제 : 샘물공동체가 생각하는 기독교 세계관을 국어에서 어떻게 구현할 것인가?

첫째, 정확하게 언어를 표현하도록 학습(기독교인의 언어는 하나님 나라 확장을 위한 도구)하며 어휘를 강조하고 퀴즈, 게임, 받아쓰기 등을 활용하여 언어적 지식을 학습한다.

둘째, 아이들을 존중하며 배움의 욕구 채워주는 것이다. 이를 위해 좋은 문학책을 사용하여 자기 말로 다시 이야기하기(narration)를 실시하며 강의는 길지 않게, 자발적이고 주도적 학습을 유도하여 자신의 생각을 말, 글, 랩북 등으로 정리한다.

셋째, (하나님의 영광을 위해) 아름답게 조합된 문장을 감상하고 즐기기 위해 아름다운 시, 좋은 글, 노래 가사, 그리고 성경 말씀을 읽어준다.

넷째, 좋은 습관을 형성하도록 한다. 경청의 훈련을 위하여 교사가 들려주는 이야기나 친구들의 이야기를 바른 자세로 듣는 훈련을 한다. 축복의 훈련을 수업과 연결 지어 게임으로 활동함으로서 칭찬과 격려의 소중함을 알게 한다.

다섯째, 바른 관계를 맺어가는 교육

- 하나님과 나의 관계 맺기

– 내가 특별한 이유, 내 주변의 사람들이 특별한 이유 깨닫고 인정하기

– 책을 통해 나의 삶에 역사하시는 하나님 깨닫기

예1) 「개구리와 두꺼비가 함께」 책의 〈계획표〉 읽은 후 나의 인생행로를 결정하는 분이 하나님이신 것 알기(예레미야 10:23)

• 나와 다른 사람들과의 관계 맺기

- 문학작품 통해 다른 사람들, 장소, 역사적 시대들과 일련의 관계를 직접 맺을 기회
  - 예1) 「여덟 살 혼자 떠나는 여행」 소년이 여행한 곳 지도를 보며 그 나라의 문화 살펴보기
  - 예2) 「길 아저씨 손 아저씨」 짚으로 만든 옛 물건의 쓰임 알아보기
  - 예3) 「겨자씨의 꿈」 믿음의 눈으로 친구를 바라보고 서로 축복하기
- 함께 배우기: 짝 또는 모둠과 함께 활동하기(문제 해결, 작품 활동, 말놀이, 시 짓기, 단어게임, 복습 퀴즈 등)

• 나와 우주(창조세계)

- 책 속의 다양하고 풍성한 문화, 자연 경험하기
  - 예1) 「겨자씨의 꿈」 씨앗들의 사진 살펴보고, 씨앗이 자라 어디에 쓰이는지 알아보기
  - 예2) 「개구리와 두꺼비가 함께」 책 속의 주인공들처럼 식물 키우며 실험하기

여섯째, 삶의 경험을 통해 배운다

- 주변의 다른 사람들과 실제 접촉하고 관계 가지며 학습하기
  - 예) 학부모 수업, 부모님과 책읽기, 고학년이 저학년에게 책 읽어주기

일곱째, 기독교적으로 사고하도록 가르치기

- 성경 말씀을 바탕으로 학습하기
  - 예1) 〈용감한 개구리와 두꺼비〉 읽고 두려울 때 우리의 자세에 대해 알기(시편 56:3,4)
  - 예2) 「개구리와 두꺼비가 함께」의 〈꿈〉 이야기를 읽고, 겸손 성품 배우(빌립보서 2:3-4)

여덟째, 좋은 분위기 형성하기

- 결과물이나 속도보다 과정, 태도 중요시
- 경쟁보다 협력 중요시
- 역할을 분담, 모두에게 기회 제공
- 칭찬, 사랑, 격려, 기대의 표현

아홉째, 책을 많이 읽을 수 있는 여건 제공하기

- 교사가 들려주는 이야기 수업(동화책, 성경 이야기, 전래동화, 위인전 등)
- 도서관가기
- 즐겁게 읽기 독서 프로그램 : 읽은 책을 기록 ⇒ 개인 스티커판 활용하여 성취감
- 교실 내 책 비치, 수시로 읽기

2) 독수리기독학교[3]

① 설립 취지 및 교육목적

독수리기독학교는 변화하는 세상 가운데 살아가는 청소년들이 성경에 따른 신앙과 인격, 그리고 학문과 삶을 배우고 익혀서 다음과 같은 교육을 하기 위해 설립되었다. 첫째, 하나님과 세상, 자기와 이웃을 성경적 관점에서 바라본다. 둘째, 성경이 가르치는 삶의 기준과 기독교세계관에 따른 삶을 산다. 셋째, 궁극적으로는 세상을 변화시키고 하나님을 위해 헌신된 삶을 산다.

② 교육목표

독수리기독학교는 교육을 통해 하나님을 경외하고 이웃을 섬기며 자신에 대한 하나님의 비전을 이루는 청소년들을 키우고자 하며

3) 2002년 3월에 '기독교 세계관을 지닌 세계적인 리더 양성'이라는 목표 아래 개교한 기독교 대안학교. 경기도 성남시 분당구 소재. www.eagleschoole.com

그 구체적인 목표는 다음과 같다. 첫째, 믿음과 경건의 사람(성경적 신앙과 경건, 그리고 인격을 가진 사람). 둘째, 열정과 실력의 사람(기독교 세계관과 가치관으로 무장한 사람). 셋째, 섬김과 비전의 사람(하나님 나라를 위해 비전을 품고 사랑과 봉사의 삶을 사는 사람)

③ **교육과정 편성 · 운영의 원리**

첫째, 기독교세계관의 원리이다. 창조-타락-구속의 관점에서 모든 교육과정이 가르쳐진다.

둘째, 균형의 원리이다. 각 교과는 다른 교과들을 배려하고 고려하여 조화를 이루도록 한다. 중복되거나 과도한 과제를 피한다.

셋째, 통합의 원리이다. 각 교과는 다른 교과와 교과 내에서도 다른 단원과 연관시켜서 하나님께서 창조하신 세계를 통전적으로 바라볼 수 있도록 한다.

넷째, 개별화의 원리이다. 학습자의 개별적인 수준에 맞게 수업과 과제 평가를 개별적 차원으로 각자의 발전을 중심으로 학습하고 평가한다.

다섯째, 다양성의 원리이다. 학생의 다양한 수준과 다중지능과 다양한 인지 및 학습 양식을 고려한 교육활동과 학습경험을 제공한다.

여섯째, 공동체의 원리이다. 수업과 학습은 일방적 차원에서가 아니라 공동체적 경험으로 이루어지도록 상호협동과 존중되도록 한다.

일곱째, 자기주도성의 원리이다. 학생들이 스스로 공부할 수 있도록 수업과 과제를 운영한다.

여덟째, 책임의 원리이다. 교사는 자신의 수업에, 학생은 자신의 학습에 스스로 책임이 있다.

아홉째, 실천과 활동의 원리이다. 현실을 변화시킬 수 있는 실천력을 기를 수 있도록 활동을 통하여 교육한다.

열번째, 단절-훈련-도약의 원리이다. 세상적인 문화를 단절하고 영적으로 분별하며, 기독인으로서 합당한 삶을 훈련하고 현실을 변혁시킬 수 있는 능력을 기른다.

④ 교육과정 편성표

독수리기독중학교에서 편성하여 운영하고 있는 교육과정 편성표는 〈표 3〉, 〈표 4〉와 같다.

〈표 3〉 독수리기독중학교 교육과정 편성표

구분	과목		7학년		8학년		9학년	
			기준	배정	기준	배정	기준	배정
국민 공통	국어		5	3	4	3	4	4
	도덕		2	0	2	0	1	0
	사회	사회	3	3	·	·	2	2
		역사	·	·	3	3	2	2
	수학		4	4	4	4	3	3
	과학		3	4	4	4	4	3
	기술·가정		2	0	3	0	3	0
	체육		3	2	3	2	2	2
	음악		2	택1(2)	1	택1(2)	1	택1(2)
	미술		1		1		2	
	외국어(영어)		3	3	3	3	4	4
소계			28	21	28	21	28	22
재량활동	기본교과 심화·보충 (영어, 수학)		영어 (1) 수학 (1)		영어 (1) 수학 (1)		수학(1)	
	선택교과 및 특성화 교과		8		8		8	
	창의적 재량활동		자기주도학습(2)		자기주도학습(2)		자기주도학습(2)	
소계			4	12	4	12	4	11
특별 활동			3		3		3	
소계			2	3	2	3	2	3
총계			34	36	34	36	34	36

〈표4〉 재량활동 교과 구성 (선택교과 및 특성화 교과)

구분 \ 학년			7학년	8학년	9학년
선택 교과	필수 선택	컴퓨터	1	1	1
		영어회화	1	1	1
		독서	2	2	2
특성화 교과	영성 활동	성경	2	2	2
		채플	1	1	1
		아침묵상(큐티)	1	1	1
	영성 활동	개학수련회	매 학기 초	매 학기 초	매 학기 초
		절기학습	부활절기학습 성탄절기학습	부활절기학습 성탄절기학습	부활절기학습 성탄절기학습
		고난학습	지리산 종주 국토순례	지리산 종주 국토순례	지리산 종주 국토순례
	탐구 활동	현장학습	과학체험학습	문화유산답사	문학기행
		* 범교과 탐구학습	1	1	1
합계			8	8	8

* 범교과탐구학습은 학생들의 다양한 흥미와 적성을 고려하여 학생의 "도전과 성취"를 목표로 배움의 기쁨을 알아갈 수 있도록 독려한다. 운영은 한주에 한 시간, 선택은 한 학기에 한번, 이수단위는 저학년에서 6단위를 이수하도록 한다. (단, 해외기독교학교 체험학습에 참여하는 학생들은 5단위를 이수한다.)

⑤ 독수리기독학교 교육의 특징

첫째, 성경을 기초로 하는 교육을 추구한다. 경건훈련을 통해 하나님을 경외하는 것이 지식의 근본이요 하나님을 아는 것이 인간의 근본인 것을 알게 한다. 독수리기독학교에서는 이를 위해 아침마다 담임교사와 함께 큐티(QT)를 하고 하나님께 기도를 드린다. 성경을 펼쳐 읽으면서 자신을 깊이 돌아보고 마음을 다스리며 삶을 돌아보는 시간을 갖는다. 일주일에 2시간씩 성경을 배우고 매주 예배를 드리며 매 학기 초에는 개학수련회를 통해 각오를 새롭게 한다. 특별히 부활절과 성탄절에는 사흘에 걸쳐 절기학습을 갖는데 이를 통해 기독교신앙의 전통을 이어온 절기의 소중함을 배운다. 생활훈련을 통해 독수리학교 학생들이 높은 관계지수를 가진 사람으로 성장할 것을 의심 없이 받아들인다. 왜냐하면 놀기 싫은 아이와 안 놀면 되는 공립학교와는 달리 자기와 전혀 다른 아이를 이해하고 받아들이는 훈련을 날마다 해야 하기 때문이다. 작은 규모의 학급 안에서 학생들은 일상생활에서 겪는 갈등과 어려움을 기도하면서 스스로 해결해가는 훈련을 하게 된다. 그리고 다양한 학교의 교육활동들을 통하여 협동정신과 섬김을 배우게 된다. 국토순례행진과 지리산종주, 농촌공동체 체험학습과 해외 단기선교훈련 등의 고난학습은 결핍과 고통을 통해 목표를 향해 전진하며 자신을 다스리는 법을 배우게 하여 무엇이든 할 수 있다는 자신감을 갖게 한다. 규칙훈련을 통해 법과 질서는 가정과 사회를 지탱하는 기반인 것을 알게 한다. 잘한 일은 칭찬을 받고 잘못한 일에 대해서는 벌을 받아야 건강한 시민으로 자랄 수 있다. 학교의 규칙을 준수하지 않을 때에는 자신이 잘못한 대가를 정당하게 치루는 법을 가르치고, 겨자씨 열매와 각종 시상을 통해 칭찬과 격려를 아끼지 않으므로 긍정적 자생력을 기르도록 노력한다. 특별히 매체훈련은 청소년들을 휘감고 있는 인터넷과 게임으로부터 자신을 분리시켜 객관적으로 바라보게 하고 급변하는 현대 문명을 하나님의 영광을 위해 자기 발전과 비전 성취의 도구로 활용할 수 있는 능력을 갖도록 유도하고 있다.

둘째, 가정과 함께 하는 교육을 실시한다. 학생은 교사에게는 학생이지만 부모에게는 자녀이다. 두 가지의 권위 아래 배우는 학생이 부모와 교사로부터 동일한 가르침을 받는 것은 매우 중요하다. 그래서 학교는 학생에 대한 교육을 부모와 긴밀히 협력하며 진행하고 있다. 이를 위해 매주 월요일 어머니교육을 통해 기독교교육이 무엇인지 함께 배우고 자녀를 위해 기도하는 시간을 갖는다. 그리고 매년 학부모간담회를 통해 자녀가 어떻게 자라고 있으며 어떤 장점과 단점을 가지고 있는지, 어떻게 학교와 가정에서 지도하면 좋을지 진지하게 나누는 시간을 갖는다. 특별히 '쉐마아카데미', '학부모넷실'과 '교목실'을 통해 가정의 어려움을 살피고 자녀로 인한 즐거움과 고통을 함께 나눔으로서 모든 가정이 자녀를 통해 감사와 기쁨을 누리도록 지원하고 있다. 또한 한 쿼터에 한 번씩 갖는 가족기도회는 독수리학교의 학생, 교직원, 부모가 모두 함께 기도하는 시간이다. 기독교공동체인 독수리학교는 기도를 통해 모든 어려움을 극복하고 지금까지 달려왔다. 이 시간에는 독수리학교의 모든 가족이 찬양과 말씀, 기도를 집중적으로 드리며 각종 프로그램을 통해 공동체로서 서로 확인하고 축복하는 시간을 갖는다. 11학년들을 위한 '단기선교사 파송식', 성탄 절기학습의 일환으로 이루어지는 '성탄절 페스티발', 그리고 학교의 중요한 이슈가 생길 때마다 전체의 이해와 동역을 위해 각종 프레젠테이션 등을 진행한다.

셋째, 원형을 회복하는 교육을 한다. 권위에 대한 인정은 가르침을 받을 때 자연스럽게 형성된다. 교실이 무너지는 가장 큰 이유는 학생들이 학교에서 선생님으로부터 가르침을 받지 못하고 있기 때문이다. 학교가 정상화되기 위한 첫 걸음은 교사들에게 학생을 가르칠 수 있는 기회를 돌려주는 것이다. 이를 위해 원칙적으로 사교육을 금하고 있다. 가능하다면 배움과 실천이 교사와의 관계, 그리고 학우들과의 관계 속에서 이루어지도록 교육하고 있다. 이를 통해 학교의 소중함을 알고, 학우들과 학습을 통한 건강한 관계를 맺으며, 더 나아가 교양시민으로서 가정과 이웃을 위해 건강한 삶을 영위하도록 가르친다. 모든 인간은 자기 은사와 재능을 가지고 태어난 존귀한 존재이다. 하나님께서 생명을 주실 때는 그 사명이 있다고 믿는다. 그러므로 학생이 무엇을 좋아하고 즐거워하는지 살펴 자기 재능을 발견하고 발굴하여 비전을 찾아가도록 돕는 일은 매우 중요한 일이다. 성적으로 모든 것을 평가하는 제도를 지양하고 개인이 잘하는 것이면 무엇이든 그 분야에서 최선을 다하는 사람이 되도록 교육한다. 이는 교사에게나 부모에게나 모두 힘겨운 싸움이지만 교사와 부모는 한 마음으로 하나님 앞에 기도하며 기독교세계관에 입각한 바른 교육을 세워야 한다는 거룩한 사명감을 가지고 최선을 다하고 있다. 교실에서 교사가 학생을 가르칠 때 실질적인 배움이 일어나느냐 하는 것이 중요하다. 교사가 어떻게 가르치느냐 하는 것도 중요하지만 그것을 학생들 한 명 한 명이 어떻게 받아들이고 이해하며 자기 것으로 만드느냐에 관심을 가지고 교육한다. 그래서 주요과목은 학생들의 역량에 맞추어 수준별로 학습을 진행하고, 개인별 학습향상을 위한 튜터제도를 시행하여 방과후에 보충학습과 심화학습을 실시한다. 또한 학습의 즐거움을 회복할 수 있도록 자기주도학습을 강조하고 있다. 교육의 전문성을 위해 설치되어 있는 본교의 기독교학교연구소를 통해 기독교교육적으로 충실한 교육이 되도록 하기 위해 최선을 다하고 있다.

넷째, 9학년 2학기에는 해외기독교학교 체험 프로그램이 있으며 원하는 학생들은 미국의 발전된 모범적인 기독교학교를 한 학기 동안 직접 방문하여 홈스테이를 하면서 학교를 다닐 수 있다. 이를 통하여 학생은 독립심과 뿌리 깊은 기독교문화와 가정과 학교를 체험하며 글로벌의식과 기독교인으로서 연대의식을 기르는 등 시야를 넓히게 된다.

2 기독교 특성화학교[4)]

1) 두레자연중학교[5)]

① 설립취지 및 교육목적

두레자연중학교가 추구하는 것은 첫째, 사람다운 사람이 되는 교육을 받아 평생토록 행복하고 보람 있는 삶을 살게 하는 것이고 둘째, 학생과 스승, 그리고 두레마을 공동체와 더불어 살아가는 공동체 정신을 이루어 나가는 것이며 셋째, 학교의 교장 되신 예수님의 가르치심을 받들어 겨레의 혼을 깨우치고 얼을 가다듬어 힘찬 나라를 이루어 가는 것이다.

② 교육목표

두레자연중학교의 교육목표는 첫째, 사랑이다. 하나님의 형상인 인간을 존중해야 한다. 둘째, 적성이다. 자신이 원하는 것을 발견하게 되는 것은 기쁜 일이다. 셋째, 행복이다. 사명에 따라 일하는 보람이 바로 행복한 삶이다.

③ 교육과정 편성의 원칙

두레자연중학교의 교육은 초등학교 교육의 성과를 바탕으로 학생의 학습과 일상생활에 필요한 기본 능력과 민주 시민으로서의 자질을 함양하는데 중점을 둔다.

첫째, 심신의 조화로운 발달을 추구하고 자기 발견의 기회를 가진다.

---

4) 특성화학교란 어느 한 특정분야로 특성화된 학교를 말한다. 초중등교육법시행령 제76조(특성화중학교), 제91조(특성화고등학교)에 근거를 두고 있는데, 교육과학기술부장관은 교육과정의 운영 등을 특성화하기 위한 학교를 지정・고시할 수 있다.

5) 2003년 2월에 "하나님과 자연과 사람을 사랑하는 학교"라는 교훈으로 개교한 기독교 특성화 중학교. 경기도 화성시 소재. www.dooraems.kr

둘째, 학습과 생활에 필요한 기본 능력과 문제 해결력을 기르고 자신의 생각과 느낌을 창의적으로 표현하는 경험을 가진다.

셋째, 다양한 분야의 지식과 기능을 익혀 적극적으로 진로를 탐색하는 경험을 가진다.

넷째, 우리의 전통과 문화에 대한 자긍심을 지니고 이를 발전시키려는 태도를 가진다.

다섯째, 자유 민주주의의 기본적 가치와 원리를 이해하고 민주적인 생활방식을 익힌다.

④ 교육과정 편성표

두레자연중학교에서 편성하여 운영하고 있는 교육과정 편성표는 〈표 5〉와 같다.

〈표 5〉 두레자연중학교 교육과정 편성표

<table>
<tr><td rowspan="13">교과</td><td colspan="2">기본교과</td><td>국어, 도덕, 사회, 수학, 과학, 기술과정, 체육, 음악, 미술, 영어</td></tr>
<tr><td rowspan="6">특성화교과</td><td>노작</td><td>텃밭재배, 목공, 옷 만들기, 요리</td></tr>
<tr><td>열린 사고</td><td>신문만들기, 인권과 평화, 환경과 우리, 초청강의, 발표토론</td></tr>
<tr><td>해외이동 수업</td><td>일본(1학년), 중국(2학년)</td></tr>
<tr><td>적응활동</td><td>설악산 종주(1학년), 국토순례(2학년), 테마여행(연 2회)</td></tr>
<tr><td>문화 체험활동</td><td>문화산책(연극, 영화, 음악회관람), 1인 1악기(플루트, 색소폰, 클라리넷), 전통미술실습(도자기공예, 염색, 한지공예), 전통예절실습(예절교육, 장 담그기)</td></tr>
<tr><td>음악</td><td>플루트, 색소폰, 트럼펫, 클라리넷, 피아노, 사물놀이</td></tr>
<tr><td rowspan="6">특기적성교육</td><td>미술</td><td>데생, 수채화, 공예</td></tr>
<tr><td>체육</td><td>태권도, 택견, 검도, 핸드볼, 탁구</td></tr>
<tr><td>외국어</td><td>영어, 일본어, 중국어</td></tr>
<tr><td>컴퓨터</td><td>파워포인트, 엑셀, 포트샵, 홈페이지</td></tr>
<tr><td>독서</td><td>일기, 쓰기</td></tr>
<tr><td colspan="2">그 외</td><td>식구회의, 봉사활동, 생활관 교육</td></tr>
</table>

⑤ 기독교학교로서의 특징

첫째, 두레자연중학교는 예수님의 정신을 바탕으로 하는 기독교학교이다. 구체적인 실천 내용으로는 학생주도의 월요일, 수요일 예배 준비와 성경공부반 및 찬양반 동아리 운영, 학생 자발적 정기적 QT모임, 그리고 매일 아침 하루를 여는 교사 예배 등이 있다.

둘째, 인성교육을 우선시하는 대안학교이다.

셋째, 경험과 체험을 중시하는 특성화중학교이다.

넷째, 문화체험을 중시하는 문화학교이다.

다섯째, 공동체생활을 하는 기숙사학교이다.

여섯째, 학급당 인원이 20명인 작은 학교이다.

2) 지구촌고등학교[6]

① 설립 취지 및 교육목적

선교사 자녀(MK : missionary kids)와 한국재외동포청소년(KEY: Korean Expatriate Youth)을 '하나님 나라의 시민, 세계의 청지기'가 되도록 '공동체적 나눔'을 통해 양육하는데 그 목적을 둔다. 여기서 '하나님 나라의 시민'은 하나님을 아버지로, 자신을 그의 아들로 고백하고 그분의 양육을 통해 아들 됨이 자라나며, 아들의 삶의 방식을 배우며 언젠가 하나님과 완전한 교제를 나눌 수 있는 완전한 아들 됨을 소망하며 이 땅에서 살아가는 사람을 말한다(빌 3:20-21). 그리고 '세계의 청지기'는 온 세계를 창조하신 하나님께서 이 세계를 그의 아들들에게 맡겨 그분의 방식대로 다스리게 하심을 인식하고, 먼저 맡겨진 작은 일을 착하고 충성되게 하고 작은 자를 예수님께 하듯 돌보는 사람을 말한다(마태복음 24:45-51, 25:31-46).

6) 2002년 3월에 "하나님 나라의 시민 세계 청지기"라는 교훈으로 개교한 기독교 특성화 고등학교. 부산광역시 연제구 소재. www.glovillhigh.org

② **교육목표**

첫째, KEY 교육에 부르심을 받은 교사들로 구성된 교사공동체는 그리스도의 인격과 부모의 마음으로 양육한다.

둘째, 하나님이 글로빌에 맡기신 학생들을 분별하여 초청하고, '책임 있는 학습자'로 양육한다. 책임 있는 학습자는 교사와 학우들과 함께 형성되는 학습공동체 안에서 교사의 안내를 받아 자율적인 학습 습관을 익힘으로 형성된다.

셋째, 학습공동체적 나눔은 앎과 지식을 회복시키고, 이 회복된 지식을 적용함으로 삶과 우주를 회복시키는데 그 지향점을 둔다. 이 과정을 통해 피조세계에 대한 하나님의 마음을 알아가게 한다.

넷째, 하나님께서 학생들에게 부여하신 한국인의 정체성과 국제적 능력을 세워주어, 세계를 섬기는 비전 공동체로의 부르심에 응답하는 기독인이 되게 한다.

③ **교육의 4가지 영역**

지구촌고등학교에서 강조하는 교육의 4가지 영역은 〈표 6〉과 같다.

〈표 6〉 지구촌고등학교 교육의 4가지 영역

특징	한국문화 적응 영역	한국어를 익히고 한국 생활에 적응하며, 조국의 문화를 적극적으로 알아간다.
	수학능력계발·진로안내영역	• 한국교육기준 기초능력 계발과 기독교적 교육과정 개발 및 사용 • 외국어 자격인증시험 준비, 개인별 대학 입학 지도, 리더십 계발

특징		
	국제감각유지 및 신장 영역	외국어와 네트워크 보존 (특정 외국어들로 진행하는 강의 개설, 선교지 비전 트립, 비영어권 학생들을 위한 영어권 자매학교 단기 영어 연수)
	목양 및 공동체 생활 영역	진리 되신 예수님을 내 삶의 주인으로 모시며 그를 더욱 알아가고, 나와 함께 하는 이웃을 사랑하며 더불어 사는 삶을 배운다(성경공부와 예배, 1대1 멘토십, 중보기도자, 전문직 기독인, 기숙사 양육).
	• 설립목적과 교육목표의 실현을 힘쓰는 교육과정 • 국, 영, 수 교과의 수준별 분반 수업 : 특히 영어교과의 경우는 학생들의 출신국 언어 및 영어 능력에 따라 한국 영어교사가 진행하고 영어교과반과 원어민 교사가 진행하는 영어교과반 (영, 미권 교육과정에 따라 진행)으로 크게 나누어진다. 영어 교과는 무학년으로 운영되기도 함(매년 다를 수 있다.) • 주제별 통합수업 진행: 매학기 1회 • 학생들의 달란트와 진로를 고려하는 교육과정을 운영한다.	

④ 기타 교육과정 운영의 사례

첫째, 무학년 수업을 진행한다.

- 영어는 2, 3학년을 묶어서 수준별로 반을 재편성
- 1학년의 도덕, 한문은 3학년의 도예, 회화 등의 과목과 선택해서 수업 후 3학년 때 도덕, 한문을 수강함

둘째, 다양한 선택수업(무학년)을 개설하고 있다.

- 회화, 구기, 서예, 앨범 중 2과목을 2개 학년 동안 선택하여 수강함

셋째, 개인연구수업을 진행한다.

- 3학년생 중 전학년도의 수업 및 생활태도와 성적이 우수한 학생 중 원하는 학생에게 최대 주 4시간의 수업을 다른 교과 중 선택하여, 국어, 영어, 수학, 사회 등의 과목 중 집중적으로 연구하길 원하는 과목을 심화 연구하는 자기주도 학습

넷째, 학습자의 특성(KEY)상 제2외국어가 능숙한 학생들을 위해 원어민 강사를 통한 심화수업을 진행한다.

- 중국어 독해, 러시아어 독해 과목명으로 원어민 강사와 수업 진행 중

다섯째, 다양한 특성화 교과목을 운영한다.

- 국제문제, 국제정치 비교문화 등, 지역이해 등과 같은 국제와 시사관련 수업 진행
- 태권도, 무용, 도예, 수공예, 회화 수업 등과 같은 예능 관련 수업 진행

IV. 기독교학교 교육과정의 특성

일반학교와 마찬가지로 기독교학교들도 각 학교의 교육목적과 교육목표를 달성하는데 필요한 방향으로 교육과정을 편성한다. 그러나 학교별로 일반 초・중등학교의 교육과정과는 달리 기독교학교의 경우는 학교 설립정신과 비전, 교육목적과 목표에 따라 특색 있는 교육과정을 가지고 있음을 알 수 있다. 국제학교를 비롯한 몇몇의 기독교 대안학교에서는 모든 교과목에서 외국학교 교재를 그대로 사용하는 경우와 번역하여 사용하는 경우로 나누어 볼 수 있다. 이와 더불어 학교 자체 내에서 교사들의 연구로 교재가 자체 제작되어 사용하는 경우도 있다. 미인가학교들이 많은 관계로 상급학교 진학을 위해서는 대부분 검정고시 준비를 따로 해야 하기에 이를 위한 별도의 교육과정이 편성되어 있다는 특징도 나타난다. 학생 개개인

의 특성을 존중해 주는 수준별 학습, 인성 · 적성 교육과정, 예술 등을 통한 감성 교육과정 등이 통합적인 형태로 나타나고 있다.

기독교학교의 경우 교육과정에 편성된 교과목에서는 성경과 영어가 대부분 많은 비중을 차지하는 특성이 있다. 또한 국가수준 교육과정을 바탕으로 하되 각 교과목을 기독교적으로 해석하여 교육과정을 편성하고, 필수교육과정과 선택교육과정으로 나누어 학생의 자율적인 과목선택권을 보장하는 경우도 있다. 특별히 학교 부적응 학생들을 대상으로 하는 기독교 대안학교에서는 기독교적인 세계관에 입각한 특수프로그램을 진행하는 교육과정을 구성하고 있음을 볼 수 있다. 각 학교의 교육과정을 주요 특성별로 분류하면 다음과 같다(기독교학교교육연구소 편, 2007).

첫째는, 기독교적 영성과 인성을 계발하는 교육과정으로 편성되어 있다. 학교의 교육목적과 목표에 부합하는 교육과정을 편성한 것으로서 주로 채플이나 성경수업, 신앙수련회를 통하여 이루어지고 있다 둘째는, 해외연수 프로그램을 포함한 세계화를 향한 교육과정이다. 학교별로 해외어학연수, 여름방학을 이용한 영어캠프, 배낭여행과 테마 학습 등의 형태로 세계 각 나라를 탐방하는 교육과정으로 편성되어 있다. 해외 이동수업 등을 통하여 기독교 문화권을 체험하며 글로벌시대에 필요한 국제적 인재 양성을 목적으로 이루어지고 있다. 셋째는, 체험훈련이나 현장학습 중심의 교육과정이다. 이는 국내의 국토순례, 유적답사, 박물관 견학 체험교실, 재해 복구현장 등으로 특색 있는 교육현장을 탐방하여 직접 체험하는 교육과정을 포함하고 있는 경우이다. 문화적 접근의 형태로도 많이 나타나며, 체험훈련이나 현장학습과 해외연수교육, 혹은 단기선교훈련과 연계하여 시행하는 학생들도 있다. 넷째는, 공동체성 함양을 위한 교육과정이다. 특히 기숙형 학교는 거의 대부분이 공동체성 함양을 목적으로 하고 있다고 보아도 무리가 없을 것이다. 다섯째는, 자연환경 교육과정이다. 많은 학교에서는 학생들이 직접 손과 발로 자연 속에서 생태계의 현상을 체험하고 생명의 소중함을 체험하는 노작교육을 통하여 생태자연환경과 생명교육이 이루어지고 있는데 이는 공동체성을 함양하는데 도움이 될 뿐만 아니라 체험교육이 되기도 한다. 여섯째는, 학부모교육 참여를 중요시 하고 있다. 학부모 교육과정을 두거나 학부모를 교육주체자로 두는 교육과정을 구성하는 경우이며, 또한 가정교육과 연계하는 교육과정이라고 할 수 있다. 학부모와 함께 교과과정을 협의하기도 하고 학부모와 함께 예배를 드림으로써 기독교 영성을 함양하는 교육과정을 실현하기도 한다. 일곱째는, 성경교과를 강조하는 교육과정이다. 대다수의 학교에서는 성경을 교과목으로 채택하고 있으며 성경을 교과목으로 포함하지 않더라도 성경 읽기 등을 통하여 체계적인 성경교육을 시행하는 학교도 있다. 마지막으로, 사회봉사활동 중심의 교육과정이다. 사회봉사활동을 교육과정에 포함시키고 있는 학교들 안에는 특성화고등학교들이 많이 있음을 알 수 있다. 이외에도 학생의 특성에 따라, 절기교육이나 예배(채플), 외국어(제2외국어 포함), 독서논술 등을 강조한 학교들도 있으며, 지역사회와의 연계성을 고려한 교육과정과 홈스쿨링 교재를 사용하는 학교도 있었다. 또한 체력관리를 위해 재학생 전원이 건강과 인내력, 집중력과 자신감을 향상시키는 태권도를 특기과목으로 이수하도록 하는 학교들도 있었으며, 체육활동을 권장하는 교육과정을 가진 학교들이 많이 있다.

V. 나가는 말

교육과정은 학교의 교육목표를 효과적으로 달성하기 위한 체계적인 계획이다. 기독교학교는 각 학교의 교육목적과 교육목표를 달성하는데 필요한 방향으로 교육과정을 편성하고 있다. 기독교학교들은 대체적으로 기독교적 세계관, 기독교 정신에 입각한 기독교 인재양성에 교육의 목적을 두고 있다. 학교교육을 기독교적으로 이해하기 위해서는 일반학교의 교육과정과 더불어 여러 유형의 기독교학교에서 편성·운영하고 있는 교육과정의 실제를 자세히 알아야 한다.

기독교학교의 교육과정의 내용과 운영을 살펴보면 기본과목은 국가수준 교육과정을 바탕으로 하여 각 교과목을 기독교적으로 해석하여 편성하고 있으며 학교설립 정신을 구현하기 위한 특별 프로그램은 기독교 세계관에 입각하여 교육과정에 포함하여 편성·운영하고 있다. 대부분의 기독교 대안학교들은 교과 통합을 지향하고 성경의 보편적인 원리들을 모든 교과에 적용하려는 시도를 하고 있다. 기독교 특성화학교에서는 학교마다 특성화교과를 편성하는 방식과 내용은 다소 차이가 있지만 모두 일반학교 교육과정에는 없는 특성화교과를 편성하고 있다. 특성화교과의 내용은 학교의 특색을 나타내는 만큼 학교에 따라 다르게 구성되어 있다.

기독교 대안학교와 특성화학교는 비록 짧은 역사임에도 불구하고 획일화된 교육이라고 평가되고 있는 일반 학교교육에 많은 긍정적인 시사점을 주고 있다. 무엇보다도 학교의 분명한 설립정신과 독특한 교육철학과 그에 부합하는 교육내용을 특성화교과 영역에 개설하여 특성화된 교육을 시도하는 것은 시대적 사회적 요구이기도한 교육의 다양화와 특성화에 부응하는 것으로 평가할 수 있다.

토의 문제

▶▶ 기독교학교의 교육과정 개발 및 구성과 관련한 기본적인 원칙과 기준에 논의해 보자.

▶▶ 학교 교육과정 편성·운영시 고려할 점과 편성 절차에 대해 논의해 보자.

▶▶ 기독교학교 교육과정의 사례로 소개된 각 학교들의 교육과정 특성에 대해 토의해 보자.

▶▶ 내가 만일 기독교학교 교육과정 개발 책임자라면 어떤 기준과 원칙에 의하여 교육과정을 편성하여 운영하고 싶은가?

참고문헌

강창동 외(2006). 『학교교육 내실화 후속 지원 연구(IV)』. 서울: 한국교육과정평가원.

교육부(2001). 『학교 교육과정 편성・운영의 실제』.

기독교학교교육연구소 편(2007). 『희망을 심는 교육 기독교대안학교가이드』. 서울: 예영커뮤니케이션.

김경자(2000). 『학교 교육과정론』. 서울: 교육과학사.

김재춘 외(2002). 『예비・현직교사를 위한 교육과정 및 교육평가』. 서울: 교육과학사.

박상진(2006). 『기독교학교교육론』. 서울: 예영커뮤니케이션.

이정기 외(2007). 『기독교교육학개론』. 서울: 생명의 양식.

이홍우(1992). 『교육과정 탐구(증보판)』. 서울: 박영사.

조금주 외 (2004). 『대안학교 교육과정 체제 및 내용 구조 연구』. 아름다운학교운동본부.

함수곤 외(2003). 『교육과정 개발의 이론과 실제』. 서울: 교육과학사.

홍후조(2002). 『교육과정이 이해와 개발』. 서울: 문음사.

Edlin, Richard, 기독교학문연구회 교육학분과 역(2004). 기독교교육의 기초. 서울: 그림심.

Harro Van Brummenlen, 이부형 역(2006). 기독교적 교육과정 디딤돌. 서울: IVP.

Wolterstorff, Nicholas P.(2004), Educating for Life: Reflection on Christian Teaching and Learning, Grand Rapids, Michigan: Baker Academic

In Jesus' name, I pray. Amen.

11

학습과 동기, 지능에 대한 이해

– 이은실(한동대학교)

I. 들어가는 말

배운다는 것은 무엇이며 어떻게 일어나는가. 이 장에서는 학습에 대한 정의를 검토하고 학습과 밀접한 관계가 있는 동기와 지능을 살펴보고자 한다. 학습의 문제를 탐구한다는 것은 곧 학습이론이 교육현장에 어떻게 적용되는지를 다루는 것으로 이를 통해 학습상황에 있는 학생들의 사고와 행동을 이해하게 된다. 현대 학습의 이론들은 주로 심리분야의 연구로부터 비롯되었는데, 학습에 대한 연구는 크게 두 줄기로 나눌 수 있다. 그 중 하나는 행동주의적인 접근으로 인간의 내적 학습요소 보다는 외부의 환경에 의해 조장되고 조율되는 학습을 강조하고, 또 다른 줄기인 인지주의적인 입장에서는 지식을 습득하고 활용하는 복합적인 정신과정의 결과로서 학습을 말하고 있다. 과연 현대 학습의 이론을 성경적 시각에서 재조명할 때 어떤 시각의 조율이 필요한 것인가? 학생은 하나님의 이미지를 따라 창조된 영적 존재이나 타락으로 인해 마음과 성품과 행동에 손상을 입은 자라는 사실, 이제 회복된 자가 되어 온전함을 추구하고 있다는 학습자의 특성은 학습을 이해하는데 어떻게 반영되어야 하겠는가? 이 장에서는 학습의 주제를 성경적 시각에서 재조명하면서 학습의 개념과 원리, 학습 면에서의 성취를 지향하는 학습동기, 그리고 개인차를 드러내는 지능의 문제를 다루고자 한다.

학습의 개념과 학습동기, 지능의 영역은 교육심리분야의 중요한 주제로서 교육현장과 밀접하게 연결되기 때문에 더욱이 기독교적 시각의 점검이 필요하다. 사회문제로까지 지적되고 있는 지나친 사교육의 문제에는 "재능이나 취미, 적성과 관계없이 원하는 수준이 되도록 훈련시킬 수 있다"라는 행동주의적 학습의 개념이 숨어있는 것은 아닌가? 학업성취라는 인지적 성과에 관심을 쏟아 학업성취도를 국제적으로 비교할 때에는 최상위에 속하지만 배움의 즐거움이나 지적 호기심이라는 학습동기 면에서는 하위권에 머물고 있는 현상을 어떻게 볼 것인가? 지능을 고정적이고 단일한 능력으로 보고 학생들을 구분하고 판단하는 시각은 문제가 없는가? 기독교육자들이 갖고 있는 이러한 질문들은 학습과 동기, 지능의 문제를 재검토하고 성경적으로 조명하는 것이 시급함을 보여준다.

학습의 영역을 포함한 심리학 분야를 기독교적 시각에서 재조명한다는 것이 무엇을 의미하는가에 대해서는 학자에 따라 다른 의견을 갖고 있기도 하다(Johnson & Jones, 2000). 일반적으로 성경에서 말하는 가치와 직접적인 관련이 없거나 실험적인 결과에 바탕을 두는 영역, 예를 들어 두뇌연구나 지각과 같은 분야의 내용은 기독교적 시각에 대해 덜 민감한 편이다. 그러나 인간의 본성과 관련되어 발전되는 영역, 예를 들어 학습이나 동기의 영역은 기독교적 조명이 복잡한 영역으로 구분되어 학자마다 의견의 차이를 보이고 있다. 그 결과 그간 기독교적 접근의 교육심리에 대한 연구가 활발하게 진행되지 않았다. 이런 일차자료의 한계로 인해 본 장에서 다룰 학습과 동기, 지능의 주제에 대한 기독교적 조명은 학습과 신앙이라는 두 영역을 체계적으로 통합한다기 보다는 그간 독립적이었던 두 영역의 연결을 탐색적으로 시도하고자 한다.

II. 학습에 대한 이해

배운다는 것은 무엇인가. 학습에 대한 일반적인 정의는 '학습자에게 일어나는 비교적 지속적인 행동, 행동잠재력, 그리고 내적 변화의 과정'이며, 이 정의에서 중요한 것은 '학습자'와 '행동, 행동잠재력, 내적 변화'이다. 학습을 어떻게 이해하느냐 하는 것은 곧 '학습자'의 본질과 능력에 대해 어떤 가정을 갖고 있느냐와 어떤 면에서의 '변화'를 의미하느냐에 대한 접근의 차이로 볼 수 있다.

1 학습에 대한 행동주의적 접근

행동주의적 관점에서 학습이란 적절한 외부환경이나 강화를 통해 유기체에게 일어나는 관찰 가능한 행동의 변화로 정의한다. 따라서 행동주의적 접근에서는 외적 사건들의 결과로 일어나는 행동상의 변화를 강조하고, 인간은 외부의 자극과 조건에 따라 움직여지는 존재로 보고 있다. 행동주의적 학습이론의 시발점이 된 러시아 생리학자 Pavlov는 두 개 이상의 사건들이 충분히 함께 자주 일어나면 서로 연합하여 행동의 조건을 형성한다고 보았다.[1] 인간이 갖는 정서적 반응이나 태도 중 많은 부분은 고전적 조건형성을 통해 학습된 경우가 많다. 유명 연예인이 나와서 광고하는 물건을 쉽게 구입하게

1) Pavlov는 개의 타액분비실험을 통해 '조건형성실험'을 하였다. 음식물이 주어지면 개는 침을 분비한다. 즉 어떤 학습도 관련되지 않은 무조건 반응 상태에서 음식물이라는 무조건 자극(unconditional stimulus: US)이 있으면 자연스럽게 침을 흘리는 무조건 반응(unconditioned response: UR)이 있게 마련이다. 그런데 종소리라는 침 흘리는 것과 관계없는 중성자극(neutral stimulus)이 무조건 자극인 음식물과 반복적으로 연합되면 종소리만 들어도 침을 흘리도록 학습된 반응을 일으킨다. 즉, 종소리라는 중성자극이 조건자극(conditioned stimulus: CS)이 되고 침 흘리는 행동은 조건반응(conditioned response: CR)이 되는 것이다.

되는 것은 연예인에 대한 친근한 감정이 광고하는 물건과 연합되어 친근하게 느껴지기 때문인 경우가 그러하다. 교사가 좋으면 그 교사가 담당하는 과목을 공부하고 싶어지는 것도 비슷한 원리이다. 교사의 다정한 미소로 기쁨을 느끼게 되었을 때 그 느낌이 교사가 가르치는 과목과 연합되어 그 과목이 좋아지게 되는 것이다.

행동주의적 접근의 또 다른 형태인 조작적 조건형성은 일상생활에서 흔히 볼 수 있는 상벌의 이치에서 찾을 수 있다. 조작적 조건형성은[2] 일반적으로 원하는 행동을 증가시키고 원하지 않는 행동을 감소시키기 위해 외부의 환경을 조작하는 것을 의미한다. 즉 아래 〈표 1〉과 같이 원하는 행동을 강화하고자 할 때는 좋아하는 자극을 더하거나(정적 강화) 싫어하는 자극을 제거하게 된다(부적강화). 반대로 원하지 않는 행동을 감소하기 위해 벌을 줄 때에는 좋아하는 자극을 제거하거나(박탈성 벌) 싫어하는 자극을 제공하게 된다(수여성 벌). 흔히 원하는 행동을 하였을 때 상을 주고 원하지 않는 행동을 감소시키기 위해 벌을 주는 것은 네 가지 유형의 조건형성 중 가장 일반적인 두 가지에 해당되는 셈이다. 결과적으로 조작적 조건형성 이론에서 인간은 외부의 환경을 적극적으로 조작하여 이전의 경험에 의해 강화 혹은 약화하도록 학습된 행동을 조작하는 조작자라는 입장이다. 고전적 조건형성이론은 어떤 행동을 유발시키기 위한 자극에 관심을 두고 있다면, 조작적 조건형성이론은 유발된 행동의 결과에 관심을 둔다는 차이가 있다.

2) Skinner는 조작적 조건형성이론을 체계화한 학자이다. 유명한 그의 skinner 상자는 먹이통과 연결된 지렛대가 있어서 지렛대를 누르면 접시에 먹이가 나오도록 되어 있다. 이 상자에 들어간 쥐는 어떤 자극에 의해서가 아니라 자발적으로 상자 안에서 돌아다니다가 우연히 지렛대를 누르고 그에 따라 접시에 나온 먹이를 먹게 된다. 지렛대를 누르면 먹이가 나오는 결과가 반복되면서 쥐는 지렛대와 먹이와의 관계를 학습하게 되며, 이 관계를 학습한 쥐는 스스로 만든 조작적 행동, 즉 지렛대 누름이 조건이 되어 먹이가 나오는 조작적 조건형성을 보이는 것이다.

〈표 1〉 조작적 조건형성의 네 경우

	좋아하는 자극	싫어하는 자극
강화 (reinforcement)	정적 강화 좋아하는 자극 제공 (예: 착한 일 후에 칭찬하여 더 착한 일 하도록 함)	부적 강화 싫어하는 자극 제거 (예: 착한 일 후에 부담스런 집안일을 면제시켜서 착한 일을 계속하게 함)
벌 (punishment)	박탈성 벌 좋아하는 자극 제거 (예: 좋지 않은 행동을 했을 때 재미있는 TV 시청을 금함)	수여성 벌 싫어하는 자극 제공 (예: 좋지 않은 행동을 했을 때 싫어하는 야단을 맞게 됨)

행동주의적 접근은 교육현장에 알게 모르게 많이 적용되고 있다. 관찰 가능한 행동의 변화에 관심을 갖는 행동주의적 접근의 특성에 따라 학생의 행동을 수정하고자 할 때 가장 많이 활용된다. 긍정적으로 사용되는 경우 학교현장에서 바람직한 행동을 격려하고 좋지 못한 행동을 억제하는데 사용할 수 있어서, 태도함양 및 가치관 교육에 도움이 될 수도 있다. 또한 현재의 행동을 고무시키거나 새로운 행동을 가르치기 위해 강화물을 사용할 수 있다. 행동 강화를 위해 강화물을 사용하는 경우 학생마다 선호하는 강화물이 다를 수 있기 때문에 교육현장의 교사는 학생들의 바람직한 행동을 독려하기 위해 각 학생들에 대한 관심과 관찰로 선호도를 알고 있어야 한다는 시사점도 얻을 수 있다. 그러나 행동주의적 접근은 여러 가지 한계가 있다. 즉, 학습에 대해 학생들을 보상하는 경우 오히려 학습자체에 대한 흥미를 잃을 수 있고, 특정 행동이나 주제에 대해 보상하는 경우 보상 프로그램이 끝났을 때 그에 대한 흥미가 소멸되기도 한

다. 또한 윤리적인 문제도 있어서 한 개인에게는 보상의 효과가 나타나나 그 영향이 다른 학생에게는 어떻게 미치는지에 대해서는 확인이 어려운 경우가 있다.

사람은 다른 사람들의 행동을 모방함으로써 학습하기도 한다. 또는 자신이 아닌 주위 사람의 행동이나 사건의 결과로 얻어지는 보상이나 벌을 보고도 배울 수 있다. 과연 직접적인 강화나 벌 없이도 일어나는 학습은 어떻게 설명할까? 이런 경우 인간 외부의 자극으로 인해 학습한다는 점은 행동주의적 접근과 동일하나 획득하는 정보가 다른 사람과의 상호작용을 통해 온다는 점에서 사회학습적 접근이라고 한다. 이러한 접근의 대표적 학자인 Bandura는 타인을 관찰하여 얻는 학습은 새로운 행동이나 태도를 함양하거나 이미 있던 행동을 고무시키거나 억제한다고 본다. 나아가 행동주의적 접근으로만 설명할 수 없는 영역, 즉 직접 관찰할 수 없는 기대, 사고, 신념과 같은 인지과정들의 연구도 사회학습적 접근에 포함시키고 있다.

2 학습에 대한 인지심리학적 접근

학습에 대한 인지주의적인 관점은 행동주의적 접근의 한계가 드러나고 인간은 보상과 처벌로 인해 반응하기만 하는 존재가 아니라 학습의 주체이며, 학습이란 지식을 습득하고 기억하고 활용하는 능동적이고 복합적인 정신과정이라고 본다. 이 관점은 지식의 본질, 이성의 가치, 마음의 내용에 대한 논의가 있었던 고대로부터 시작된 오래된 관점이지만 1960년도 이후 본격적으로 부각된 접근이며 최근 뇌과학의 발달로 활발한 접근이기도 하다. 이 관점에서 말하는 인지란 의식, 자각, 생각, 사고로 바꾸어 표현할 수도 있으며 학습은 학습자가 각각의 정보를 서로 연결시켜 인지 구조 속에서 그 과정을 파악하고 재구성할 때 일어나는 것으로 이해한다.

인지주의적 관점에서 가장 일반적인 접근은 정보처리모델을 틀로 하여 학습을 설명하는 것이다. 정보처리모델에서는 새로운 학습은 감각기억기, 단기기억기, 장기기억기를 통해 저장되고 인출되는 활동으로 본다. 감각기억기를 통해 들어온 정보는 지각하여 단기기억기에서 작업을 하게 되며 완전히 학습된 내용은 장기기억기에 저장되어 언제라도 인출하여 활용할 수 있다. 따라서 정보처리모델을 활용하여 효과적인 학습이 이뤄지도록 하기 위해서는 감각기억기에 들어온 정보에 어떻게 주의집중을 하도록 할 것인가, 주의집중하여 얻은 정보는 자신이 알고 있는 어떤 것과 연합시켜 정교화할 것인가, 장기기억기에 저장하여 필요할 때 기억하기 위해서는 어떻게 정보를 조직하고 이해하도록 할 것인가를 아는 것이 중요하게 된다.

〈그림 1〉 정보처리모델

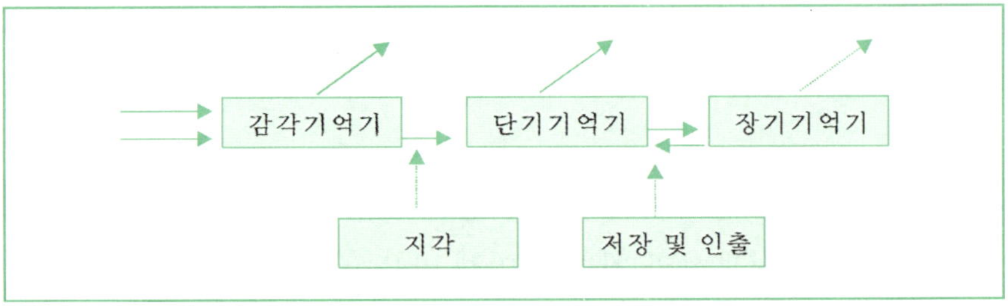

과연 사람은 어떻게 배우게 되는가 라는 질문은 여러 분야의 관심사이어서 약 10년전 뇌과학 및 사회과학 분야의 학자들이 모여 학습에 관한 다양한 연구결과를 종합한 보고서를 내기도 하였다(참조: Donavan & Bransford, 2000; National Research Council, 2000). 이 보고서에

서 제시한 학습원리 중 중요한 세 가지는 다음과 같다(최상일 외, 2001).

첫째, 학생은 다양한 선개념(preconception)을 갖고 수업에 참여하므로 수업에서 배우는 내용은 학생이 갖고 있는 선개념과 연결되고 조화를 이루어야 한다. 그렇지 않은 경우 학교에서 배우는 것은 단지 시험을 위한 것이 되고 교실 밖에서는 원래 자신의 선개념으로 돌아가게 된다.

둘째, 지식은 개념체계로 알아야 새로운 문제해결, 즉 전이에 도움이 된다. 따라서 학생들은 자신의 학습능력을 높이기 위해 먼저 사실적인 기초지식을 충분히 가져야 하고, 이 지식이 전체적인 개념체계 안에서 이해될 수 있어야 하며, 학습한 지식을 다른 상황에 효과적으로 응용할 수 있도록 스스로 내용을 조직해야 한다.

셋째, 효과적으로 학습하려면 자신이 이해한 것을 주의 깊게 확인하고 점검해야 한다. 즉 학습에 대한 자기통제력을 가져야 하며, 이는 메타인지[3] 혹은 상위인지, 자기조절로 표현하기도 한다. 학습에 대한 자기 통제력을 갖으면 자신이 이미 아는 것과 새롭게 알게 된 것이 일치하는지 살펴보며 자신의 학습과정에 대해 지속적으로 관찰하고 점검하여 학습방법을 익혀가게 된다.

이러한 인지론적 접근은 학습현장에 시사하는 점이 많이 있다. 효과적인 학습을 위해서는 학생이 잘못된 선지식을 갖고 있는지 확인하며, 학습이해 및 전이가 용이하도록 지식을 습득하고 사용하는 맥락 혹은 상황 속에서 학습하도록 도와야 한다. 또한 지식을 제시하는 것이 아니라 학생 스스로 그 의미를 창출하고 구성하도록 학습환경을 창출하며 학생 스스로 자신의 학습과정을 점검하고 평가하도록 유도하는 것이 좋다.

3) 메타인지란 자신의 사고과정에 대한 지식으로 특히 과제수행에 필요한 기술 및 전략에 대한 서술적 지식, 무엇을 어떻게 해야할지를 아는 절차적 지식, 언제 이러한 과제 해결이 필요한지 아는 조건적 지식을 갖추어야 한다.

그러나 보이지 않는 학습자의 학습과정에 대해 완전하게 설명할 수 있는 유일한 이론은 불가능하여서 인지심리학적 접근에서 시도되는 새로운 관점은 계속하여 새로운 이론으로 발전하고 있다. 특히 인지심리학적 접근은 학습에 영향을 끼치는 것으로 알려진 정서적인 요인이나 동기의 요인이 고려되지 않았다는 한계가 있는데, 최근에는 뇌의 영역에 따른 기능을 연구하여 학습과 연결시키면서 감성의 부분도 고려하는 새로운 이론이 진행되고 있다.

3 기독교적 학습의 원리

학습에 대한 접근 중 교육현장에서 많이 활용되면서도 비판을 받고, 특히 기독교적 입장에서 받아들이기 어려운 것은 행동주의적 접근이다. 바람직한 가치나 행동을 이끌기 위해서 행동주의적 학습의 원리인 보상(예, 상장, 칭찬, 스티커, 달란트 시장 등)이나 벌(예, 체벌, 자유시간 제한 등)을 활용하는 것은 성경에서도 찾아볼 수 있고 지금도 교육현장에서 유용하게 활용되고 있다.

그럼에도 불구하고 행동주의적 관점이 교육현장에 적용될 때 분별하여 활용해야 하는 것은 인간은 외부 환경에 의해 그 행동이 결정된다는 행동주의적 인간관이 성경에서 말하는 인간관과 차이가 있기 때문이다. 행동주의적 접근에서는 학습자의 행동의 수정과 변화에 집중하여 학습자의 내적 의식과정은 보지 않고, 관찰이 가능한 행동에만 관심을 두고 있다. 또 학습자의 의사와 관계없이 교사가 원하는 방향으로 사람을 조작할 수 있는 가능성을 함축하고 있다. 환경에 의해 행동이 결정되는 존재라는 행동주의적 인간관은 하나님의 형상을 따라 창조되었고 자유의지를 갖고 있는 존재인 성경적 인간관과는 차이가 있다. 기독교적 시각의 인간은 외부의 자극을 받아도 그대로 받아들이지 않고 내적판단에 따라 외부의 자극을 해석하는 자유의지가 있는 존재이다. 나아가 환경을 이길 수 있는 능력, 즉 세상을 이길 힘이 있는 존재이다[4](박종석, 2008). 따라서 기독교육자에게 필요한 것은 행동주의적 접근이 갖고 있는 한계를 인식하고 교육상황에 맞추어 분별하여 적용하여야 한다.

인지주의적 관점 역시 학습 주체인 학생의 내적 인지과정을 설명하고자 하는 시도로써 교수-학습활동에 도움이 되는 유용한 정보를 제공함과 동시에 제한이 있다. 새로운 지식을 자신이 이미 갖고 있는 개념이나 상황에 연결하여 재구성한다는 인지주의적 관점은 학생을 능동적이고 의지적인 존재로 본다는 점에서 의미가 크다. 그러나 인지주의적 관점에서 시도하고자 하는 인지과정에 대한 설명은 두뇌연구가 진행됨에 따라 점진적 이해가 가능할 뿐 실제 두뇌에서 진행되는 모든 인지의 과정을 총체적으로 고려하지 못한다는 한계가 있다.

그렇다면 기독교적 학습의 원리는 무엇인가? 기독교적 학습의 원리는 그간의 학습이론이 인간행동의 한 부분을 집중적으로 이해하고자 하는 노력인 것과는 달리 인간을 통합적으로 보며 학습 역시 통합의 과정으로 보고자 한다. 기독교적인 학습이란 학습의 주체인 인간을 총체적으로 다루는 것이라고 주장한 Bode(2003)는 인간이해의 영역을 다음과 같이 말하고 있다.

> "인간의 마음은 영적 생활의 장이며, 도덕적 삶, 정서적 삶, 동기, 사고의 장으로 본다[5]. 따라서 마음과 머리와의 상호작용이 학습을 이해하는데 치명적이다. 학습의 본질을 제대로 이해하기 위해서는 인간의 영적 영역까지 다루어야 한다" (p.102)

4) 눅 6:43-45; 롬 12:21

5) 엡 3:17, 롬 1:15, 딤전 1:5, 전 1:13, 잠 15:28

Bode는 이에 덧붙여 학습의 기본을 사랑과 훈육이 있는 부모양육, 즉 '머리의 지식(head knowledge)'이 아닌 '가슴의 지식(heart knowledge)'으로 부터 시작하여, 이후 교사의 사랑과 훈육으로 이어지며, 점진적으로 발전하여 자기훈련과 동기를 갖추고 지적인 정보 습득 및 개념확립으로 이어진다고 보았다. 즉 동기, 의지, 목적, 결단 등 학습에서의 동기와 의지적 요소가 어릴 때부터 쌓여 지적 발달에 영향을 끼치는 것으로 보고 있다. 결국 기독교의 관점에서 보는 학습은 지적인 인식뿐 아니라 의지적인 결단, 그리고 행동하는 실천이라는 총체적인 의미를 담고 있다. 즉, 기독교적 관점의 학습이란 단순한 지식이나 정보의 저장이 아니라 어떤 것을 진리로 받아들이고, 마음을 정하여, 행동으로 옮기는 일련의 과정을 의미한다. 그렇다면 이러한 총체적 의미의 학습은 무엇으로부터 비롯되는가. 궁극적으로 학습은 마음을 변화시키는 것이다(Graham, 2003). 마음은 모든 행동의 동기를 일으키는 장소이며, 생각과 행동을 움직이기 때문이다[6]. 성경에서 말하는 마음은 인간의 실재 전체이며 이해, 헌신, 신념, 행동이 그로부터 나오게 되므로 학습을 위해서는 마음을 건드려주고 변화시켜야 한다.

III. 동기와 학습

무엇이 사람으로 하여금 지금 하는 그 일을 하게 만드는가? 동기란 사람들이 왜 그리고 어떻게 구체적인 목표를 향해 행동하는지, 그

6) 막 7:21, 렘 17:9-10

리고 그 활동에 얼마나 집중적으로 매달리는지, 그리고 그 목표에 도달하려는 시도가 얼마나 끈질긴지에 대한 것이다 (Woolfolk, 1995). 즉, 동기는 행동의 출발점이자 방향결정자이며 동시에 행동지속의 원동력이라고 할 수 있다. 학습분야에서의 동기는 학습이라는 학습자의 행동에 초점을 맞추어 '무엇'을 학습하느냐는 질문보다는 '왜'라는 질문을 던지게 된다. 학습에서의 동기를 알면 학습을 촉진하게 할 수 있으므로 교육현장에 있는 사람들이 동기에 대해 이해하는 것은 매우 중요하다.

1 학습 동기에 대한 일반적 이해

학습의 성과는 학생의 지적 수준에 따라 결정되는 것이 아니라 여러 가지 정서적, 동기적 요인이 관여하고 있어서 학습을 이해하기 위해서는 학습의 동기에 대한 이해가 병행되어야 한다(Dai & Sternberg, 2004). 학습의 영역에서 동기란 배우고자 하는 의향(intention)과 의욕(desire)으로써 인간은 누구나 정도의 차이가 있지만 학습동기를 갖고 있다. 학습동기는 〈표 2〉와 같이 다양한 방향에서 설명할 수 있다. 동기의 근원이 내재적이고, 목표가 개인적으로 도전할 만하며, 타인의 평가보다는 과제의 성취 자체에 관심을 갖고, 성취에 대한 불안감보다는 안정감을 갖고 있으며, 성공과 실패의 원인을 자신이 통제할 수 있는 부분에서 찾으며, 능력은 향상될 수 있다고 믿을 때 학습동기는 극대화 된다 (Woolfolk, 1995).

〈표 2〉 학습동기와 관련된 개념 비교

	학습동기 향상	학습동기 감소
동기의 근원	내재적: 욕구, 흥미, 호기심, 즐김과 같은 개인적 요인들	외재적: 보상, 사회적 압력, 처벌과 같은 환경적 요인들
목표의 유형	학습목표(learning goal): 난이도와 관계없이 학습자체를 증진시키려는 목표	수행목표(performance goal): 얼마나 잘 수행하는지 타인으로부터 평가를 받고자 하는 목표
참여의 유형	과제개입형 (task-involved learners)	자아개입형 (ego-involved learners)
귀인	성공과 실패는 통제 가능한 노력과 능력에 귀인	성공과 실패는 통제 불가능한 원인에 귀인
능력에 대한 신념	증가적 관점: 능력은 변화될 수 있는 일련의 기술이라는 믿음	고정적 관점: 능력은 변화될 수 없는 고정된 특성이라는 믿음

(자료출처: Wookfolk, A. (1995), 김아영 외 역, 교육심리학, 394쪽에서 발췌 및 수정)

1) 내재적 동기와 외재적 동기

학습동기는 내적 혹은 외적 요인으로 구분하는 경우가 가장 보편적이다. 내재적 동기란 학습자 내면에 갖고 있는 학습에 대한 즐거움, 호기심, 흥미와 관심으로 인해 학습활동이 촉진되는 것이고, 외재적 동기란 부모나 교사, 혹은 환경적 요인이라는 학습자 외적의 보상, 처벌, 사회적 압력이 유인자극이 되어 학습의욕과 활동을 촉진시키는 경우이다. 과목에 대한 흥미와 호기심으로 공부하는 학생은 내적으로 동기화 된 경우이고, 반면 공부하여 얻는 보상 때문에 공부하는 학생은 외재적으로 동기화 된 학생이 된다.

효과적인 학습동기란 내적, 외적 동기가 적절하게 조화되어야 하나 일반적으로 내재적으로 동기화되었을 때는 활동 그 자체가 보상으로 작용하기 때문에 외적 유인물이나 보상이 없이도 학습이나 행동을 지속할 수 있어 바람직하게 여겨진다. 그러나 교육현장에서 모든 학생이 모든 활동에 내재적인 동기를 가지리라고 기대하기는 어렵다. 따라서 교사는 외적 동기와 내적 동기를 적절하게 사용하여야 하며 이를 위해서는 학생들이 각 활동에 대해 어떤 유형의 동기에 얼마나 민감한지 파악하여야 한다. 특히 내적인 동기가 크지 않은 활동인 경우 외적인 동기로 관심을 유도하도록 하고, 내적으로 동기화 되는 경우 이를 최대한 활용하도록 한다.

2) 목표의 유형과 학습참여

목표는 도달하고자 하는 활동의 정착점이다. 목표와 학습과는 밀접한 관계가 있어서 목표를 수립하면 수행할 과제에 집중하여 지속적으로 학습에 노력을 기울이게 된다. 이 때 목표를 접근하는 방법에 따라 '학습목표(learning goal)'와 '과제수행목표(performance goal)'로 구분한다 (Ames & Ames, 1984). 학습목표는 과제수행의 난이도와 관계없이 배움 그 자체와 그로 인한 향상과 발전을 꾀하는 것을 의미하며, 수행목표는 과제수행의 결과로 얻게 되는 타인의 승인이나 인정을 추구하려는 경향을 의미한다. 학생이 어떤 목표를 지향하는가에 따라 '과제개입형 학습자(task-involved learners)' 혹은 '자아개입형 학습자(ego-involved learner)'로 구분된다. 과제 자체의 완성도에 관심을 갖는 학습목표 지향적인 학생들은 '과제중심 학습자'이며, 타인에게 자신의 수준이 어떻게 비칠지 관심을 두는 학생들은 '자아개입 학습자'가 된다. 배움 그 자체와 향상에 관심을 두는 학습목표를 가진 과제개입형 학습자의 경우 학습에 대한 관심과 지속력, 즉 학습동기가 더 높게 나타난다(Dweck, 1986).

3) 귀인(attribution)과 학습동기

학습동기를 이해하기 위해선 학습의 결과를 어떻게 해석하는가의 문제도 검토 대상이다. Weiner(1986)의 귀인이론은 성공 혹은 실패의 원인에 대한 설명이 학습행동에 어떤 영향을 미치는가를 살피고 있다. 일반적으로 학생들은 학습상황에서 능력, 노력, 과제의 난이도, 운 등으로 설명하는데 이러한 귀인을 세 차원, 즉 '원인의 소재(locus of control)', '안정성(stability)', '통제가능성(controllability)'으로 구분하게 된다. 시험에서 좋은 결과를 얻지 못했을 때 그 원인을 노력부족으로 본다면 원인의 소재가 자신의 내부에 있어서 통제가 가능한 것으로 본다. 따라서 다음에 더 노력하면 좋은 결과가 있다는 기대가 가능하여서 긍정적인 학습동기를 갖는 것으로 해석한다. 그러나 실패의 원인을 자신이 스스로 통제할 수 없는 능력부족이라고 설명하여 다음에 향상될 것을 기대하지 않는다면 이 경우에는 부정적인 학습동기, 특히 학습된 무기력을 경험할 수밖에 없다.

4) 능력에 대한 신념과 학습동기

학습상황에서 학생들이 많이 언급하는 귀인 중의 하나는 자신의 능력이다. 그러나 능력을 지속적으로 성장하고 발달하는 개인특성으로 보는가, 아니면 고정적이고 통제할 수 없는 개인특성으로 보는가에 따라 학습동기가 달라지게 된다. 전자, 즉 능력이란 어떤 일을 수행할 수 있는 현재의 상태이며 노력여하에 따라 성장 발전할 수 있다고 본다면 학습동기에 긍정적인 영향을 끼치게 된다. 학업성취가 낮은 대학생을 대상으로 한 연구에 의하면 이들 중 성장발달의 지능개념을 촉진하는 프로그램에 참여한 학생들은 능력에 대한 신념이 성장발달형으로 변화하였고, 참여하지 않은 학생들보다 학업에 대한 흥미, 가치, 그리고 학업성취도가 높게 나타났다(Ahmavaara & Houston, 2007).

2 동기의 교육시사점과 우려 사항

1) 자신감과 긍정적 기대 증진

학생들의 학습동기를 증진시키는 한 축은 학생들에게 자신감과 학습에 대한 긍정적인 기대를 심어주는 것이다. 능력을 고정된 개인의 특성보다는 지속적으로 성장하고 발전하는 특성으로 보는 시각, 학업을 비롯한 성취활동 결과의 원인을 분석할 때 자신이 통제할 수 있고 변동이 가능한 귀인으로 보도록 훈련하는 귀인훈련 등이 이 유형에 포함된다. 그런데 학생들이 갖는 능력에 대한 신념이나 자신감은 주로 학부모나 교사의 피드백에 의해 영향을 받게 된다. 만일 교사나 학부모가 갖고 있는 학생들의 학업능력에 대한 시각이 고정적인 경우 학생 역시 그러한 시각을 갖게 된다. 따라서 학생의 학습동기를 파악할 때 학생뿐 아니라 학생을 지도하는 교사나 학부모가 능력이나 귀인에 대해 어떤 시각을 갖는지 검토하여 긍정적인 방향으로 변화시켜야 하며 이를 학습활동이나 피드백에 반영하도록 독려해야 한다.

2) 학습의 흥미와 가치에 대한 이해

학습동기를 증진시키는 또 다른 축은 학습과제에 대한 신념과 태도이다. 학습성취를 위해서는 학생들이 학습과제에 대한 가치를 알고 공감해야 한다. 학습을 통해 얻게 될 성적이나 장학금, 진로와의 연계 등도 학습 가치의 한 측면이지만 앞서 다룬 내재적 동기, 즉 학생이 학습과제에 대해 흥미와 호기심을 갖게 되면 스스로 학습의 가치를 부여하게 된다. 따라서 학생들이 학습과제의 유용성과 가치를 파악하도록 함과 동시에 학습 내용에 대해 호기심과 흥미를 갖도록 유도하는 것이 중요하다.

3) 교수방법과 평가에서의 접근

학습동기의 이론은 교수방법이나 평가에 시사하는 점이 크다. 교수방법은 학습목적과 내용에 따라 설명, 실험, 사례연구, 탐구학습 등 다양한데 교사가 교수방법을 선택할 때 학생이 내재적 동기, 즉 호기심과 흥미를 느낄 수 있는지의 여부를 고려하는 것이 좋다. 신기한 것과 친근한 것을 사용하거나, 생활 혹은 현장과 연계하여 설명하는 것도 좋은 방법이다. 또한 학생들의 호기심을 불러일으키기 위해서는 생각의 충돌, 즉 자신이 짐작하였거나 믿어왔던 것과 실제와의 차이가 드러나게 할 수도 있다. 평가 면에서는 학생들이 갖고 있는 과제수행의 목표를 다양화하기 위해 때로 경쟁적인 접근도 하지만, 협동학습이나 자신이 세운 학습목표를 기준으로 성취 정도를 점검하는 과제개입적 접근도 바람직하다.

3 기독교적 시각의 동기 이해

1) 무엇을 위한 동기인가

학습과 관련된 인간의 욕구는 Maslow의 욕구위계 면에서 볼 때 지적욕구나 자아실현의 욕구인데, 이러한 욕구가 채워지기 위해서는 기본적인 욕구, 안정감과 소속, 자존감의 욕구가 먼저 채워져야 한다(Maslow, 1968)[7]. 즉 교육현장에서 지적인 욕구와 그에 따른 학습활동이 원활하기 위해서는 학생들의 신체적 안전이나 소속, 사랑,

7) Maslow는 인간의 욕구를 몇 단계로 나누고 아래 단계의 욕구가 충족되어야만 윗 단계의 동기가 발현된다고 보았다. 특히 우선적으로 만족되어야만 하는 네 하위수준의 욕구는 생리적 요구, 안전의 욕구, 소속감과 사랑의 욕구, 자존감의 욕구라 하였고 이들은 '결핍의 욕구'에 해당되어 이 욕구들이 충족되면 그것을 달성하려는 동기가 감소한다. 그에 비해 상위 세 개의 욕구인 지적인 요구, 심미적 욕구, 자아실현의 욕구로 '존재욕구' 혹은 '성장욕구'로 불리는데 이 욕구들은 충족이 되어도 더 많이 성취하고자 하기 때문에 완전히 달성할 수가 없다.

자존감 등 하위의 결핍요구가 먼저 채워져야 한다는 시사점을 얻을 수 있다.

〈그림 3〉 Maslow의 욕구의 위계

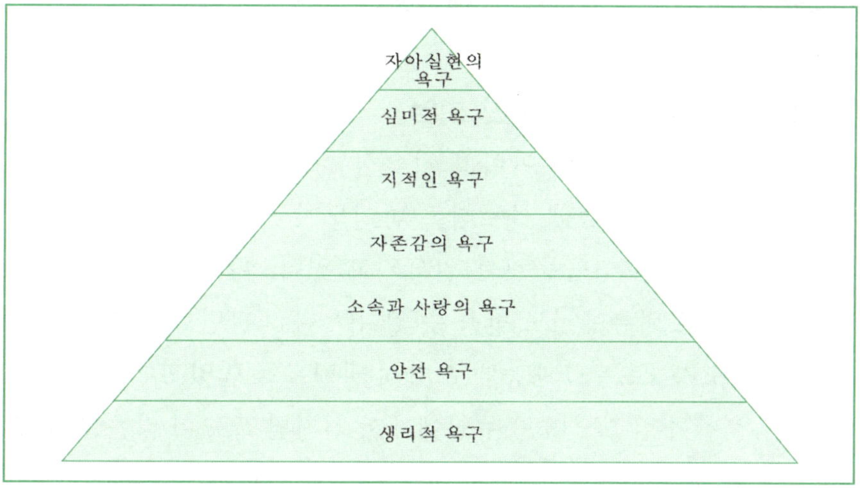

그렇다면 안전과 소속, 자존감의 욕구는 어떻게 만족될 수 있는지 욕구의 근원을 거슬러 올라가보자. 결핍의 요구는 주로 다른 사람에 의해 충족되어야 하는 부분인데, 온전한 충족은 인간과 하나님의 관계에서 찾을 수 있다. 창조된 피조물이면서 죄로 인해 하나님과의 관계가 끊어진 인간, 즉 하나님과의 관계 상실로 인해 불안해진 인간은 안전을 구하고 소속과 사랑을 구하는 의존하는 존재가 된다. 따라서 지적인 욕구인 학습동기를 독려하기 위해서는 먼저 결핍욕구를 만족시켜야 하고, 하나님과의 관계회복으로 인한 온전한 안전, 소속, 사랑, 그리고 정체감이 모든 학습동기의 기초가 된다고 할 수 있다.

덧붙여 생각해보아야 할 점은 지적인 욕구, 심미적욕구, 자아실현의 욕구를 포함하는 존재 혹은 성장요구들은 과연 무엇을 위한 성장인가 하는 점이다. 욕구의 위계를 기독교적 시각에서 보고자 하는 기독교육자는 스스로에게 이 질문을 던져야 한다. 하나님과의 관계 회복으로 인해 소속과 사랑, 정체감이 분명해진 구원 얻은 자로서의 인간은 자신을 위한 성장이 아니라 하나님을 섬기고자 하는 거룩한 욕구로서의 성장을 지향해야 할 것이다.

2) 성장하는 능력에 대한 신념

능력은 고정된 것이 아니고 지속적으로 성장 발전한다는 신념은 학생들이 학습활동에 몰두하고 난이도가 높은 활동에 도전하게 하는 등 긍정적인 학습동기를 일으키고 있다. 이와 유사한 접근을 성경의 달란트 비유에서도 찾을 수 있다[8]. 다섯 달란트 받은 자의 경우를 살펴보자. 그는 1) 재능대로 다섯 달란트를 받았고 2) 장사하여 원래 받은 만큼 남겼으며 3) 주인에게서 칭찬받고 4) 더 많은 것을 맡고, 주인의 즐거움에 동참하며 5) 게으른 종의 한 달란트를 더 받았다. 이제 상상력을 발휘해보자. 다섯 달란트 받은 자는 이제 열 한 달란트가 되었는데 이 종이 원래 가진 재능의 달란트는 몇이었을까. 혹 한 달란트에서 시작하여 두 달란트, 두 달란트에서 네 달란트, 게으른 다른 종에게서 한 달란트 추가하여 다섯 달란트, 그러다 본문처럼 열 한 달란트로 지속적인 성장을 보인 것은 아닐까. 이런 상상력으로 해석하면 재능은 열심히 가꿀수록 더 커지며, 잘 가꾼 보상은 더 많은 재능(혹은 더 많은 일)을 낳으며, 그 재능을 활용하는 일은 부담이 아니라 주인의 즐거움에 참예하는 즐거운 일이 된다. 학습동기이론에서 말하는 지속적으로 발전하는 개념의 능력은 그런 의미에서 자못 성경적이다.

---

8) 눅 19:11-27

3) 신앙, 그 자체의 동기화

신앙은 동기에 어떤 영향을 끼치는가? 권택조(2005)는 동기는 목적을 향하여 지속적으로 가게 하는 힘이라고 보고 믿음의 개념에는 이미 동기의 요소가 포함되었다고 본다. 즉, 믿음을 “바라는 것들의 실상이요 보지 못하는 것들의 증거[9]”라고 할 때 “믿음은 아직 현실 속에는 없지만, 즉 가설적이지만, 바라는 바를 실상으로 그리고 그것이 이루어진 모습을 바라보는 것으로서 목적을 향해 지속적으로 가게 하는 힘을 제공한다”고 설명한다. 즉 신앙 자체가 목적을 향한 동기가 되는 것이다.

Maehr(2005) 역시 신앙 그 자체가 동기가 됨을 시인하고 있다. 이제 중요한 것은 그가 제안한 것과 같이 앞으로 동기분야의 연구를 통해 신앙이 인간의 삶과 행동에 어떻게 영향을 끼치는지 구체화시키는 것이다. 이를 위해서 학교교육과 교회교육이라는 구체적인 교육환경에서 신앙이 어떤 의미를 어떻게 부여하는지 새로운 시각의 연구가 요청된다.

IV. 학습의 개인차: 지능이해

학생들은 여러가지 면에서 다르다. 학업수행능력이 다르고 학습동기유발 정도가 다르고 학습스타일이 다르고 흥미와 관심이 다르다. 개별 학생이 각각 하나님의 형상을 따라 창조된 학생이라는 시각을 갖는 교사는 교육현장에서 학생들의 다양성을 인정하고 그 다양성

9) 히 11:1

을 조절하고 촉진시키게 된다. 개인차를 드러내는 많은 요소들 중에서 특히 학업수행과 밀접한 관계가 있는 지능에 대해 생각해 보자.

1 일반적인 지능 이해

지능은 학습을 위한 정신역량이라는 좁은 의미의 정의로부터 인간이 살아가는 과정에서 요구되는 정신능력이라는 넓은 의미까지 다양하다. 지능에 대한 개념은 고대 그리스 시대 이전부터 논의되었으나 1904년 실제 특수지도가 필요한 학생들을 구별하고자 하였던 Binet와 Simon의 지능척도개발로 인해 '지능은 한가지 것이며 다양한 학습상황에서 성공하리라 기대되는 능력'이라는 생각을 만들어 내었다. 그 이후 지능이 단일 능력인지 다중능력인지에 대한 논의와 지능의 측정과 연관된 심리측정적 접근은 지능 이해의 주요 관심사가 되어 왔다.

지능개념의 흐름을 보면 Spearman은 일반 지능요인(g요인)과 특수 지능요인(S요인)이 있다고 보고 다양한 정신활동을 수행할 때 이 두 요인이 함께 작용한다고 보았다. 예를 들어 숫자에 대한 기억검사라면 일반 지능요인과 들은 것을 즉시 회상하는 특수요인이 동시에 관여하게 된다. 이에 대해 Thurstone은 다요인을 주장하며 서로 독립적인 7개의 요인[10]을 기본정신능력으로 보았다. Cattell은 Thrustone이 제작한 기본정신능력검사를 분석하여 지능의 일반요인으로 유동적 지능(fluid intelligence)과 결정화된 지능(Crystalized intelligence)을 추출하기도 하였다. 유동적지능이란 유전적, 생리적 영향을 받는 지능으로 뇌와 중추신경계의 성장에 따라 발달하는 지

10) 7개의 요인은 언어이해, 기억, 추리, 공간관계 시각화, 수능력, 단어 유창성, 지각속도이다.

능인데 속도, 기계적 암기, 일반적 추리력, 지각력 등이 포함되며 나이와 함께 쇠퇴한다. 이에 비해 결정화된 지능은 환경 및 경험의 영향에 의해 발달하는 지능으로 언어능력, 문제해결력, 논리적 추리력, 상식 등이 속하며 환경의 질이 어떠냐에 따라 성인기 이후에도 발달하는 것으로 본다. Cattell의 이론은 지능의 발달가능성을 열어두었고, 특히 교육이나 환경이 중요한 요인으로 작용한다는 점에서 관심을 끌었다.

지능의 요소가 다양함을 부각시킨 이론으로는 Guildford의 지능구조모형과 Gardner의 다중지능이론을 들 수 있다. Guildford는 지능을 3차원적으로 구분하여 무엇을 생각하는지의 '내용'(content), 어떻게 생각하는지의 '조작'(mental operations), 생각의 결과 나타나는 '산출'(product)의 차원으로 나누고 각 차원은 여러 속성을 갖는 것으로 보았다[11]. 그는 세 차원과 각 속성을 조합하여 180여 개의 지능요인을 제안하였으며 단 하나의 점수로 인간능력을 측정하는 것은 옳지 않다고 보았다. 1980년대 이후에는 새로운 지능이론이 제안되어 Gardner는 다중지능(multiple intelligence)이론을 제안하였다. 기존의 다요인적 접근은 요인분석의 결과에 따라 구분한 것이라면 Gardner는 두뇌의 해부학적 구조와 개인이 속한 문화의 시각에서 〈표 3〉과 같이 7가지로 구분하였다는 차이가 있다. Gardner는 지능이 한 문화권, 또는 여러 문화권에서 가치있게 인정되는 문제를 해결하거나 산출을 창조해 내는 능력이라 하였고 각 영역은 독립적으로 구성되지만 문제해결을 할 때 서로 상호작용한다고 보고 있다 (신명희 외, 1998).

11) Guildford는 내용차원으로 시각, 청각, 상징, 의미, 행동의 5개 속성, 조작차원은 기억인지, 기억파지, 저장, 발산, 수렴, 평가의 6개 속성, 산출차원은 단위, 유목, 관계, 체계, 변환, 함축의 6개 속성으로 나누었다.

〈표 3〉 Gardner의 다중지능의 구성요소[12)]

지능	핵심구성요소
논리수학적 지능	논리적이고 추상적인 사고를 하는 지능으로 긴 추리사슬을 해결하는 능력이나 증명을 도출하는 능력
언어적 지능	단어의 소리와 의미에 대한 민감성, 문장구성의 숙련정도, 언어 사용방법에 대한 이해력
공간적 지능	시공간의 세계를 정확하게 지각하고, 지각한 것을 변형시킬 수 있으며, 구성과 균형의 민감성, 유사한 양식을 지각하는 능력
음악적 지능	음과 음절을 음악적 리듬이나 구조로 결합하는 방법에 대한 이해, 음악의 표현형태를 감상하는 능력
신체-운동적 지능	자신의 신체운동을 통제하고 숙련되게 사용하는 능력
대인관계적 지능	다른 사람의 기분, 동기, 기질, 의도 등을 파악하고 구별하여 그에 따라 적절하게 반응할 수 있는 능력
개인 내적 기능	자신의 감정과 행동을 통찰하고 이해하며, 자신의 목표와 욕구, 능력에 적합한 방식으로 행동하는 능력

최근 많은 연구가 수행되고 있는 또 다른 지능이론은 Sternberg의 '삼원 지능이론 (triarchic theory of intelligence)'이다. 이전의 지능이론들은 지능의 개인차에 관심을 두었으나, Sternberg는 문제를 해결하고 지적으로 행동하기 위해 개인이 어떻게 정보를 모으고 사용하느냐는 과정으로서의 지능을 다루고 있다. 그는 인간의 지적 행동을 세 측면, 즉 정보처리기술, 경험, 맥락으로 나누고 이를 토대로 지능을 분석적 능력, 창의적 능력, 그리고 실제능력의 세 가지 단면으로 설정하였다. 삼원지능의 세가지 능력은 비교적 독립적이며 각각 학

12) Gardner는 이후 동식물이나 사물을 자세히 관찰하여 차이나 공통점을 찾고 분석하는 능력인 자연관찰지능(naturalist intelligence)과 인간의 존재이유나 생과 사의 문제, 인간본성 등 철학적이거나 종교적인 사고를 할 수 있는 실존지능(existentialist intelligence)를 추가하였다.

업성취와 관련이 있고, 특히 실제 지능은 현실세계에서의 성공을 학업지능 만큼 혹은 그 이상으로 잘 설명하는 것으로 알려져 있다(하대현, 2005; 나동진 외, 2003 강영심 & 송연주, 2002; Sternberg, 1996).

〈표 4〉 Sternberg의 삼원 지능이론의 구조

이론의 측면	내 용	구분되는 능력
구성적 측면	- 지적 행동의 기초가 되는 기본적 정보처리과정 - 지적인 문제 해결에 사용	분석적 능력
경험적 측면	- 새로운 생각을 형성, 관련되지 않은 사실을 조합하는 능력 - 새 자극과 상황에 대처하여 어떤 문제를 풀지 결정하는 능력	창의적 능력
맥락적 측면	- 자신의 장점과 환경과의 균형을 유지하기 위해 적응하고 기회를 최적화하는 능력 - 실제의 현실생활의 문제를 파악하고 이해하며 적응	실제능력

과연 환경의 변화에 의해 지능이 얼마나 개발될 수 있느냐의 질문은 교육심리학 분야의 오래된 논쟁인 '천성 대 양육(nature vs. nurture)'의 한 부분이다. 대부분의 학자들은 유전과 환경이 둘 다 지능에 영향을 끼친다는 것에 동의하며 '경험에 의한' 지능에서 '유전자에 의한' 지능을 분리해 내는 것은 거의 불가능하다고 보고 있다(Wookfolk, 1995). 지능의 발달에 유전과 환경이 서로 상호작용한다는 점은 일반적으로 받아들여지고 있으나 어떻게 상호작용하는지, 개인차는 어디에 기인하는지, 어떤 요인이 얼마나 작용하는지는 지속적인 연구의 주제로 남아있다.

그렇다면 지적 능력에 대해 어떤 결론을 내릴 수 있는가? 분명한 것은 지적 능력은 한가지 요인으로 설명할 수 없는 다양한 능력으로, 지속적으로 발달하는 능력이며, 타고난 부분도 있지만 환경의 영향에 따라 그 발달의 수준이 결정될 수 있다. 인간의 뇌, 특히 주의집중 능력과 충동억제능력 등 고등인지정신을 담당하는 전두엽의 기능은 대학생 시기까지 점차 향상되고 중년까지 그 수준을 유지하다가 그 이후 저하된다 (염지영 & 강연욱, 2006). 따라서 학습자의 지적능력은 초중등교육뿐 아니라 고등교육의 환경과 여건에 따라 영향을 받게 되므로 전체 학교급에 걸친 교육의 비중과 책임이 크다.

2 교육시사점과 우려점

지능을 맹신 혹은 불신하여 교육현장에 부정적인 영향을 끼치지 않고 교육현장에 도움이 되려면 어떤 시각을 가져야 하는가? 그간 우리나라에서는 지능 측정의 타당성이나 신뢰도에 대해 관심을 갖고 주로 지능의 개념과 측정에 초점을 맞추는 경향이 있었다. 이제 지능은 결과로서의 지능이 아닌 지적능력 수행과정으로서의 지능, 지적능력 뿐 아니라 정서와 의지를 아우르는 다중성격의 지능, 수렴적이고 분석적인 지적능력 뿐 아니라 확산적이고 창의적인 접근, 학업상황 뿐 아니라 실생활과 관련된 실제지능의 개념으로 다각화되고 있다. 지난 30년간 국내의 지능관련 연구를 분석하고 교육현장에서의 적용을 모색한 하대현(2005)의 연구를 기초로 지능에 대한 이해가 교육에 시사하는 점을 정리하여 보자.

1) 개인차 이해

지능을 이해하면 학습의 개인차를 이해 할 수 있다. 지능연구의 초반에는 우수한 능력을 소유하였는가 식의 진단과 분류, 예측을 위해 개인차를 보았다. 그러나 현대의 지능이론은 인지과정이나 문제해결전략의 개인차라는 인지과정적 개인차를 이해하게 하여 치료, 교정, 교육, 훈련에 활용할 수 있다.

2) 수업을 통한 능력의 개발

지적능력은 교육과 경험을 통해 개발되는데, 수업을 통해 학생들의 지적능력을 개발하기 위해서는 그러한 사고를 돕는 교수법의 접근이 필요하다. 예를 들어 학생들 스스로 문제해결의 능력을 키워갈 수 있도록 익숙한 문제에서 점차 새로운 문제를 제시하여 새로운 유형의 해결전략을 적응시키거나 비구조화된 문제해결 전략을 조합하도록 하여 학생 스스로 지식의 내용을 조직하고 새로운 유형에 전이하는 능력을 키우도록 해야 한다.

3) 통합적 의미의 학습능력

과거 지능은 인지적인 면의 능력만을 강조하여 지능이 학업성취에서 차지하는 비율은 25% 이하로 설명되곤 하였다. 그러나 1980년 이후 인지체계에서 정서와 의지가 결핍된 점이 지적되어 학습의 개인차를 연구할 때에 인지, 정서, 의지가 결합된 과정으로 보고자 하는 노력이 시도되고 있다[13]. 학습능력이라고 할 때 이제는 지적능력에만 초점을 두지 않고 정서와 의지적 요인을 포함해야 하며, 개별학생들의 지능, 성격, 흥미 등이 학업성취에 어떤 영향을 끼치는지 학습자를 전인적으로 이해하는 접근이 필요하다.

---

13) 대표적인 학자는 Snow이며 그는 인지, 정서, 의지로 분리한 초기 적성개념의 한계를 인식하여 그들을 조합한 적성 복합체(aptitude complex)를 제안하여 국내에서도 복합적 성격의 적성 도구 개발과 연구가 진행되고 있다 (신예덕, 2003).

3 기독교적 입장에서의 지능

지능에 대한 그간의 연구는 주로 지능의 개념, 지능의 구성요소, 지능의 측정 및 해석, 그리고 교육현장에의 적용으로 정리할 수 있다. 그렇다면 기독교적 시각에서 지능을 바라볼 때 기존의 지능 연구 중 어떤 부분을 받아들일 수 있으며, 어떤 부분을 새롭게 조명할 것인가. 기독교적 시각에서의 지능에 대한 개념과 태도를 검토하여 보자.

1) 지능에 대한 개념

신앙의 눈으로 지능 혹은 능력의 개념을 조명하고자 한 Myers & Jeeves(1987)는 "(심리학과 기독교가) 전적으로 다른 개념을 갖고서 접근하므로 연관 짓는 데 실패한다. 그 한 가지 사례가 바로 재능[14]에 대한 인식이다"라고 하며 지능에 대해 심리학과 기독교가 다른 입장을 취함을 언급한 바 있다. 일반적으로 지능은 논리분석력과 언어력을 위주로 하는 지적능력을 의미하여 온 것과는 달리 성경은 지적능력과 다른 영역을 구별하지 않고 있다. 특히 지적능력으로서의 지능을 IQ의 형태로 측정할 때에는 높고 낮음이 있어서 그에 따라 자신이 유능하다거나 무능하다고 느끼는 꼬리표가 붙기가 쉽다.

그러나 기독교적인 재능의 개념은 인간 누구나 재능이 있으며 이는 몸의 지체가 온전한 몸으로 기능하기 위한 것처럼 그리스도가 머리되신 믿음의 공동체를 이루기 위한 것이다[15]. 지체는 전체 몸의 기능을 위해 각각 다른 역할과 기능을 하는 것처럼 학생들이 갖고 있

14) 이 절에서는 지능을 '삶에서 어떤 일을 수행하거나 문제를 해결할 때 발휘되는 능력으로 지속적이고 안정적인 인간의 속성'이라고 넓게 해석하여 성경에서 말하는 은사(gifts) 혹은 재능과 비교하고자 한다.

15) 롬 12:6-8, 고전 12:12-27

는 각각 다른 재능은 우열의 성격이 아니라 상호협력과 보완의 개념이다[16]. 일반적인 지능의 개념은 탁월함과 평범함을 나누는 성격이 있다면 기독교적 시각의 탁월함은 다양성과 차별성으로 이해해야 한다. 즉 "다양한 사람들을 위한 상이한 우선 순위"이며 각각 다른 재능을 소유한 개인들이 "자신의 온전한 잠재능력을 실현하고 최선을 다하며 다른 수준의 개인을 향해 적개심을 품지 않도록 기회와 상급을 제공하는 것", 바로 이것이 기독교적인 재능의 개념이다(Myers & Jeeves, 1987).

2) 지능에 대한 태도

학생들이 각각 다른 형태의 지능을 갖고 있다는 사실은 우리가 지능에 대해 어떤 태도를 갖도록 하는가? 우선 우리에게 독특한 지능이 있다는 점에 대해 감사하게 된다. 지능이 탁월한 영재아를 영어로 'gifted child'로 표현한다. 성경에서 재능과 은사를 'gift'라고 표현함을 상기할 때 어떤 의미에서 그리스도의 지체된 모든 이들은 '영재아 gifted child'로 불려야 한다. 동시에 그 어떤 사람도 모든 은사를 가질 수 없고 모든 지체의 역할을 할 수 없음을 인식하고 겸손해야 한다. 모든 지능은 각각의 역할과 기능을 하기 위한 것이며, 한 분야에서의 높은 지능은 자랑할 성격이 아니라 하나님의 영광을 위해 독특한 책임과 역할이 있다는 것을 유념해야 한다. 그리스도 예수 안에서 믿음으로 자녀 된 자들은 부함과 비천함뿐 아니라 지적능력이 높든지 낮든지 아무런 차이가 없다[17].

일반적으로 지능지수IQ는 그것이 진단과 구별을 위한 것이든지

16) 이런 면에서 Gardner의 다중지능은 기독교적 입장의 재능관과 유사한 점이 있으며 이로 인해 다중지능에 기초한 기독교교육의 적용사례가 많이 연구되고 있다.

17) 갈 3:26-28

아니면 보완과 지원을 위한 것이든 동일 연령대의 학생들과 비교한 상대적 위치를 의미하며 때로 이러한 비교가 불가피하다. 그러나 성경은 인간의 능력을 비교할 때 절대적 존재인 하나님과 비교한다는 점을 상기해 보자[18]. 하나님의 지능과 비교할 때 그 어떤 인간도 하나님의 수준에 미치지 못하므로 자신의 능력을 자랑할 수 없고, 단지 겸손히 주어진 역량을 발휘하고 최선을 다할 책임이 있을 뿐이다 (Meier et al, 1991).

기독교육자는 이러한 성경적 관점의 지능을 예리하게 인식하고 일반 지능검사의 결과를 해석하거나 활용할 때 주의를 기울여야 한다. 학생들을 볼 때 자칫 재능이 많다거나 부족하다는 식의 꼬리표를 붙이고 스스로 단정짓는 자기충족적 예언(self-fulfilling prophecy)의 위험에 빠질 수 있음을 주의해야 한다[19]. 재능은 종종 그 말을 사용하는 사람들의 마음속에서 내려진 결정으로 작용하기 때문이다.

V. 나가는 말

이 장에서는 배움, 그리고 배움을 향한 갈망과 능력이 교육학 분야에서 어떻게 연구되어 왔고 과연 기독교적 시각에서 이 주제를 살펴볼 때 어떤 차이가 있는지 탐색하였다. 기독교적 시각에서의 배움이란 그간의 학습에 대한 이해가 인간 행동의 부분에 대한 이해인 것

18) 고전 1:25, 사 55:8-9

19) 자기충족적 예언이란 어떤 것이 사실이 아니지만 그렇게 기대하였기 때문에 기대한 대로 실현되는 것이다. 어떤 학생이 재능이 없다고 꼬리표를 붙이는 경우 그 꼬리표가 맞다고 생각한 교사가 그렇게 학생을 대하게 되고, 결과로 그 꼬리표를 현실화 시킬 수 있다.

과는 달리 통합적인 마음의 변화이다. 즉, 지적인 인식 뿐 아니라 동기, 의지, 목적 등 의지적인 결단과 행동적인 실천이며, 어떤 것을 진리로 받아들이고, 마음을 정하여, 행동으로 옮기는 일련의 과정을 의미한다. 통합적인 마음의 변화, 이를 위해 마음을 움직이는 기제가 되는 동기의 문제와 마음의 움직임이 일어나는 영역으로서의 지능이 무엇인지 점검하였는데, 이제 기독교육자는 이러한 학습과 동기와 지능에 대한 이해를 학교현장에 어떻게 적용하여 변화를 일으킬 것인가 라는 과제를 안고 있다. 이런 과제해결을 위해 기독교육자 스스로 먼저 점검하고 확인하여야 할 두 가지 사항을 강조하며 본 장을 맺고자 한다.

무엇을 위한 동기인가? 교육학이나 심리학분야의 연구에서 제시한 학습과 관련된 동기는 주로 '무엇'과 '어떻게'에 중점을 두고 있다. 즉 학습의 향상을 가져오는 다양한 동기의 요인이 무엇인가, 그리고 이러한 요인이 학습현장에 어떤 도움을 주고 어떤 결과를 낳을 수 있는가를 살피고 있다. 그런데 기독교육자는 '무엇'과 '어떻게'를 이해하고 현장에 적용할 때 '왜'라는 질문을 하면서 이에 대한 자신의 답을 갖고 있어야 한다. 무엇을 위한 학습인가, 무엇을 위한 동기인가 질문하기를 제안하다. 즉, 다양한 학습 동기의 요인을 이해하고 이를 통해 학습의 향상을 꾀할 수 있는 현장적용의 노하우를 알아 가는 것과 병행하여 이러한 학습을 통한 자기 성장이 무엇을 위한 성장인지 기본을 확인하는 작업이 있어야 한다. 기독교적 시각에서 접근하는 학습동기는 단순히 학습을 어떻게 독려할 것인가의 문제가 아니라 하나님과의 관계회복으로 정체감이 분명해진 인간이 자신의 성장만을 위한 욕구가 아니라 하나님을 섬기고자 하는 거룩한 욕구로서 얼마나 어떻게 성장을 지향하는가의 문제이기 때문이다.

학습이 일어나는 영역이자 자원으로서의 지능은 더 이상 몇 가지 제한된 지적 능력으로 설명되지 않는다. 다양한 사람들의 다양한 재능, 상이한 우선 순위라는 것이 기독교적인 학습능력의 개념이다. 더불어 학습능력을 활용하면 활용할수록 지능이나 재능이 더 성장한다는 성장하는 능력에 대한 신념이 기독교적인 시각이다. 학습능력의 영역 역시 무엇으로 규정하며, 어떻게 측정하고 평가할 것인가라는 일반적인 이해와 더불어 기독교육자는 이러한 학습능력의 '왜' 차원을 질문하여야 한다. 기독교육자가 스스로 점검해야 하는 것은 자신이 어떤 학습능력의 개념을 갖고 있는가와 더불어 자신이 학습능력에 대해 어떤 태도를 갖는가, 어떤 태도가 학습자에게 전해졌는가, 왜 그러한 태도를 갖게 되었는가 하는 것이다. 각각 다른 영역에서의 학습능력이 자기만족과 자랑으로 그치는가, 아니면 각기 다른 책임과 역할이라는 '거룩한 부담'으로 전달되고 있는가? 하나님의 수준과 비교하여 겸손히 주어진 역량을 발휘하고 최선을 다하는 책임, 그 거룩한 부담으로 학습능력을 설명하고 바라보는 것이 기독교육자의 시각이 되어야 한다.

토의 문제

▶▶ 학습동기를 유발시키기 위해 학습자로서의 자신에게 적용한 방법과 다른 학습자에게 적용한 방법은 무엇이었는지 적어보자. 자신과 다른 학습자들에게 적용한 방법을 기독교적인 시각으로 재조명할 때 어떤 면이 달라질 수 있는지 논의해보자.

▶▶ 학습자는 하나님의 형상을 닮은 자라는 기독교적 인간관을 가질 때 교육현장에서 학생을 가르칠 때나 지도할 때 교수방법, 수업전략, 학습평가 면에서 어떤 점이 달라지겠는지 구체적인 예를 들어보자.

▶▶ 기독교적인 교육의 목적 중 하나는 학생들이 갖고 있는 재능과 잠재력을 발굴하여 교육을 통해 개발하고 그 재능이 하나님의 영광을 위해 사용하는 것이다. 이러한 재능의 관점을 교육현장에 적용하는데 방해가 되는 요소는 무엇이며 이를 극복하여 적용하기 위해서는 어떤 노력이나 구체적인 방법이 필요할지 논의해보자.

참고문헌

강영심, 송연주(2002). "성공지능과 전통지능의 고등학교 학업성취도에 대한 예측력 비교",『교육심리연구』. 16-4, 83-103.

고용수, 권용근, 김광률, 송남순, 이영호(1994).『기독교교육개론』. 서울: 한국장로교출판사.

권택조 (2005).『기독교교육심리학』. 서울: 대한기독교서회.

나동진, 김진철, 전계영 (2003).『과학영재의 삼원지능 사고양식과 학업성취간의 관계』,『교육학연구』. 41-4, 25-48.

박종석 (2008).『기독교 교육심리』. 서울: 생명의 양식.

신명희 (2002).『교수방법의 심리적 기초』. 서울: 학지사.

신명희, 박명순, 권영심, 강소연 (1998).『교육심리학의 이해』. 서울: 학지사.

신예덕 (2003). "새로운 적성 개념의 정립: Snow의 적성이론과 연구를 중심으로".『사회교육과학연구』, 7-1, 99-136.

염지영, 강연욱 (2006). "나이에 따른 전두엽 기능의 변화: 인지기능의 변화를 중심으로". 한국심리학회 발표자료 논문집, 590-591.

유재덕 (2005). "두뇌기반 기독교교육연구",『기독교교육정보』. 12, 315-342.

최상일, 이은실, 김혜정 (2001).『학습안내서』. 포항: 포스텍.

하대현 (2005). "우리나라 지능 연구의 현황과 교육적 활용 과제",『교육심리연구』. 19-1, 159-187.

Ahmavaara, A. & Houston, D. (2007). "The effects of selective schooling and self-concept on adolescents' academic aspiration: An examination of Dweck's self-theory". British Journal of Eudcational Psychology, 77, 613-632.

Ames, R. & Ames, C. (1984). Research on motivation in education: Student motivation. New York: Academic press.

Bode, B. (2003). "The nature of learning". In Braley, J., Layman, J., White, R. (eds), Foundations of christian school education. 99-120, Colorado Springs, CO: ACSI.

Brantley, Paul. (2001). "An Adventistlearning theory: a case for a christocentric epistemology based upon Imago Dei". Paper presented to the first International conference on the seventhday Adventist philosophy of education.

Collins, G. (1985). The magnificent mind. Waco: Word.

Dai, D. & Sternberg, R. (2004). Motivation, emotion, and cognition: Integrative perspectives on intellectual functioning and development. Hillsdale, NJ: Lawrence Erlbaum.

Donovan, S. & Bransford, J. (2000). How people learn: Bridging research and practice. National Academy Press.

Dowson, M & Harvey, P. (2003). "Right motives: A christian perspective on students'academic motivation". Journal of christian education, 46-1, 33-42

Dweck, C. (1986). "Motivational processes affecting learning". American psychologist, 41, 1040-1047.

Graham, D. (2003). Teaching redemptively: Bringing grace and truth into your classroom. Colorado Springs, CO: ACSI.

Johnson, E. & Jones, S. (2000). Psychology and Christianity. Downers Grove: IVP.

Maehr (2005) "The meaning that religion offers and the motivation that my result". In Miller & Delaney eds, Judo-Christian perspectives on psychology: human nature, motivation, and change. 133-144, Washington,DC: APA.

Maslow, A. (1968). Toward a psychology of being. New York: Van Nostrand.

Meier, P., Minirth, F., Wichern, F., & Ratcliff, D. (1991). Introduction to psychology and counseling. Grand rapids, MI: Bakers.

Myers, D. & Jeeves, M. (1987). Psychology through the eyes of faith. 박원기 역, (1995). 『신앙의 눈으로 본 심리학』. 서울: IVP.

National Research Council (2000). How people learn: Brain, mind, experience, and school. 신종호 역. 『학습과학: 뇌, 마음, 경험 그리고 교육』. 서울: 학지사.

Patterson, Richard. (1993). How adults learn. In Gangel, K. & Wilhoit, J.(eds). The Christian educator's handbook on adult education. Grand Rapids: Bakers.

Schauffele, S. , Baptiste, Ian. (2000). "Appealing to the soul: towards a Judeo-Christian theory of learning". International Journal of Lifelong Education, 19-5. 448-458.

Sternberg, R. (1996). Successful intelligence: How practical and creative intelligence determine success in life. 이종인 역 (1997), 『성공지능』. 서울: 영림 카디널.

Weinberg, R. (1989) "Intelligence and IQ." American Psychologist, 44, 98-104.

Weiner, B. (1986). An attribution theory of motivation and emotion. NY: Springer Verlag.

Wolf, R. (1964). "The measurement of environment". In Anastasi, A.(ed). Testing problems in perspectives. Washington, D.C.: American Council on Education, 92-94

Woolfolk, A. (1995). Educational psychology. 김아영 외 역 (1997). 『교육심리학』. 서울: 학문사.

In Jesus' name, I pray. Amen.

12

기독교적 교수설계

- 박은숙(계명대학교)

I. 들어가는 말

21세기 정보지식 기반 사회는 정보통신의 급속한 발달로 인해 더욱 복잡해진 교육현상을 맞이하고 있다. 사이버 공간에서의 학습 활동과 학습자를 중시하는 교육방법이 강조되고 사고력과 문제해결력 중심의 학습방식, 정보의 탐색과 저장, 그리고 재생을 강조하는 학습이 중시되고 있다. 교육 일반에서의 이러한 변화와 함께, 기독교 교육에 있어서도 기독교 세계관과 교육철학이 담겨진 좀 더 구체화된 교수전략과 방법에 대한 인식이 높아지고 있다. 기술과 지식을 기독교적 세계관 속에서 배운 후에 그것을 삶 속에서 실천해낼 수 있는 학생을 양성하는 교육을 실시하기 위한 교수전략과 교수설계에 대한 관심이 높아진 것이다. 이에 따라, 철학적인 교육과 지식 전달에만 의존하는 기존의 방식에서 벗어나 기독교적인 세계관 속에서 구체적인 학습과제를 제시하고, 또 학생 스스로가 그것을 해결하도록 하는 기독교적 교수전략과 교수설계를 마련하는 것이 중요한 현안이 되고 있다.

학습 목표를 효율적, 효과적, 그리고 매력적으로 달성하고 가장 바람직한 최적의 학습과정과 학습 환경을 제공하기 위해 교수전략을 수립하는 활동을 교수설계라고 할 수 있다. 이 장에서는 이러한 교수설계에 대한 개념과 특징을 살피고, 일선 교사들이 수업에서 쉽게 적용할 수 있는 교수설계의 일반모형과 함께 전통적 교수설계모형과 학습자 중심의 학습 환경을 제공하기 위해 고안되어진 최신 교수설계모형을 소개한다. 그리고 기독교적 관점에서의 교수설계가 어떤 것이 될 것인가를 살펴본 후, 기독교적인 세계관과 교육철학이 담긴 기독교 교수학습모형을 제안하고자 한다.

II. 교수설계

1 교수설계의 개념

설계라는 용어는 건축, 디자인 분야에서 흔히 사용되는데 이것은 무엇을 개발하거나 어떤 문제를 해결하기 위해 계획을 세우고 행동하기에 앞서 미리 체계적인 계획을 세우는 것을 의미한다. 교수설계는 수업에서 학습목표를 성공적으로 달성하기 위해서 필요한 모든 요소들을 잘 배치하여 최적의 수업과정을 설계하는 것이다. 즉 특정한 조건 속에서 학습자에게 기대하는 변화를 만들어내기 위한 최적의 교수방법은 무엇인가를 보여주는 수업 청사진이다. 그러므로 교수설계는 설정된 교수목표를 성취하기 위해 학습내용을 체계화하고 학습 방법을 계획하고 개발하는 과정이라고 할 수 있다(정재삼, 1996).

교수설계의 기본적인 원리와 특징은 다음과 같다(Davis, 1974; Reigeluth, 1999).

① 교수설계는 학습자들이 문제를 해결하는 과정에서 문제인식과 선정 및 문제해결안을 도출하는 일련의 절차 가운데 개인이나 집단의 가치에 영향을 받을 수 있는 가치 지향적인 특징을 지닌다.

② 교수설계는 학습자 수준과 환경에 따라 다르게 적용되어지는 상황 맥락적인 특징을 지닌다.

③ 교수설계의 목표와 필요조건을 설계 이전에 명시하여, 설계의 목적과 가능성 및 제한점을 분석한 후 실제적으로 설계한다.

④ 설계자는 설계 과정의 모든 단계에서 목표의 성취도를 수시로 확인하고 설계를 실행해 나가면서 계속적인 평가와 수정의 과정을 반복한다.

⑤ 설계와 관련된 모든 구성요소는 상호 보완적인 관계에 있어야 하며 상위체제의 목표를 달성할 수 있도록 교수자에게 안내와 처방을 제공한다.

이처럼 교수설계는 절차와 순서에 따라 진행되는 체계적인 성격을 가지고 있으면서, 체제를 구성하고 있는 모든 요소들이 독립적인 동시에 각 기능이 상호보완적이고 상호의존적인 관계를 이루고 있다. 이를 통해 전체의 기능을 극대화 하는 체제적인 성격을 지니고 있는 것이다.

2 교수설계모형

교수설계모형은 학습자에게 효과적이고 효율적으로 지식과 기술을 가르치기 위해 설계된 모형이다. 이 모형은 여러 교수학습이론을 기초로 하여 다양한 학습자, 환경, 매체 및 학습결과를 위해 가장 효과적이고 효율적인 프로그램을 도출하기 위한 일련의 절차를 제공한다.

1) 교수설계의 일반 모형(ADDIE모형)

교수설계의 범위는 한 시간 수업, 한 교과, 한 학교의 교육과정에 이르기까지 다양하다. 교수설계모형은 이러한 대상을 하나의 체제로 보고 체제적인 접근으로 계획하며 아래와 같은 분석, 설계, 개발, 실행, 평가의 과정을 포함한다(박숙희, 염명숙, 2007).

① **분석(Analysis)**

학습과 관련된 요인을 분석하여 가장 바람직한 상태와 현재의 상태 간의 차이를 확인하여 문제를 선정한다. 분석에는 요구분석, 학습자 분석, 환경 분석 및 과제 분석이 포함된다.

② **설계(Design)**

선정된 문제의 해결을 위해 구체적인 목표를 도출하고 최적의 교수전략 및 교수매체를 선정하고 평가도구를 개발한다.

③ **개발(Development)**

설계단계에서 선정된 전략과 교수매체를 수업에서 실재로 사용하기 위해 자료를 제작한다. 만들어진 자료는 교과 전문가와 학습자를 대상으로 형성평가를 실시한다.

④ **실행(Implement)**

개발된 자료를 실제 교육 현장에서 활용하고 관리한다. 이 때 필요한 시설, 예산, 기자재 등을 미리 점검하고 지원체제에 대한 대책을 수립한다.

⑤ **평가(Evaluation)**

프로그램과 자료의 효과성과 효율성을 측정하기 위해서 총괄평가를 실시한다. 프로그램이 교육 목적을 충족시켜 줄 수 있는지에 대해 전문가를 통해서 평가하거나 교육 현장에서 실제로 적용하여 그 결과를 평가한다.

2) 전통적 교수설계모형

교수 전략과 설계에 대한 모형은 어떤 이론을 기초로 하느냐에 따라 다양해질 수 있다. 학교 수업 상황에서 교사가 가장 손쉽게 사용할 수 있는 일반적인 교수설계모형들을 간략하게 제시하면 다음과 같다(박성익, 임철일, 이재경, 최정임, 2003; 조규락, 김선연, 2006).

① 메릴(Merill, 1983)의 내용요소제시이론(Component Display Theory)

수행과 내용의 두 차원으로 학습과제를 분류하여 수업의 효과적인 처방을 제공하기 위해 설계되었다. 네 개의 유형(사실, 개념, 절차, 원리)으로 이루어진 내용차원은 학습자가 수행해야 하는 과제에 따라서 세 개의 수준(발견하기, 활용하기, 기억하기)으로 나누어 습득하게 된다.

② 라이겔루스(Reigeluth, 1999)의 정교화이론(Elaboration Theory)

수업 내용을 조직하기 위해 아이디어를 연결하고 계열화하는 교수전략을 다룬다. 계열화란 어느 기준에 의하여 그룹으로 묶고 다시 특정한 순서로 배열하는 것을 의미한다. 주어진 교육과정에 의해 가르쳐야할 내용들을 묶어서 가르치는 순서를 결정하는 것이다(Reigeluth, 1999). 이 때 계열화는 단순한 것에서 복잡한 것으로, 쉬운 것에서 어려운 것으로, 구체적인 것에서 추상적인 것의 순으로 이루어진다.

③ 켈러(Keller, 1983)의 학습동기 설계이론(ARCS)

학습자의 학습능력은 학습자의 특성과 교수 사태뿐만 아니라 학습자의 동기 수준과 깊은 관계가 있다는 점에 초점을 두고 학습자의 동기를 유발하는 네 가지 요소를 제시한다. 주의집중(attention), 관련성(relevance), 자신감(confidence), 만족감(satisfaction)의 네 가지 구성 요소로 이루어지며, 각각의 동기를 유발하고 유지시키기 위해 필요한 구체적인 전략을 제안한다.

④ 가네-브릭스(Gagne-Briggs, 1979)의 9가지 교수사태

학습이 일어나는 내적, 외적 조건을 밝혀서 수업목표에 따라 학습내용과 방법을 구성하고 제시하는 절차를 보여준다. 내적 학습과정을 유발하기 위한 외적 상황은 주의력 획득시키기, 학습자에게 수업목표 알리기, 선수학습의 회상 자극하기, 자극 제시하기, 학습 안내 제시하기, 수행 유도하기, 피드백 제공하기, 수행 평가하기, 파지와 학습의 전이 증진하기이다.

⑤ 딕 & 케리(Dick & Carey, 1996)의 모형

교수프로그램을 개발하는데 필요한 일련의 단계들과 그 단계들간의 역동적인 관련성에 초점을 맞추고 체제적인 접근에 의해 만들어진 절차적 모형이다. 요구사정, 수업분석, 학습자 및 환경 분석, 수행목표 진술, 평가도구개발, 교수전략 개발, 수업자료 개발 및 선정, 형성평가, 총괄평가의 단계로 구성되어 있다.

3 최신 교수설계모형

전통적인 교수방법의 가장 큰 문제점은 부분적인 사실과 지식 전달 위주의 교육에만 치중하고 있다는 점이다. 학습자들이 배우는 지식과 기술이 실제 생활과는 동떨어진 방식으로 학습하게 된다면 지식을 재생하여 사용하는 것이 어렵게 될 것이다. 이같은 전통적인 교육방식이 갖는 수동성, 비상황성, 비적용상을 보완하기 위해 대안

적 학습방식이 등장했다. 대안적 학습 방식으로서 학습자 중심의 학습환경을 제공하는 최신의 교수설계 모형들을 살펴보면 다음과 같다.

1) 문제기반학습(Problem Based learning: PBL)

문제중심학습이라고도 불리우는 문제기반학습은 학습자들에게 실제적인 문제를 제시하고, 그 제시된 문제를 해결하기 위해 학습자들 상호간에 공동으로 문제해결 방안을 강구하는 학습방식이다. 즉 개별학습과 협동학습을 통해 공통의 해결안을 마련하는 일련의 과정에서 학습이 이루어지게 되는 학습방법인 것이다(Sage, 1996). 문제중심학습의 목적은 학습자의 문제해결 능력을 신장시키며 관련분야의 지식과 기술을 습득하게 하는 것이다. 이 학습은 자기주도적 학습기술과 팀기술을 개발하고 성찰적 사고와 활동을 촉진하여 협력학습의 훈련, 창의적 문제해결 능력의 신장, 그리고 학습자의 전략적 사고력의 증진을 지향한다.

문제기반학습의 핵심은 적절한 문제 개발에 있다. 문제파악이 쉽지 않고 문제해결과정에서 새로운 조건이나 제한점이 발견되는 비구조적 문제를 선정하며, 다양한 접근방법과 구체적이고 복잡한 상황을 기반으로 문제를 풀도록 유도하는 것이 매우 중요하다. 문제기반학습의 비구조적인 문제는 동료학습자와 자연스럽게 협력하여 토론하도록 이끌며 다양한 관점과 견해를 비교, 수용하도록 돕는다. 또한 학습자 자신의 학습과정에 대한 계획과 관리, 점검과 통제를 가능케 함으로써 자기주도적 학습능력을 기른다. 문제중심학습의 과정은 다음과 같다.

① 문제 제기

학습자의 실제 생활과 관련된 복잡하고 비구조적인 문제를 제시한다. 불완전한 정보를 담고 있는 문제를 제시함으로서 다양한 해결안과 깊은 탐색, 그리고 도전을 줄 수 있는 문제를 선정하는 것이 중요하다.

② 문제 파악 및 과제 수행 계획

문제에 대한 해결안과 가정, 문제에 대해 알고 있는 사실과 개념, 문제를 해결하기 위해 앞으로 알아야 할 사실과 정보 등을 정리하고 기록한다. 이 과정에서 문제에 대한 주인의식을 느끼도록 하여 학습자들이 문제를 내재화 하도록 한다.

③ 문제해결 모색

학습자들은 문제 파악으로 얻은 내용을 기초로 문제해결을 위하여 무엇을 어떻게 해야 할 것인가를 계획하고 작성한다.

④ 개인과제 및 팀과제 결정

문제해결을 위해 개별, 또는 팀별 학습과제를 결정하고 분담한다. 분담한 개인 및 팀 과제 해결을 위하여 학습자료를 선택하고 자료를 조사하여 정리한다.

⑤ 정리 발표 및 평가

개인별, 팀별로 완성된 과제를 종합하여 최종 문제해결안을 완성하고 발표물을 준비하여 발표한 후 다른 팀과 교사로부터 피드백을 받는다. 수렴된 피드백을 토대로 원래의 해결안을 수정하고 보완한다.

2) 목표기반 시나리오 (Goal Based Scenarios: GBS)

목표기반 시나리오는 행위를 통해 학습하도록 시뮬레이션을 제공하고 이를 통해 기술을 연습시키고 관련지식을 사용하여 학습목표를 이루도록 하는 학습방식이다. 학습자는 자신이 맡은 역할을 수행해 가는 과정에서 자연스럽게 필요한 정보를 사용하고 학습내용을 배우면서 목표를 성취하게 된다. 목표기반시나리오의 7가지 구성요소는 다음과 같다(Schank, 1995; 조규락, 2004).

① **학습목표(goal)**

목표기반시나리오 학습과정을 통하여 학습자들이 획득해야하는 과정지식(process knowledge)과 목표성취를 위하여 발견해야 하는 정보, 내용지식 그리고 실행되어야 할 기술에 초점을 둔 내용지식(content knowledge)으로 이루어져 있다.

② **임무(mission)**

설정된 목표를 성취하도록 하기 위해 수행해야 하는 과제로서 학습자들이 처해있는 실제상황과 유사한 형태의 것을 제공하는 것이 좋다.

③ **커버스토리(cover story)**

학습자들이 성취해야 하는 임무가 무엇인지 정확하게 제시하기 위해 제공되는 시나리오이다. 학습자의 동기를 유발시키는 배경이야기를 제공함으로서 목표 성취를 위한 임무 수행을 지속적으로 할 수 있도록 돕는다.

④ **역할(role)**

학습자들이 커버스토리에서 맡게 된 인물이다. 학습자는 필요한 기술의 습득을 위해서 가장 중요한 역할이 무엇인지를 생각하게 해야 하며, 이것은 학습자에게 동기를 부여할 수 있는 실제적이며 흥미로운 것이어야 한다.

⑤ 시나리오 운영(scenario operation)

목표를 이루기 위해 학습자들이 수행하는 모든 활동을 포함하는 것으로서, 목표와 임무에 긴밀하게 연관되어 있어야 한다. 설정한 목표나 임무에 따라 무엇을 할 것인가에 대한 의사결정을 하거나 지시를 내리는 것, 질문에 답하는 것, 도구를 사용하고, 필요한 정보를 검색하는 것 등을 포함한다.

⑥ 자원(resources)

목표와 임무를 달성하기 위해 필요한 정보로서, 잘 정리되고 용이하게 접근할 수 있도록 준비되어야 한다. 자원의 형태나 형식이 고정되어 있는 것은 아니지만 학습자들이 이미 알고 있는 이야기의 연장이나 이해할 수 있는 이야기의 형식으로 주로 제공된다.

⑦ 피드백(feedback)

학습자들이 임무를 수행하는 과정에서 발생하는 어려움을 해결하도록 피드백을 제공한다. 피드백의 형태는 학습자의 행동의 결과에 대한 지적, 학습자에게 필요한 조언을 제공하는 코칭, 전문가들의 실제 임무 수행 중 겪게 되는 경험 이야기 등의 형태로 제공된다.

3) 팀기반 학습(Team Based Learning: TBL)

팀기반 학습은 문제 상황 속에서 개인의 선행학습과 팀 구성원 간의 상호작용을 통해 개인과 팀의 성과를 극대화하기 위해 구조화된 교수전략이다(Knight & Fink, 2002). 개념과 실제 사례를 연결하여 지식을 습득하고 상호작용을 통해 다양한 관점을 공유하게 할 뿐 아니라, 사전학습과 과제수행, 수행결과 및 평가에 대한 책임을 강조한다. 팀기반 학습의 기본 원리는 다음과 같다(Michaelsen & Sweet, 2008).

① 성과달성을 위해 개인과 팀 학습을 동시에 강조한다.
② 적절한 팀원 구성과 효과적인 수행 과제 개발을 확보한다.
③ 즉각적인 피드백과 이의제기를 통해 학습과정과 결과를 확인한다.

팀기반학습의 핵심요소는 팀, 과제, 피드백, 그리고 책임이다. 개인과 팀의 학습을 동시에 강조하며 적절한 수의 구성원과 이질그룹으로 구성 하는 것이 중요하다. 또한 효과적인 수행과제 개발, 즉각적인 피드백, 이의제기 등을 통해 학습과정과 결과를 확인해야 한다. 사전학습을 위한 과제수행과 평가 및 책임을 강조하며 의견조정과 의사소통을 위한 리더십을 강조한다. 팀기반학습의 주요 학습과정은 다음과 같다(Michaelsen, 2002).

① 선행학습

팀기반학습이 이루어지기 전에 교수가 제공한 학습자료에 따라 학습자가 학습내용을 미리 숙독하는 과정이다. 학습자료 검토, 읽기자료 숙독, 참고자료 검색, 및 주요개념 정리 등으로 구성된다.

② 준비도 확인

선행학습이 제대로 수행되었는가를 확인하는 단계로서, 개인별 선행학습 확인(IRAT: Individual Readiness Assurance Test)과 팀별 선행학습 확인(TRAT: Team Readiness Assurance Test)으로 이루어진다.

③ 피드백

개인별 선행학습과 팀별 선행학습 확인 테스트를 시행한 후에, 오답에 대한 즉각적인 설명, 개념 및 개요 정리의 제공이 이루어져야 한다.

이 때, 학생들의 이의제기가 있을 경우에는 적절한 설명을 제공하고 평가 및 기타 사항에 대해 문의가 있을 경우에도 성실히 답변해 준다.

④ 응용문제 해결

선행학습, 준비도 확인, 그리고 피드백을 제공하고 난 후, 교수자는 실제상황에서 나타나는 문제를 제시하여 학습자들이 문제해결을 위해 학습개념을 적용해 나갈 수 있도록 안내한다. 또한 다양한 해결안을 다른 팀과 비교하고 전체 팀의 토론을 유도한다.

⑤ 학습정리, 발표 및 평가

위의 단계를 거쳐 학습한 내용들을 팀별로 정리하여 발표하고, 자기평가를 통한 과제수행과 동료평가를 통한 기여도를 평가한 후, 개인별 점수를 산출한다.

III. 기독교적 교수설계

1 기독교 교육과 교수설계

하나님의 통치는 인간의 삶의 모든 영역에 미친다. 따라서 기독교적 가치와 성경관이 내재된 교육방법은 교회학교와 기독교학교뿐만 아니라 모든 학습공동체에서 시행되어야 한다. 교육과정과 교육내용 뿐만 아니라 교수설계 역시 기독교적인 철학과 세계관을 기반으로 고안되어져야 하는 것이다. 이 장에서는 기독교 교육에서 강조하는 교수방법과 전략을 기초로 하여 기독교적 교수설계의 이론을 제시한다. 블루멜른(1994)과 반다이크(2000), 그리고 월터스토르프(2002)와 같은 기독교 학자들이 주장하는 교육방법과 그들이 제안하는 교수학습모형을 분석하여, 기독교적 관점에서 교수설계의 필요성과 방향을 모색한다.

1) 블루멜른의 학습모형

블루멜른(1988, 1994)은 모든 학습자들은 하나님의 형상이며, 지식이란 개념학습을 넘어 성향과 헌신, 그리고 봉사로 나아가게 한다는 성경적인 관점을 기초로 하여 학습모형을 고안하였다. 그가 제시하는 학습모형의 단계는 다음과 같다.

① 무대설정 (Setting the stage)

학습자들의 경험지식을 끌어내어 문제를 인식하고 추론할 수 있게 하여 의미 있는 학습이 되기 위한 학습배경을 제공한다.

② 드러냄 (Disclosure)

개념구조를 형성하고 주개념과 종속 개념을 연결하여 학습자의 방식으로 의미를 형성하도록 하기 위해 개별지도와 소그룹 활동을 제공한다.

③ 재구성 (Reformulation)

새롭게 밝혀진 내용과 개념을 자신의 개념체제와 통합시키고 학습자만의 고유한 방식으로 학습내용을 재구성하고 활용한다.

④ 초월 (Transcendence)

비판적인 사고와 성찰활동을 통해서 의미 있는 학습을 하도록 하고 그 과정에서 그리스도의 제자로서의 성향을 계발하고 하나님이 주신 재능과 은사를 사용하면서 공동체에서 봉사하게 한다.

2) 반다이크의 교수학습모형

반다이크(1993, 2000)는 학습자들의 사고가 확장되어 주님의 부르심에 반응하고 헌신하도록 하기 위해 학습자의 참여를 유도하는 가르침의 단계를 구조화하였다. 학습자들이 지니고 있는 잠재력과 은사를 개발하여 이를 행동으로 실천하는 생활방식을 형성하도록 하는 형성적인(formative) 가르침을 강조하는 것이다. 반다이크의 형성적 교수학습모형의 3단계는 다음과 같다.

① 안내 (Guiding)

학습자들이 가야할 길을 제시해 줌으로써 주님의 제자가 되도록 지도하는 것을 강조한다. 교육의 궁극적인 목표는 죄가 들어온 이 세상에서 화목과 치유의 임무를 수행할 수 있는 그리스도의 제자를 양성하는 것이다.

② 전개 (Unfolding)

학습자들이 학습내용을 이해할 뿐만 아니라 행동으로 실천할 수 있도록 기회를 제공한다. 참된 지식이 되기 위해서는 반드시 헌신된 행동으로 이어져야 한다는 점을 강조한다. 효과적인 전개를 위해 교수자는 학습자들의 심리와 인간발단 단계에 대한 이해, 그리고 학습과 학습양식에 대한 통찰력을 지녀야 한다.

③ 능력부여 (Enabling)

학습자의 은사와 재능을 사용하여 이웃과 하나님을 섬기며 헌신해 나아갈 수 있도록 능력을 부여하는 활동이다. 이러한 활동 중심의 교육프로그램을 실행하기 위해서는 구체적인 계획과, 환경 조성, 교수전략 등이 필요하다.

3) 월터스트로프의 경향성 학습

월터스트로프(1980, 2002)는 학습자들이 교육받은 대로 실천하도록 하기 위해서 학습자 스스로 원하는 것을 행동으로 실천할 수 있는 학습자들의 경향성(tendency)을 형성해야 한다고 주장한다. 이같은 행동하는 경향성을 형성하기 위해서 그는 훈육과 모델링, 그리고 이유를 제공하는 경향성 학습을 제안한다. 경향성 학습은 다음의 세 가지 교수전략을 포함한다.

① 훈육 (Discipline)

보상과 처벌을 사용하여 바람직한 행동을 하도록 유도함으로써, 학습자들의 경향성을 형성하는 학습방식이다.

② 모델링 (Modeling)

모델이 되는 인물을 제시하여 그 모델의 행동을 관찰하게 함으로써 학습자의 경향성을 형성하게 하는 학습방식이다.

③ 이유제공 (Giving reason)

경향성을 형성해야 하는 이유를 제공하여 학습자들이 이해하고 수용할 수 있도록 함으로서 학습자의 행동 경향성을 증진하는 학습방식이다. 학습자의 질문에 대해 그가 수용할만한 이유를 제시하고, 학습자의 성찰을 이끌어 내고 행동하도록 내면화함으로써 학습자의 바람직한 행동을 유발한다.

② 기독교적 교수설계

이상에서 살펴본 세 명의 기독교학자들이 제안한 교수학습모형을 토대로 기독교적인 관점에서 교수설계가 지녀야 할 핵심 가치를 설정한다면 그것은 다음과 같다.

① 학습자들이 실제적인 삶 속에서 주님의 책임 있는 제자가 되기 위해 갖추어야할 지식과 능력, 그리고 책임 있는 행동으로 이끄는 성향을 형성한다.

② 학습자들이 기독교적인 가치와 세계관 속에서 문제를 인식하고 해결하는 실천적인 능력을 촉진한다.

③ 함께하는 학습 공동체 내에서 동료들과 기쁨, 그리고 슬픔을 함께 나누고 정의를 가르치며 샬롬을 실현하는 협력학습을 추구한다.

④ 각각의 독특한 학습자들의 은사와 재능을 계발하여 하나님과 동료들을 섬기고 학습공동체 안에서 헌신하고 기여하게 한다.

기독교적 교수설계가 지향하는 위와 같은 핵심 가치를 공동체에서 구현해 내기 위해서 기독교적 교수설계가 지녀야 할 핵심전략은 다음과 같다.

① 학습자가 실제 삶 속에서 직접 문제를 탐구하고 해결해 나가도록 문제해결력을 증진시킨다.

② 학습자 각자의 선호하는 방식과 독특한 개성에 맞는 다양한 학습활동을 제공하여 학습자의 능력을 계발하고 증진할 수 있는 기회를 제공한다.

③ 학습자의 경험이 중심이 되는 그룹 활동과 개인 활동, 정보 제공과 문제해결력, 그리고 창의적인 사고의 경험과 상호작용을 제공한다.

④ 그룹 구성원이 함께 아이디어를 도출함으로써 한 개인의 노력으로 얻을 수 있는 것 보다 훨씬 더 큰 효과를 얻을 수 있기 위해 브레인스토밍 사고 기법을 활용한다.

⑤ 학습자의 재능과 은사를 사용하여 서로를 돕는 섬김의 공동체가 되도록 협력학습을 통해 제자로서의 성향을 함양하고 헌신하게 한다.

⑥ 다양한 학습자들의 성향이 개인적인 필요와 그룹 구성원의 필요를 모두 만족시킬 수 있도록 다기능 이질그룹을 형성한다.

이처럼 기독교적 교수설계는 학습자 개인과 그룹의 사고를 계발하고 적극적인 참여와 상호작용을 일으킴으로서 개인과 그룹 전체의 학습효과에 긍정적인 영향을 미치는 방향으로 개발되어야 한다. 또한 학습자들의 실제적인 삶에서 행동하는 반응을 보이도록 하기위한 학습방식을 교육현장에서 효과적으로 적용할 수 있도록 해야 한다. 이러한 방식은 그룹 구성원과 개인 각자의 은사와 잠재력이 드러나고 또한 신장되는 동시에, 공동체 내부에서의 나눔과 공유, 그리고 봉사와 섬김으로 구체화될 수 있도록 돕는다. 뿐만 아니라 실제 삶속에서의 문제에 대한 비판적 사고와 문제해결력을 지니는 동시에, 이를 실천하는 학습자들을 양성할 수 있게 한다. 교수설계에 대한 이러한 기독교적인 이해를 기초로, 아래와 같은 창의적 문제해결 기독교 교수학습모형과 실천학습 기독교 교수학습모형을 제시할 수 있을 것이다.

1) 창의적 문제해결(Creative Problem Solving: CPS) 기독교 교수학습모형

"개인이나 집단이 어떤 문제를 해결하기 위해 창의적으로 사고하려는 노력"이라고 정의되는 창의적 문제해결은 어떤 상황에서 문제를 발견하고 그 문제와 관련된 정보를 수집하여 구체적인 문제를 명료화 한 후, 문제의 해결안을 도출하는 사고의 과정이다(Treffinger, 1995). 창의적 문제해결 모형은 많은 학자에 의해 개발되어왔으며 다양한 주장과 제언이 있어 왔다. 각 모델은 다음과 같이 세단계로 구분될 수 있다(Treffinger, Isaksen, & Dorval, 2000).

① **문제인식**

사실발견, 자료발견, 문제발견, 문제확인, 문제 정의 등과 관련된 세부 단계를 포함하며 문제에 대한 올바른 인식과 진술이 매우 중요하다. 문제를 명료하게 진술하기 위한 도구로 브레인스토밍이나 마인드맵과 같은 사고기법을 사용한다.

② **아이디어 생성**

문제 진술 이후 해결의 잠재력을 지닌 아이디어를 생성하여 문제의 해결 가능성을 높이는 단계이다. 아이디어 평가, 해결안 발견, 평가와 선택, 해결안 개발 등의 세부 과정을 포함한다.

③ **실행단계**

문제 진술 이후 분석, 재정의, 개발을 통해 유용한 해결책을 개발하고 수용과 실현이 가능한 행위를 정하여 그것을 실천하기 위한 실행계획을 세운다. 수용, 실행, 실행계획 등의 세부 과정을 포함한다.

앞에서 도출한 기독교적 교수설계의 핵심가치와 전략을 창의적 문제해결의 특징과 통합하여 창의적 문제해결 기독교 학습모형을 제시한다면(〈표 1〉), 창의적 문제해결 기독교 학습모형이 제공하는 효과는 다음과 같다.

① 학습 단계가 발전할수록 점차 학습자에게 더 많은 책임을 부여하고 반응을 이끌어내면서 창의성을 계발하는데 초점을 맞추고 있다.

② 경쟁적이고 개인적인 학습이 아닌 기쁨과 슬픔을 함께 나누고 도움과 격려를 주는 제자도의 공동체를 강조한다.

③ 학습자들의 삶 속에서 책임 있는 제자가 되기 위해 필요한 지식과 능력, 그리고 책임 있는 행동으로 이끄는 성향을 형성하도록 한다.

④ 협력학습을 통해 학습에 책임을 지며 자신의 은사와 재능을 통해 서로를 돕는 섬김의 공동체를 경험한다.

〈표 1〉 창의적 문제해결 기독교 교수학습모형 (박은숙, 2009a)

핵심 학습단계	핵심 가치	핵심전략	핵심학습 과제	세부학습과제
1. 발견하기	실제 삶에서의 문제의식 개발	다양한 학습자의 성향에 따른 다양한 지식을 사용하여 탐구주제와 문제 인식	*문제 인식하기	*혼란 발견 *문제 발견 *문제 산출
2. 이해하기	학습에 대한 책임, 재능과 은사 개발	다양한 그룹활동과 개인활동을 통한 자료와 정보의 공유, 상호작용	*정보 수집하기	*다양한 방식의 정보 공유 *그룹토의
3. 몰입하기	기독교 세계관 기반의 문제해결력과 창의력 계발	문제에 대한 각자의 고유한 방식으로 해결방안 제시 및 활용	*문제 해결하기	*문제 원인 *문제 선정 *문제 진술 *문제 해결 아이디어 산출 *문제해결책 제시
4. 실행하기	제자로서의 성향 함양 및 헌신	학습에 대한 성찰을 통해 자신의 은사와 재능 사용 및 개발	*실행 하기	*실행내용 발표 *성찰회의 *성찰내용 발표

2) 실천학습(Action Learning: AL) 기독교 교수학습모형

마쿼트(Marquart, 2006)는 실천학습이란 소규모로 구성된 한 집단이 직면하고 있는 실질적인 문제를 해결하는 과정에서 학습이 이루어지며, 학습을 통해 각 그룹 구성원은 물론 조직 전체에 혜택이 돌아가도록 하는 일련의 과정이자 효과적인 프로그램이라고 정의하고 있다. 실천학습은 학습자의 참여와 팀워크를 강조하며 문제의 규명, 해결안, 실행, 그리고 성찰을 촉진함으로써, 개인과 팀의 사고력과 문제해결력, 의사소통, 그리고 의사결정력을 높이는 효과적인 학습방식이다. 실천학습의 과정은 다음과 같다(Marquart, 2006).

① 준비단계

문제 상황을 파악하고 지원확보와 사전 워크숍, 프로그램 설계 및 가이드라인 개발 등과 같은 사전 준비를 포함하며 문제를 인식하고 선정한다.

② 팀활동단계

문제 선정과 동시에 팀을 형성하고 팀원 구성과 코치의 선정 및 팀 적응과 상호작용을 촉진하여 팀을 활성화하는 단계이다. 문제를 재구성하고 필요한 정보와 자료를 수집 분석하여 실행 전략을 구상하고 행동전략을 실행한다. 또한 코칭의 역할과 성찰을 통해 의미있는 학습을 만들어 가는 것이 중요하다.

③ 평가단계

개인과 팀 차원의 성과와 실천학습 전체 과정을 평가하며 추후 학습에 대한 계획을 수립한다.

실천학습 기독교 교수학습모형은 기독교적인 관점에서 다음과 같은 효과가 있다.

- 실제적인 문제를 해결하는 과정에서 제자로서 갖추어야할 지식, 능력, 그리고 행동으로 이끄는 성향을 형성하기 위해 훈련과 이유제공, 모델링 등의 전략을 제공한다.
- 교과 내용과 관련된 주제의 문제해결학습은 학습자 자신들이 살고 있는 현재 사회와 세계에 대한 실제적인 문제의식을 개발시킨다.
- 그룹협력 방식으로 문제를 해결하고 실천하는 학습을 통해 기독교적 세계관 속에서 비판적인 사고력과 문제해결력을 신장시킨다.
- 학습자의 적극적인 질문과 참여, 그리고 성찰을 강조함으로써, 학습자의 독특한 재능 개발을 개발하고 하나님과 이웃을 섬기고 공동체를 섬기게 한다.

〈표 2〉는 실천학습 모형의 특징과 핵심요소, 그리고 이상에서 언급한 기독교적 관점에서의 실천학습이 가지는 가치와 전략을 보여준다.

〈표 2〉 실천학습 기독교 교수학습모형 (박은숙, 2009b)

전체진행 단계	핵심 가치	핵심전략	핵심 학습단계	세부학습단계
준비 단계	기독교 세계관 기반의 현실적인 문제의식 개발	문제의 원인을 기독교적인 세계관 속에서 이해하는 방식으로 접근	문제인식	실천학습 워크숍 학습과정 안내
				주제선정
활동 단계	지식과 실천능력 구비, 행동하는 경향성 형성, 비판적 사고력과 문제해결력 계발	보상과 처벌 제공, 학습자의 이해를 돕는 설명과 정보 제공, 모델이 되는 사람제시, 모델의 행동관찰, 전문가 자료제공	문제해결에 필요한 정보수집	팀 형성
				문제재구성
				정보수집/분석
				문제해결안 도출
			행동계획 및 실천	행동전략계획
				실천
평가 단계	성찰을 통한 행동의 내면화, 그리스도의 제자로서의 삶을 드러냄	자신의 삶과 지식과 기술을 생활 속에 적용	성찰	성찰저널 작성 성찰회의 성찰발표
	공동체의 일원으로서의 임무 수행, 공동체에서의 기여와 헌신	자가평가, 동료평가, 팀평가 수행	평가	평가 피드백

학습자들에게 전수된 지식이 현실의 삶속에서 실제적으로 구현되어지기 위한 방안으로 실천학습 교육방식을 도입한다면, 학습자의 경험을 확장시키고 능력과 통찰력을 개발시킬 수 있을 것이다. 또한 지식과 기술을 겸비한 그리스도의 제자를 만들 수 있는 구체적인 아이디어와 전략을 담은 교수설계를 개발하는데 도움이 될 것이다. 이러한 학습 방식을 교육현장에 효과적으로 적용한다면 학습자의 실제 삶에서 당면하는 문제들을 이해하고 해결하는 연습과 훈련,

자신의 삶과 지식과 기술이 연결되는 진정한 학습을 경험하는데 도움이 될 것이다.

IV. 나가는 말

본 장에서는 기독교적 교수설계에 대한 이해를 공고히 하기 위해, 먼저 교수설계의 개념, 교수설계의 일반적인 모형, 전통적인 교수설계모형, 그리고 최신 교수설계모형을 탐색한 후, 블루멜른, 반다이크, 월터스트로프 등 대표적인 세 명의 기독교학자들이 주장하는 교육방법을 기초로 기독교적인 교수설계의 핵심 가치와 전략을 도출하였다. 이러한 결과를 토대로 창의적 문제해결, 그리고 실천학습이 제안하는 교수설계의 방향과 전략을 기독교적 관점에서 재구성하여 기독교 세계관과 교육철학이 담겨진 기독교 교수학습모형을 제시하였다.

제시된 기독교적 교수학습모형은 다양한 교과목과 학습 및 훈련 프로그램뿐만 아니라, 유치원에서부터 평생교육에 이르기까지 다양한 학습자들로 이루어진 가정, 교회, 학교, 지역사회, 기업 등에서 광범위하게 사용될 수 있다. 기독교 교수학습모형이 가지는 중요한 의미는 개개인의 재능이 최대한 발현된 가운데, 공동체 전체의 문제해결력을 신장시킴으로써, 책임 있고 행동력을 지닌 학습공동체를 구축하는 것이다. 이는 협력학습을 통해서 학습자들의 은사가 발현되고 지식과 기술이 나누어지고 실천되는 공동체를 이루는 일이다. 이렇게 해서 그룹 구성원 각자의 잠재적 능력이 드러나고, 신장되는 동시에, 이것이 공동체 내부의 섬김과 봉사로 구체화됨으로써, 소그룹의 협력과 팀 성과를 높이는 공동체로 만들어 나가는 것이다. 이와 같은 공동체 구성원의 공동의 관심사에 관심을 기울이는 동시에 구성원 각자의 재능을 계발하려는 교육방식은 "그에게서 온 몸이 각 마디를 통하여 도움을 입음으로 연락하고 상합하여 각 지체의 분량대로 역사하여 그 몸을 자라게 하며 사랑 안에서 스스로 세우느니라."[1]라는 말씀의 정신에 일치하는 성경적인 교육방식이다.

21세기 지식 정보화 사회에서는 다양한 학습자의 개성을 인정하는 교육 방법과 실제적 교수전략에 대한 연구가 절실하게 요구된다. 이를 위해서는, 교육 현장에서 다양한 학습자들의 창의력과 문제해결력, 비판적 사고력을 키우기 위한 의사소통과 상호협력 중심의 교수설계가 제공되어야 한다. 학습자와 학습자, 그리고 학습자와 교수자 사이의 상호작용이 협력학습으로 이어지는 학습공동체에서 성공적인 학습결과를 얻기 위해서는 다양한 그룹편성 방식과 그룹활동의 활성화를 도울 수 있는 방법과 도구들이 지원되어야 한다. 기존의 오프라인 학습 공동체 그룹에 더하여 인터넷으로 연결된 가상의 학습 공동체를 구축함으로써 다양한 학습자들의 협력학습이 온라인과 오프라인에서 동시에 일어나는 블랜디드러닝 교수학습모형도 구체적으로 제시될 필요가 있을 것이다.

1) 에베소서 4:16

▌토의 문제 ▌

▶▶ 본인이 경험했던 효과적인 교수방법에 대해 이야기해보자.

▶▶ 기독교적 교수설계의 필요성에 대해서 토의해보자.

▶▶ 저자가 제시한 브루멜른, 반다이크, 월터스트로프의 교수설계 모형을 가상의 학습 상황을 만들어 실제로 적용해보자.

참 고 문 헌

박성익, 임철일, 이재경, 최정임 (2003).『교육방법의 교육공학적 이해』2판. 서울: 교육과학사

박숙희, 염명숙 (2007).『교수학습과 교육공학』. 서울: 학지사

박은숙 (2009a). "창의적 문제해결 기독교 학습모형 개발",『기독교교육 논총』20집. p.359-387

박은숙 (2009b). "실천학습에 대한 기독교적 관점과 대학 수업에서의 적용",『신앙과 학문』. 14(1). p.117-145

정재삼 (1996). "교수설계와 교수체제개발(ISD)의 최근경향과 논쟁: 21세기를 대비하는 교수공학의 지식기반 구축을 위하여",『교육공학연구』. 12(1) p. 41-74

조규락, 조영환, 김미경, 성봉식 (2004). "Goal Based Scenarios(GBS)모형을 적용한 웹기반 교육용 컨텐츠의 설계 및 개발 연구"『컴퓨터교육학회』. 7(5), p. 9-21

조규락, 김선연 (2006).『교육방법과 교육공학: 교육공학의 3차원적 이해』. 서울: 학지사

Brummelen, H. (1994). Steppingstones to Curriculum: A Biblical Path, Seatle: Alta Vista College Press

Brummelen, H. (1988). Walking with God in the Classroom, Seatle: College Press

Davis, R. H., Alexander, L. T., & Yelon, S. L. (1974). Learning System Design, NY. McGraw: Hill

Dick, W., & Carey, L. (1996). The Systematic Design of Instruction (4th ed.), New York: Holt, Rinehart & Winston

Keller, J. M. (1983). "Motivational Design of Instruction". In C. M. Reigeluth (Ed.), Instructional-Design Theories and Models: An Overview of Their Current Statues, Hillsdale, HJ: Lawrence Erlbaum Associates

Marquart, M. J. (2006). 이태복 역,『액션러닝의 힘』3판, 서울: 주식회사 패러다임 컨설팅

Merill, M. D. (1983). "Component Display Theory". In C. M. Reigeluth (Ed.), Instructional-Design Theories and Models: An Overview of Their Current Statues. Hillsdale, HJ: Lawrence Erlbaum Associates

Michaelsen, L. K., Knight, A/B., & Fink, L. D. (2002). Team Based Learning: A Transformative Use of Small Group, Westport: Greenwood Publishing Group

Michaelsen, L. K., & Sweet, M. (2008). "The Essential Elements of Team-based Learning", New Direction for Teaching and Learning 116, 7-27

Reigeluth (1996). Instructional-Design Theories and Models: An Overview of Their Current Statues, Hillsdale, HJ: Lawrence Erlbaum Associates

Sage, S. M. (1996). "A Qualitative Examination of Problem-Based Learning at the K-8 Level: Preliminary Findings", ERIC Document Reproduction Service No. ED 398 263

Schank, R. C., & Berman, T. R. (1999). "Learning by Doing". In C. M. Reigeluth (Ed.), Instructional-Design Theories and Models: An Overview of Their Current Statues(2nd). Hillsdale, HJ: Lawrence Erlbaum Associates

Treffinger, D. J. (1995). "Creative Problem Solving: Overview and Educational Inplications", Educational Psychology Review 7(3), 301-312

Treffinger, D. J., Issaksen, S. G., & Dorval, K. B. (2000). Creative Problem Solving: An Introduction (Rev. ed.), Waco: Prufrock Press

Van Dyk, J. (1993). "The Practice of Teaching Christianly". In S. Fowler, Christian Schooling: Education for Freedom, Transval: Potchefstroom

Van Dyk, J. (2003). 김성수 역, 『가르침은 예술이다』, 서울: IVP

Wolterstorff, N. P. (1980). Educating for Responsible Action, Grand Rapids: Christian Schools International and Wm. B. Eardmans Publishing Co

Wolterstorff, N. P. (2002). Educating for Life, Grand Rapids: Baker Academic

In Jesus' name, I pray. Amen.

13

기독교학교와 법

—김재웅(서강대학교)

Ⅰ. 들어가는 말

아무런 법적 제약이 없다면 기독교학교들은 설립 이념을 실현하기 위하여 보다 자유롭게 학교를 운영할 수 있을 것이다. 그러나 기독교학교가 아무리 고상한 교육이념을 가지고 있다 하더라도, 진공 상태에서 존재하지 않는 한, 인간이 만들어 놓은 법률의 제약 속에서 설립, 운영될 수밖에 없다. 여기에서는 기독교학교의 설립 및 운영과 직・간접적으로 관련이 있는 법률을 비판적으로 검토하였다. 구체적인 법률적 검토에 앞서 학교와 교육의 관계, 그리고 사립학교의 법률적 위상과 사립학교로서의 기독교학교의 의미에 대하여 이론적으로 논의하였다.

기독교학교의 설립 및 운영에 영향을 미치고 있는 법률에는 헌법, 교육기본법, 초・중등교육법, 사립학교법 등이 있으며, 각 법률 안에서 비교적 관련이 깊은 조항을 발췌하여 소개하였다. 그리고 사학의 공공성과 자율성에 관한 논쟁이 기독교학교의 운영과 어떤 관련이 있는지 살펴보았다. 더 나아가 고교 평준화 정책이 시행되고 있는 가운데 기독교학교가 그 특징을 어떻게 유지할 수 있을지 비판적으로 논의하였다.

미국의 경우 전통적인 공교육제도에 대한 반발로서 홈스쿨링이 일종의 사회적 운동으로서 활성화 되고 있다. 다양한 집단이 다양한 이유로 홈스쿨링에 참여하고 있지만, 보수적인 기독교 가정이 주류를 이루고 있다고 할 수 있다. 미국에도 엄연히 사립학교로서 기독교학교가 존재하고 있는데, 많은 기독교 가정이 왜 홈스쿨링을 선택하고 있는지 살펴보았다.

II. 교육, 학교, 그리고 기독교학교

1 교육이란 무엇인가?

교육이란 무엇인가? 이 물음에 답하기란 그리 쉬운 일이 아니다. 교육에 관한 새로운 관점을 제시하고 있는 것은 장상호(2005, 2000, 1997, 1991)의 '교육본위론'이다. 그는 교육이라는 현상을 새로운 개념 망에 의해 포착하려고 노력해 왔다. 그는 지금까지의 교육학이 생활세계로서의 학교를 염두에 두고 다른 학문, 소위 모학문의 도움을 받아 학교에서 일어나고 있는 제반 삶의 양상을 연구함으로써 학교에서 이루어지고 있는 모든 일을 교육으로 오해하도록 하는 '교육=학교'라는 신화를 강화시켜 왔다고 비판하고 있다.

학교에서 이루어지고 있든 학교 밖에서 이루어지고 있든 인간의 고유한 활동으로서의 교육을 교육으로 보게 할 수 있는 개념 망은 어떤 것일까? 심리적 현상으로 환원될 수 없고 사회적 현상으로 환원될 수 없고 철학이나 윤리학의 대상으로 환원될 수 없는 교육의 고유한 구조는 어떤 것일까? 장상호(1991)의 말을 직접 들어 보자:

> "교육은 각종 수도계(修道界)의 현품(現品, 현 수준)을 소재로 활용하여 그 나름의 고유한 과정을 반복하면서 다른 수도계로 환원시킬 수 없는 고유한 내적 가치를 추구한다. 교육의 주체는 임의의 현품에서 위로는 상구계(上求界, 배움의 세계)를 추구하고 아래로는 하화계(下化界, 가르침의 세계)를 추구하는 삶의 양식을 향유한다. 교육의 주체는 자신이 위치한 현품에서 출발하여 미품(未品)을 실현시키는 초월의 삶을 반복한다. 한 품위의 관문을 통과하자마자 다시 다른 관문이 나타나고 그 과정을 반복하는 처절한 구도(求道)의 길이 거기에 전개된다. 현품이 현품을 부정하고 지양(止揚)할 수는 없다.

거기에는 배움이라고 하는 별도의 등가적 과정이 필요하며 이에 해당하는 세계를 우리는 상구계라고 부른다. 공유되지 않은 품위는 외롭다. 따라서 교육의 주체는 그것을 타아(他我)와 공유하려고 한다. 그는 마땅한 후진(後進, 후배 또는 제자)을 찾고 그들의 품위를 자신의 품위쪽으로 동질화시키는 과정을 반복한다. 자아의 품위를 타아에 직접 전달하는 방법은 없다. 여기에는 가르침이라고 하는 매개적 과정이 필요하며 이에 해당하는 세계를 우리는 하화계라고 부른다. 상구계와 하화계는 서로 환원될 수 없는 고유한 속성을 가지고 있으며 그들은 상대를 전제하면서 하나의 공조체제를 구성한다. 교육계는 이와 같은 상구계, 하화계, 그리고 그들을 소인(素因)으로 해서 이루어지는 전체체제를 총칭한다. 교육계는 구체적인 사건, 사물, 인간, 활동 속에서 고유한 무늬, 결, 규칙, 특징을 나타낸다. (pp. 22-23)"

장상호는 교육에 대한 전통적인 관점으로는 보이지 않던 교육의 세계를 교육답게 보도록 해 주는 새로운 개념 망을 우리에게 제시하고 있다. 장상호는 교육을 학교라는 생활세계에 가두어 두지 않고 있다. 배우는 사람의 체험 수준과 연계되지 않는 것은 아무리 그것이 학문적으로 문화적으로 사회적으로 가치 있는 것일지라도 그 사람에게는 '교육적으로' 전혀 의미가 없다는 것이다. 그리고 소위 '공부 못하는 사람', 즉 수도계의 품위가 낮은 사람도 얼마든지 배움의 기쁨을 맛볼 수 있다고 주장한다. 한편, 가르치는 기쁨의 경우에도 박사과정 학생을 지도하는 교수와 초등학교 학생을 가르치는 교사 사이에 차이가 없다고 한다. 아니 가르치는 품위의 수준에 있어서 오히려 후자가 더 높을 수 있다고 한다. 교육계의 품위는 수도계의 품위와 독립적이라는 것을 보여 줌으로써 교육계와 수도계는 그 구조와 특징이 다른 별개의 세계 또는 현상임을 강조하고 있다.

2 '교육=학교'라는 신화

위에서 살펴보았듯이, 교육은 본질적으로 누구나 사적인 영역에서 자유롭게 참여할 수 있는 일이다. 학교는 교육에 대해 국가가 관심을 갖게 되면서 교육을 제도화하고자 한 결과이다. 많은 사람들이 교육 하면 학교를 떠올리고 있으나, 교육과 학교는 전혀 다른 종류의 현상이다. 여기서 중요한 것은 생활세계의 하나인 학교가 교육만 수행하는 기관이 아니라는 점이다. '교육도' 하는 기관이라고 해야 옳다. 학교는 분과 학문의 관점에 따라 다양하게 해석될 수 있는 생활세계이다. 학교를 탐구하면서 교육을 탐구하는 것으로 착각하는 것은 '교육=학교'라고 하는 신화를 믿고 있을 뿐만 아니라 일종의 범주착오의 오류를 범하고 있는 것이다.

우선, 학교는 정치학적 관점에서 보면 정치가 부각되어 보인다. 국가가 교육에 관심을 갖게 된 이유는 다양하겠지만, 근대적인 국가를 형성해 가는 과정에서 동일한 언어, 이데올로기, 가치관, 문화를 국민에게 주입하여 강력한 국가를 형성하고자 하는 정치적 필요성을 떠나서는 설명하기가 쉽지 않을 것이다. 동서고금을 막론하고 정치권력을 잡은 집단은 학교를 집권 세력의 정당성을 확보하고 연장시키려는 정치적인 목적으로 이용해 왔다. 교과서의 내용에서, 교원의 양성과 임용에서, 각종 행정 지시 등에서 우리는 그러한 증거를 발견할 수 있다. 한편, 정치가, 누가 권력을 많이 갖느냐와 관련된 보편적인 현상이라고 할 때, 학교 안에서도 매일매일 정치적인 사건이 발생한다. 교장과 평교사 사이에서, 교원과 학부모 사이에서, 교사와 행정직 사이에서, 때로는 교사와 학생들 사이에서 우리는 힘겨루기를 자주 목격하게 된다. 이렇듯 학교 안의 정치는 학교라는 장소를 빌어 일어나고 있는 정치적인 현상이기 때문에 정치학이라는 관점을 가지고 봐야 잘 드러난다. 교육정치학은 학교의 이러한 정치적 특성을 폭로하는 데 기여해 왔다고 할 수 있다.

둘째, 학교는 경제학적 관점에서 보면 삶의 양상으로서의 경제가 보인다. 경제는 돈의 흐름과 관련이 있다. 국가적으로 학교교육을 위해 얼마만큼의 재정을 투입할 것인가부터 개별 학교에서 거두어지고 있는 등록금과 학급 수준에서 발견되는 잡부금과 촌지에 이르기까지 돈과 관련된 일이 학교 안에서는 매일매일 발생하고 있다. 교장은 학교회계에 따라 주어진 예산을 어디에 사용할 것인지 결정해야 한다. 이러한 일들은 비록 학교라는 공간에서 이루어지고 있기는 하지만 교육이 아니라 경제 활동이다. 이 세계는 경제학이라는 관점을 가지고 봐야 보이는 세계이지, 교육학이라는 관점을 가지고 본다고 해서 보이는 세계가 아니다.

셋째, 학교와 관련해서 사람들의 관심을 끄는 일은 개인이 사회경제적 지위를 획득하는 데 있어서 학교 교육체제 안에 얼마나 오래 머물러 있었느냐(學歷)와 어느 학교를 졸업했느냐 하는 것이 얼마나 큰 영향을 미치는 가의 문제이다. 많은 사람들이 이 목적 때문에 학교에 다니고 있는 것이 사실이라고 하더라도, 이것은 사회학적 관점으로 볼 때 잘 드러나는 학교의 사회적 기능이지 교육적 기능은 아니다.

넷째, 학교 안에는 행정이나 법과 관련된 일이 매우 많다. 학교를 설립할 때 지켜야 하는 법, 교사를 임용할 때 지켜야 하는 법, 교재를 선택할 때 지켜야 하는 법, 학생들을 평가할 때 지켜야 하는 법 등, 학교에서 이루어지는 많은 일들은 법률과 관련된 사항이 많다. 아울러, 교육행정기관으로부터 오는 각종 공문을 처리해야 하고, 학교장으로서 학교를 운영하는 데 필요한 각종 활동을 전개해야 하고 교사들도 때로는 가르치는 일 이외에 잡무에 시달리기도 한다. 이러한 일들이 매우 중요하고 아무리 많다 하더라도 그것은 교육이 아니다. 이러한 현상은 행정학적인 또는 법학적인 관점으로 볼 때 잘 보이는 삶의 양상이다.

다섯째, 학교를 종교학적 관점에서 보면 학교는 종교 행위의 장이다. 물론 공교육제도의 근간으로서의 학교에서 특정 종교의 교리를 의도적으로 가르치거나 종교행위를 의무적으로 수행하도록 할 수 있느냐의 문제는 있다. 기독교 정신에 따라 건국되어 운영되던 미국의 경우에도 공립학교에서의 기도와 성경읽기가 위헌이라고 하여 금지된 것은 학교와 종교의 관계가 만만치 않음을 보여주는 것이다. 그러나 미국의 경우에는 특정 종교를 기반으로 설립된 사립학교는 공립학교와는 달리 특정 종교에 대한 교육이 허용되고 있다. 우리나라의 경우 평준화 정책으로 인하여 학교의 학생선발권과 학생의 학교선택권이 보장되지 않고 있다. 이러한 상황에서 사립학교가 특정 종교의 교리를 가르치거나 종교행위를 의무적으로 따르도록 할 수 있느냐의 문제가 제기되고 있는 것은 어쩌면 당연한 일인지도 모른다.

그 외에, 학교는 학생의 안전과 외적 아름다움 등을 골고루 만족시킬 수 있는 학교 건물 및 시설을 마련해야 한다는 점에서 건축과 관련된 일이 있다. 학교에서는 교직원과 학생들의 기쁨과 슬픔 등 감정과 정서와 관련된 사회심리학적인 현상도 종종 일어난다.

물론 학교 안에서 우리는 '교육'이라는 삶의 양상을 발견할 수 있다. 이것은 교육학적 관점으로 보아야 잘 보이는 인간의 활동이다. 교사와 학생 간에, 그리고 학생 간에 가르치고 배우는 과정이야말로 학교라는 사회적 기관이 설립된 취지의 핵심에 있다고 할 수 있다. 교육적 과정에 충실한 교사는 교육의 소재가 되는 교과 내용에 있어서 학생의 품위가 높아지기를 기대하며 가르친다. 교육의 멋과

맛을 아는 학생은, 교사로부터 배울 때마다 교육의 소재에 있어서 자기의 품위가 올라가는 것 자체에서 희열을 맛본다. 더 나아가, 그러한 학생은 비록 그 행위가 내신성적에서 이득이 될 게 없더라도 자기가 알고 있는 내용을 동료에게 알려주기를 기뻐한다.

요컨대 학교의 목적과 기능은 교육 이외에도 다양하다고 할 수 있으며, 사립학교가 법률적으로 인정되는 것은 사립학교도 이런 학교의 기능과 목적을 달성할 수 있다고 보기 때문이다.

3 사립학교의 법률적 위상과 기독교학교

교육기본법에 따르면 학교는 유아교육, 초등교육, 중등교육 및 고등교육을 실시하기 위하여 국가, 지방자치단체, 법인 또는 사인이 설립한 공적 기구이다. 이 가운데 국가가 설립한 학교가 국립학교, 지방자치단체가 설립한 학교가 공립학교, 그리고 법인 또는 사인(私人)이 설립한 학교가 사립학교이다. 사립학교법에 의하면 사립학교는 학교법인 또는 공공단체 외의 법인, 기타 사인이 설립한 학교를 가리킨다. 초·중등교육법에서는 사립학교의 설립주체를 법인 또는 사인으로 규정하고 있는 반면에 고등교육법에서는 학교법인으로 한정하고 있는 것이 다를 뿐이다. 요컨대 사립학교란 "정부가 학교교육에 대한 국민의 수요를 모두 담당하기 어려운 경우 또는 건학이념으로 표현되는 특정 교육목표를 달성하기 위하여 법인 또는 사인 즉 민간부문이 자기의 재원으로 설립한 학교"이다. 사립학교는 정부가 제공해야 할 국민에 대한 학교교육 서비스를 대신하고 있다는 점에서 학교 민영화의 한 형태하고 할 수 있다(김재웅, 2005).

2008년 4월 현재 우리나라에는 초등학교 75개교, 중학교 650개교, 고등학교 941개교가 사립학교로서 전체 학교 가운데 각각 1.3%, 21.1%, 그리고 43.0%에 해당한다. 학생수 기준으로 보면, 같은 해에 사립학교에는 각각 45,104명, 371,403명, 886,502명이 재학하고 있어 전체 학생의 각각 1.2%, 18.2%, 46.5%에 해당한다. 이 비율은 1990년도와 비교해 볼 때, 초등학교만 다소 증가하였을 뿐, 모두 크게 감소한 것이다. 1990년도에 초등학교의 사립 비율은 1.2%, 중학교는 28.5%, 고등학교는 50.5%였고, 사립학교에 재학하고 있는 학생의 비율은 각각 1.4%, 28.6%, 61.7%였다(한국교육개발원, 2008).

사립학교의 비율이 높다는 사실에서 알 수 있듯이, 우리나라의 경우 공교육제도의 발달과정에서 사립학교가 수행해온 역할은 결코 작지 않다. 그러나 흥미롭게도 사립학교의 비율이 높은 것만큼, 사학의 공공성과 자율성의 논쟁 또한 뜨겁게 지속되어 왔다. 사실 사립학교가 공교육제도의 일부로 편입되어 존재한다는 것 자체 속에 이미 사학에 대한 공공성과 자율성의 갈등이 내포되어 있다고 할 수 있다. 재원을 투입한 학교의 설립주체가 자유롭게 그 기관을 운영할 수 있어야 한다는 입장에서 보면 사립학교들은 정부의 간섭과 통제로부터 벗어나 운영의 자율성을 누려야 하나, 사립학교도 전체 국민의 교육을 담당하는 공교육제도의 일부라는 점을 강조하는 입장에서 보면, 사립학교도 공립학교와 마찬가지로 정부의 통제 속에서 공공성을 추구하는 것이 마땅하기 때문이다.

기독교학교도 사립학교 가운데 하나라는 점에서 공교육제도의 틀 안에서 운영될 수밖에 없을 것이다. 특히 선교를 목적으로 설립된 기독교 사학의 경우, 공공성과 자율성의 논쟁에서 자유롭지 못한 이유가 바로 여기에 있다.

Ⅲ. 기독교학교의 설립·운영을 위한 법적 기반

1 헌법, 교육기본법 및 초·중등교육법의 관련 규정

기독교학교의 설립과 운영도 관련 법률에 따라 적법하게 이루어져야 한다. 관련 법률에는 헌법, 교육기본법, 초·중등교육법, 사립학교법 등이 있다. 국민의 모든 삶의 영역을 다루고 있는 법률로서 헌법(제31조)에서는 다음과 같이 교육권, 의무교육, 교육의 자주성, 평생교육 등 교육에 관한 기본 정신을 기술하고 있다.

① 모든 국민은 능력에 따라 균등하게 교육을 받을 권리를 가진다.
② 모든 국민은 그 보호하는 자녀에게 적어도 초등교육과 법률이 정하는 교육을 받게 할 의무를 진다.
③ 의무교육은 무상으로 한다.
④ 교육의 자주성·전문성·정치적 중립성 및 대학의 자율성은 법률이 정하는 바에 의하여 보장된다.
⑤ 국가는 평생교육을 진흥하여야 한다.
⑥ 학교교육 및 평생교육을 포함한 교육제도와 그 운영, 교육재정 및 교원의 지위에 관한 기본적인 사항은 법률로 정한다.

교육에 관한 이러한 헌법의 정신을 구현하기 위하여 만들어진 교육기본법에서는 교육의 기회균등, 교육재정, 9년간의 의무교육, 교육의 자주성과 중립성, 학교설립의 근거 등에 관하여 규정하고 있으며, 초·중등교육 및 사립학교 관련 조항은 다음과 같다.

제4조(교육의 기회균등)

① 모든 국민은 성별, 종교, 신념, 인종, 사회적 신분, 경제적 지위 또는 신체적 조건 등을 이유로 교육에서 차별을 받지 아니한다.

② 국가와 지방자치단체는 학습자가 평등하게 교육을 받을 수 있도록 지역 간의 교원 수급 등 교육 여건 격차를 최소화하는 시책을 마련하여 시행하여야 한다.

제5조(교육의 자주성 등)

① 국가와 지방자치단체는 교육의 자주성과 전문성을 보장하여야 하며, 지역 실정에 맞는 교육을 실시하기 위한 시책을 수립·실시하여야 한다.

② 학교운영의 자율성은 존중되며, 교직원·학생·학부모 및 지역주민 등은 법령으로 정하는 바에 따라 학교운영에 참여할 수 있다.

제6조(교육의 중립성)

①교육은 교육 본래의 목적에 따라 그 기능을 다하도록 운영되어야 하며, 정치적·파당적 또는 개인적 편견을 전파하기 위한 방편으로 이용되어서는 아니 된다.

②국가와 지방자치단체가 설립한 학교에서는 특정한 종교를 위한 종교교육을 하여서는 아니 된다.

제7조(교육재정)

①국가와 지방자치단체는 교육재정을 안정적으로 확보하기 위하여 필요한 시책을 수립·실시하여야 한다.

②교육재정을 안정적으로 확보하기 위하여 지방교육재정교부금 등에 관하여 필요한 사항은 따로 법률로 정한다.

제8조(의무교육)

①의무교육은 6년의 초등교육과 3년의 중등교육으로 한다.

②모든 국민은 제1항에 따른 의무교육을 받을 권리를 가진다.

제11조(학교 등의 설립)

①국가와 지방자치단체는 학교와 사회교육시설을 설립·경영한다.

②법인이나 사인(私人)은 법률로 정하는 바에 따라 학교와 사회교육시설을 설립·경영할 수 있다.

제25조(사립학교의 육성) 국가와 지방자치단체는 사립학교를 지원·육성하여야 하며, 사립학교의 다양하고 특성있는 설립목적이 존중되도록 하여야 한다.

교육기본법 가운데 초·중등교육에 관한 사항은 초·중등교육법에 보다 상세하게 규정하고 있으며, 사립학교와 직·간접적으로 관련 있는 조항은 다음과 같다.

제4조(학교의 설립등)

①학교를 설립하고자 하는 자는 시설·설비 등 대통령령이 정하는 설립기준을 갖추어야 한다.

②사립학교를 설립하고자 하는 자는 특별시·광역시 또는 도 교육감(이하 "교육감"이라 한다)의 인가를 받아야 한다.

③사립학교를 설립·경영하는 자가 학교를 폐지하거나 대통령령이 정하는 중요사항을 변경하고자 하는 경우에는 교육감의 인가를 받아야 한다.

제29조(교과용도서의 사용)

①학교에서는 국가가 저작권을 가지고 있거나 교육과학기술부장관이 검정 또는 인정한 교과용도서를 사용하여야 한다.

②교과용도서의 범위 · 저작 · 검정 · 인정 · 발행 · 공급 · 선정 및 가격사정에 관하여 필요한 사항은 대통령령으로 정한다.

2 사립학교법과 사학의 공공성 및 자율성

사립학교법 제1조는 이 법의 목적이 "사립학교의 특수성에 비추어 그 자주성을 확보하고 공공성을 앙양함으로써 사립학교의 건전한 발달을 도모"하는 데 있음을 밝히고 있다. 이 법의 목적에 따르면 이 법은 동시에 만족시키기 어려운 사학의 자율성과 공공성을 모두 인정하고 있는 셈이다. 예컨대 사학의 공공성을 위하여 제43조(지원)에서는 국가 또는 지방자치단체가 사학에 대한 재정지원과 이에 대한 책무성을 함께 규정하고 있다. 그러나 임원의 선임과 관련된 제14조의 규정으로 말미암아 사학의 공공성과 자율성에 대한 논쟁은 아직도 진행 중이다.

제14조(임원)

① 학교법인에는 임원으로서 7인 이상의 이사와 2인 이상의 감사를 두어야 한다. 다만, 유치원만을 설치 · 경영하는 학교법인에는 임원으로서 5인 이상의 이사와 1인 이상의 감사를 둘 수 있다.

② 이사중 1인은 정관이 정하는 바에 의하여 이사장이 된다.

③ 학교법인은 제1항에 따른 이사정수의 4분의 1(단, 소수점 이하는 올림한다)에 해당하는 이사(이하 "개방이사"라 한다)를 제4항에 따른 개방이사추천위원회에서 2배수 추천한 인사 중에서 선임하여야 한다.

④ 개방이사추천위원회(이하 "추천위원회"라 한다)는 제26조의

2에 따른 대학평의원회(이하 "대학평의원회"라 한다) 또는 「초·중등교육법」 제31조에 따른 학교운영위원회(이하 "학교운영위원회"라 한다)에 두고 그 조직과 운영 및 구성은 정관으로 정하되, 위원정수는 5인 이상 홀수로 하고 대학평의원회 또는 학교운영위원회에서 추천위원회 위원의 2분의 1을 추천하도록 한다. 다만, 대통령령으로 정하는 종교지도자 양성만을 목적으로 하는 대학 및 대학원 설치·경영 학교법인의 경우에는 당해 종교단체에서 2분의 1을 추천한다.

⑤ 제3항에 따라 추천위원회가 개방이사를 추천하는 경우에는 30일 이내에 완료하여야 하며, 이 기간 내에 추천하지 못하는 때에는 관할청이 추천한다.

⑥ 제3항부터 제5항까지의 규정에 따른 개방이사의 추천, 선임방법 및 자격요건과 기준에 관한 구체적인 사항은 대통령령으로 정하는 바에 따라 정관으로 정한다.

제43조(지원)

① 국가 또는 지방자치단체는 교육의 진흥상 필요하다고 인정할 때에는 사립학교교육의 지원을 위하여 대통령령 또는 당해 지방자치단체의 조례가 정하는 바에 의하여 보조를 신청한 학교법인 또는 사학지원단체에 대하여 보조금을 교부하거나 기타의 지원을 할 수 있다.

② 관할청은 제1항 또는 제35조 제3항의 규정에 의하여 지원을 받은 학교법인 또는 사학지원단체에 대하여 다음 각호에 규정하는 권한을 가진다.

가. 지원에 관하여 필요한 경우에는 당해 학교법인 또는 사학지원단체로부터 그 업무 또는 회계의 상황에 관한 보고를 받는 일

나. 당해 학교법인 또는 사학지원단체의 예산이 지원의 목적에 비추어 부적당하다고 인정할 때에는 그 예산에 대하여 필요한 변경조치를 권고하는 일

③ 국가 또는 지방자치단체는 제1항 또는 제35조 제3항의 규정에 의하여 학교법인 또는 사학지원단체에 대하여 지원을 하는 경우에 그 지원성과가 저조하여 계속지원이 부적당하다고 인정하거나, 학교법인 또는 사학지원단체가 제2항의 규정에 의한 관할청의 권고에 따르지 아니한 때에는 그 후의 지원은 중단할 수 있다.

사실, 공공성의 이름으로 사립학교에 대한 정부의 규제는 지속되어 왔다. 과연 이를 합리화하는 근거는 어디에 있는가? 우선 교육기본법 제9조 제2항에서 "학교는 공공성을 가지며"라고 규정하고 있는 데에서 찾아볼 수 있다. 근대적 의미의 국가가 성립된 이후 학교 중심의 공교육제도를 마련했던 모든 나라들은 사립학교를 포함하여 모든 학교가 '국민 만들기'라는 국가적 목표에 충실히 기능해 주기를 기대했다. 우리나라의 경우에도 1948년 정부 수립 후 실시되어 온 국가주의 교육제도 하에서 사립학교는 건학이념에 따라 개성있는 교육을 실시하기가 그리 쉽지 않았다고 할 수 있다.

사립학교의 공공성을 강조하는 사람들은 다음과 같은 논지의 주장을 펴는 경향이 있다. 이들은 사립학교도 '국민 만들기'라는 국가의 필요에 따라 형성된 공교육체제의 일부를 이루고 있는 한, 보편성, 평등성 등의 가치를 실현하기 위해서는 국가의 통제와 개입이 불가피하다고 본다. 따라서 교육 활동에 대한 '공익의 중재자'로서 국가의 조정 역할은 당연한 것이며, 이 때 가장 중요한 준거는 교육 평등이라고 할 수 있다(이윤미, 2006). 물론 이 때 교육 평등이 허용적 기회균등인지, 보장적 기회균등인지 교육과정의 기회 균등인지, 아

니면 교육결과의 평등인지에 대해서는 이견이 존재할 수 있을 것이다. 궁극적으로 후자의 교육평등이 실현되어야겠지만, 적어도 설립주체에 따른 학교의 차이에서 오는 교육기회의 불평등만큼은 허용되어서는 안 된다고 본다.

더 나아가, 사학 운영에 있어서 재단전입금이 미미하고, 학교 운영에 필요한 경비가 국고를 통해 지원되고 있는 상황에서 학교법인이 학교 운영을 독점하도록 하면 안 된다는 것이다. 이들이 보기에 사학의 자율성은 설립자의 자주적 학교운영에 있는 것이 아니라, 학교 구성원인 교사, 학생, 학부모 및 지역사회의 자치적 운영에 있다(박부권, 2008)

2005년도 12월에 이루어진 개정 사학법은 이들과 같은 의견을 지니고 있던 참여정부와 열린우리당의 강력한 의지가 반영된 것으로 소위 개방형 이사제를 골자로 하고 있다. 즉 이사 정수의 1/4을 학교운영위원회 또는 대학평의회가 2배수로 추천하게 한 것, 이사 전원을 임시이사로 전환할 때 그 수의 1/3을 학교운영위원회 또는 대학평의회가 추천하는 자로 선임하게 한 것, 이사 가운데 친족비율이 1/4을 초과할 수 없도록 한 것 등이 그 예이다. 그러나 이 개정법안이 통과되자마자 종교계 사학은 개정 사학법 대한 불복종 운동, 학교 폐쇄 등의 카드를 들고 나오면서 강하게 반대하였다. 급기야는 2007년 7월 개정사학법은 재개정 되기에 이른다. 재개정 사학법에서 바뀐 내용은 학교운영위원회 또는 대학평의회에 '개방이사추천위원회'를 두되 그 위원의 1/2을 학교운영위원회 또는 대학평의회가 추천하도록 한 것, 사학 법인이사의 일부 또는 전부를 임시이사로 파견하는 것을 허용하되 교육부 장관 아래 '사학분쟁조정위원회'를 두어 임시이사의 선임, 해임, 사학정상화에 관한 사항을 심의하도록 한 것 등이다. 재개정 사학법은 이사의 선임과 관련하여 학교운영위원회와 대학평의회의 영향력을 축소하고 법인이사회의 입장이 반영될 수 있는 공간을 넓혀 사학법인의 반발을 무마하고자 하였다.

그러나 이에 대하여 사학의 설립주체들은 개방형 이사의 추천 방법을 정관에 위임하는 것이 옳다고 주장하고 있다. 이들은 사학에 대한 국가의 재정 지원은 정부가 담당해야 할 공교육의 일부를 분담하고 있다는 점에서 당연한 것이며, 이러한 재정 지원이 사학의 자율성을 송두리째 앗아가는 것은 위헌적인 요소가 있다는 주장으로 맞서고 있다. 사립학교의 자율성을 강조하는 입장에 서 있는 사람들은 다음과 같이 주장한다(강경근, 2006).

첫째, 국가 또는 지방자치단체가 설립·운영하는 국·공립학교와는 달리 사립학교의 설립·운영의 주체는 국가가 아니라 학교법인이다. 둘째, 학교법인은 민법상 재단법인으로서, 국가 또는 지방자치단체로부터 재정적 지원을 받는 경우에라도 학교법인을 공법인화 하는 것은 학교의 물적 설비 내지 경영권 등의 사적 재산권을 보장하는 헌법 제23조에 반하는 것이다. 이 입장을 지지하는 사람들의 경우, 사립학교는 공교육을 담당하고 있다는 점에서 공공성이 어느 정도 요구되는 것은 사실이나, 그 설립 근거가 "모든 국민은 능력에 따라 균등하게 교육을 받을 권리를 가진다"라고 규정하고 있는 헌법 제31조 제1항에 있으므로 사립학교가 국민의 학습권 실현이라는 헌법적 정신을 구현하고 있는 것으로 본다. 따라서 국가의 사학에 대한 재정 지원은 당연한 것이며, 지원에 따른 통제가 반드시 수반될 필요는 없다고 보는 것이다.

재개정 사학법 이후 사학의 공공성과 자율성의 극단적 갈등은 수면 아래로 가라앉은 것 같이 보인다. 그러나 두 가지 입장의 주장에 논리와 경험적 증거가 있어 그 갈등은 그리 쉽게 해소될 것 같지가 않다.

3 고교 평준화와 기독교학교

초・중등교육법 시행령에서는 고등학교의 입학전형과 관련하여 다음과 같이 규정하고 있다. 제82조와 84조에서 말하고 있는 후기학교에 사립학교를 포함하여 평준화와 관련된 모든 일반계 고등학교가 포함된다. 이러한 규정에 따라 평준화 정책이 적용되는 지역에서 "자율학교"로 지정되지 않은 모든 후기 학교는 학교군별로 추첨에 의하여 학생을 배정하게 된다. 물론 학생과 학부모의 학교선택권을 존중하여, 교육감은 두 개 이상의 학교를 선택하여 지원하고, 추첨에 의하여 학생을 배정할 수 있다.

제77조(고등학교 입학전형의 실시권자)

① 고등학교의 입학전형은 당해 학교의 장이 실시한다. 이 경우 입학전형방법 등 입학전형에 관하여 필요한 사항은 교육감의 승인을 얻어 당해 학교의 장이 정한다.

② 제1항의 규정에도 불구하고 교육과학기술부령이 정하는 지역 안에 소재하는 고등학교의 입학전형은 당해 교육감이 실시한다.

제82조(입학전형방법)

① 전기학교의 입학전형은 제2항에 따른 입학전형방법에 실기고사, 적성검사, 실험・실습 및 면접 등을 반영하는 방법으로 실시할 수 있다.

② 후기학교의 입학전형은 중학교의 학교생활기록부(학교생활기록부가 없는 경우에는 이에 갈음하여 활용하는 자료를 말한다)의 기록 또는 선발고사에 의하거나 이를 병합한 방법에 의한다.

제84조(후기학교의 신입생 선발 및 배정방법)

① 후기학교의 신입생은 주간부・야간부의 순으로 선발한다.

② 제77조 제2항의 규정에 의한 교육과학기술부령이 정하는 지역의 후기학교 주간부 신입생은 고등학교 학교군별로 추첨에 의하여 교육감이 각 고등학교에 배정하되, 제81조제5항의 규정에 의하여 2이상의 학교를 선택하여 지원한 경우에는 그 입학지원자중에서 추첨에 의하여 당해 학교정원의 전부 또는 일부를 배정할 수 있다.

③ 제2항의 규정에 불구하고 제77조 제2항의 규정에 의하여 교육과학기술부령이 정하는 지역의 주간부 후기학교중 거리・교통이 통학상 극히 불편한 지역에 소재하거나 특별한 사유가 있어 추첨배정이 곤란한 학교로서 교육감이 지정한 학교에 대하여는 추첨에 의하지 아니하고 당해 학교의 장이 학생을 입학하게 할 수 있다.

④ 제77조 제2항의 규정에 의하여 교육과학기술부령이 정하는 지역의 후기학교 야간부 신입생은 교육감이 각 학교에 통보한 입학전형에 관한 자료에 따라 당해 학교의 장이 선발한다.

⑤ 제2항의 규정에 의한 학교군은 시・도별로 학교분포와 지역적 여건을 참작하여 교육감이 교육위원회의 의결을 거쳐 정한다.

⑥ 교육감은 제5항의 규정에 의하여 학교군을 정한 때에는 이를 고시하여야 한다.

⑦ 제2항의 규정에 의한 후기학교의 추첨・배정에 관하여 교육감의 자문에 응하게 하기 위하여 학교군별로 고등학교입학추첨관리위원회를 두며, 그 조직과 운영에 관한 사항은 시・도 교육규칙으로 정한다.

⑧ 제1항 내지 제4항, 제85조 제2항・제86조・제87조의 규정에

> 의하여 고등학교에 배정된 자가 당해 학교에의 입학을 포기한 경우에는 당해 연도에 다시 다른 학교에 입학배정을 받지 못한다.

이와 같은 평준화 정책이 적용되는 한, 종교와 관련된 건학이념을 지니고 있는 사립학교의 경우 종교교육에 한계를 지닐 수밖에 없다. 예컨대 기독교학교는 기독교의 경전인 성경을 주요 소재로 하는 종교교육과 예배의식을 통해 기독교의 종교적 체험을 모든 학생들이 할 수 있도록 하고 있다. 그러나 학생을 무시험 강제배정 하고 있는 평준화 정책의 적용을 받고 있는 지역의 기독교학교의 경우, 수년 전 대광고등학교에서 일어난 '강의석 사건'이 대표적으로 보여주듯이, 기독교 관련 교육과 예배가 논란이 될 수 있다.

기독교학교의 입장에서는, "국가 및 지방자치단체가 설립한 학교에서는 특정 종교를 위한 종교교육을 하여서는 안 된다"고 규정하고 있는 교육기본법 제6조 2항에 따라 국・공립학교가 아닌 사립학교의 경우에는 종교교육이 가능하다고 주장할 수 있다. 그리고 "국가 및 지방자치단체는 사립학교를 지원, 육성하여야 하며, 사립학교의 다양하고 특성 있는 설립 목적이 존중되도록 하여야 한다"라고 규정하고 있는 교육기본법 제25조의 조항에 따라, 종교의 전파를 목적으로 하고 있는 사립학교의 경우에도 그 설립 목적이 존중되는 방향으로 국가와 지방자치단체의 지원을 받아 마땅하다고 주장할 수 있다. 그러나 학생의 의사와 상관없이 강제 배정된 종교계 사립학교에서 모든 학생에게 의무적으로 부과되고 있는 종교교육은 학생 개인의 종교의 자유를 침해하고 있는 것으로, "모든 국민은 종교의 자유를 가진다"라고 규정하고 있는 헌법(제20조 1항)의 정신에 어긋난다고 보는 입장 또한 강하게 제기되고 있다. 따라서 학교에 자신의 의사와 상관없이 강제 배정된 모든 학생들에게 특정 종교의 이념을 모든 학생들에게 주입하고 종교활동에 의무적으로 참여하게 하는 종교교육을 실시하는 것은 학생의 신앙의 자유와 갈등할 수 있으며, 기본권 간의 충돌이 발생한다(강인수, 2003; 박상진, 2006; 전재중, 2006). 이러한 상황에서 기독교학교의 종교교육 실시권과 학생 개인의 종교 선택 자유권의 갈등은 그리 쉽게 해결될 것 같지가 않다.

만일 사립학교가 학생 선발권을 가지고 있고, 학생들이 자유롭게 그 학교를 선택했다면 특정 종교를 중심으로 하는 종교교육과정을 의무적으로 부과하는 데에 문제가 별로 없을 것이다. 그 학교를 선택했다는 것은 그 학교의 이념과 목표를 받아들이고 더 나아가 학교가 제공하는 교육과정을 이수하겠다는 것을 의미하기 때문이다. 한마디로 현재의 고교 평준화의 틀로부터 종교계 사립학교들을 자유롭게 풀어주기만 하면 문제가 해결될 수 있을 것이다. 이것은 이들 사립학교가 자율형 사립고등학교로 지정되는 것을 뜻하기 때문에 재정의 독립을 전제로 한다. 그러나 학교재정의 자립을 전제로 평준화의 적용 배제를 선택할 수 있는 기독교 사학은 그렇게 많지 않을 것이다. 따라서 만일 이것이 어렵다면, 평준화의 틀 안에서 '선지원 후추첨제'를 확대하여 기독교학교가 종교교육을 자유롭게 실시할 수 있도록 하는 것이 차선책이 될 수 있을 것이다(박상진, 2006). 물론 이 경우 사립학교는 종교교육에 관한 입학요강을 밝히고 이에 동의하는 학생들이 선택을 하도록 해야 할 것이다. 이것은 학생들의 입장에서 자신이 원하지 않는 종교교육을 하는 학교로의 배정을 거부할 수 있는 권리를 보장하는 것이 될 수 있다(손희권, 2004; 전재중, 2006).

Ⅳ. 기독교학교와 홈스쿨링

1 홈스쿨링의 이유

홈스쿨링은 가정(home)과 학교다니기(schooling)라는 두 용어가 합해진 말로서, 적령기의 아동을 학교에 보내지 않고 학부모가 직접 또는 다른 사람들(예: 튜터, 인터넷, 가정학습지 등)의 도움을 받아 가정에서 아동을 교육하는 제도를 가리킨다. 홈스쿨링의 개념을 어떻게 잡느냐에 따라 그리고 조사하는 기관과 방법에 따라 홈스쿨링에 참여하고 있는 학생의 수에 차이가 나기는 하지만, 그 숫자가 증가하고 있는 것만은 사실이다. 미국의 경우 2008년도 말에 미국 교육부 산하 교육통계센터가 표본조사를 통해 발표한 자료에 의하면, 2007년도에 약 150만 명이 홈스쿨링에 참여하고 있으며, 이것은 1999년도의 85만명, 2003년도의 110만 명에서 증가하고 있는 것을 보여준다(Bielick, 2008). 이는 취학적령아 기준으로 1999년도에 1.7%, 2003년도에 2.2%, 2007년도에 2.9%에 각각 해당한다.

사람들이 홈스쿨링에 참여하는 이유는 매우 다양하다. 예컨대, Mayberry 등(1995)은 학부모가 홈스쿨링을 실시하고 있는 이유를 4가지로 정리하고 있다: 1) 아이들 교육은 '하나님이 주신 권리'라고 믿는 기독교 가정의 종교적인 선택; 2) 뉴 에이지(New Age) 또는 반문화 운동의 일환으로 선택되는 대안적인 삶의 형태; 3) 학교의 안전, 학문과 도덕의 훈련, 사회화 등에 대한 불만의 적극적인 해결 방식; 그리고 4) 학교의 획일적인 교육 프로그램 및 교수 방법에 대한 불만 등.

미국의 경우 전통적으로 홈스쿨링은 학교교육이 너무 세속적으로 이루어져 자기 아이들이 종교적으로 올바르게 자라지 못한다고 생각하는 학부모들이 주로 활용하는 제도였으나(Klicka, 1995), 최근 들어 홈스쿨링의 이유는 매우 다양해지고 있다. 최근 미국 교육부 교육통계센터에 의해 이루어진 조사연구에 의하면, 홈스쿨링 부모들은 종교적 또는 도덕적 이유(36%)를 가장 중시하고 있으며, 학교의 안전, 마약, 부정적인 심리적 압력 등 학교환경(21%)과 학교의 교과 수업에 대한 불만(14%)이 그 뒤를 잇고 있다(Planty, Hussar, Snyder, Kena, KewalRamani, Kemp, Bianco, & Dinkes, 2009).

이렇듯, 홈스쿨링의 이유는 크게 보면 '종교적 이유'와 소위 '교육적 이유'로 구분될 수 있다. 이를 고려하여, Van Galen(1991)은 홈스쿨링을 지지하는 사람들을 이데올로기주의자(ideologues)와 교육주의자(pedagogues)로 구분하였다. 전자는 자기 자녀들이 근본주의적 종교 가치와 보수주의적 정치사회 가치를 학습하기를 원하는 사람들인 반면에, 후자는 학교교육의 관료화에 염증을 느낀 사람들로서 학습에 대한 넓은 개념을 가지고 아이들을 집에서 직접 가르치기를 원하는 사람들이다. Lyman(1998)은 홈스쿨링 운동의 두 가지 흐름은 Raymond Moore의 영향을 받은 기독교적 우파 계열과 John Holt의 영향을 받은 반문화적 좌파 계열로 구분하였다. 이데올로기주의자와 교육주의자 모두 나름대로의 이데올로기와 교육에 대한 신념을 각각 지니고 있다는 점에서 Van Galen의 구분을 비판하면서, Gaither (2008)는 홈스쿨링 집단을 교회의 종단에 비유하여 '폐쇄종단(closed communion)'과 '개방종단(open communion)'으로 구분하였다. 폐쇄종단은 특정 교리를 신봉하는 신자만이 예배의 성례전에 참여할 수 있는 반면에, 개방종단은 종파의 구분없이 최소한의 신앙만 있으면 성례전에 참여할 수 있는 종단을 가리킨다. 그의 구분은 Lyman의 구분에 따르면 기독교적 우파 계열과 반문화적 좌파계열에 해당한다고 할 수 있다.

전통적으로 기독교학교들이 기독교 정신에 따라 자녀를 교육시키고자 하는 가정의 교육요구를 충족시켜 왔으나, 1980년대 중반 이후 홈스쿨링이 사회적 운동으로 성공하게 되면서 일부 가정들이 기독교 사립학교를 떠나 홈스쿨링을 선택하기도 하였다. 여기에는 여러 가지 이유가 있지만, 기독교학교들이 지니고 있는 조직으로서의 경직성, 교단의 차이로 인한 교리의 차이, 비싼 학비 등이 가장 주요한 이유였다(Gaither, 2008). 많은 기독교 가정이 홈스쿨링이 지니고 있는 시간 사용, 교과과정 운영, 학생의 개인적 관심 고려 등에 있어서 융통성이 많은 장점을 살리고자 했다고 할 수 있다.

2 홈스쿨링 관련 법률 : 미국을 중심으로

1953년 Utah 주에서 홈스쿨링이 합법적인 것으로 인정된 이래 1956년 Nevada 주, 1985년에 Washington 주에서 홈스쿨링이 법률적으로 허용되는 등, 1980년 말까지 27개 주에서 홈스쿨링이 허용되고(Mayberry et al., 1995), 이 숫자는 1995년에 33개 주로 증가하게 되며(Lyman, 1998), 현재는 미국의 모든 주에서 합법적으로 운영되고 있다(Gaither, 2008; HSLDA, 2008).

홈스쿨변호협회(Home School Legal Defense association(HSLDA), 2008)에 의하면, 미국의 홈스쿨링 관련 법률은 위의 조항에 대한 규제의 정도에 따라 관련 규제가 아예 없는 주, 규제가 느슨한 주, 규제가 중간인 주, 규제가 강한 주 등 4 가지 범주로 구분할 수 있다. Illinois, Indiana, Michigan, Missouri, Texas 주 등 10개 주는 홈스쿨링 관련 규정이 아예 없고, California, Nevada, Utah, Arizona 주 등 14개 주는 규제가 느슨하다. 규제가 중간인 주에는 Oregon, Washington, Iowa,

Ohio, Georgia, North Carolina 등 20개 주가 있으며, 규제가 강한 주에는 New York, Pennsylvania 주 등 6개 주가 속한다. 아래에서는 홈스쿨링 관련 규제가 없는 Texas 주와 규제가 강한 New York 주의 홈스쿨링 관련 법률의 주요내용을 살펴본다(김재웅, 2009).

6세부터 17세까지의 아동에 대하여 의무취학을 규정하고 있는 Texas 주는 홈스쿨링에 관한 구체적인 법률적 규제 조항이 없다. 사실 Texas 주는 1985년에 의무취학법에 따라 홈스쿨링이 불법이었다. 교육청이 홈스쿨링 하던 80가정을 의무취학법 위반으로 고발한 Leeper v. Arlington Independent School District(1987) 이후, 홈스쿨링은 합법적인 사립학교로 인정되었다. 이에 불복한 교육청은 1991년에 항소하였고, 결과는 똑같이 나왔다. 1994년 교육청은 상고하였으나, Texas 대법원은 의무취학법이 헌법의 제1 및 제14 수정조항의 자유권을 무시하고 있다는 이유로 이전 결정을 만장일치로 확인하였다.

결과적으로, Texas 주에서는 홈스쿨링을 시작하기 위해 지역 교육청을 접촉하여 허락을 받을 필요도 없고, 교육청 담당자의 가정방문을 받거나 교과과정에 대해 교육청의 승인을 받을 필요도 없게 되었다. 다만 홈스쿨링 가정은 읽기, 스펠링, 문법, 수학, 시민정신 등을 포함하는 문서화된 교육과정을 지니고 스스로 성실하게 아동을 교육하면 된다. 또한 교사 자격에 대한 규제가 전혀 없고, 표준화 학력 검사를 요구하지 않는다. 홈스쿨링 출신은 Texas 주 안에 있는 대학에 입학하는 경우 차별을 받지 않도록 법률에 의해 보호된다(Gaither, 2008; HSLDA, 2008).

6세부터 16세 사이의 아동에 대항 의무취학을 규정하고 있는 New York 주의 경우 홈스쿨링에 관한 별도의 규정을 지니고 있으며, 미국 전역에서 규제가 매우 강한 편에 속한다. 뉴욕 주의 교육법은 아동이 공립학교 밖에서 교육 받는 것을 허락하고 있으며, 이 교육은 공립학교의 교육과 실질적으로 '동등한' 것이어야 한다.

1988년에 공포된 홈스쿨링 관련 규정의 주요 내용은 다음과 같다. 홈스쿨링을 하고자 하는 부모는 지역 교육청에 7월 1일까지 신청서를 제출해야 한다. 학기 중에 홈스쿨링을 시작한 경우에는 시작한 지 14일 이전에 제출해야 한다. 8월 15일까지 홈스쿨링 계획서(Individualized Home Instruction Plan, IHIP)를 제출해야 한다. 그 이후에는 IHIP 서식을 교육청으로부터 받은 지 4주 이내에 제출하면 된다. 홈스쿨링은 유능한 교사가 담당하여야 한다고 규정하고 있으나 부모가 교사자격증을 반드시 소지할 필요는 없다. 위에서 규정하고 있는 내용을 잘 따를 수 있는 부모라면 "유능한" 교사로 인정된다. 표준화 검사는 4학년부터 8학년까지는 격년으로, 9학년부터는 매년 실시하여야 하며, 아동의 종합 성적이 상위 33 퍼센트 이내에 들어야 적절한 것으로 인정된다.

3 기독교학교와 홈스쿨링

우리나라 헌법은 교육을 국민의 4대 의무 가운데 하나로 규정하면서, 모든 국민은 능력에 따라 균등하게 교육을 받을 권리를 가지며, 의무교육은 무상으로 한다고 정하고 있고(헌법 제31조), 하위법률에서는 의무교육을 6년의 초등교육 및 3년의 중등교육으로 규정하고 있으며(교육기본법 제8조), 이 기간 동안 의무취학을 규정하고(초·중등교육법 제13조 제1항~제3항). 그리고 취학적령아를 학교에 보내지 않으면 100만원 이하의 과태료를 물도록 규정하고 있다(초·중등교육법 제68조 제1항). 우리나라의 교육관련 법률은 의무교육을 의무취학으로 해석하고 있으며, 홈스쿨링을 합법적인 교육형태로 인정하지 않고 있다. 홈스쿨링이 합법화되려면 학교와 교육의 개념이 분화되고, 의무취학법과 의무교육의 개념이 분화될 필요가 있다. 그러나 우리나라의 경우 교육에 대한 사적 영역 보호보다는 공적 영역의 실천이 더 중시되고 있는 상황을 고려해 볼 때, 단시일 안에 홈스쿨링 제도가 합법적인 것으로 인정되기는 쉽지 않을 것으로 보인다. 현재 학부모들이 학교교육에 대한 불만은 많지만 집단적으로 아이들을 학교에서 빼 내와 집에서 가르치겠다는 운동을 벌일 것 같지도 않다. 그리고 학연이 중시되고 있는 우리나라의 문화 속에서 자기 아이만 학교에 보내지 않고 집에서 교육시킨다는 것은 일종의 모험일 수도 있다.

그럼에도 불구하고 이미 학교교육에 대한 불신과 불만에 대한 해결책으로 시작된 대안학교 운동이 민간 차원에서 조용하게 인기를 끌면서 일어나고 있다는 사실은 머지않은 장래에 우리나라에서도 홈스쿨링 제도에 대한 사회적 논의가 활발하게 이루어질 것임을 예고하고 있다. 그리고 인터넷을 통한 사이버교육과 사교육 시장이 발달해 있는 우리나라의 경우 홈스쿨링의 도입시 그 운영을 도와줄 수 있을 것이다. 특별히 중산층이 밀집해서 사는 아파트 단지 안에서 학교교육의 문제점에 대하여 같은 생각을 품은 학부모들이 협동체(co-ops)를 구성하여 홈스쿨링을 운영할 가능성도 높다고 할 수 있다.

이러한 전망 하에서 홈스쿨링이 합법화되고 활성화되기 시작하면, 미국의 경우처럼 종교적인 이유로 홈스쿨링을 선택하는 가정이 많을 것으로 전망된다. 이 경우 기독교학교에게는, 특히 기독교학교로서의 정체성을 유지하지 못하는 경우, 또 한 차례의 위기가 될 수도 있다.

V. 나가는 말

기독교학교의 정체성을 확립하고 사회적 영향력을 신장시키기 위해서는 '잠재적 교육과정'에 대해 좀 더 많은 관심을 기울일 필요가 있다. 잠재적 교육과정이란 학교가 공식적으로 의도하지 않았지만 학생들이 학교의 실천적인 교육의 과정에 참여하는 동안 얻게 되는 경험을 가리킨다. 예컨대, 학생들은 학교생활을 통하여 집단의 규칙에 대해, 상벌관계에 대해, 권력관계에 대해 배우기도 하고, 부정적 또는 긍정적 자아개념이 형성되기도 한다. 이러한 잠재적 교육과정은 주로 학생들의 정의적 측면(affective domain)에 영향을 미치며 그 효과가 지속된다는 특징이 있다. 기독교학교에서 교사들이 학생 교육에 임하는 방식, 교원들이 교실 밖에서 학생을 대하는 방식, 교장과 교감이 학교를 운영하는 방식, 학교재정이 모금되고 지출되는 방식, 학교가 사회적 소수자들을 대하는 방식 등은 잠재적 교육과정으로서 매우 중요한 기능을 수행한다. 이러한 영역들에서 기독교의 정신과 가치가 구현되는 방향으로 이루어진다면, 이것을 보고 체험하고 있는 학생들은 자연스럽게 기독교의 영향력 아래 놓이게 될 것이다. 이러한 영향은 기독교학교가 법률적으로 자유롭게 종교교육을 실시할 수 있는지 여부와 상관없이 매우 크고 중요하다고 할 수 있다.

토의 문제

▶▶ 한국에서 보다 바람직한 기독교교육이 실행되기 위해서 법적으로 어떤 점이 보완되어야 하는지 토의해보자.

▶▶ 기독교 사학이 필요로 하는 교육의 자율성과 국가의 재정적 지원 두 가지가 어떻게 조화를 이룰 수 있을지 토의해보자.

▶▶ 홈스쿨링과 기독교학교가 서로에게 도움을 줄 수 있는 방법은 무엇인지 토의해보자.

참고문헌

강경근(2006). "사학 운영의 자율성과 공공성 : 개정 사립학교법을 중심으로". 한국교육학회 2006년 춘계 학술대회 자료집 (2006. 5. 27.). p.35-44.

강인수(2003). 『교육법연구』. 서울: 문음사.

김재웅(2005). "학교 민영화의 개념, 유형, 그리고 전망", 『교육행정학연구』. 23(1), p.27-47.

김재웅(2009). "의무취학제도 하에서 홈스쿨링 합법화의 의미와 전망". 『열린교육연구』. 17(1), p.1-24.

박부권(2008). "사립학교의 자주성과 공공성에 대한 소고". 『교육사회학연구』. 18(1), p.21-38.

박상진(2006). 『기독교학교교육론』. 서울: 예영 커뮤니케이션.

손희권(2004). "사립학교에서의 의무적 종교교육의 헌법 위반 여부 검토", 『교육행정학연구』. 22(4), p.149-169.

이윤미(2006). "교육정책의 공공성과 자율성: 공공성 강화의 측면에서". 한국교육학회 2006년 춘계 학술대회 자료집 (2006. 5. 27), p. 61-72.

장상호(1991). "교육학 탐구 영역의 재개념화", 『교육학연구』. 제2권, 서울대학교 사범대학 교육연구소.

장상호(1997). 『학문과 교육(상): 학문이란 무엇인가』. 서울: 서울대학교출판부.

장상호(2000). 『학문과 교육(하): 교육적 인식론』. 서울: 서울대학교 출판부.

장상호(2005). 『학문과 교육(중1): 교육이란 무엇인가』. 서울: 서울대학교출판부.

전재중(2006). "종교교육의 자유에 대한 법률적 해석: 한국에서의 종교교육 자유의 현실과 과제". 기독교학교교육연구소 심포지움(2006. 6. 16), p. 27-34.

한국교육개발원(2008). 『교육통계연보』. 서울: 저자.

Bielick, S. (2008). 1.5 Million Homeschooled Students in the United States in 2007. Issue Brief (NCES 2009-030). Washington, D.C.: U. S. Department of Education National Center for Education Statistics.

Gaither, M. (2008). Homeschool: An American History. New York: Palgrave MacMillan.

Home School Legal Defense Association (HSLDA). (n.d.). Home school laws. Retrieved December 24, 2008, from http://www.hslda.org/laws/default.asp

Klicka, C. J. (1995). The Right Choice: The Incredible Failure of Pubic Education and the Rising Hope of Home Schooling. Gresham, Oregon: Noble Publishing Associates.

Lyman, I. (1998). “Homeschooling: Back to the Future?” Cato Policy Analysis No. 294.

Mayberry, M., Knowles, J. G., Ray, B., & Marlow, S. (1995). Home schooling: Parents as Educators. Thousand Oaks, CA: Corwin Press, Inc..

Planty, M. Hussar, W., Snyder, T., Kena, G., KewalRamani, A., Kemp, J., Bianco, K., & Dinkes, R. (2009). “The Condition of Education 2009” (NCES 2009-081). National Center for Education Statistics, Institute of Education Science. U.S. Department of Education. Washington, D.C.

Van Galen, J. A. (1991). “Ideologues and Pedagogues: Parents Who Teach Their Children at Home”. In J. A. Van Galen and M. A. Pittman (Ed.), Home Schooling: Political, Historical, and Pedagogical Perspectives. Norwood, NJ: Albex.

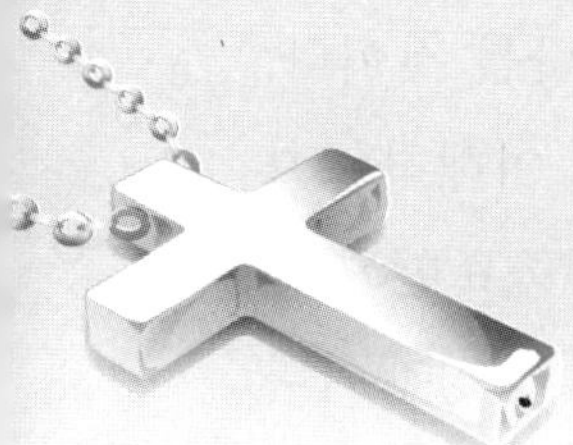

14

기독교적 교육공동체로서의 학교조직

– 강영택(우석대학교)

I. 들어가는 말

이 장에서는 교육행정의 핵심적인 두 가지 주제를 다룰 것이다. 그것은 조직론과 리더십이론이다. 학교조직을 어떻게 이해하는가 하는 문제는 학교라는 조직의 목적과 활동을 결정짓는 중요한 이슈이다. 우리나라에서 종종 교육적 논쟁이 되는 교육에서의 경쟁이나 학교서열화 문제들도 따지고 보면 학교조직을 보는 관점과 관련되어 있음을 알 수 있다. 그리고 리더십은 학교행정의 성공여부에 영향을 주는 가장 강력한 요소임을 많은 학자들이 주장한다. 교장, 교감의 리더십이 어디에 초점을 두고 있는지, 어떤 방식으로 발휘되고 있는지는 교사들의 수업개선을 위한 관심이나 교사들의 교육에 대한 헌신도, 학교생활에 대한 만족도 등에 결정적인 영향을 주고, 교사들의 리더십은 학생들의 학교생활에 직접적인 영향을 준다. 그러므로 우리나라의 교육행정을 정확하게 이해하고 학교교육의 개선 방향을 모색하기 위해서는 조직론과 리더십이론에 대한 지식이 요구된다고 할 수 있다.

이 글은 학교행정의 중요한 요소들인 조직론과 리더십론을 기독교적 관점에서 이해하는 것을 목적으로 한다. 성경적 토대에서 학교조직과 교육리더십의 성격을 탐구하는 일은 우리나라 교육개혁의 방향을 설정하는데 있어서도 많은 시사점을 줄 것으로 기대된다. 학교조직과 리더십에 대한 기독교적 이해라는 것이 일반 학자들의 기존의 논의들과 전혀 상이한 것은 아니다. 조직과 리더십에 대한

* 이 글의 전반부는「기독교교육정보」제24집에 실린 필자 논문 '학교 공동체의 기독교적 모형에 대한 연구'를 일부 수정한 글입니다.

일부의 이론들은 성경적 세계관에 의해서도 수용 가능한 것임을 알 수 있다. 그러므로 여기서는 먼저 조직론과 리더십론에 대한 기존의 논의들 가운데 성경적 관점과 부합한다고 판단되는 이론들을 살펴보고, 이에 대한 성경적 기초를 고찰하여 조직과 리더십에 대한 기독교적 모형을 형성해 보고자 한다.

II. 학교에 대한 두 비유: 조직과 공동체

비유는 사물이나 현상을 생각하고 이해하는 방식에 결정적인 영향을 준다(Morgan, 1986). 학교에 대한 대표적인 비유는 조직(organization)이다(Sergiovanni, 1994). 조직은 매우 복잡하고 모호한 성격을 지니고 있지만, 대개 많은 사람들은 조직을 목표달성을 위하여 합리적으로 구성되어 있는 사회적 결합 형태라고 이해하고 있다. 학자들은 조직을 패러다임에 따라 세 가지 관점으로 보는 경향이 있다(왕기항 외, 2000; Foster, 1986). 첫째는 기능주의적/실증적 관점이고, 둘째는 주관주의적/해석적 관점이며, 셋째는 비판적 관점이다. 기능주의적 관점에서 조직은 객관적으로 존재하는 실체이므로 사람들이 관찰하고 분석할 수 있으며, 이러한 의미에서의 조직은 안정적이고, 성과에 대해 예측가능하며, 관리 가능한 것으로 본다. 조직은 부분들로 구성되며 각 부분은 전체가 보다 생산적인 단위가 되도록 합리적으로 조정될 수 있다고 한다. 주관주의적 관점에서의 조직은 객관적인 실체가 아니고 개인의 주관적 지각에 의해 구성되거나 인간의 상호작용에 의해 합의된 의미로서의 현상으로 본다. 비판적 관점에서는 조직이 사회의 지배적인 경제적, 정치적 권력에 봉사하고 있음을 보여줌으로 학교교육에 대한 지배적인 관점을 재구성하여 인간해방을 위한 조직 구조를 형성하는 것을 목표로 한다(왕기항 외, 2000: 34-44; Foster, 1986: 59-66). 이 가운데 오늘날 학교조직을 기능주의적 관점에 따라 이해하는 방식이 주류를 차지하고 있다. 그래서 학교를 조직이라는 비유로 말할 때 흔히들 기능주의적 관점에서의 조직으로 이해하는 경향이 있다.

최근 들어 학교를 나타내는 다른 중요한 비유를 사용하기도 한다. 그것은 공동체(community)이다. 미국의 유명한 교육행정학자인 서지오반니(Sergiovanni, 1994)는 그의 대표적인 저서인 『학교에서의 공동체 형성하기(Building Community in Schools)』에서 학교개혁이 성공하기 위해서는 학교에 대한 비유를 조직 대신 공동체로 바꿀 것을 촉구했다. 그에 따르면, 학교를 조직으로 이해한다는 것은 학교를 구성하는 요소들이 특정한 목적을 성취하기 위하여 바람직한 구조에 따라 조직되는 것을 의미한다(Sergiovanni, 1994). 그러므로 학교조직은 합리적인 목적-수단 결합체제를 지닌다. 조직은 목적 달성을 최우선 과제로 삼고 이를 효과적으로 이룰 수 있도록 모든 구조와 과정을 만들어 간다. 조직에서 구성요소들 간의 결합관계는 계약적 성격을 띤다. 구성원들 간의 계약에서 가장 핵심적인 동기는 자기이익이다. 학교조직에서는 교사와 학생들에게 무언가를 하도록 하기 위하여 보상과 징계를 사용한다. 그러므로 교사나 학생이 기대하는 외적 보상이 없어질 때 그들은 노력을 기울이지 않게 된다. 반면 학교를 공동체로 이해한다는 것은 학교가 관계성을 중심으로 조직되는 것이며 구성원 사이의 상호의존성의 경험을 핵심으로 하는 것이다. 공동체는 '나'로부터 '우리'의식을 형성하는데 필요한 조건을 제공하는 가치, 정서, 신념을 중심으로 정의 내려질 수 있다(Sergiovanni,

1994: 4). 공동체에서는 사람들 간의 결합이 계약에 기초하지 않고 헌신에 기반하고 있다. 조직이 보상과 징계와 같은 외적 통제 수단에 의존한다면 공동체는 규범, 가치, 목적, 동료성, 상호의존성 등과 같은 내적 속성에 주로 의지하고 있다. 오늘날 우리나라나 서구사회에서의 학교는 공동체적 성격보다는 조직적 성격을 더 많이 내포하고 있다. 풀만(Furman, 2002)은 개인주의, 경쟁의 가치와 함께 관료적 조직의 특성이 미국의 공립학교에 강하게 자리 잡고 있다고 말한다. 현대 미국의 공교육체제가 학교교육과 학습에 대한 합리적/기술적/도구적 전제에 기반하고 있기 때문에 조직으로서의 학교가 사람들에게 매우 친숙하게 이해되고 있다(Furman, 2002: 6-7). 학교교육이 이러한 전제 위에 있을 때 학교교육은 나라의 경제적 발전에 이바지하는 도구적 성격을 띠고, 학생들의 학습동기도 자신의 학업성취도에서의 성공과 다른 학생과의 경쟁에서의 승리와 미래의 재정적 안정 확보를 위한 도구적 성격을 띠게 된다. 그리고 이러한 도구적 목표를 성취하는데 있어 학교의 성공여부는 측정 가능한 학생의 학업성취도에 의해 합리적으로 결정될 수 있다고 본다. 그래서 교수활동은 기술적인 문제이며 교사와 학교는 그 성취 결과에 대해 책임을 져야한다고 생각한다. 이러한 학교조직에 대한 접근은 오늘날 우리나라에서의 학교에 대한 이해와도 매우 흡사하다고 할 수 있다.

그러나 학교가 이와 같은 조직의 성격만을 강조하게 될 때 많은 부정적인 현상이 나타나게 된다. 이러한 학교에서는 아이들의 소외감, 협동심의 상실, 의미와 목적이 결여된 피상적 교육 등 다양한 문제점들이 야기된다. 현대 학교에서 광범위하게 나타나는 이러한 현상은 학교에 대한 공동체적 학교모형의 필요성을 요구하게 되었다. 학교 뿐 아니라 사회에서도 공동체성을 상실하고 있는 오늘날의 상황을 고려할 때 학교를 공동체로 이해하고 학교에서 공동체성을 경험하게 하는 것은 학교교육의 회복을 위해 반드시 필요한 과제라 할 수 있다. 그러면 이제 공동체로서의 학교가 지녀야하는 성격적 특징이 무엇인지를 살펴보아야 하며, 이에 앞서 공동체에 대한 성경적 기초를 생각하고자 한다.

III. 공동체로서의 학교

1 학교공동체에 대한 성경적 기초

근대사회의 산물인 학교의 조직적 형태의 근거를 성경에서 찾는 것은 쉬운 작업이 아니다. 그러나 성경에서 보여주는 인간에 대한 관점과 개인과 집단의 관계에 대한 가르침을 생각한다면 바람직한 학교조직의 형태를 추정해 볼 수는 있을 것이다. 창세기 1장의 인간 창조에 대한 기사는 하나님의 형상으로 지음 받은 인간이 관계적 존재로서의 본질을 지니고 있음을 보여준다. 관계적 존재라 함은 인간이 자신을 창조하신 하나님, 사랑을 나누는 대상인 다른 인간, 보살피고 경작해야 할 자연과 올바른 관계성 가운데 있을 때 비로소 인간일 수 있다는 의미이다. 그런데 관계적 존재로서의 인간의 본질은 인간을 창조하신 하나님의 속성이기도 하다. 즉, 삼위일체로 존재하시는 하나님은 성부, 성자, 성령의 공동체 가운데 존재하시며 "관계성 속에서 인격적으로 살아계신다"(Migliore, 1991: 69). 하나님은 "서로를 주는 나눔의 공동체(mutual self-giving, a community of sharing)"로서의 삶을 지니고 있다(p.61). 인간은 이러한 하나님의 속성이 반영되어 있다. 인간은 하나님과의 깊은 영적 관계성이 토대가 되어야 하고 다른 인간들과의 공동체적 관계성 가운데 존재할 때 비로소 인간으로서의 참된 자아를 실현하게 된다.

이렇게 볼 때 사람들에게 긴밀한 관계성을 토대로 하는 공동체는 성경에서 가르치는 인간 삶의 중요한 양태라 할 수 있다. 공동체의 중요성은 신구약 전체를 통해 지속적으로 강조된다. 성경에서 나타나는 구원의 드라마는 아브라함의 가족으로부터 시작하여 이스라엘이라는 민족을 거쳐서 교회공동체로까지 이어지고 있다. 베드로는 기독교인을 "택하신 족속, 왕 같은 제사장들, 거룩한 나라, 그의 소유된 백성"(벧전 2:9)이라고 표현하고 있다. 지칭하는 단어가 모두 집단을 나타내는 말들이다. 공식적으로 교인이 되는 첫 의식인 세례의식은 개인이 교회공동체의 일원이 되었음을 공적으로 선포하는 예식이다. 교회는 구성원들이 유기적 관계를 맺는 공동체의 대표적인 예이다. 바울은 교회의 공동체적 성격을 다음과 같이 표현하고 있다.

> "그의 안에서 건물마다 서로 연결하여 주 안에서 성전이 되어가고 너희도 성령 안에서 하나님의 거하실 처소가 되기 위하여 예수 안에서 함께 지어져 가느니라" (엡 2:21-22).
>
> "그에게서 온 몸이 각 마디를 통하여 도움을 입음으로 연락하고 상합하여 각 지체의 분량대로 역사하여 그 몸을 자라게 하며 사랑 안에서 스스로 세우느니라" (엡 4:16).

기독교윤리학자인 리처드 마우가 말한 것처럼 기독교인은 단수가 아닌 복수이며, 그리스도를 따른다는 것은 신앙공동체의 일원이 되는 것이라 할 수 있다(Mouw, 2004). 그러나 성경에서 인간의 관계적 속성, 공동체적 삶의 중요성을 강조하는 것이 인간을 집단 속의 부분으로만 이해하여 개인적 존엄성과 자율성을 경시하는 것으로 이해되어서는 안 된다. 바울이 지체비유(고전 12장)에서 말한 바와 같이 몸의 각 지체들은 개별적 가치를 가지며 각자의 역할을 잘 수행할 때 비로소 전체 몸은 건강해 지는 것이다. 공동체에서 각 부분과 전체는 유기적 관계를 이루어 상호의존적으로 존재하고 있다.

이와 같이 성경에서 강조하는 공동체적 삶의 양태를 중시한다면 학생들이 어려서부터 삶의 방식을 배우게 되는 학교의 조직형태가 개인주의적 성향을 강화시키는 조직으로서의 학교보다는 관계적 존재양식을 강조하는 공동체로서의 학교가 보다 바람직한 학교 구조라 할 수 있다.

2 학습공동체로서의 학교

학교는 공동체이되 무엇보다 배움이 일어나는 공동체이어야 한다. 학교에 속한 모든 구성원들에게 상호작용을 통해 배움이 활발하게 일어날 때 우리는 그곳을 학습공동체 혹 배움의 공동체라 부른다. 학습공동체에서는 모든 이가 학습자가 되고 동시에 가르치는 자가 된다. 서지오반니(1994)는 학교에서 학습공동체를 이루는데 필수적인 요소로 구성원들이 함께 하는 탐구활동을 들고 있다. 탐구는 새로운 생각에 대한 개방성과 섣부른 판단에 대한 유보를 요구하며, 다른 사람의 작업에 대한 이해와 감상을 더욱 심화시킨다. 그리고 다른 사람들과 함께하는 탐구를 통해 진정한 대화와 반성으로 나아가게 된다고 보았다. 그래서 학교의 구성원들이 함께 무언가를 탐구하고 배워갈 때 그 학교는 학습공동체를 형성하게 된다고 하였다.

학교에서 학습공동체를 구축하는 것을 학교개혁의 최우선 과제로 삼고 있는 토교대학의 사토마나부(2006)는 학습공동체를 학생들이 서로 배우면서 성장하는 곳인 동시에 교사들이 교육의 전문가로서 서로 배우면서 성장하는 곳이며 또한 학부모와 시민이 교육활동에 참가하여 서로 배우면서 성장하는 곳이라 정의 내린다. 그에 의하면 학습공동체의 형성에 필수적인 것이 교사들의 동료성(collegiality)의 구축이다(사토마나부, 2001). 동료성의 형성을 통해 교사들은 수업을 서로 공개하고 연구하면서 수업을 창조하는 전문가로 성장할 수 있다. 사토마나부는 학교의 개혁을 가로막는 주요요인으로 교사들을 분열, 고립시키고 있는 교실의 장벽과 교과의 장벽을 들고 있다. 그러므로 학교에서 학습공동체를 형성하기 위해서는 교사들의 동료성 구축에 필요한 교사들의 적극적인 의지와 더불어 학교조직의 조정이 요구된다고 할 수 있다. 교실의 개방이 교사들의 동료성을 구축하는 중요한 방안이라면, 학교의 개방은 학교를 가정과 지역사회와의 연대를 촉진하는 방안이 된다. 그러므로 그는 학교가 지역문화의 전승과 배움의 중심지로 구축되어야 한다고 주장한다.

오늘날 우리나라의 학교에서 학습과 교수활동은 각각 학생과 교사의 개인적인 과업으로 이해되는 경향이 강하다. 그러므로 학교는 공동체적 배움의 장이기 보다는 배움을 추구하는 개인들의 집합체적 성격을 띤다.* 지식을 인간 외부에 존재하는 객관적인 사실들의 집합체로 보는 객관주의적 관점에서라면 배움과 가르침이 개인적인 차원에서 일어나는 것으로 이해해도 무방할 것이다. 그러나 많은 기독교인 학자들이 주장하듯이 보다 성경적인 관점에 가깝다고 할 수 있는 인격적 지식론에 의하면 배움은 인식주체와 대상의 인격적 관계 속에서 일어나고, 나아가 인식주체들의 공동체적 행위로 이

* 우리나라 학교를 배움을 추구하는 장으로 이해하는 점에서도 이견이 있을 수 있다. 학교에서 교사들이 실제로 가장 중요하게 생각하고 행하는 것이 배움과 가르침에 관한 것이 아니고 학교의 행정업무에 관한 것이라는 주장도 있을 수 있다.

해된다(박상진, 2004; 한철희, 2004; Palmer, 1993). 그러므로 배움이 인식 대상에 대한 인지적 이해를 넘어서 대상을 위한 실천과 책임으로까지 나아가기 위해서는 학교가 배움을 위한 공동체로 인식되고 구성되는 것이 반드시 필요하다고 할 것이다.

3 민주적 공동체로서의 학교

학교는 배움이 활발하게 일어나는 학습공동체일 뿐 아니라 의사결정과정이 공동체 구성원들에게 개방되어 있는 민주적 공동체이어야 한다. 대화, 토론, 의사소통은 학교를 민주적으로 만드는데 필수적인 요소들이다. 그리고 학교에서의 담론이 개방적이고 누군가에 의해 지배되지 않을 때 그 공동체는 민주적이 될 수 있다. 교사들은 교육에 대해 일차적인 책임을 지는 자로서, 경험과 지혜의 소지자로서 교육적 담론에 중심적 역할을 할 수 있다(Strike, 1993). 대화를 학교교육의 가장 핵심적인 본질로 보는 시돌킨(Sidorkin)은 진정한 학교공동체에서 학생들이 대화를 통해 인간존재의 충만함을 경험할 수 있다고 주장한다(Sidorkin, 1999). 그는 학교가 인간의 상호관계성을 형성하는 "대화의 존재론적 개념"(p.141)이 실현되는 곳이어야 한다고 말한다.

오늘날 학교의 중요한 특징이 되고 있는 포스트모던적 다양성은 민주적 공동체로서의 학교의 도덕성과 관련하여 중요한 요소가 되고 있다. 풀만과 스타라트는 혈연, 지역, 생각의 공통성에 기반한 공동체(gemeinschaft)의 개념에 의문을 제기한다(Furman and Starratt, 2002). 그들은 포스트모던 시대에 민주적 공동체로서의 학교는 '차이의 공동체(community of difference)'가 되어야 한다고 말한다. 그 학교에서는 차이 혹 다름이 억압되지 않고 축하되며 상호의존성이 인정되고, 공공의 선이 그 차이를 연결시키는 접합체로서의 역할을 하는 곳이다. 정의 역시 민주적 학교공동체의 중요한 도덕성 가운데 하나이다. 학교는 단지 배움의 기회가 모든 학생들에게 공평한 곳이어야 할 뿐 아니라 전체적인 제도적 질서가 정의로운 곳이 되어야 한다. 정의의 윤리는 학교가 공공선에 봉사하는 동시에 학생 개개인의 권리에도 봉사해야 함을 요청한다.

우리나라의 민주적 학교공동체에 대한 한 연구에 따르면 학교가 민주적 공동체로 정착하는데 있어 의사결정과정의 민주적 절차와 구조가 중요할 뿐 아니라 학교에서의 상호신뢰와 참여의식과 같은 민주적 문화가 필수적임을 보여준다(Kang, 2006). 그 연구에서 학생, 교사, 학부모들에게 학교운영에 참여할 수 있도록 조직구조가 상당한 정도로 개방되어 있는 한 고등학교의 구성원들은 오히려 학교가 민주적이지 못하다고 생각했다. 이유는 비록 의사결정 과정에 참여할 수 있는 제도적 장치가 있지만 결국 교장과 교감에 의해 최종 결정이 난다고 생각하기 때문에 적극적으로 자신들의 의견을 개진하지 않았다. 반면 일반 학교들과 제도적으로 큰 차이를 보이지 않은 다른 한 고등학교의 학생들이나 교사들은 그들의 학교가 매우 민주적이라고 인식하고 있었다. 이유는 학생회 활동이나 건의함, 교사회 등과 같은 제도가 다른 학교들과는 달리 효과적인 역할을 잘 발휘하고 있었기 때문이다. 학교의 리더십과 학교구성원들 간의 강한 신뢰감이 평범한 제도를 통해서도 민주적 학교공동체를 형성할 수 있음을 보여준다고 할 수 있다.

우리나라 학교들은 전통적으로 학교급의 분리와 교과의 구분과 같은 분업에 따른 전문화 지향성, 규칙과 규정에 의한 통제, 계층적 구조 등과 같은 관료제 조직의 특징을 중요하게 지니고 있다(진동섭 외, 2005).* 이러한 관료적 특징은 학교구성원들이 학교의 의사결정 과정에 적극적으로 참여하는 것을 제한하는 요인으로 작용한다. 그래서 우리나라 학교의 교사들은 학교의 의사결정에 대한 참여욕구는 높은데 비해 실제 참여 상태는 낮아 '참여 실조/결핍' 상태를 겪고 있다(진동섭 외, 2005: 374-384). 이는 교사들의 불만요인으로 작용할 수 있으므로 우리나라 학교가 민주적 공동체로의 전환이 시급하다 할 것이다.

4 배려(caring)의 공동체로서의 학교

배려 혹 돌봄은 학교공동체의 중요한 특성이어야 한다. 배려는 근대 산업사회의 문제점들이 두드러지면서 일부의 심리학자, 철학자, 페미니스트, 교육학자들에 의해 점점 더 강조되고 있는 윤리이다. 여성 교육학자인 린 벡은 배려를 타인에 대한 수용, 반응, 관계에서의 지속성이라는 세 가지 활동을 내포하는 과정으로 보았다(Beck, 1992: 462-468).

먼저, 타인의 관점을 수용한다는 것은 다른 사람의 실체를 무비판적으로 수용하는 개방성과 자발적 의지를 갖는 것을 의미한다. 앎은 수용의 다른 측면이다. 즉, 누군가를 배려하기 위해서는 그에 대해 알아야한다. 에리히 프롬은 사랑은 반드시 존경을 포함하고, 존경은 사람을 있는 그대로 보는 능력과 그의 독특한 개성을 인식하는 능력을 의미하는 것이라 했다. 누군가를 존경하는 것은 그를 알지

* 우리나라 학교의 조직적 특징으로 관료제 조직과 함께 조직화된 무정부 (organized anarchy) 조직, 혹은 느슨한 결합 조직을 꼽기도 한다. 이는 행정영역에서는 행정가가 주도권을 갖지만 교수-학습 영역에서는 교사들의 자율성이 보장되고, 학교의 목표가 모호하고 불확실하며, 구성원들의 참여가 유동적이라는 점 등을 특징으로 하는 것이다 (진동섭 외, 2005).

못하고는 불가능하다고 했다. 배려와 책임은 그것이 앎에 의해 인도되지 않는다면 잘못될 것이다(Beck, 1992). 부버(1965) 역시 배려와 앎은 깊은 이해로부터 생겨나며 깊은 이해는 한 인간이 타인의 실체를 수용하는 개방성을 지닐 때만이 가능하다고 했다.

둘째, 배려는 개방성과 수용적 태도로부터 시작되지만 배려하는 이들을 위해 어떤 행동을 취하는 반응을 중요하게 내포한다. 이러한 행동은 타인에 대한 책임감을 수행하기 위한 자기 자신의 자발적 의지로부터 나온다. 책임감(responsibility)과 반응(response)은 어원적으로 관계가 있으며 배려의 행동과 관련이 있다(Beck, 1992). 부버(1965)는 "진정한 책임감은 실제적인 반응이 있는 곳에서 존재하는 것이다"(p.16)라고 하였다. 노딩스(1984) 또한 배려는 단순히 누구에 대해 갖는 태도를 넘어서야 하며 반드시 어떤 종류의 반응적 행동 가운데 그것을 실현해야 한다고 주장했다. 그러나 배려가 반응과 행동을 내포하지만 한 사람이 일방적으로 행동을 취하는 것은 아니다. 다시 말하면 배려는 근본적으로 호혜적 상호작용이다. 배려에서는 배려하는 자의 행동이 중요한 것처럼 배려 받는 자의 반응 역시 핵심적인 요소로 작용한다. 진정한 배려가 이루어졌는지를 판단하기 위해서는 배려의 행동에 관계된 양자의 관점이 모두 고려되었는지를 보아야 한다(Beck, 1992).

셋째, 배려는 적절한 시간 동안 배려의 관계성이 지속되어야 한다. 지속성은 오랫동안 양자가 물리적으로 함께 있는 것을 의미하지는 않는다. 대신 배려하는 자는 배려 받는 자에 대해 지속적으로 인식하고 반응을 보이는 것이다. 그러므로 배려는 헌신을 내포해야 한다. 헌신은 상대의 안녕(well-being)에 공헌하는 것이다. 프롬 역시 배려와 사랑의 지속성을 강조했다. 관계가 변함에 따라 배려의 형태는 달라지지만 배려하는 태도는 달라지지 않는다고 했다. 배려의 궁극적인 목적은 인간의 발전 혹 성숙에 있다고 볼 수 있다(Beck, 1992).

마틴 부버는 인간의 정체성이 상호간에 배려하는 관계성 가운데서만 실현될 수 있다고 했다(Buber, 1958). 부버는 인간과 인간의 인격적 관계를 나타내는 '나와 너(I and Thou)'와 인간과 대상의 관계를 나타내는 '나와 그것(I and It)'을 구분하고 온전한 인간됨은 나와 너 사이에서만 가능하다고 했다. 즉 한 인간이 다른 인간과의 관계에서 그를 배려하는 관계성 가운데 있을 때 비로소 온전한 인간이 된다는 것이다. 사람들 사이에서 배려의 관계성이 이루어지기 위해서는 공동체의 형성이 중요하다. 벨라와 그 동료들은 미국사회가 지나친 개인주의로 경도됨에 따라 많은 사람들이 고립감과 소외를 경험하고 있으며 이를 극복하는데는 공동체에서의 소속감이 요구된다고 주장한다(Bellah et al., 1985).

교육학자들 역시 학교에 배려의 공동체를 형성하는 것이 중요함을 여러 가지 방식으로 논의하고 있다. 좋은 학교의 특징에 대한 연구에서는 강한 공동체의식과 배려의 리더십이 학교의 공통적 특징이라고 밝히고 있다(Beck, 1992). 좋은 학교들의 교사, 행정가, 학생들은 공동체를 형성하기 위하여 노력하며, 또한 그들은 그 배려의 공동체에서 소속감을 느끼기를 원하며 그 공동체로부터 보호를 받고 싶어한다.

배려의 공동체에 대한 강조는 오늘날 교육의 주된 논리가 된 경쟁의 윤리와 도구주의적/공리주의적 윤리가 갖는 한계를 극복하게 해 준다. 요즘은 높은 학업성적과 좋은 상급학교 진학이 학교교육의 모든 목표인 것처럼 행세하는 실태이다. 경쟁은 이러한 목표를 달성하는데 가장 효과적인 방법이라 인식되고 있다. 학교의 목표를 달성하는데 필요한 방법이라면 그것의 도덕적, 교육적 가치와 관계없이 좋은 교육으로 활용된다. 경쟁과 도구주의적 윤리가 과도하게 사용될 때 학교교육의 목표와 수단은 전도가 일어나고 학교는 교육적 공간으로서의 기능을 하지 못하게 된다. 학교를 배려의 공동체로 인식할 때 학교에 존재하는 학생들은 학교의 목표를 달성하기 위한 수단이 아니라 학교교육의 목표 자체임을 재확인 하게 된다. 배려의 윤리는 학생 한명 한명의 존재를 그대로 수용할 것과 그들에게 필요한 것에 대하여 지속적이고 적절하게 반응할 것을 요구한다. 그러므로 배려의 공동체로서의 학교는 학업을 포함하여 학생의 전인적인 성장을 위해 최선의 길을 찾아가는 학교이다.

5 은혜의 공동체로서의 학교

은혜는 기독교공동체에서 기반이 되는 특징이라 할 수 있다. 기독교학교는 은혜의 공동체여야 한다. 은혜의 공동체에서는 모든 구성원들이 하나님의 은혜의 손길을 경험한다. 은혜는 그저 주시는 하나님의 선물인데 그 중에서도 우리에게 베푸시는 구원의 은혜는 가장 강력한 선물이다. 하나님의 은혜는 죄의 용서를 넘어서 우리 삶의 방식을 변화시킨다(Hekman, 2007). 간음하다 잡혀온 여인을 향한 예수님의 말씀에서 은혜의 본질을 알 수 있다. “나도 너를 정죄하지 아니하노니 가서 다시는 죄를 범치 말라”(요 8:11).

학교가 은혜의 공동체가 될 때 학교의 구성원들은 끊임없이 하나님이 베푸신 축복을 기억하고 축하한다. 하나님의 은혜를 입은 사람들의 정당한 반응은 하나님께 대한 감사이다. 그러므로 어떠한 상황 하에서도 하나님의 은혜에 대한 감사가 표현될 수 있는 곳이 은혜의 공동체이다. 은혜의 공동체로서의 학교에서는 감사가 길러지고 표현되는 것을 학교의 주요 특징으로 삼는다. 구성원들이 먼저 하나님의 은혜를 경험한 은혜의 공동체는 누구나 환영받고 평안함을 느끼는 개방되고 환대 받는 곳이어야 한다. 그러한 학교에서는 개인에 대한 존중, 협력적 정신, 소속감, 상대에 대한 높은 기대 등의 분위기가 충만하게 될 것이다(Hekman, 2007).

은혜의 공동체인 학교는 실수와 잘못에 대한 인정과 그에 대한 용서가 지속적으로 이루어지는 곳이다. 인간의 연약함을 아시고 고백하는 잘못을 사하시는 하나님의 마음처럼 섣부른 비난과 비판보다는 이해와 용서를 배워가는 곳이다. 그러기 위해 먼저 성인인 교사들이 실수를 했을 때 자신의 잘못을 시인하고 용서를 비는 모습을 보여주어야 한다. 학교가 은혜의 공동체라는 의미가 죄, 징계, 훈련의 문제를 가볍게 취급해도 된다는 의미를 결코 내포하지는 않는다. 오히려 은혜의 공동체에 있는 사람들은 상호간의 관계에서 성경적 의미의 권면, 고백, 회개, 회복 등을 실천하는 사람들이다(Hekman, 2007). 더 많은 죄의 용서를 받은 자가 더 많이 예수님을 사랑하는 것처럼(눅7:47) 하나님의 은혜는 삶의 변화를 수반해야 한다. 그러므로 은혜의 공동체에서는 회개와 회복을 추구하게 된다.

은혜의 공동체로서의 학교는 하나님의 은혜를 세상에 전하는 사명지향적 공동체가 된다. 그 사명은 세상의 치유와 회복을 목적으로 하는 것이다. 그러나 치유와 회복이 하나님의 은혜로 이루어지는 것임으로 학교는 학교에서 경험하고 있는 하나님의 은혜를 증거하는 것을 통해 세상에 나아가게 된다. 그리고 세상을 향해 하나님의 은혜의 자리로 초대하고 그들과의 대화의 자리에 나아간다.

6 학교공동체에 대한 기독교적 모형

앞에서 제시한 교육공동체에 대한 논의를 토대로 기독교적 학교공동체 모형을 그림으로 나타내면 <그림 1>과 같이 된다. 기독교적 학교공동체 모형의 중심에는 성경적 인간관이 자리 잡고 있다. 하나님의 형상을 따라 창조된 인간은 창조주와 다른 피조물과의 깊은 관계성 가운데 존재해야 한다. 이러한 인간관을 토대로 할 때 학교는 학생과 교사가 서로를 필요로 하고 상호의존적 관계를 형성하는 공동체여야 한다. 이러한 공동체에서는 구성원들이 상호간에 인격적 관계를 형성하여 타인을 대상으로 보지 않고 주체로 인정하는 태도를 가짐으로 서로에 대한 배려(caring)가 나타나게 된다. 학교공동체에서는 상호간의 배려가 배움이라는 분명한 지향점을 가져야 한다. 배움의 공동체인 학교에서는 구성원들이 인격적 관계 속에서 대화와 상호작용을 통해 모두가 함께 배움을 이루어가며 성장해나가는 모습을 갖게 된다.

학교에서 배움이 보다 효과적으로 이루어지기 위하여 학교공동체는 민주적 의사결정 구조를 갖는다. 구성원 모두의 의사를 존중하여 대화와 토의가 의사결정 과정에 중요하게 작용한다. 대화와 토의를 통한 의사결정은 서로에 대한 신뢰와 존중의 문화 속에서 잘 기능할 수 있다. 이처럼 기독교적 학교공동체는 배려의 공동체, 배움의 공동체, 민주적 공동체의 성격을 갖는다. 이러한 학교공동체의 특징들이 기독교적 정신 위에서 보다 활발하게 나타나기 위해서 학교공동체는 무엇보다 은혜의 공동체가 되어야 한다. 기독교 학교공동체는 하나님의 은혜에 대한 감사가 충일한 공동체이다. 교사와 학생들이 갖는 배려의 태도, 배움에의 열망, 민주적인 삶의 기반에는 하나님의 사랑이 있다. 그래서 학교공동체는 내적으로 감사가 표현되고 용서가 경험되며, 학교외부를 향해서 환대가 강조되고 사명에 헌신하게 된다.

〈그림 1〉 기독교적 학교공동체 모형

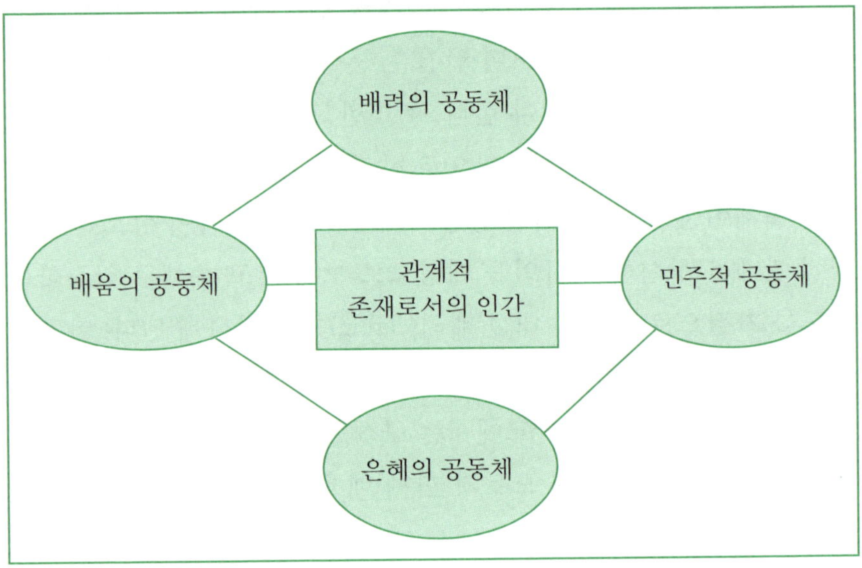

IV. 학교공동체와 리더십

많은 연구자들은 학교공동체의 형성과 리더십의 깊은 관련성을 강조한다(Kang and Printy, 2009; Sergiovanni, 1994; Starratt, 1991; 1996). 앞에서 살펴본 기독교적 학교공동체 모형을 형성하고 발전시켜 나가기 위해서는 리더십이 중요한 작용을 한다. 기독교적 학교공동체를 형성하기 위하여 리더십은 어떠해야 하는지 살펴볼 것이다. 리더십에 대한 성경적 기초를 먼저 살펴본 뒤 최근의 리더십 논의에서 중요하게 거론되는 몇 가지 이론들을 소개하면서 리더십에 대한 기독교적 모형을 찾아보고자 한다.

1 리더십에 대한 성경적 기초

성경의 많은 본문과 인물들의 모습에서 성경적 리더십의 모형을 찾아볼 수 있다. 리더십에 대한 다음 세 가지 특징들이 리더십에 대한 중요한 성경적 토대라 할 수 있다(Brown, 2007). 첫째, 리더십은 가치의 구현이다. 이 말은 리더가 먼저 자신이 소중히 여기는 가치와 목적을 직접 실천해야 한다는 의미이다. 리더는 공동체 구성원들이 되기를 바라는 사람이 먼저 되어야 한다. 예수께서는 하나님의 일을 먼저 행함으로서 제자들로 하여금 자신을 따르도록 명하고 있다. "만일 내가 내 아버지의 일을 행치 아니하거든 나를 믿지 말려니와"(요 10:37). 사도바울 역시 성도들에게 자신이 행하는 바를 따르도록 권면하고 있다. "그러므로 내가 너희에게 권하노니 너희는 나를 본받는 자가 되라"(고전 4:16). "너희는 내게 배우고 받고 듣고 본 바를 행하라"(빌4:9).

둘째, 리더십은 봉사 혹 섬김이다. 리더십은 공동체의 유익을 위해 수행되는 봉사이다. 리더는 섬김으로서 공동체를 인도하며 공동체를 인도함으로서 섬기는 자이다. 리더는 그의 리더십의 권위를 하나님께서 그의 일을 이루시기 위하여 돕는 도구로 주셨다는 사실을 인식할 때 보다 잘 섬길 수 있다. 리더는 그의 책무성이 계층적이지 않고 다른 이들의 역할과 상호의존적임을 기억해야 한다. 예수께서 먼저 섬김의 리더십을 잘 보여주셨다. "내가 주와 또는 선생이 되어

너희 발을 씻겼으니 너희도 서로 발을 씻기는 것이 옳으니라"(요 13:14). 예수의 오심은 섬김의 리더십을 실천하기 위함이라 하셨다. "인자가 온 것은 섬김을 받으려 함이 아니라 도리어 섬기려하고 자기 목숨을 다른 사람의 대속물로 주려 함이니라"(마 20:28). 섬김에 대한 사도바울의 가르침도 성경에서는 중요하게 등장한다. "그리스도를 경외함으로 피차 복종하라"(엡 5:21).

셋째, 리더십은 공동체의 변화를 가져온다. 리더십은 공동체의 궁극적 목적을 이루기 위해 구성원 모두가 지속적인 성숙을 이루어 가도록 상호간에 영향을 주고받는 것이다. 많은 사람들이 참여하고 공동체가 성장해나갈 때 변화는 일어난다. 공동체 구성원 모두가 사명을 분명히 인식하고, 상호간에 영향을 주고 서로를 인도할 수 있도록 준비될 때, 공동체는 비전을 향해 지속적인 성장을 해 나갈 수 있다. 리더는 공동체 구성원들이 상호의존적 관계성을 잘 형성하여 성장할 수 있도록 지원하고 돕는 역할을 하는 자이다. 변화되어 가는 공동체는 현재의 성취 수준에 만족하지 않고 더 높은 성숙을 향해 끊임없이 나아간다. 사도바울이 말하는 지체비유(고전 12장)는 공동체의 각 구성원들이 상호간에 영향을 주어 공동체를 이루어가는 원리를 제시하고 있다. "너희는 그리스도의 몸이요 지체의 각 부분이라"(고전 12:27). 하나님께서 많은 사람들을 사도, 선지자, 목사 혹 교사라는 리더로 세우신 것은 "성도를 온전케 하며 봉사의 일을 하게 하며 그리스도의 몸을 세우려 하심이라"(엡 4:12). 공동체를 형성하고 성장시키는 데는 끊임없는 노력과 정진이 요구된다. "내가 이미 얻었다 함도 아니요 온전히 이루었다 함도 아니라 오직 내가 그리스도 예수께 잡힌 바 된 그것을 잡으려고 달려가노라"(빌 3:12). "교회의 덕 세우기를 위하여 풍성하기를 구하라(try to excel in gifts that build up the church)"(고전 14:12).

2 변혁적 리더십

오늘날 리더십의 유형 가운데 가장 중요하게 연구되고 논의되는 것이 변혁적/변형적(transformational leadership) 리더십이다. 변혁적 리더십은 1978년 정치학자인 맥그리거 번즈(MacGregor Burns)에 의해 처음으로 소개되었고 이후 바스(Bass)에 의해 보다 체계적으로 발전하게 되었다. 번즈는 당시의 일반적인 리더십 개념인 거래적/교환적 리더십(transactional leadership)과 그가 새롭게 제시한 변혁적 리더십(transforming leadership)을 대비시켰다. 거래적 리더십에서는 이익의 경제적 교환을 중시한다. 리더는 자신이 원하는 것을 추종자가 하는 대가로 그들이 원하는 것을 제공하는 방식이다. 반면 변혁적 리더십은 추종자의 도덕적 가치에 호소하여 그들의 동기와 헌신을 고양시킴으로 조직의 변화를 만들어 내는 것이다. 변혁적 리더십에서는 리더와 추종자가 상호작용에 의해 함께 도덕적인 면에서 보다 높은 수준으로 변화해가는 것을 중요한 목표로 삼는다. 최근 번즈(2003)는 변혁적 리더십의 핵심과제로 행복을 추구할 수 있는 기회를 모든 사람들에게 확장해나가는 것이라고 주장하기도 했다. 그는 지구촌의 가난의 문제를 어떻게 종식시킬 것인가 하는 것이 변혁적 리더십의 성공여부를 결정하게 될 시험대라고 말했다. 그에 의하면 "변혁적 리더십이 가지는 지극히 중요한 역할"은 사람들에게 힘을 실어주어 자신들을 위해 행복을 추구할 수 있는 기회를 창조하고 확장시키는 것"(p.336)이라고 한다.

바스는 변혁적 리더십(transformational leadership)에는 다음과 같은 특징들이 존재한다고 말한다(Hoy & Miskel, 2000). 첫째, 이상화된 영향력으로 추종자에게서 신뢰와 존경을 확립한다. 이상화된 영향력은 리더가 추종자들에게 역할 모델로 행동할 때 나타난다고 한다.

둘째, 영감적 동기유발을 통해 추종자에게 의미와 일에 대한 도전을 제공하여 조직의 비전을 개발하고 수행하게 한다. 셋째, 지적 자극을 주어 추종자들로 하여금 그들이 당연하게 생각하던 전제들을 의문시하고, 문제를 재구성하고, 새로운 방식으로 문제를 접근하게 함으로써 혁신적이고 창의적이 되도록 하는 것이다. 넷째, 개별적 고려를 통해 성취와 성숙에 대한 각 개인의 욕구에 특별한 관심을 기울이고 능동적이고 효과적으로 그들의 목소리를 듣는다.

국내에서도 변혁적 리더십에 대한 연구는 교육학자들에 의해 다수 이루어지고 있는 실태이다. 유길한(2005)은 우리나라 학교에서의 리더십과 신뢰, 정의 간의 상호관계를 구조분석을 통해 연구한 결과 변혁적 리더십이 교장과 교사 간에 상당한 정도의 신뢰형성에 중요하게 작용하고 있으며, 또한 변혁적 리더십은 학교공동체에서 정의를 실현하는데 기여하고 있다는 사실을 증명하였다. 한국의 두 고등학교에 대한 사례연구에서도 한 학교가 건강한 학교공동체로 성장하는데 교장의 변혁적 리더십이 중요하게 작용했음이 드러난다 (Kang and Printy, 2009). 그 연구에서 한 학교의 교장은 학생들의 공부하는 동기와 도덕적 열망을 보다 높은 수준으로 변화시켜 새로운 비전을 추구하게 하였다. 교사와 학생들에게 헌신적인 교육자의 모범을 보임으로 이상적 영향력을 행사하여 학교가 서로를 신뢰하는 공동체, 사회에 봉사하는 공동체가 되도록 하는데 결정적 기여를 하였다.

3 도덕적 리더십

도덕적 리더십은 서지오반니에 의해 강하게 주장되었다. 그에 의하면 도덕적 리더십은 다음과 같은 두 가지 중요한 특징을 갖는다고 한다(Brown, 2007). 첫째, 도덕적 리더는 공동체에 바람직한 가치, 신념, 목표, 목적을 먼저 구현하는 자이어야 한다. 리더가 공동체에서 무엇이 옳고 그른가에 대한 개념을 개인적으로 분명히 하고 그 개념이 공동체 구성원에 의해 이해가 될 때 리더는 자신에게 주어진 권위와 영향력을 행사할 수 있을 것이다. 둘째, 도덕적 리더십은 리더가 리더십을 발휘하는 과정을 통해 행사된다고 한다. 리더는 공동체의 공유된 생각, 원리, 목적을 형성하는데 전적으로 추종자들을 참여시키는 과정에 대한 강한 믿음을 소유해야 한다. 도덕적 리더십은 학생들에게 의미를 부여하고 행동을 인도하여 학교공동체의 기반이 되는 신앙을 형성하고 개발하는 과정에 관심을 기울여야 한다.

4 섬기는 리더십

섬기는 리더십은 1970년 미국 AT&T사의 로버트 그린리프(Greenleaf)가 「지도자로서의 서번트」라는 글을 발표함으로 세상에 알려지게 되었다. 이어 1977년 발간된 『서번트 리더십(Servant Leadership)』이란 책을 통해 섬기는 리더십은 체계화되었고, 이후 이 개념은 학계와 많은 기업에 큰 반향을 불러일으켰다. 섬기는 리더십의 핵심은 타인 중심적 마음이다. 리더는 다른 사람들의 행동과 생각에 영향을 주려고 할 때 그것이 자신의 야심과 이익을 위한 것이 아니라 인도받는 자들의 필요를 위한 것임을 분명히 해야 한다는 것이다. 섬기는 리더에게는 공동체가 추구하는 가치가 분명해야 하고 그것을 자신이 먼저 실천하는 자이어야 한다고 한다. 헨리 나우웬(1989)은 섬기는 리더십에서 인도하는 자와 인도받는 자의 상호의존성과 상호보완성을 중요하게 강조한다. 그에 따르면 섬기는 리더십을 가진 "지도자는 자신이 섬기는 사람들이 자신을 필요로 하는 만큼 자신에게도 사람들이 필요한 그런 연약한 종(P.45)"이라는 것이다.

그린리프(2002)는 섬기는 리더의 모습을 다음과 같이 다양하게 제시하고 있다. 1) 먼저 진정으로 섬기고 싶어 하는 마음을 가진 다음, 앞에서 끌어가고 싶은 뜨거운 열망을 가진 자 2) 귀 기울여 듣고 이해하는 자 3) 상상력을 자극할 수 있도록 말하는 자 4) 한 걸음 뒤로 물러서는 느긋함을 가진 자 5) 차별 없이 받아들이고 감정을 함께 나누는 자 6) 깨달음을 위해 인식의 문을 늘 열어두는 자 7) 한 번에 하나씩 원대한 꿈을 실현해가는 자 8) 공동체를 회복해 가는 자.

5 리더십에 대한 기독교적 모형

앞에서 논의한 내용들을 종합하여 리더십의 기독교적 모형을 그림으로 나타내면 〈그림 2〉와 같이 된다. 성경적 리더십은 리더가 먼저 자신이 강조하는 가치를 실천하며, 봉사와 섬김의 자세로 공동체의 변화를 추구하는 특징을 지닌다. 이러한 리더십의 특징들은 도덕적 리더십, 섬기는 리더십, 변혁적 리더십이 보여주는 속성과 유사하다. 그러므로 리더십의 기독교적 모형은 이 세 유형의 리더십을 종합하여 가치의 구현, 봉사와 섬김으로 공동체의 변화를 도모하는 리더십이라 할 수 있다.

〈그림 2〉 기독교적 리더십 모형

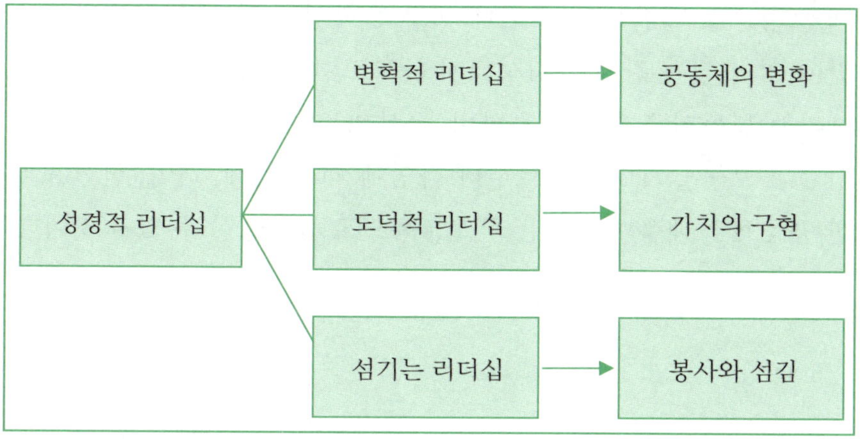

V. 나가는 말

본 장에서는 교육행정의 핵심적인 두 주제인 조직론과 리더십론에 대한 기독교적 이해를 기반으로 기독교적 모형개발을 목적으로 하였다. 관계적 존재로서의 인간을 중시하는 성경적 관점에 비추어볼 때 학교는 공동체로 이해하는 것이 합당하다고 말하였다. 학교공동체에는 배움에 대한 강조, 배려의 정신, 민주적 의사결정 등이 있어야 하고, 그 기초에 하나님의 은혜에 대한 감사와 용서의 정신이 자리 잡아야 한다고 주장하였다. 이러한 기독교적 학교공동체를 형성하기 위해서는 학교가 추구하는 가치를 지도자가 먼저 실천하고 봉사와 섬김을 통해 공동체의 변화를 이루어가는 기독교적 리더십이 요구된다.

기독교적 리더십을 발휘하여 우리의 학교를 기독교적 학교공동체 모형으로 발전시켜 나갈 때 비로소 학생들 상호간, 학생과 교사간에 의미 있는 관계가 형성되지 못하고, 타인과 함께 문제를 해결해가는 협동심을 배우지 못하며, 공부의 의미, 내재적 목적, 흥미가 상실된 오늘날의 교육으로부터 타인에 대한 이해, 책임, 헌신을 위한 공동체적 배움이 넘치는 학교교육으로 탈바꿈할 수 있을 것이다.

토의 문제

▶▶ 우리나라에서 기독교학교가 앞에서 논의한 기독교적 학교공동체모형으로 발전하는 것을 방해하는 장애요인들은 무엇인가? 이들을 어떻게 극복할 수 있는가?

▶▶ 공립학교에서 기독교적 학교공동체모형을 형성하려고 할 때 갖게 되는 한계와 가능성은 무엇인가?

▶▶ 배움의 공동체, 배려의 공동체, 민주적 공동체, 은혜의 공동체 가운데 여러분의 학교에서 가장 부족한 부분이 무엇인지 생각하고, 이를 강화할 수 있는 장단기 전략을 세워보자.

▶▶ 기독교적 학교공동체를 만들기 위해 교사에게 필요한 리더십의 특징이 무엇인지 구체적으로 제시하시오.

▶▶ 기독교적 리더십 모형의 특징들 가운데 학교현장에서 실천하기가 가장 어려운 점은 무엇인가?

▶▶ 변혁적 리더십을 발휘하여 학생과 학교를 변화시키고자 할 때 지향하는 학생상과 학교상을 구체적으로 제시하시오.

참고문헌

박상진 (2004). 『기독교 교육과정 탐구』. 서울: 장로회신학대학출판부.

사토마나부 (2001). 『교육개혁을 디자인한다』. 서울: 공감.

사토마나부 (2006). 교육의 공공성과 자율성의 재구축으로: 세계화시대 일본의 학교개혁, 한국교육학회 2006 춘계학술대회 초청강연.

왕기항 외 (2000). 『교육조직론 탐구』. 서울: 학지사.

유길한 (2005). "지도성, 신뢰, 정의에 대한 구조분석", 『교육행정학연구』. 23(4), 1-27.

진동섭 외 (2005). 『한국 학교조직 탐구』. 서울: 학지사.

한철희 (2004). 신앙교육을 위한 지식의 암묵적 내주성 고찰: 마이클 폴라니의 인식론과 파커팔머의 영성교육을 중심으로, 「한국기독교신학논총」 31집.

Beck, L. (1992). "Meeting the Challenge of the Future: The Place of a Caring Ethic in Educational Administration", American Journal of Education, 100(4) 454-486.

Bellah, R. et al., (1985). Habits of the heart, Berkeley, CA: Perennial Library.

Brown, G. (2007). "Weighing Leadership Models: Biblical Foundation for Educational Leadership", Drexler (ed.) Schools as Communities, Colorado Springs, CO: Purposeful Design Publication.

Buber, M. (1958). I and Thou, New York: Scribner's.

Buber, M. (1965). Between Man and Man, New York: Macmillian.

Burns, M. (2003). Transforming Leadership: A New Pursuit of Happiness, New York: Grove Inc., 조중빈 역 (2006), 『역사를 바꾸는 리더십』, 서울: 한국방송통신대학교 출판부.

Foster, W. (1986). Paradigms and promises, New York: Prometeus Books

Furman, G. (2002). "Introduction", Furman (ed.) School as Community, Albany, New York: SUNY Press.

Furman, G. & Starratt, R. (2002). "Leadership for democratic community in schools". In J.P. Murphy (Ed.) The educational leadership challenge: Redefining leadership for the 21stcentury. Chicago: National Society for the study of Education.

Greenleaf, R. (2002). Servant Leadership, Charm Soul Publishing House, 강주헌 역 (2006), 『서번트 리더십 원전』, 서울: 참솔.

Hekman, B. (2007). "Schools as communities of grace", Drexler (ed.) Schools as Communities, Colorado Springs, CO: Purposeful Design Publication.

Hoy, W. & Miskel, C. (2000). Educational Administration: theory, research and practice, New York: MacGraw-Hill, 송화섭 역 (2000)『최신 교육행정의 이론탐색과 실제』, 서울: 학문사.

Kang, Y. (2006). Building Authentic Communities within Schools: A Case Study of Two Korean High Schools, Doctoral Dissertation at Michigan State University.

Kang, Y. & Printy, S. (2009). "Leadership to build a democratic community within school", Asia Pacific Educational Review, 10(2) 237-245.

Migliore, (1991). Faith seeking understanding, Grand Rapids, MI.: Eerdmans.

Morgan, (1986). Images of Organization, Newbury Park: Sage

Mouw, R. (2004). Calvinism in the Las Vegas airport: Making connections in today's world. Grand Rapids, MI: Zondervan.

Noddings, N. (1984). Caring: A Feminine Approach to Ethics and Moral Education. Berkeley: University of California Press.

Nouwen, H. (1989). In the name of Jesus: reaction of Christian leadership, 두란노 역 (1998),『예수의 이름으로』, 서울: 두란노.

Palmer, P. (1993). To know as we are known, 이종태 역 (2006),『가르침과 배움의 영성』, 서울: IVP.

Sergiovanni, T. (1994). Building Community in Schools, SanFrancisco, California: Jossey-Bass.

Sidorkin, M. (1999). Beyond Discourse: Education, the Self, and Dialogue. Albany: State University of New York Press.

Strike, A. (1993). "Professionalism, Democracy, and Discursive Communities: Normative Reflections on Restructuring", American Educational Research Journal, 30(2). 255-275.

Starratt, R.(1991). "Building an Ethical School:A Theory for Practice in Educational Leadership." Educational Administration Quarterly, 27(2), 185-202

Starratt, R. (1996). Transforming Educational Administration: Meaning, Community, and Excellence. New York: The McGraw-Hill Company.

15

학교교육과 지역사회

– 황병준(호서대학교)

Ⅰ. 들어가는 말
Ⅱ. 사회자본과 학교교육
Ⅲ. 학부모 네트워크(Network)와 학업성취도
Ⅳ. 학교공동체와 지역사회공동체
Ⅴ. 기독교 학교공동체의 방향성
Ⅵ. 나가는 말

In Jesus' name, I pray. Amen.

I. 들어가는 말

학교교육의 목적은 한 사회가 필요로 하는 훌륭한 사회인을 만드는 데 있다. 학생들을 잘 교육시키기 위해서는 여러 가지 요인들이 필요하다. 예를 들면, 훌륭한 교사, 좋은 교재, 학생들의 수학능력, 학교 환경, 학부모 등이다. 이러한 요인들은 많은 연구를 통해 그 중요성이 인식되어 왔다. 그 밖에 학생들의 학업성취도에 영향을 주는 요인은 없을까? 최근 교육학계에서 그 중요성이 인식되고 있는 요인은 사회자본(social capital)이다. 사회자본은 다양한 집단 활동이나 타인과의 상호작용에서 협동을 촉진하는 공유된 규범, 신뢰 및 가치, 사람들 간의 네트워크로 정의된다. 이것은 개인의 인간관계, 집단의 상호작용, 지역사회의 유대관계에서 형성된다. 연구결과에 의하면, 사회자본은 학생들의 학업성취도에 직접적인 영향을 미치는 것으로 연구되고 있다.

사회자본은 가정 내에서 부모와 자녀 간에 만들어지며, 학교에서는 교사와 학생, 학생과 학생, 교사와 학부모 간에 형성된다. 또한 사회자본은 학교공동체와 지역공동체에서 만들어진다. 부모의 역할은 가정 내 사회자본에 있어서 핵심이다. 학교에서는 교사의 정서적 지지와 헌신이 사회자본 형성에 중요하게 작용한다. 또한 학교공동체로서의 지역공동체는 학부모를 중심으로 공유된 규범이 형성되고, 신뢰와 가치가 발전되어 학생들의 우범적 행동과 탈선을 미리 방지하는 교육의 효과가 있다. 본 장에서는 기독교적 학교교육에 관한 학교공동체와 지역사회의 역할과 기능을 사회자본의 개념으로 이해하고, 사회자본과 학교교육, 학부모 네트워크와 학업성취도의 관계, 기능적 공동체로서의 학교공동체의 교육적 기능과 역할을 통한 기독교 학교공동체의 방향성에 대해 살펴볼 것이다.

II. 사회자본과 학교교육

1 사회자본의 개념

사회자본(social capital)은 '사회적'이라는 의미와 '자본'이라는 의미를 함축하고 있다. 인적자본(human capital)이 개별적인 사람의 질(quality)을 의미한다면, 사회적 자본은 관계의 질(quality)을 의미한다. 즉, 인적자본은 개인이 가지고 있는 부모의 교육수준, 경제능력 등으로 학생입장에서는 바꿀 수 없는 자본이지만 사회자본은 개인보다는 사회적 관계 속에서 존재하며, 오랜 시간동안 창조적으로 경제적 이익을 창출할 수 있는 자원으로 그 의미를 가진다.[1)]

사회자본의 개념은 프랑스 사회학자인 브루되(Bourdieu)(1986)와 미국의 사회학자인 콜만(Coleman)(1988)에 의해서 시작되었다. 브루되의 연구는 경제, 문화, 사회라는 자본의 세 가지 차원의 상호작용에 관하여 사회자본을 지적하고, 구조적인 제약이나 계급(class), 성(gender), 인종(race)에 따른 제도적 차원에의 불평등한 사회자본의 접근을 강조했다. 한편, 콜만은 인간 자본의 창출로서의

1) 물리적 자본은 도구를 만드는 재료의 변화 속에서 창조되며, 관찰 가능한 물리적 형태로 만들어진 실체적인 존재이다. 인적 자본은 새로운 환경 속에서 행동 할 수 있는 능력과 기술을 이끌어 내는 인간의 변화 속에서 창조되는 자본으로 개인에 의해 습득된 기술과 지식 속에서 구현된 덜 실체적인 존재가 인적자본이다. 사회자본은 행위를 촉진하는 사람들 간의 관계가 변화하면서 나타나는 자본이다.

사회자본의 역할에 초점을 두고, 무형의 형태로 존재하는 사회자본의 기대라는 신뢰의 차원, 정보채널의 사회연결망, 개인의 이기심을 넘어서는 공공선을 고양하기 위한 규범이라는 세 가지 형태를 제안한다. 콜만의 이론이 뒤르깽에 기반을 둔 구조 기능론에 입각한 반면에 브루되의 개념은 사회적 재생산과 상징적 힘의 이론에 근거를 두고 있다.

사회자본에 대한 학문적 접근방법은 문화인류학적, 사회학적, 경제학적, 정치학적, 교육학적 접근방법이 있다. 첫째, 문화인류학적 접근은 사회자본을 인간이 소유하고 있는 결합(association)의 본능이라고 설명한다. 따라서 인간의 본성으로서 사회자본의 기원과 사회질서에 관한 생물학적 기초를 강조한다. 둘째, 사회학적 접근은 사회자본을 사회적 규범이나 인간 동기의 근원으로 묘사한다. 따라서 사회적 조직의 특징들로서 신뢰나 상보성의 규범 및 시민활동의 네트워크를 강조한다. 셋째, 경제학적 접근은 사람들이 다양한 집단활동이나 타인과의 상호작용을 통하여 얻어지는 사회자본을 활용하여 개인의 경제성을 증진시킨다고 본다. 따라서 이 접근에서는 사회자본을 상황에 따라서 활용해야 하는 하나의 투자 전략으로 본다. 넷째, 정치학적 접근에서 사회자본은 인간의 행동을 형성하는데 필요한 제도적, 정치적, 사회적 규범의 역할을 한다고 본다. 따라서 지역 간 혹은 계층 간 빈부의 차이를 감소시키고 지속적인 성장을 위해 제도적 역할, 사회적 배분 및 신뢰나 사람들 간의 네트워크를 구축할 것을 강조하고 있다(김태준, 2001).

그렇다면 교육학에서는 사회자본을 어떻게 이해하는가? 교육학적 접근에서는 가정, 학교 및 지역사회 사회자본이 교육성과에 긍정적인 영향을 미치는 창조적 산물로 본다. 인간관계에서 비롯되는 신뢰, 네트워크, 규범과 같은 사회자본의 요소들은 조직 내 구성원의 활동을 원활하게 하고 조직의 문제 해결능력을 증진시킨다고 본다. 또한 개인적인 노력과 투자보다 사회전반의 공동의 노력과 신뢰, 협력이 수반되어 교육의 성과를 높일 수 있다는 이론이 받아들여지면서 현재의 개인적 경쟁보다는 가정과 학교, 지역사회, 국가의 노력이 상호 협력으로 이루어져야 함이 강조되고 있다.

사회자본과 학교교육의 관계는 무엇일까? 국내, 외 연구자들은 사회자본과 학교교육의 관계연구를 관계차원, 구조차원, 인지차원에서 연구해 왔다. 관계차원의 변인으로는 학습조력 및 지원(자극적 교육환경), 부모와의 대화, 지역사회의 학습지원, 대화 빈도 및 교육지원, 방과 후 가정 활동, 학습 분위기 조성 등을 측정해 왔다. 구조차원의 변인으로는 부모의 학교활동 참여, 과외여부, 전학 및 이사 회수, 교육에 대한 정보교환, 학교교육 활동 참여 등을 사용해 왔다. 인지차원의 변인으로는 부모의 자녀에 대한 기대, 부모 외 성인가족의 존재여부와 관계, 종교 활동, 자녀의 친구에 대한 부모의 인지, 기대교육수준, 자녀 친구의 부모인지, 학습 및 생활통제 등의 변인들을 활용하여 사회적 자본을 측정하여 왔다(안수환, 2004). 이러한 사회자본의 변인들은 학생들의 학업성취도에 긍정적인 영향을 주고 있는 것으로 연구되었고, 이러한 사회자본을 많이 가지고 있는 학교는 학생들의 성적도 높은 것으로 나타났다.

2 사회자본의 구성요소

사회자본을 구성하는 요소는 무엇인가? 학교교육과 지역사회 사회자본의 공통적인 구성요소는 신뢰, 네트워크, 규범, 다음 세 가지로 요약된다. 신뢰란 '한 행위자가 위험에도 불구하고 다른 행위자가 자신의 기대 혹은 이해에 맞도록 행동 할 것이라는 주관적 기대이다(Gamberra, 1988, 박찬웅, 1998, 재인용). 신뢰는 사회적 관계를 전제로 하며, 그 관계 속에서 존재하며, 신뢰가 있음으로 해서 관련 행위자들은 협동을 할 수 있고, 감시와 통제 비용을 줄일 수 있다는 점에서 사회자본의 전형적 예라고 할 수 있다.

푸트남(Putman)(1993)에 의하면, 신뢰는 사회자본의 가장 중요한 구성요소로서 협력에 윤활유 역할을 한다고 본다. 그의 연구에 의하면, 공동체 내 신뢰의 수준이 높으면 높을수록 협력의 가능성은 높아져 협력은 신뢰를 가져온다고 한다. 신뢰는 사회자본을 만들어 내는 하나의 촉진요인이라고 설명되기도 하고, 혹은 반대로 사회자본이 만들어 낸 하나의 결과적인 현상으로 접근하기도 한다(Portes, 1998). 이러한 신뢰는 사회관계의 기본으로 학교교육에서 학생들의 행위의 규제와 통제의 규범적 역할을 하며, 집단적으로 미래에 대한 어떤 기대를 포함하며 사회적이면서도 도덕적인 성격 또한 강하게 지닌다. 학교교육과 지역사회에서 신뢰는 관용과 낯선 사람에 대한 수용, 문화적, 정치적 차이의 수용 등을 허용하며 집단 간의 적대감과 혐오증을 억제하고 공동체와 개인들의 결합과 궁극적으로 집합적 연대를 강화시키기도 한다(윤민재, 2004).

네트워크는 사회적 연대로서 개인과 개인, 개인과 집단, 또는 집단과 집단들이 상호작용 속에 연결된 상태라 할 수 있다. 이것은 개인 간의 일대일의 직접적인 관계를 넘어선 것으로, 한 조직 내에서의 개인들 간 조직 단위간의 연결을 말하기도 하지만, 조직 간, 나아가 지역, 국가 간의 상호 복잡한 망으로 연결된 상태를 말한다(김태선, 김천기, 2007). 콜만(1988)은 친밀성이 강한 네트워크는 구성원간의 효과적인 규범과 사회구조의 신뢰성의 형성을 발생시켜 의무와 기대를 기능하게 하기 때문에 사회자본의 축적에 효과적이라고 주장한다. 한편, 강한 네트워크가 항상 좋은 결과만을 낳는 것은 아니다. 포티스(Portes)(1998)는 실증적 연구를 통해 공동체에서 강한 규범은 폭넓은 가족 구성원들 간에 자원 공유를 만들게 하며, 기업가 활동을 위한 유인을 감소시킴으로서 그 결과 자본의 축적이 늦어진다고 말한다.

강한 네트워크의 문제점에 대한 대안으로 미국 사회에서의 구직 연결망을 분석한 그라노베터(Granovetter, 1973)는 약한 네트워크의 강점을 연구하였다. 그에 의하면, 사람들이 현재 근무하고 있는 일자리에 대한 정보를 '강한 연계(strong tie)'로부터 얻는 경우보다는 '약한 연계(weak tie)'로부터 얻는 경우가 훨씬 더 많았다는 것이다. 언뜻 생각하면 일자리에 대한 정보를 주는 것과 같은 일종의 '호의 베풀기'는 강한 연계 사이에서 이루어질 가능성이 높다고 볼 수 있다. 하지만 그라노베터의 연구와 같은 결과가 나타나는 이유는 닫혀있고 밀도 높은 네트워크의 경우 그 내부에서 유통되는 정보는 다른 구성원들도 이미 모두 알고 있는 경우가 대부분이므로 정보의 중복성(redundancy)이 높기 때문이다. 새로운 일자리와 같이 폭 넓은 정보가 필요할 때 닫힌 네트워크는 별 도움이 되지 않는다. 그라노베터는 약한 연계가 가져다 줄 수 있는 이러한 이점을 강조하면서 '약한 연계의 힘(the strength of weak ties)'이라는 표현을 사용하였다(장덕진, 황정미, 2003).

규범은 오랜 기간을 통해 사회에서 받아들여진 행동규칙을 말한다. 따라서 조직과 네트워크에서 적용되는 규범은 개인 간 또는 집단 간에 공유된 표현, 해석, 의미체계 등을 의미하는데 규범은 호혜성을 기본 속성으로 하며, 이러한 호혜성은 집단의 행위에 대해서 해결기준을 제공해 주고, 공동체의 유대감을 강화시키는 역할을 한다(권경희, 2003).

이상과 같이 학교교육과 지역사회 사회자본의 공통적인 구성요소는 신뢰, 네트워크, 규범으로 요약되어진다. 이러한 사회자본의 요소들은 가정 내 사회자본, 가정 밖 사회자본, 그리고 학교활동의 참여로 구분 지어진다. 구체적으로 가정 내 친밀성, 가정의 규율, 자녀학교생활의 부모의 모니터링, 부모-학생의 교육의 동일한 기대감, 세대 간의 친밀성, 학교-가정의 관계성 등의 요소들이 있다.

3 가정 내의 사회자본

가정 내의 사회자본에 관한 연구는 가정의 사회자본이 교육결과에 직접적으로 영향을 미친다는 연구결과들을 보여주고 있다. 가족의 배경 요인이 학생들의 성취도에 긍정적인 관련성이 있다는 연구의 결과는 계속되어져 왔다(Stanton-Salazar&Dornbusch,1995; Furstenberg & Huges,1995; Kao, 1995; Alexsander et al., 1997; Portes & MacLeod, 1996; Carbonaro, 1998 Goyette & Xie, 1999). 가족 내 사회자본은 부모나 가족과 학생 사이의 관계 구조에 의하여 창출되어 다양한 형태로 표출된다. 가족 내 부모를 포함한 성인 가족의 존재가 사회자본 창출의 필요조건으로 작용하며, 사회적 자본의 차이를 가져온다. 일반적으로 정상 가족이나 부모 가운데 적어도 한 사람이 학생의 양육에 매달리고 있는 가족의 경우는 한 가족(편모, 편부 가족형태)이나 부모 모두가 직업을 갖고 있는 경우와 비교하여 사회자본이 보다 풍부하다고 볼 수 있다. 이러한 가족 내 사회자본의 차이는 부모의 인간자본, 부모의 교육적 관심, 부모의 교육적 기대, 자녀-부모 간 상호작용 및 자녀교육에 대한 부모의 개입방식, 가정의 결핍구조, 그리고 학생 자신의 인간자본과 사회자본 등의 차이에 의해 나타난다(이정선, 2001).

가정 내에서 자녀교육에 미치는 사회자본은 부모와 자녀 간 상호작용에 기초하는 것으로 정의할 수 있다. 이것은 부모와 자녀 간에 발생하는 상호작용과 부모의 자녀교육에 대한 개입으로 나타난다(Coleman, 1987; 박희봉, 2004). 콜만(1988)은 특히 가정에서 사회자본은 부모-자녀관계, 자녀의 학습을 진작시키기 위하여 부모가 사용하는 노력, 시간, 관심, 자녀 학습에의 개입 등의 총체라고 하였다. 교육에 있어서 부모의 역할은 가정 내 사회자본에 있어서 핵심이다. 왜냐하면, 부모는 자녀에 대한 정서적 지지, 재정적 지원, 그리고 생활지도의 기초적인 자원이 되기 때문이다. 부모와 친척이나 다른 성인, 그리고 친구들과의 개인적 상호작용 역시 자녀의 발달과정에 영향을 미친다(이정선, 2001). 하지만 가장 중심적인 역할을 수행하는 행위자는 부모라 할 수 있다.

4 학교 내의 사회자본

학교 내의 사회자본은 콜만과 동료들(1987)의 연구에 의하여 입증되었는데, 공립학교와 사립학교와 가톨릭 학교간의 교육결과의 차이를 사회자본에 입각하여 분석하였다. 이들의 연구결과에 의하면 공립학교보다 사립학교가 그리고 가톨릭 학교가 성적이 우수하고 상급학교 진학률이 높으며 중도 탈락률이 낮은 것으로 연구하였다. 중도 탈락률이 낮은 이유는 학업성취를 조장하는 학교 내 규범이 다르기 때문이라는 것이다. 콜만에 의하면, 가톨릭 학교는 종교를 기반으로 하는 기능적 사회(functional society)를 형성하기 때문에 거주지를 기반으로 하는 공립학교와는 다르다는 것이다. 기능적 사회일수록 규범창출을 촉진하기 위하여 교사, 학부모, 학생들 간의 사회적 연결이 매우 강하고 그 규범은 모든 학생들에게 질 높은 교육이라는 공통의 목표로 발전한다(Coleman, 1987). 이러한 학교에 재학하는 학생들의 부모는 자녀의 교육문제와 관련하여 상호 긴밀한 유대를 가지고 있으며, 사회적 연결을 통하여 갖게 되는 개인 간의 상호 관련성은 규범으로 전달되는 통로가 된다(이정선, 2001, 161). 그러므로 학교 내의 사회자본은 대체로 구성원간의 관계, 그리고 규범이나 기대와 같은 형태로 존재한다.

리(Lee)와 크롱거(Croninger)(1996)는 학교 내에서 사회자본이 학생들의 발달에 미치는 영향에 대해 연구하였다. 사회자본이 학생들에게 미치는 영향은 매우 다양한데, 첫째, 구성원간의 관계를 통해서, 둘째, 학교의 규범적 구조를 통해서, 셋째, 상호 우호적인 학교조직을 통해서, 그리고 마지막으로 가정 및 지역사회와의 유대관계를 통해서 가능하다. 구성원 간의 관계는 주로 교사간의 관계, 학생들간의 관계로 규정된다. 교사는 가정에서 부모가 자녀의 사회자본인 것처럼 학교에서 학생에 대한 사회자본의 근원이다. 교사들 간의 친밀감은 학생들의 성취도에 긍정적인 영향을 미치고 교사와 학생간의 관계의 질은 학생들의 정서적 변화, 생활지도, 그리고 교과관련 지식획득 방법의 차이를 가져오기 때문에 중요하다(이정선, 2001, 162). 이외에도 동료 학생들 간의 상호작용 또한 학생들의 성장발달과 학업성취도에 영향을 주는데, 학생들의 동료문화와 학교문화가 일치하면 할수록 학생들의 학업성적도 높아진다.

리와 크롱거(2001)는 계속해서 학교 내 사회자본이 교육결과에 미치는 영향을 분석하였는데 교사가 학생의 발전에 지원을 해 주는지, 그리고 수업 외에도 교사가 학생을 지도하는지 등의 질문을 통해, 학교 내의 사회자본이 '긍정적인 학업태도,' '학업성취 발전도,' '학교 자퇴 가능성'을 포함하는 학생의 학업성과와 매우 밀접한 관계가 있음을 밝혔다. 이들에 의하면, 교사중심의 사회자본은 학생들의 중도탈락 가능성을 거의 50% 가까이 줄일 수 있었다고 한다. 특히, 사회적으로 불우한 배경의 학생과 과거의 학업 상의 어려움을 겪었던 학생들에게 교사의 상담과 지원은 도움이 되었다고 한다. 이러한 결과는 교사와 학생 간의 인간관계의 질이 학생의 학업 상의 성공에 중요한 예측 요인이 된다는 다른 결과들과 일치한다(양국진, 2002, 김천기, 2004, 2007).

III. 학부모 네트워크(Network)와 학업성취도

Lareau(1989)는 다른 부모와의 네트워크, 학업과정 및 교사의 문제에 관한 이해, 교사와의 접촉 등 학교의 문화적 자산, 즉 사회자본이 학생의 학업성취에 영향을 주는 결정적인 요인이라고 주장하였다(McNeal 2001, 박희봉, 2004). 학부모의 네트워크는 어떻게 사회자본을 만들어낼까? 그리고 이러한 네트워크는 학생들의 학업성취도에 어떻게 영향을 주게 될까?

사회자본을 둘러싼 논쟁 가운데 가장 첨예한 대립을 보이고 있는 문제는 집단의 폐쇄성 혹은 개방성이 사회자본의 형성과 확산에 어떤 영향을 미치는가 하는 쟁점이다(유춘석, 장미혜, 2002, 104). 이 논쟁은 기본적으로 연결망이나 관계에 나타나는 연대의 성격이 약한 것이 사회자본의 축적에 유리한가 혹은 강한 것이 사회자본의 축적에 유리한가 하는 논쟁과 동일한 논쟁이다.

콜만(1988)은 강한연대(strong tie)의 중요성을 강조하면서 집단의 '폐쇄성'이 사회자본의 축적에 중요하다고 주장한다. 왜냐하면 특정한 집단의 소속된 구성원들 사이의 신뢰란 기본적으로 집단의 폐쇄성을 전제로 성립하기 때문이다. 콜만에 의하면, 집단의 경계가 모호한 개방적인 구조에서는 구성원들 간의 관계 맺기와 관련하여 규범을 어기는 경우 이에 대한 감시와 처벌이 적절히 이루어지지 않는다. 그러므로 결국 개방적인 집단은 구성원들 간의 신뢰가 약화되고 급기야는 집단 자체의 규범이 해체되는 상황으로까지 이어질 수 있다는 것이다(Coleman, 1988).

〈그림 1〉은 세 사람으로 구성된 집단 내부에 출현 할 수 있는 두 가지 관계를 정리한 것이다(Coleman, 1988). 하나는 (가)와 같은 세 사람 사이에 나타날 수 있는 관계가 모두 존재하여 관계가 완성된(complete)상황이다. 그리고 다른 하나는 (나)와 같이 세 사람 사이의 가능한 관계 가운데 어느 하나가 존재하지 않아 관계가 완성되지 않은(incomplete)상황이다(Coleman, 1988 : 유석춘, 장미혜 2002 재인용). 완성된 상황 (가)에서는 집단 내부의 관계가 포화되어(saturated) 있는 상태이며 동시에 관계의 울타리(closure)가 나타나 집단 내부의 결속이 강하다(strong in-group tie). 한편, 완결되지 않은 상황 (나)에서는 집단 내부에서 특정한 두 사람의 관계가 제3자에 의해 매개되어(bridged) 간접적으로만 존재할 뿐이다. 이 경우 관계의 열림(open) 즉 개방성이 나타나 집단 내부의 결속은 앞의 경우와 비교해 상대적으로 약하게 된다(relatively weak in-group tie).

〈그림 1〉 세 사람으로 구성된 집단 내부의 관계

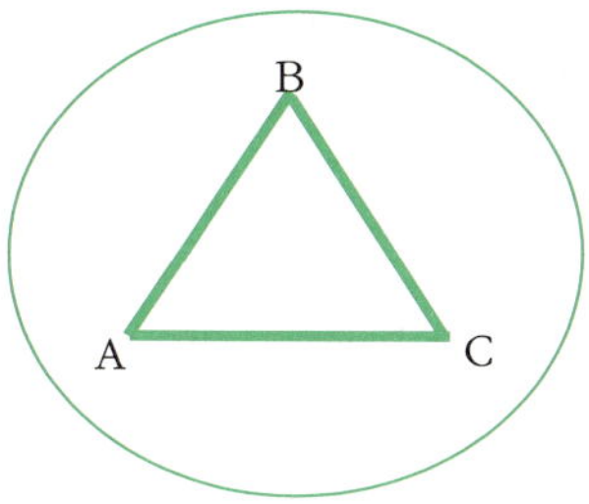

(가) 완결된 관계(닫힘)
(complete relationship:
network closure)

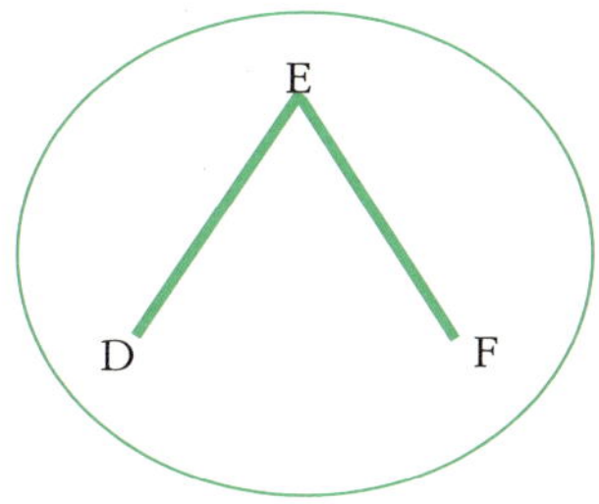

(나) 완결되지 않은 관계(열림)
(incomplete relationship:
network open)

〈그림 2〉 세 사람으로 구성된 두 집단의 관계

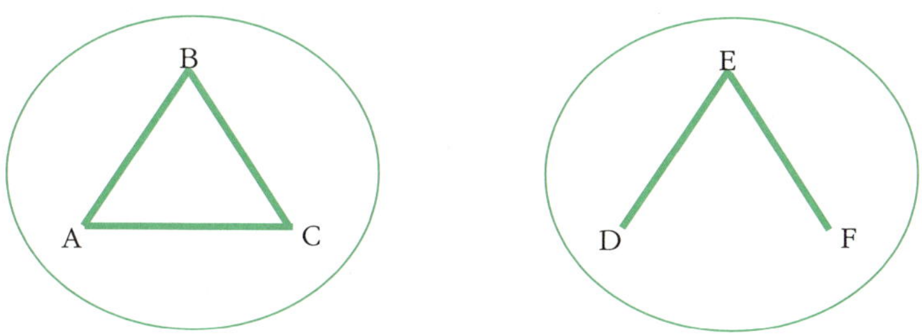

(가) 연대가 없는 관계(no tie)

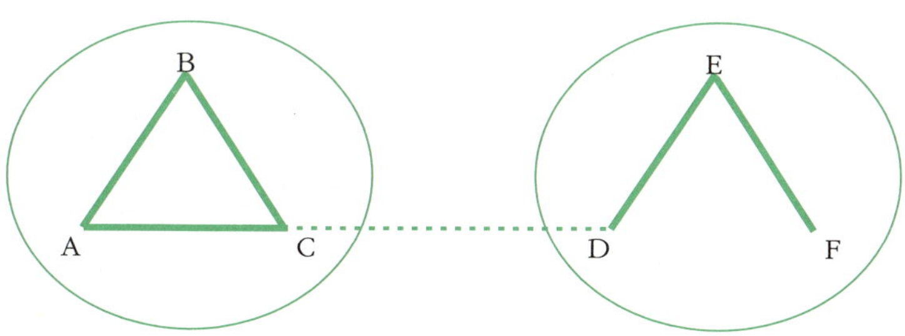

(나) 약한 연대에 의한 관계(weak tie)

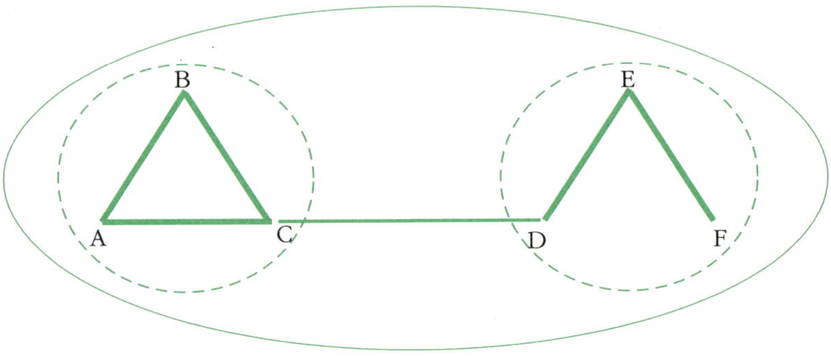

(다) 강한 연대에 의한 관계(strong tie)

〈그림 2〉는 세 사람으로 구성된 두 집단의 관계이다. 〈그림2〉 안의 첫 번째 그림은 두 사람 사이에 아무런 관계도 존재하지 않는 경우이다(no tie). 두 번째 그림은 각각의 집단에 속해 있는 사람 사이에 점선으로 표시된 것과 같이 '약한 연대'(weak tie)가 존재하는 경우이다. 이 경우 두 집단은 이미 가지고 있는 각각의 집단 정체성, 즉, 기존의 관계와 구성을 그대로 유지하면서 동시에 집단을 가로지르는(cross-cutting) 혹은 다리와 같은 역할을 하는(bridging) 약한 연대를 통해 상대방 집단이 가지고 있는 자원이나 정보를 어느 정도 공유할 수 있다. 이른바 "약한 연대의 강함"(strength of weak tie)이 나타나는 경우이다. 세 번째 그림은 강한연대(strong tie)가 존재하는 경우이다. 각각의 집단에 속해 있는 두 사람 사이에 실선으로 표시된 것과 같이 둘 사이에 나타난 강한 연대를 통해 하나의 새로운 집단으로 통합된다. 즉, 집단 사이에 존재하는 강한 연대는 기존 집단의 관계와 구성을 변화시켜 결국은 두 집단을 하나의 보다 큰 집단으로 묶어주는(bonding)역할을 한다(유춘석, 장미혜, 2002, 107). 한 학교 안에서 학부모의 네트워크가 위에 언급한 세 사람으로 구성된 두 집단의 관

계에서 본 것과 같이 강한연대를 갖는다면 이는 학생들의 학업성취도에 영향을 미칠 것이다.

사회자본 연구는 크게 '사회자본과 학업성취', '사회자본과 교육참여', '사회자본과 학생의 행동과 태도'와 관련되어 이루어져 왔다. 이러한 연구경향은 콜만의 사회자본 연구가 가족의 사회자본이나 공동체의 사회자본이 인간자본을 형성하는데 중요한 역할을 한다는 연구결과에 의한 것이다. 한국의 교육상황에서 학부모의 네트워크와 학생의 성취도와의 관계를 연구는 계속되었다.

안우환. 김경식(2005)은 가족 내 사회자본을 통한 학부모의 교육열 탐구에서 사회자본의 핵심요소인 신뢰, 계층별 사회망, 기대 및 규범 등을 중심으로 분석하였다. 그 결과 학부모-자녀 간에 대화와 신뢰, 믿음이 전제되어야 하고, 자녀지도에 일관성을 유지하는 등 바람직한 신뢰 관계 형성이 필요하며, 계층에 따라 자녀 교육 지원에 대한 사회망은 계층간에 서로 배제적이고 차별적으로 나타나 나의 자녀에게만 유리하게 해당되는 '이기적인 교육열'에서 벗어나 자신이나 이웃, 지역사회, 국가사회 전체의 자녀 교육을 생각하는 '이타적 교육열'로 인식의 전환이 필요하고, 부모의 자녀에 대한 지나친 기대로 인하여 발생하는 교육 경쟁을 분산시키는 교육체제 구조의 변화와 국가 전체 차원의 낭비적인 경쟁을 줄이기 위해 승자와 패자간의 보상의 차이가 적도록 하는 방안을 내 놓았다(안우환, 김경식, 2005, 108).

이정선(2001)은 초등학교 학생과 그들의 부모가 어떻게 학교와 지역사회 내에 실재하는 사회자본을 획득하고 활용하는가의 과정과 학업성공과 사회자본의 관계를 문화기술적연구(초등학교 학생과 부모 24명을 대상으로 인터뷰)를 통해 연구하였다. 이를 통해 콜만의 사회자본이 가정, 학교, 지역사회에 있어서 집단간(특히 성적 우수 상위집단과 하위집단) 차이가 있으며, 가정에서 이를 활용하는데도 차이가 있다는 점을 발견하였다. 결국 사회자본은 자녀의 학업과 긍정적인 관계를 갖고 사회자본이 풍부할수록 그것을 잘 활용할수록 자녀의 학업성적은 우수한 것으로 나타났다. 따라서 자녀의 학업성공을 위해서는 사회자본의 창출을 위해서 가정, 학교, 지역사회 모두의 노력이 필요함을 주장하였다(김태선, 김천기, 2007, 108).

박소진(2003)은 양질의 정보를 많이 모을 수 있는 어머니의 능력은 그 자체가 자녀교육을 위한 문화자본(cultural capital)의 일종이며 그러한 능력은 어머니들 자신의 삶의 경험-특히, 교육경험)과 밀접한 관련이 있지만, 또한 의식적이고 지속적인 다양한 활동에 의해서 만들어지고 축적되어지기도 한다고 보고 있다. 이상의 연구에서 알 수 있듯이 학부모 간의 신뢰, 네트워크, 기대 및 규범과 같은 사회자본은 학생들의 학업성취에 직・간접적으로 영향을 주고 있으며, 가정, 학교, 지역사회의 노력을 통해 사회자본의 활용을 통한 교육의 효율적 가치가 있음을 알 수 있다.

IV. 학교공동체와 지역사회공동체

학교는 지역주민들의 사회자본의 발달을 촉진하는 기관으로 가정과 지역 사회 간을 상호 연결하여 사회자본을 만들어내는 프로그램을 개발하는 중요한 역할을 수행하는 기관으로 설명되어 질 수 있다. 이에 관한 연구는 학업성공을 가정뿐만 아니라 학교간의 학업성공의 차이, 지역사회로까지 인식의 영역을 확대할 수 있다는데서 의미가 있다(김태선, 김천기, 2007, 108). 기능적 공동체는 사회자본이 극대화 된 공동체로 신뢰, 네트워크, 규범을 통해 협동적으로 일하는 공동체를 말한다.

콜만은 가톨릭학교는 학생으로 하여금 근면하도록 하는 강한 성취규범을 가지고 있어서 학생들의 학업성취를 증진시킬 수 있다는 것이다. 콜만은 특히 가톨릭 학교가 종교를 기반으로 하는 기능적 사회(functional society)를 형성하기 때문에 거주지를 기반으로 하는 공립학교와 다르다는 것이다. 기능적 사회일수록 규범창출을 촉진하기 위하여 교사, 학부모, 학생들 간의 사회적 연결이 매우 강하고 이러한 규범은 모든 아동들에게 질 높은 교육이라는 공통의 목표로 발전한다. 이러한 학교에 재학하는 학생들의 부모는 자녀의 교육문제와 관련하여 상호 긴밀한 유대를 가지고 있다(이정선, 2001; 김태선, 김천기, 2007, 110). 콜먼은 종교계 사립학교의 성공은 교실에서 이루어진 성과나 개별적인 학생의 자질 때문이 아니라 오히려 사립학교의 활동에 적극적으로 참여하는 부모와 공동체 구성원 때문이라는 것을 밝혔다. 콜만은 종교적 공동체가 현대사회에 남아있는 가장 강한 기반의 기능적 공동체라고 말한다. 특히 가톨릭 학교는 효과적인 규범이 강조된 학교로서 사회적으로 기능공동체의 모든 사회자본을 적절히 사용하고 있다는 것이다.

모르간(Morgan)과 소렌슨(Sorensen)(1999)의 연구에서는 가톨릭학교의 학생들의 사회자본의 형태는 종교적 신념에 의해 지지된 규범과 교수실천에 의해 이루어진 학습의 결과로 보고, 또한 학교공동체 안에서 부모들의 사회적 울타리(social closure)에 의한 연결망으로 사회자본이 만들어짐을 보고하였다. 반면에 공립학교에서는 부모들 사이의 사회적 친밀감이 수학에서의 성취에서 부정적 영향을 미친 것으로 연구되었다.

박희봉(2004)은 사회자본이 교육성과에 미치는 영향 분석에서 실업계 고등학교를 대상으로 가족내 사회자본을 형성하는 가족구조와 과정, 지역사회 사회자본 구조 및 과정, 학교 사회자본을 형성하는 학교 구조와 과정을 변수로 연구하였다. 연구결과 일부 가정 사회자본과 지역사회 사회자본은 교육성과에 긍정적인 영향을 미치고 있으며, 학교 사회자본은 학생 성적에 부정적인 영향을 미치는 것으로 나타났다. 이러한 결과는 실업계 고등학교의 특수성에 의해 발생하였다고 해석하고 다양한 사회자본이 학생 성적에 긍정 또는 부정적인 영향을 미치는 것으로 시사하는 바가 매우 크다고 할 수 있다. 이러한 결과는 학교 교육발전 책임이 오직 학교만 있지 않다는 것을 보여주는 것으로 이정선(2001)의 연구결과와도 일치된 결과를 보여준다. 학교가 학교교육을 위해 부모와 지역사회와 긴밀히 협력해야 함을 보여준다(김태선, 김천기, 2007, 108).

기능적 공동체는 네트워크(network), 전통(tradition), 대화(dialogue), 그리고 변혁(transformation)의 요소를 포함한다. 제도화된 관계성의 성숙한 네트워크는 구성원 서로의 '의무감와 기대감,' '정보채널'과 그리고 '규범과 보상'의 요소를 포함한다. 사회자본은 공동체 안에서 사회적 환경의 신뢰감을 제공한다. 이 신뢰감이란 의무감이 급격하게 변하는 것이고 실제적 의무감의 확장이다. 이러한 의무감(obligation), 기대감(expectation), 신뢰감(trustworthiness), 규범(norms), 권위의 관계(relations of authority), 그리고 공유된 정보(shared information)는 모두 사회자본의 예들이다. 이러한 것들은 생각이 공유된 사회구조 안에서 서로 나누는 자원들이다. 따라서 기능적 공동체로서 학교공동체는 한 개인이 잠재적으로 가지고 있는 자원을 특히 조직 안에서 나누고, 함께 섬기고 협력 할 수 있는 사회적 관계성으로 발전시켜야 한다.

지역사회공동체의 교육적 기능은 보이지는 않지만 그 기능과 중요성은 매우 크다. 지역사회 시민들의 자발적 참여와 연대는 교육공동체로서의 절제, 합의, 호혜성과 같은 시민적 덕목과 민주적으로 토론하고 조직을 운영하는 능력을 교육받게 할 수 있게 된다. 사회자본을 한 사회의 지배적인 규범이나 가치체계 혹은 문화적 특성으로 바라보는 거시적 연구들은 사회자본과 민주주의 관계에 각별한 관심을 기울려왔다. 자발적 결사체의 중요성을 강조하는 연구들은 사회자본의 형성을 통해 등장하는 활성화된 시민사회가 없다면 민주주의는 발전할 수 없다고 주장한다(Almond, G. & Verba, S. 1963; Putnam R. 1993; Fukuyama, F. 1995). 그렇다면 지역사회공동체의 교육적인 기능과 교육적 효율성은 무엇인가?

푸트남(Putnam, 2004)은 학교외부의 사회자본으로 가족과 지역사회의 연대와 지역사회의 관심을 논하면서 지역사회에 기반을 둔 사회자본이 그 지역사회의 사회경제적 수준이나 인종보다 교육적 성취에 더 큰 영향을 미친다고 밝혔다(Putnam, 2004). 그래서 소수민이나 빈곤계층의 아이들이 교육성취에 불리한 것은 학교 내외의 생산적인 사회자본에 접근하기 어려운 사정이기 때문이다. 푸트남(Putnam)은 학교의 성과를 향상시키기 위해서는 교과과정, 학교조직에 관한 논쟁에서 지역사회의 적극적 관심과 부모와 지역사회 인사들의 학교와의 연계 등 사회자본의 효과에 대한 정책적 검토가 필요하다고 역설하고 있다(최종덕, 2007, 145).

학교는 단순히 학생이 배우는 장소가 아니라 특정한 구조가 발견되는 지역사회와의 연관성을 가진 장소이다. 학교는 사회의 요구를 반영하기도 하지만 동시에 사회의 변화를 주도하기도 한다. 학교와 산업화 과정간의 관계를 보면 사회의 구조적, 문화적 요소가 교육변화의 방향과 속도를 결정하기도 한다. 변화하는 사회 조건에 대한 사회. 문화적 적응의 결과가 사회마다 서로 다른 교육제도를 갖게 하였다(Hansen, 1979). 학교는 주변 환경과 상호작용을 통해 사회・문화적 맥락을 같이하고, 따라서 학교의 사회 · 문화적 맥락은 학생 개인의 사회적 환경, 학교 내 환경, 그리고 학교 외부환경으로 구성되어진다.

학교를 둘러싸고 있는 외적 환경은 직접적인 환경과 간접적인 환경으로 구분되는데 전자는 교육청, 학교운영위원회, 교육위원회, 교원노조, 지역사회단체, 정부의 정책 및 규정 등을 들 수 있고, 후자는 기술의 발전, 정치-경제적 동향, 종교, 문화적 가치와 이데올로기, 사회운동, 인구의 변동 등을 들 수 있다(이정선, 2001, 172). 또한 부분적으로 학교, 가정, 학생들도 지역사회의 일부분으로서 기업체, 조직들, 이웃, 동료, 혹은 친구집단, 단체들, 학생들이나 학부모를 도와주는 사람들, 그리고 학생들의 학습과 관련된 사람들, 지역사회의 규칙, 규정, 자원, 서비스, 프로그램 등도 포함된다.

엡스튼(Epstein) 과 샌더(Snader)(2000)는 가정과 학교, 그리고 지역사회의 연관 형태를 6가지로 제시하고 있다. 첫째, 부모교육(parenting)이다. 자녀의 발달에 대한 식구들의 이해를 돕고, 우호적인 가정 분위기를 만들기 또는 학교로 하여금 가정 이해하기 등이다. 둘째, 의사소통하기이다. 학교의 프로그램이나 자녀의 학업에 대하여 가정과 학교 간 효과적인 의사소통 계획 및 의사소통을 하는 것이다. 셋째, 자원봉사이다. 학급, 학교활동 및 학생활동과 학교기능을 돕기 위한 도우미의 모집과 조직이다. 넷째, 가정에서의 학습 조력이다. 가정에서 자녀들의 학교일, 숙제, 학과관련 활동들을 도와주는 방법에 대한 아이디어나 정보를 제공하는 것이다. 다섯째, 의사결정이다. 학부모를 학교 의사결정에 포함시키는 것이다. 여섯째, 지역사회와 협력이다. 학생, 가정, 학교를 지원하고 강화하기 위하여 지역사회로부터, 혹은 지역사회를 돕기 위하여 가정, 학교, 학생으로부터 각각 서비스와 자원을 발굴하고 통합하는 것이다(Epstein & Sanders, 2000, 289).

김천기(2004)는 그의 연구에서 가톨릭 고등학교가 일반 사립 고등학교, 공립학교와 비교해 가톨릭 학교 학생의 성적이 높고, 중도 탈락률이 낮다고 보고하고 있다. 가톨릭 학교 학생들의 가정은 신앙을 가지고 있어서 안정된 환경을 제공하고, 학교 간의 특성의 차이를 만들어 내는 것은 지역사회가 제공하는 사회자본이라 하였다. 가톨릭 학교의 지역사회는, 아이들과 부모 세대 간의 상호 교류와 유대가 활발히 이루어지는 기능적 지역사회인 반면, 공립학교나 사립학교의 지역사회는 개인 가치 지향적 지역사회라는 것이다. 또한 가톨릭 학교는 학생에게 높은 학업성취를 요구하고, 학교에 대한 지역사회의 신뢰와 지지가 바로 지역사회의 사회자본이라고 본다(김태선, 김천기, 2007, 112).

학교 내에서의 사회자본은 대체로 구성원간의 관계, 그리고 규범이나 기대와 같은 형태로 존재하고 교사의 역할과 학부모의 참여가 사회자본 형성에 중요한 역할을 하고 무엇보다 교사의 정서적 지지와 헌신이 책임임을 알 수 있다. 그러므로 학교 조직공동체의 발전에 교사의 사회자본이 기여할 것으로 예측할 수 있고, 보다 교사와 관계된 사회자본에 영향을 주는 요인들을 다양하고 포괄적인 맥락에서 찾아내는 연구가 필요하다(김태선, 김천기, 2007, 112).

대부분의 연구들은 사회자본이 학업성공에 결정적인 요소임을 밝히고 있다. 학업성취와 같은 눈에 보이는 개인적으로 도구적 동기도 중요하지만 경쟁을 중요시하고 개인주의적 행동원리에 따라 움직이는 교육현장에서 공동체 참여에 보다 협동적이고 협력할 수 있는 신뢰와 규범의 요소들이 함께 연구되어야 한다. 그래야만 교육공동체 구성원 간 신뢰를 형성하게 되고, 이해타산에 기반을 두지 않은 협동과 희생을 통해 집단의 가치를 강화하고 사회통합을 이룰 수 있는 기반이 되기 때문이다. 교육을 통해 신뢰나 협력 등의 긍정적 기능성을 지녔기 때문에, 이러한 사회자본을 형성시킬 수 있는 신뢰, 네트워크, 규범의 요소들을 찾아내어 교육에 적용하려는 노력은 사회통합이 요구되는 지금 그 역할과 중요성이 더해진다. 결국, 가정이나 학교 그리고 지역사회 내에 존재하는 사회자본은 그것이 어떤 형태이든 자녀의 인지적, 정의적, 사회적 발달이나 학교에서 성공과 긍정적으로 연관이 있는 것으로 보인다(김태선, 김천기, 2007, 113).

교육공동체란 교육을 지향하여 그 뜻을 함께하고 공동의 노력을 기울이는 공동체를 의미한다(이창기, 2004, 442). 푸트남(Putnam)에 의하면, 사회자본은 개인의 생산성을 증대시키는 도구인 물적 자본과 훈련을 통해 축적되는 인적 자본과는 달리 사람과 사람 사이의 관계를 포함하는데, 그 중에서도 상호간의 이익증진을 위한 조정과 협조를 용이하게 하는 네트워크, 호혜적 규범, 그리고 사회적 신뢰 등을 사회자본의 가장 중요한 요소로 본다. 그는 이탈리아의 잘 사는 중북부지역과 못사는 남부지역의 비교연구에서 '이웃과 서로 돕고 나누며 더불어 사는 미풍양속과 전통을 가진 지역, 그리고 이 전통을 자녀들에게도 가르쳐 계승하고 실천하는 지역은 경제와 공업도 발전하고 범죄율도 낮다'는 것을 밝혀냈다. 더구나 더불어 살아가는 시민의식을 가진 이웃과 함께 사는 청소년들은 이웃의 영향으로 긍정적인 인생관과 생활태도를 갖게 되어 범죄에 물들 확률도 적다는 것이다(Robert D. Putnam, 1993, 167-171). 이후 다른 학자들의 경험적 연구에 의하면 사회자본이 빈약한 지역이나 조직에서도 구성원의 노력 여하에 따라 단기간 내는 아닐지라도 사회자본을 새롭게 형성 할 수 있다는 것이다. 이에 교육공동체도 궁극적으로 한국교육의 발전이라는 목적에 최우선 가치를 두고 구성원 서로의 역할을 인정하고 존중하며 신뢰의 바탕 위에서 협력해 나갈 때 공교육이 바로 세워 질 수 있다(이창기, 2004, 443).

V. 기독교 학교공동체의 방향성

지역사회공동체로서의 기독교 학교공동체의 방향성을 제시하고자 한다. 기독교 학교공동체는 일반 공립학교와 차이점이 있다. 이는 신앙을 바탕으로 한 인성교육과 신앙교육을 시키는 학교공동체로서 기능적 공동체일 것이다. 교육생태학(Education Ecology)의 재인식을 제안한다. 교육의 생태학(ecology)이란 교육현장(context)을 구성하고 있는 환경과 교육적 요소에 대한 이해이다. 지역사회공동체로서의 기독교 학교공동체의 방향성을 교육의 생태적 요소를 가지고 3가지로 제안한다. 첫째는 간세대간의 교육이다. 둘째는 동역자의식(partnership)의 교육이다. 셋째, 진정한 신앙공동체(authentic faithful community)형성이다(그림 3 참조).

〈그림 3〉 기독교학교공동체의 교육생태학

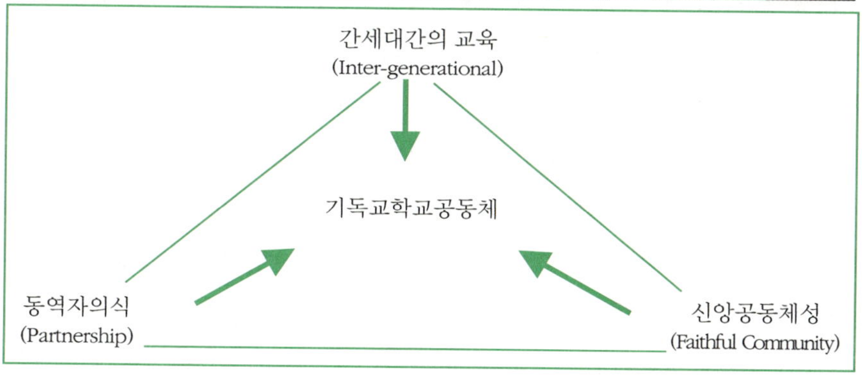

교육의 생태학을 구성하는 첫 번째 요소는 세대 간의 교육이다. 세대 간의 교육은 학교와 가정 그리고 지역사회 교육의 연속성과 지속적인 재해석의 교육 효과가 있다. 세대 간의 교육은 단순히 어른이 아이들에게 지식을 나눠주는 것이 아니다. 오히려 이 교육은 삶의 경험을 신뢰하도록 돕는 것으로, 새로운 시대의 의심과 질문, 새로운 시간의 불확실성과 혼동, 새로운 시대의 고통과 절망, 또는 새로운 시대의 도전과 가능성을 세대 간에 나누는 것이다(Foster, 1994, 64). 이 재해석의 과정을 통해서 세대 간에 학습이 이루어지는 것이다. 세대 간의 교육은 신앙이해를 함께 공유하고 전통신앙을 전수하고 의미를 재해석 하도록 돕는 것이다.

교육의 생태학을 구성하는 두 번째 요소는 파트너십(partnership)이다. 파트너십은 서로를 있는 그대로 받아들이는 성숙함과 동등한 의식 구성을 기반으로 한다. 이는 비즈니스를 위한 계약적 관계로 만들어지는 것이 아니라 서로의 신뢰와 상호의존(interdependence) 관계에서 만들어지는 것이다. 기독교 공동체 안에서 우리는 하나님의 형상을 함께 가지고 있는 동등한 사람들이다. 우리는 세상에서 하나님의 사역을 이행하기 위해 서로를 필요로 한다. 웰치(Welch)에 의하면(1991), 파트너십은 다양성(diversity)과 복합성(multiplicity)을 받아들이는 것이다. 전례(precedent)와 권력(power)은 하나님 앞에서 우선적인 취급을 받을 수 없다(Welch, 1991, 97). 하나님 창조의 표적으로서 우리들의 차이성(나이, 출신, 인종, 성별, 경제성, 사회적 지위)은 존중되어야 하고 함께 존재하는 공동체로서 그 가치를 인정받아야 한다. 파트너십은 이런 관점에서 공유된 열정(passion)이다. 동경과 기쁨으로 차이성과 다양성을 인정하고 그것을 그룹의 동력으로 이끄는 것이 바로 파트너십이다.

기독교학교교육 공동체에 파트너십은 중요한 요인이다. 이 교육의 장에는 다른 사람의 이야기를 듣고 나의 삶에 반영(reflection)하는 결속, 일치, 연대하는 파트너십이 제공되어야 한다. 다른 이들의 고통과 좌절의 이야기를 인내로 나누고, 억압과 지배의 저항을 지지하고 보강 할 수 있어야 한다. 이것은 통제와 의무보다는 자유와 책임을 위한 우리가 나눠야 할 파트너십의 탐구사항(quest)인 것이다. 이런 파트너십을 통해 교육의 효율성을 극대화 할 수 있다.

교육의 생태학을 구성하는 세 번째 요소는 신앙공동체성(faithful community)이다. 기독교 학교교육은 그 정체성과 목적에 따라 교육의 효과가 달라질 것이다. 기독교학교공동체는 신앙공동체이어야 한다. 웨스터호프III는 신앙공동체를 다음과 같이 정의한다. "신앙공동체는 하나님의 선물이며 신비이다. 우리는 그 안에서 복음의 심판과 회복아래 삶을 통한 인식을 하게 되고 성례전을 축하하게 된다(Westerhoff III, 2000, 51). 웨스터호프는 네 가지 의미로 신앙공동체를 정의한다. 첫째, 신앙공동체 안에서 사람들은 전통적으로 전해온 공통적 기억과 전통을 나누고, 삶의 공통적인 이해와 방법들과 목표와 목적을 나눈다. 둘째, 신앙공동체는 그 구성원들이 의미 있고 목적 있는 상호작용을 유지할 수 있도록 소규모적인 공동체이어야 한다. 셋째, 신앙공동체는 3세대(three generation) 간의 사람들이 함께 존재하고 그 사이에 상호작용이 일어나는 것이 필요하다. 넷째, 신앙공동체는 각각의 역할을 이해하고 협력하고 연합하는 공동체이다(Westerhoff III, 53). 결국 신앙공동체란 공동의 전통과 신앙고백을 전제로 여러 세대들이 모인 공동체로서, 신앙공동체의 정체성을 유지하고 또 발전시키기 위해 각 세대 간의 대화와 교류, 그리고 각각의 역할의 통합성을 지향하는 공동체라 말할 수 있다(손원영, 2002, 123).

기독교학교교육의 중심주체는 신앙공동체이어야 한다. 건강한 신앙공동체는 건강한 신앙교육을 만든다. 신앙공동체 구성원이 그 역할을 알고 신앙공동체의 "신앙의 문화화"를 만들어 가는 것이 중요하다. 신앙공동체 구성원들은 모든 삶의 중심을 신앙공동체로 받아들이고 서로의 역할을 통합하여 절기의 의미를 재해석하고 삶을 적용시켜야 한다. 기독교 학교교육은 이러한 간 세대 간의 교육, 파트너십, 신앙공동체의 환경을 형성해 나가야 한다.

VI. 나가는 말

본장에서는 기독교적 학교교육의 교육효율성을 위해 학교교육과 지역사회의 역할과 기능을 사회자본의 개념으로 이해하고, 사회자본과 학교교육, 학부모의 네트워크와 학업성취도의 관계, 기능적 공동체로서의 교육적 기능과 역할을 통한 기독교 학교공동체의 방향성에 대해 살펴보았다. 학교교육은 교사 혼자서 하는 교육이 아니다. 교사와 학생, 학부모와 지역사회 공동체가 함께 협력하여 교육의 효율성을 극대화 시켜 나가야 한다. 이러한 기능적 역할을 위해 가정 내에서는 부모와 자녀간의 사회자본이 깊이 인식되어 부모-자녀간의 신뢰, 가족 간의 친밀함, 부모의 관심과 기대, 모니터링 등이 발전되어야 할 것이다.

학교에서의 사회자본은 교사와 학생의 신뢰와 학생과 학생간의 친밀함, 학부모와 교사의 유대관계, 학부모 간의 네트워크 등이 발전되어 구성원간의 관계와 신뢰가 발전되어 규범과 기대 같은 형태가 되어야 할 것이다. 학교 내의 사회자본은 학생들의 성적에 긍정적인 영향을 가져오고, 중도 탈락률도 줄일 수 있게 될 것이다. 학부모들의 강한 연대 관계는 정보채널의 확대와 학부모들의 공유된 인식으로 학교공동체의 규범을 만들어 학생들의 탈선을 미리 방지하는 효과를 가져 올 것이다. 지역사회의 교육적 기능은 보이지는 않지만 그 기능과 중요성은 매우 크다. 지역 사회 시민들의 자발적인 참여와 연대는 교육 공동체의 합의, 절제, 호혜성과 같은 시민사회의 덕목과 민주적 조직 운영을 가능하게 하는 큰 기능이다. 이러한 기능적 공동체로서의 지역사회가 발전된다면, 교육의 책임이 한 사람에게 있는 것이 아니라 사회공동체에 있게 되는 것이다.

한국 기독교학교의 방향성은 신앙공동체의 정체성을 확립하고, 간세대간의 참여교육과 동역자 의식의 나눔의 책임교육이 되어야 할 것이다. 신앙공동체는 같은 목표와 목적을 나누고 상호의존하는 협력의 공동체이다. 교육의 책임을 학교에 전가하기 보다는 부모와 교사가 함께 참여하는 간세대간의 교육이 되어야 하며, 파트너십의 동역자 의식이 교육되는 공동체가 되어야 할 것이다.

토의 문제

▶▶ 사회자본의 구성요소인 신뢰, 네트워크, 규범이 본인의 가정, 교회, 지역공동체 단위에서 어떻게 나타나고 있는지 이야기해 보자.

▶▶ 본인의 지역사회공동체가 지역 내 교육을 위해 어떤 일을 하고 있고, 또 할 수 있을지 이야기해 보자.

▶▶ 기독교 학교공동체와 지역사회공동체가 서로 협력할 수 있는 방안은 무엇인지 토의해보자.

참고문헌

기독교학교교육연구소(2007). 『기독교 대안학교 가이드』. 서울: 예영커뮤니케이션.

기독교학교교육연구소(2008). 『입시에 대한 기독교적 이해』. 서울: 예영커뮤니케이션.

김태선 · 김천기(2007). “교육부문에서 사회자본에 관한 연구동향과 과제”. 교육의 이론과 실천 12(1): 97-121.

김태준(2001). “인적자원으로서의 인적자본과 사회적 자본”. 「교육개발」 통권 129호, 한국교육개발원, 53-58.

박상진(2007). 『기독학부모 교실』. 서울: 예영커뮤니케이션.

박상진(2006). 『기독교학교교육론』. 서울: 예영커뮤니케이션.

박상진. 김회권. 김창환. 강영택. (2008). 『입시에 대한 기독교적 이해』. 서울: 예영커뮤니케이션.

송순재(2007). 『대학입시와 교육제도의 스펙트럼』. 서울: 학지사.

안우환 · 김경식(2005). “가족 내 사회적 자본을 통한 학부모의 교육열의 탐구” 『중등교육연구』. 53(1), 29-50.

유석춘 · 장미혜(2002). “사회자본과 한국사회” 『사회발전연구』, 101-119.

이정선(2001). “가정-학교-지역사회의 사회. 문화적 관계: 콜만의 사회자본을 중심으로” 『교육인류학연구』. 4(2): 147-181.

이창기(2004). “사회자본 형성을 통한 교육공동체 협력증진 방안” 『한국사회와 행정연구』. 15(1): 435-448.

최종덕(2007). “사회자본 형성을 위한 시민교육의 방향” 『시민교육연구』. 39(4): 135-161.

Bourdieu, P. & J. C. Passeron (1977). Reproduction in education, society and culture, Beverly Hills, California: Sage Publications.

Bourdieu, P (1986). “The forms of capital”. In J. Richardson (Ed.), Handbook of theory and research for the society of education, 241-258, Westport, CT: Greenwood Press.

Coleman, J. S. (1988). “Social capital in the creation of human capital”, American Journal of Society, 94, supplement 95, S95-S120. Social Capital Theory.

Coleman, J. S. (1990). Foundations of social theory, Cambridge: Harvard University Press.

Collins, R. (1979). The credential society: historical sociology of education & stratification, New York.

Hoffer, T. B. (1989). “Educational outcomes in public and private high schools”,

Unpublished doctoral dissertation, University of Chicago, Department of Sociology.

Hwang, Byung-June. (2006). *Social Capital and Student Achievement : Examining differences between Asian and White Student.* Unpublished doctoral dissertation, Vanderbilt university, Nashville.

Lareau, A. (1989). Home advantage: social class and parental intervention in elementary education. The Falmer Press.

Putnam, R. (2004). *Education, Diversity, Social Cohesion and social capital,* Presented in Meeting of OECD Education Ministers.

Westerhoff Ⅲ. J. (2000). Will our children have faith? Toronto, Canada : Anglican Book Centre.

찾아보기

주제

〈저자소개〉

박상진(E-mail: sjpark@pcts.ac.kr)
성균관대학교 교육학과(B.A)
서울대학교 대학원 교육학과(M.Ed)
장로회신학대학교 신학대학원(M.Dir)
장로회신학대학교 대학원 기독교교육과(M.A)
미국 Union-PSCE(M.A. & Ed. D)
현) 장로회신학대학교 기독교교육과 교수

유재봉(E-mail: yoojb@skku.edu)
서울대학교 대학원 교육학석사
런던대학교(Institute of Education, University of London) 교육철학박사
현) 성균관대학교 교육학과 교수

홍은숙(E-mail: eshong@sungkyul.edu)
서울대학교 교육학과(B.A)
서울대학교 대학원 교육학과 (M. Ed.)
미국 시라큐스 (Syracuse)대학 대학원 교육의 문화기초학과 (Ph. D.)
현) 성결대학교 신학부 기독교교육전공 및 교직전공 교수

임희국(E-mail: hklim@pcts.ac.kr)
계명대학교(B.A)
장로회신학대학교 신학대학원(M. Ed.)
장로회신학대학교 대학원(Th.M)
스위스 바젤(Basel) 대학교 신학부(Dr. theol)
현) 장로회신학대학교 교회사 교수

장화선(E-mail: hschang@aycc.anyang.ac.kr)
총신대학교 종교교육과 (B. A.)
연세대학교 교육대학원 종교교육전공 (M. Ed.)
미국 Reformed Theological Seminary (M. Ed.)
이화여자대학교 대학원 교육학과 (문학박사)
현) 안양대학교 기독교교육과 교수

김선요(E-mail: sunyo@swu.ac.kr)
서울대학교 대학원 농 · 교육학과 (BS/M. Ed)
캐나다 알버타 대학교 교육기초학과 (Ph. D.)
현) 서울여자대학교 교수 · 교직책임교수

이숙경(E-mail: eau49@hanmail.net)
이화여자대학교 사범대학 교육학과 (B. A)
이화여자대학교 대학원 교육학과 (M. A)
프랑스 Paris-X-Nanterre 대학교 교육학과 (D. E. A.)
프랑스 Paris-X-Nanterre 대학교 교육학과 (Doctorat des Sciences de e' Education)
아세아연합신학대학교 신학연구원 (M. Div.)
현) 아세아 연합신학대학교 기독교교육학과 교수

김재춘(E-mail: ccgim@yumail.ac.kr)
서울대학교 교육학과(B.A)
서울대학교 대학원 교육학과(M.Ed)
미국 UCLA(Ph.D)
현) 영남대학교 교육학과 교수

이정미(E-mail: jlee5528@hanmail.net)
고려대학교 (B. S)
장로회신학대학교 신학대학원 (M. Div)
호주 National Institute for Christian Education (NICE) (Graduate Diploma)
미국 Philadelphia Biblical University (M. Ed.)
이화여자대학교 (Ph. D.)
현) 기독교학교교육연구소 연구교수

이정기(E-mail: jgedu@bu.ac.kr)
고신대학교 기독교교육과(B. A)
연세대학교 교육대학원(M. Ed)
미국 캔사스주립대학교 대학원(M.A)
미국 캔사스주립대학교 대학원(Ph.D)
현) 백석대학교 사범학부 교수

이은실(E-mail: seedrhee@naver.com)
연세대학교 교육학과(B.A)
시카고 대학교 교육측정평가(M.A)
하바드대학교 인간발달 및 심리(Ed.D)
현) 한동대학교 교육대학원 교수

박은숙(E-mail: esthergrace@hanmail.net)
이화여자대학교 시청각교육과 학사
미국 그랜드 래피즈 신학대학원 종교교육과 석사
고신대학교 기독교교육과 박사
현) 계명대학교 교수학습지원센터 연구교수

김재웅(E-mail: jngkim@sogang.ac.kr)
서울대학교 교육학과 (B.A.)
서울대학교 대학원 교육학과 (M. Ed.)
미국 일리노이 대학교 교육정책학과 (Ph. D.)
현) 서강대학교 교육문화전공 교수

강영택(E-mail: ykang5@hotmail.com)
고려대학교 경영학과 (BBA)
고려대학교 국어교육과 (B.A)
연세대학교 교육대학원 교육행정 (M. Ed)
Calvin Theological Seminary (MA)
Michigan State University 교육행정전공 (Ph. D)
현) 우석대학교 교육학과 교수

황병준(E-mail: bjhwang@hoseo.edu)
감리교신학대학교 (B.A)
웨슬리 신학 대학원 (M. Div)
에모리 대학교 (ThM)
벤더빌트대학교 (Ph D)
현) 호서대학교 기독교학부 교수

학교교육에 대한 기독교적 이해

2010년 2월 20일 1판 1쇄 인쇄
2010년 2월 25일 1판 1쇄 발행

저　　자 : 박상진 · 유재봉 · 홍은숙
임희국 · 장화선 · 김선요
이숙경 · 김재춘 · 이정미
이정기 · 이은실 · 박은숙
김재웅 · 강영택 · 황병준
발행인 : 김　동　규
발행처 : 교　육　과　학　사

경기도 파주시 교하읍 문발리
파주출판문화정보산업단지 514-5
전화 (031) 955-6956~8 / 팩스 (031) 955-6037
Home-page : www.kyoyookbook.co.kr
E-mail : kyoyook@chol.com
등록 : 1970년 5월 18일 제2-73호

낙장 · 파본은 교환해 드립니다.
Printed in Korea.

정가 20,000 원
ISBN 978-89-254-0336-6